ANATOMIA DO ÓDIO
NA FAMÍLIA, NO TRABALHO, NA SOCIEDADE

JOACI GÓES

ANATOMIA DO ÓDIO
NA FAMÍLIA, NO TRABALHO, NA SOCIEDADE

2ª edição

Copyright © 2020 Joaci Góes
1ª edição: 2004

EDITOR
José Mario Pereira

EDITORA-ASSISTENTE
Christine Ajuz

REVISÃO
Clara Diament

PRODUÇÃO
Mariângela Felix

CAPA
Miriam Lerner | Equatorium Design

DIAGRAMAÇÃO
Arte das Letras

TODOS OS DIREITOS RESERVADOS POR
Topbooks Editora e Distribuidora de Livros Ltda.
Rua Visconde de Inhaúma, 58 / gr. 203 – Centro
Rio de Janeiro – CEP: 20091-007
Telefax: (21) 2233-8718 e 2283-1039
topbooks@topbooks.com.br/www.topbooks.com.br
Estamos também no Facebook e Instagram.

SUMÁRIO

Nota introdutória 15

PRIMEIRA PARTE

As funções do ódio 27
    A contabilidade do ódio 39
    Mente primitiva e mente moderna 43
A contenção da ira 47
    As suposições como fonte do ódio 57
    Aspectos positivos do ódio 58
    Modos de expressão da ira 63
    A cólera reconhecida no ambiente de trabalho 64
    Modos de manifestação da cólera e da agressão 66
    Crenças que inibem a cólera 70
    Crenças que estimulam a exteriorização da ira 71
    Práticas que qualificam a cólera 73
    Cenários causadores de ódio 75
    O ódio como evocação do passado 76
    A auto-estima e a ansiedade como fontes da ira no trabalho 76
    Defesas psicológicas 78
    Linguagem biológica da ira 83
    Dissecação da ira 87
    Origens sociológicas da ira 87

SEGUNDA PARTE

Avaliação do impacto do ódio 93
A cólera masculina e feminina 96
    A construção do macho 97
    A construção da fêmea 99
    A dama ou "boa mulher" e a bruxa 104
    Ódio masculino e feminino: diferenças 108
    Ódio masculino e feminino: semelhanças 110
    O ódio na família 119
    Atração e hostilidade 125
    O ódio no casamento 134
O ódio infantil 139
O ódio, a justiça e a lei 151
    O ódio das vítimas 156
Ódio, medo e opressão 159
    O ódio e o sexo como objeto 160
    O ódio, a estabilidade social e a fé 164
O ódio e o budismo 170

TERCEIRA PARTE

Ódio crônico 181
    Tipos difíceis 184
    O envolvimento involuntário 185
    Relação triangular e poliédrica 187
    Ódio e agressão no trabalho 188
    Comunicação passiva e deslocado do ódio e de agressão ... 192
    Deslocamento da ira 193
    Lidando com o ódio alheio 195
    Auto-afirmação e criatividade 196
    Percepção da ira pelo agressor 198
    Percepção da ira pela vítima 198
    A construção do modelo ideal 200
O ódio entre nações 201
    Como lidar com o ódio 213
    Mecanismos de auto-avaliação 214
    Tipos de rancorosos 215

Evitando a ira 220
Exemplos de subjetividade do ódio 222
A indomesticabilidade do ódio 225
Aprendendo a relaxar 228
A identificação da ira e da agressão camufladas 229
O perdão como meio de dissipação da ira 229
O ódio como meio de cura 231
O comando da agressão 231
A gestação do ódio nos ambientes de trabalho 232
O ódio e a hierarquia 234
O ódio derivado do poder e da autoridade 236
O ódio e os estilos de liderança 238
O ódio e a cultura organizacional 240
Os empregados como fonte do ódio 242
Valor positivo e negativo do ódio e da agressão 244
A segurança emocional e o ódio 248
Quando a ira estiola 248
A cólera dos líderes 249
O momento e o lugar como fatores abortivos da ira 251
Lidando com a própria ira 252
Auto-avaliação 253
O ódio e a necessidade gregária 254
A ira e o falso eu 255
O ódio e a autonomia existencial 257

QUARTA PARTE

A força dos mitos 265
Pequenos mitos 285
   Condições que favorecem a ventilação 286
   Ódio e firmeza 293
   Desejo, frustração e ódio 294
   Neutralização do condicionamento do ódio 295
   Os indivíduos e suas ações 296
   Culpa e ódio 298
   Quem não pode controlar o ódio 301
   Auto-ódio 301

O ódio e a guerra 302
O ódio e o trânsito 310
Ódio fingido 312
O ódio dos psicopatas 314
Freud e o ódio 315
Confissão catártica e doenças 320
A ventilação como fator de cura do ódio infantil 322
Condicionamento social do ódio 326
Ódio e insanidade 332
O ódio e os costumes 335
Ambientes geradores de ódio:
    o ruído, as multidões e o tráfego 337
O ódio e o alcoolismo 340
O ódio e o valor catártico dos esportes 342

QUINTA PARTE

História dos estudos sobre o ódio 349
    O cérebro e as emoções odientas 351
    Ódio genético 356
    Epinefrina ou adrenalina, o hormônio do ódio 357
    O determinismo do ódio 362
    A verdade e os mitos sobre a supressão da ira 365
    A ira, a gula, a obesidade e as úlceras 367
    Ódio e estresse 369
    Ódio e hipertensão 372
    O ódio e as doenças do coração 374
    Sugestões para dissipar a ira 382
    O ódio e as drogas 384

PARTE FINAL

Tarefa de uma vida inteira 389
    Auto-afirmação e conquistas 394
    Ansiedade 395
    A ansiedade pode ser normal ou neuróticas 407
    Ódio e depressão 407
    Ainda depressão e ódio 410

Comportamentos ditados pelo ódio 410
O ódio, o amor e o sexo 423
Ódio e solidão 425
O controle da ira 426
A negociação e o ódio 428
A crítica e o ódio 434
A ironia, o humor, a arrogância e o ódio 436
O ódio, a pornografia, a mídia e a Internet 437

Conclusão 441
Provérbios e pensamentos 451
Bibliografia 457
Índice onomástico 465

Aos queridos irmãos, Joilson, Jacira, Jéferson, Julival, Joildo e Joilda, com quem partilhei os primeiros ódios e sua superação, sem prejuízo da afetuosa fraternidade que assinala o outono de nossas vidas.

NOTA INTRODUTÓRIA

Este livro é dedicado ao estudo do ódio e, secundariamente, da agressão, e de sua interação nos diferentes cenários da ação humana.

Ódio e agressão são temas cuja complexidade exige compreensão prévia dos fatores que os condicionam, antes que possamos, eficazmente, lidar com eles. Ainda quando identificada a ocorrência, conjunta ou isolada, de um e de outra, não é fácil sua compreensão. Em grande medida, essas dificuldades decorrem da complexidade de sua natureza e de suas origens. Na realidade, não se sabe, ainda, qual é o tema evolutivo da ira. Por isso, atenção especial será dispensada às diferentes estratégias e modos de intervenção, considerados eficazes, na sua abordagem. Apesar de seu gritante significado, exigente de permanente acompanhamento especializado, essa importante dimensão humana não é tratada com os cuidados e a frequência compatíveis com sua influência na vida das pessoas.

A palavra agressão, por sua vez, é utilizada numa ampla variedade de situações, indo desde uma atitude desinibida e proativa, como a de um cortejador galante ou a de um vendedor, até um ato de guerra. Na acepção deste trabalho, só há agressão se houver o propósito de ofensa verbal, emocional ou física. O tema não pode deixar de despertar interesse especial nos brasileiros. Com 3% da população mundial, o Brasil responde por 11% das vítimas assassinadas a tiros, em todo o mundo, totalizando 40.000 mortes por ano, segundo VEJA, edição 1828. Não é sem razão que grande parte da atenção humana é dedicada ao controle da agressão e ao seu direcionamento para fins construtivos.

É incompreensível, imperdoável e deletéria a omissão da sociedade em não incluir o estudo das emoções no programa educacional da juventude, adestrando-a, desde a idade mais tenra, para conviver com sentimentos de cuja utilização tanto depende o seu destino. Além de ensinar a ler e a escrever, os currículos escolares empanturram os jovens de informações que os habilitem a arranjar um emprego. Sobre a utilização inteligente do largo potencial da mente, capacitando-os a combater as emoções destrutivas e a cultivar as saudáveis ou positivas, nada ou quase nada é dito.

Até cerca dos cinco anos, a criança é imune ao ódio e aos fanatismos nascidos do preconceito. Só a partir dos sete passa a categorizar as coisas agregando valores à sua conceituação do mundo, fato desconhecido da maioria esmagadora dos pais e dos educadores. Da qualidade dos valores nesse período inoculados dependerá, em grande parte, sua atitude adulta. Na realidade, dos professores, tão ciosos de seus títulos de pós-graduação, não se cobra o mínimo de competência para desenvolver o alunado no plano emocional. Em outras palavras: é imprescindível a universalização de uma disciplina definida como educação emocional. Na ausência de iniciativa tão fácil quanto importante, cada um vai se defendendo como pode, e os mais reflexivos, uma pequena minoria, levam desmesurada vantagem sobre a grande maioria, constituída de ingênuos desavisados que acreditam ser a postura assumida diante do ódio uma fatalidade hereditária, contra a qual não cabem remédios. Além das consequências, potencial e efetivamente, devastadoras sobre a vida das pessoas e dos povos, o ódio abre feridas no relacionamento interpessoal, cuja cicatrização enrijece o tecido da afetividade, tornando-o insensível, menos tolerante e menos flexível. Esta é a razão pela qual a atmosfera dominada pelo ódio bloqueia o desenvolvimento da confiança benfazeja, levando à exaustão emocional produzida pela vigilância imposta pelo medo.

A intenção de ser útil, colaborando no preenchimento dessa lacuna, é a matriz original do estímulo para escrever este livro. Seria pretensioso e falaz dizer que o leitor sairá da leitura deste livro apto a lidar com todas as possíveis consequências do ódio. O que pode ser dito, sem o cometimento de exageros, é que, no mínimo, o leitor atento passará a ter uma nova visão dessa magna questão e, querendo, poderá iniciar-se, com grande proveito, em domínio tão importante para sua felicidade pessoal e dos à sua volta.

Se o ódio e, eventualmente, a agressão são inevitáveis, impõe-se o desenvolvimento de uma cultura que permita seu construtivo e benéfico extravasamento, para a sociedade e para o próprio odiento, visão que exclui ignorá-los, suprimi-los ou reprimi-los, a qualquer custo, posturas que conduzem, de modo ineluctável, à sua secreta, descontrolada e insidiosa manifestação. Por isso, valorizamos o aprendizado das técnicas que nos habilitam a lidar com as situações geradoras de ódio, em qualquer ambiente, como na família e no trabalho, sem perder de vista o quanto importa saber do que pode ser feito para impedir ou reduzir a emergência de situações que causam frustrações, ameaças, humilhações e injustiças, fatores que geram ansiedade e ódio.

A mais frequente menção aos ambientes familiar e de trabalho decorre de sua predominância como cenários existenciais, sem excluir do alcance da aplicação válida dos conceitos aqui expostos qualquer relação humana em seja qual for o cenário.

Para o cumprimento do ambicioso propósito de servir aos indivíduos, em sua luta, quase sempre solitária, de lidar com um dos quatro gigantes da alma, o gigante rubro, na feliz expressão de Mira y López, optamos pela exaustiva repetição de conceitos, em lugar de uma síntese formal, por entender ser esta a forma que melhor atende aos objetivos do projeto, que nada tem a ver com a pletora editorial que abarrota as prateleiras com livros de superficial auto-ajuda. Ao invés do recurso a um ocasional receituário de medidas paliativas, de efeito, apenas, temporário, vemos, na tarefa de lidar com a ira, uma responsabilidade de toda a vida, capaz de nos mudar para melhor, e, por nossa via, melhorar o mundo em que vivemos.

PRIMEIRA PARTE

"No fim sereis sempre o que sois... Por mais que os pés sobre altas solas coloqueis... E useis perucas de milhões de anéis... Haveis de ser sempre o que sois."

Goethe, *Fausto I*, versos 1806-1809

O ódio é o mais contundente dos sete pecados capitais, respondendo por crimes, rebeliões, revoluções, chegando até à desintegração social. Em sermão proferido no início do século XV, o frade agostiniano João Gregório considerou o orgulho e a inveja, ao lado do ódio, como armas do demônio. No interior da Catedral de Amiens, na França, entre as esculturas expressivas dos pecados capitais, a ira está representada por uma mulher empunhando uma espada, em ameaça ostensiva a um frade que lê com grande concentração, demonstrando como o ódio pode conduzir à mais completa falta de empatia pela pessoa odiada, revelando-se cego e insensível ao sofrimento alheio, como se testemunhou, em escala planetária, no lançamento das bombas atômicas sobre Hiroshima e Nagasaki, no episódio de 11 de setembro de 2001, contra as torres gêmeas de Nova Iorque, e no atentado de 9 de março de 2004, na estação de trem de Madri. Não obstante tudo isso, é um sentimento tão natural e primitivo quanto a sede, o cansaço ou o amor. É uma reação ao sentimento de humilhação, quando prestígio, dignidade ou auto-estima são ameaçados; é um modo de resistir às adversidades e sobreviver às ameaças.

Quando um organismo está sujeito a uma ameaça, processam-se mudanças bioquímicas em seu interior que o preparam para reagir, lutando ou fugindo do perigo. Essas alterações se realizam através do sistema nervoso autônomo, assim denominado porque se acreditava que não estivesse sujeito ao controle do consciente. É através desse sistema que se verificam as mudanças no corpo, produzidas pelas emoções; o sistema nervoso autônomo é considerado a ponte entre o psíquico e o somático, e se divide em simpático e parassimpático. O simpático é o veículo que acelera o coração, eleva a pressão sanguínea, descarrega adrenalina no sangue e cumpre outras fases de mobilização das energias, preparando o organismo para lutar ou fugir. As batidas do coração aceleram-se a fim de bombear mais sangue para os músculos, fortalecendo-os para a luta ou fuga iminentes; os vasos sanguíneos periféricos contraem-se, elevando a pressão sanguínea – levando-nos a "empalidecer de medo" –, para manter a pressão arterial em condições de atender às necessidades emergentes. As sensações ligadas à estimulação do simpático correspondem a alguns tipos de cólera, ansiedade e medo. O parassimpático estimula as funções digestivas e as vegetativas, além de outras responsáveis pelo desenvolvimento do organismo. As sensações oriundas dessas atividades são relaxantes, confortáveis e agradáveis. As mudanças corporais induzidas pelo sistema nervoso autônomo são, com facilidade, perceptíveis pelas pessoas, como a aceleração cardíaca na sequência de um perigo; a sudorese, "suor frio", antecipatória do suor quente da atividade muscular, produzida por uma grande tensão; a excessiva recorrência miccional e dor de barriga, antes de um teste ou concurso; a inapetência antes de um discurso; a ereção dos cabelos do corpo para neutralizar o calafrio, restaurando o calor da pele, cuja ameaça de frio advém da contração dos vasos sanguíneos periféricos; a respiração torna-se mais rápida ou mais profunda, a fim de assegurar o suprimento de oxigênio em abundância, requerido pelos arquejos da forte excitação; a dilatação das pupilas para visualizar melhor o perigo, fenômeno consagrado na expressão popular "com os olhos arregalados de medo"; o fígado fornece energia, ao liberar açúcar, para alimentar a resistência na luta; uma substância é lançada na corrente sanguínea, para facilitar a coagulação e abortar o perigo da hemorragia. Essa mobilização para colocar o organismo em condições de reagir interrompe a atividade digestiva, uma vez que todo o sangue é utilizado para alimentar os músculos do esqueleto; a boca seca em razão do declínio do fluxo de saliva, proporcional à suspensão do fluxo de sucos gástricos no estômago; os músculos lisos dos órgãos genitais internos contraem-se, inibindo o desejo sexual. A tendência para o esvaziamento da bexiga e dos intestinos, conforme expressões populares chulas – mijar e cagar de medo –, tem a função de desonerar o organismo de encargos que comprometam sua sobrevivência ameaçada.

Em sua origem, essas reações exerciam o papel de proteger as pessoas contra os ataques dos animais selvagens e outros perigos. Hoje, servem ao propósito de ajustá-las às exigências do meio social.

Apesar de sua naturalidade, o ódio cobra do seu portador um elevado preço. A começar pelo modo como é visto pelas pessoas que o cercam: uma bomba que pode explodir a qualquer momento, ou uma arma carregada que deve ser evitada ou manipulada com muito cuidado.

À imediata sensação de prazer e de realização, a exteriorização do ódio tende a nos causar arrependimento e sentimento de culpa. Quando tudo passa, permanecem as cicatrizes em uma ou mais das partes envolvidas. Em redor do odiento, são muitas as vítimas em potencial, além de si próprio: familiares, companheiros de trabalho, amigos e, até, meros circunstantes.

Fonte de representações e desejos inconscientes, o ódio se apresenta com várias faces, sendo o narcisismo uma das mais salientes, à revelia de nossa percepção e cognição e do bloqueio de nosso acesso à inteligência. O narcisismo decorre da superestimação do próprio ego que não aceita a mínima ameaça ao seu egocêntrico voluntarismo. Quando sofremos um duro golpe em nosso narcisismo, a consequência pode ser uma apatia profunda, resultante de nossa incapacidade de reunir a energia necessária para dar uma resposta irada.

O corpo e o psiquismo humano formam um todo holístico e sinérgico. Nada pode acontecer em qualquer região desse todo sem afetar o resto. Os sentidos captam ondas que são transmitidas ao cérebro, onde se processam as emoções que comandam nossa conduta e sentimentos, inclusive o ódio. À guisa de mensagens, essas emoções são quimicamente transmitidas ao sistema nervoso, alterando o diâmetro dos vasos arteriais e afetando o ritmo cardíaco. Todos os órgãos e sistemas orgânicos são afetados, como o trato digestivo, os pulmões, a pele e a musculatura. Constrangida, a pessoa ruboriza; com medo, empalidece e sua frio; aterrorizada, os pêlos eriçam-se e a pele arrepia; com ódio, a pele avermelha-se. Convém lembrar que o inconsciente se rege por regras diversas das que orientam a lógica clássica, e que o raciocínio só explica os seus efeitos em caráter aproximativo. Por pensar assim, talvez, Nietzsche tenha dito, com muita razão: "Pensamos com os nossos corpos." Não é à toa que os diagnósticos médicos são facilitados, em muitos domínios, a partir do conhecimento do estado emocional do paciente. Observemos as reações raivosas de um bebê diante de qualquer carência. As crianças, como se fossem dotadas de aparelhos receptores da maior sensibilidade, percebem o que acontece à sua volta, antes mesmo de aprenderem a falar ou caminhar. Ao longo deste trabalho, poderemos usar mente e cérebro como expressões sinônimas, ainda que não o sejam, porque a mente não é o cérebro, mas quase tudo que ele faz, uma vez que o cérebro faz coisas que não se confundem com a mente, como o metabolismo e a emissão de calor.

Nisi orbe sine irae
(Não há mundo sem ira)

A verdade é que todos somos susceptíveis de nos irarmos, sentimento doloroso que nos impele a fazer alguma coisa para mitigá-lo ou eliminá-lo. Isso significa que todos estamos sujeitos a lidar com a ira alheia e a própria. Quem disser que não encontra motivos para se sentir irado será suspeito de estar mentindo, ser alienado ou haver perdido a razão, porque, uma ou mais vezes, já nos sentimos tocados pelo ódio, de um modo que recorremos ou estivemos a ponto de recorrer à agressão. Embora sejam poucos os que chegam ao assassinato pelo ódio, é raro, para não dizer impossível, encontrar quem já não tenha alimentado, por um instante fugaz que seja, o desejo de matar alguém. Apesar de sua naturalidade, o ódio gera desconforto emocional, e nos conduz a um estado de espírito com potencial perigoso. O ódio e seu consectário, a agressão, são forças destrutivas que operam no psiquismo dos indivíduos e no mundo exterior, ocasionando uma interação circular em que sofrimento físico e mental se alternam numa relação de causa e efeito. As prisões nada mais são do que diques de contenção de que se vale a sociedade (excessos autoritários à margem) para proteger-se contra os modos mais intensos da violência, enquanto um mundo de desajustes e desilusões ocorre à nossa volta produzido pelo ódio, comprometendo a paz familiar, a produtividade do trabalho e a convivência em geral. Em sua hipertrofia patológica, o ódio gera paranoia, masoquismo, apatia e depressão, estados clínicos nos quais a psicanálise encontra inúmeras afinidades eletivas. O paranóico, que opera no campo da psicose, atribui um grande papel ao ódio na formação dos seus ideais, em sua visão do mundo e em suas relações interpessoais. Quando aliado ao dever, o ódio gera intolerância. O masoquista, agente da perversão, nutre um ódio inconfessável cujo sofrimento decorrente alimenta a sua libido, sempre ávida por instaurar uma relação sadomasoquista. A apatia é uma tentativa desesperada de negar o ódio e o sofrimento que lhe é inerente. Sobre a depressão falaremos mais adiante.

AS FUNÇÕES DO ÓDIO

> *"A capacidade do homem para o mal nunca se afasta de nossa mente, e é fácil julgar que o mal simplesmente vem junto com a inteligência, como parte de sua própria essência."*
> Steven Pinker.

Quando sofre uma ação vulnerante, a célula reage com uma modificação fisiológica ou físico-química, a depender da natureza da substância que a constitui. A esse fenómeno denomina-se irritabilidade celular. Algumas substâncias possuem a propriedade de reagir a pequenas excitações, desprendendo calor e energia. O máximo dessas reações ocorre com os explosivos. Todas as formas de substância viva reagem às irritações de um modo que poderíamos considerar explosivo, porque desproporcional à agressão sofrida. Quando agredido, um corpo inanimado não reage, diferentemente de um organismo vivo que, além de reagir, poderá apresentar profundas alterações orgânicas provocadas pela agressão. Quando agredidos, os organismos vivos se defendem com os "órgãos de secreção e de movimento". A resposta agressiva ou a luta é generalizada, mas não é universalizada no mundo animal. Só raramente acontece com os invertebrados inferiores, como os moluscos e as minhocas, por não serem dotados de meios ofensivos. Entre os artrópodes ou quitinóforos, porém, a luta é a regra. A capacidade de ataque dos insetos sociais, como as abelhas, formigas e vespas, é do conhecimento geral. A temível imagem das fêmeas de certas espécies de aranha devorando o macho é, na realidade, extensível aos artrópodes dotados de meios ofensivos. As formas de irritabilidade intimamente motivadas, porém, só se apresentam nos estágios mais desenvolvidos da escala animal, sobretudo entre os vertebrados. Nesses casos, não apenas a presença, mas também a ausência de estímulos ocasiona a irritabilidade, como a impossibilidade de satisfazer as necessidades fisiológicas ou, nos humanos, a frustração real ou imaginária de um desejo. É por isso que os animais vivenciam, em caráter permanente, um estado de irritabilidade variada, maior ou menor, que os predispõe à agressividade, embora nem todos os seres irritáveis sejam agressivos (moluscos e minhocas), conquanto todos os seres agressivos sejam irritáveis.

Entre todos os animais agressivos, o homem se destaca por ser o único ambicioso, dotado da *Wille zur Macht*, vontade de poder. É, também, o único que pode, metodicamente, destruir-se e aos seus congêneres, como nas ações suicidas e nas inúmeras modalidades de extermínio a sangue-frio, desde o assassínio individual à hecatombe das quinze mil guerras até hoje contabilizadas.

Para Charles Darwin, o ódio nada mais é do que uma reação a uma ameaça, uma motivação para retaliar, que exige que o animal se excite, como meio de defesa. "Se sofremos ou achamos que estamos na iminência de sofrer uma ofensa proposital de alguém, nutrimos contra ele uma antipatia que facilmente se transforma em ódio." Enquanto não se excitar, atacando ou desejando fazê-lo, não se pode dizer que esteja com ódio. "A respiração é opressiva, o peito se alarga, as narinas se dilatam e se agitam. Não raro, o corpo estremece por inteiro. A voz é afetada. Os dentes se cerram, e os músculos são estimulados a agir, agitadamente." Essa reação, comum ao homem e aos animais, leva à crença de que o ódio é um sentimento geneticamente programado para, ao lado de outras emoções destrutivas, possibilitar a luta evolutiva pela sobrevivência. O ódio humano, porém, não é, apenas, um reflexo biológico, nem o testemunho de uma reação imediata, destinada a rechaçar o inimigo. A recordação de fatos passados, arquivados em nosso subconsciente, bem como de perigos reais e contemporâneos, pode manter acesa a chama do ódio, por muito tempo. Daí dizer-se que ódio velho não cansa. Aquele tom de voz, aquele gesto, o modo de andar, de olhar e de sorrir trai um quê de remota e indefinível animosidade. Sem que o desejemos, passamos a reagir influenciados por experiências antigas que nada têm a ver com o momento presente, num fenômeno denominado por Harry Stack Sullivan, especialista em personalidade, "distorção paratáxica" (*parataxic distortion*). É como se não estivéssemos lidando com a pessoa que se encontra diante de nós. Por isso, repetimos com o vulgo: "Quanto mais penso nisso, mais cresce o meu ódio."

Para Karen Horney, a principal função do complexo papel do ódio é manter o odiento empenhado na perseguição de objetivos inalcançáveis, em função de uma realização neurótica. Qualquer ameaça ou frustração de uma etapa dessa glória imaginária deflagra a ira que realimenta o odiento com a energia necessária para continuar perseguindo seus desejos, sendo quase infinita a variedade de modos pelos quais o ódio pode se manifestar, sem que, muitas vezes, o seu possuído tenha consciência da natureza do sentimento que o impulsiona e comanda. Estado de espírito que não se confunde com as expectativas que operam à guisa do combustível de nossa vida emocional. São elas que alimentam nossas esperanças, antecipando nossa concepção do futuro desejado. Chamamos de maturidade o desenvolvimento da capacidade humana de ajustar à realidade existencial essas expectativas, desejos e sonhos.

Nosso ódio crônico é psicologicamente justificado toda vez que buscamos e encontramos um responsável pela dor sofrida, por isso que o impulso dessa busca está na raiz da cronicidade do ódio. A percepção de que terceiros, e não nós mesmos, são os responsáveis pelo nosso ódio nos transforma em vítimas e legitima nossa reação odienta. Há um certo quê prazeroso em culpar os outros pelos nossos males, bloqueando o estresse, na medida em que nos desvia a atenção da dor sofrida e nos permite concentrar nos erros, mazelas, pecados e injustiças que se nos infligem. O problema é que o bem-estar oriundo da prática de culpar os outros pela nossa ira é passageiro, por sermos nós, e não os outros, os responsáveis pelos nossos sentimentos, bem como pela qualidade de nossas vidas. A verdade que nem sempre estamos dispostos a aceitar é que, se sofremos ou somos felizes, se realizamos nossos sonhos ou nos frustramos, se mantemos boas ou más relações com as pessoas, de tudo isso somos nós e não os outros os responsáveis porque dependente das escolhas que fazemos.

Pelo menos quatro razões explicam por que somos responsáveis pelo nosso destino, vida, sentimentos ou experiência:

1 – Ninguém como nós conhece nossas necessidades e desejos, no plano sensorial como no emocional. Por mais que terceiros nos conheçam, a percepção do que entendemos nos convenha é imbatível. A cada dia, no mundo inteiro, pessoas que vivem na mais estreita comunhão se dão conta do quanto reciprocamente se ignoram em questões tidas como favas contadas.

2 – É natural e compreensível que os outros se concentrem mais nos seus interesses do que nos nossos, pelos mesmos motivos mencionados no parágrafo anterior. Só em caráter secundário, portanto, podemos esperar que os outros se concentrem em nossas prioridades. Os casos que podem ser mencionados de auto-expropriação existencial em favor de terceiros, como os de pais e amantes extremosos, de pessoas como Irmã Dulce e Teresa de Calcutá, são exceções que confirmam a regra.

3 – As necessidades e desejos das pessoas diferem, em razão de um sem-número de peculiaridades individuais, a síntese das quais foi tão bem exposta por Abraham Maslow, em sua conhecida hierarquia das necessidades humanas, como veremos adiante. Muitos desentendimentos têm como fonte a ignorância dessa verdade elementar, segundo a qual o que é bom para algumas pessoas pode ser ruim para outras.

4 – A felicidade existencial depende da eficácia da estratégia em satisfazer necessidades e evitar a dor, princípio que exclui a responsabilização de terceiros pelos nossos males, uma vez que essa prática, em lugar de diminuir, tenderia a aumentar nossa fonte de inquietações, em razão da contundência das presumíveis reações da pessoa sobre quem lançamos a culpa.

O princípio da responsabilidade existencial, portanto, baseia-se no pressuposto de que: a) nós é que somos responsáveis pelas nossas dores; b) cabe a nós a responsabilidade de mudar nossas estratégias para melhor satisfazer nossas necessidades.

Essas conclusões conduzem ao entendimento de que o ódio é um dos vários mecanismos de que nos valemos para interromper o estresse, eliminando ou bloqueando nossa percepção de excitações físicas ou emocionais incômodas ou dolorosas. O estresse se caracteriza pela perturbação do funcionamento normal do corpo, produzida pela reação de fugir ou lutar.

O estresse pode ser *físico* ou *psicológico*.

O *físico* é oriundo de uma causa física, como um acidente, excesso de trabalho, ruído, doença.

O *psicológico* tem origem em nossa mente, sobretudo a interpretação que damos aos fatos, levando-nos a nos sentirmos pressionados, frustrados, conflitados, ameaçados ou possuídos por uma sensação de perda.

Dentre as modalidades de estresse que o ódio dissipa, destacam-se:

1 – *Ameaça*. A percepção de qualquer ameaça ao nosso bem-estar físico ou emocional provoca uma excitação que nos mobiliza para desenvolver alguma atividade redutora do estresse sofrido. Se somos atacados em nossa segurança física e emocional, é instantânea a excitação que nos mobiliza para neutralizar o ataque, vencer o medo e nos devolver a tranquilidade perdida. Para muitos, a ameaça de perder o emprego provoca mais dor e inquietação do que uma agressão física. O estresse que experimentamos quando nos sentimos dominados, controlados ou sufocados numa relação é mitigado pelo ódio que nos impele a encontrar meios de restaurar nossa autonomia e liberdade. O sentimento de abandono que marca tão fundamente as crianças não é menos impactante em muitos adultos, que chegam a se sentir ameaçados em sua própria sobrevivência.

2 – *Sensação dolorosa*. É comum a instalação do estresse sob a forma de uma dor física, como tensão muscular, ou outra sensação derivada da atividade do sistema nervoso simpático. Nessas situações, o ódio nos impele a sair da defensiva para o ataque, fazendo crescer nossa tendência de ver, em novos fatos, fontes de ódio que mantêm elevados os níveis de excitação, interferindo no que quer que façamos, desde uma exposição acadêmica ou profissional até um simples diálogo num coquetel. A superexcitação é visível na vermelhidão do rosto, na gesticulação, na irritabilidade da voz. A sudorese, a tensão nas mandíbulas, nos ombros e no abdome só cessam quando conseguimos relaxar. Toda essa ten-

são contribui para o agravamento da fadiga que constitui, por si mesma, fonte de estresse. O ácido lático se derrama nos músculos, produzindo um desconforto que, por sua vez, funciona como causa do desenvolvimento de alguma estratégia redutora da excitação vivenciada.

3 – *Emoção dolorosa*. O ódio pode bloquear as emoções dolorosas, afastando-as, por algum tempo, do nosso consciente, além de eliminar as excitações produzidas pela ansiedade, por sentimentos de mágoa, de culpa, arrependimento e outros. Quando alguém, responsável por uma criança, sacode-a e a adverte, bruscamente, por haver tomado uma iniciativa imprudente, como ir atrás de uma bola no meio do tráfego, está, na realidade, bloqueando e eliminando o medo aterrorizante de perdê-la, através do surto repentino de ódio protetor. Uma vez, porém, já tendo ocorrido a perda, o sentimento depressivo é mais sossegado, embora não menos doloroso do que o medo, nem menor o desejo de libertar-se dele. Os maus-bofes de quem perdeu um grande amor são mecanismos implementados pelo ódio para libertá-lo, ainda que, por algum tempo, da ruminante saudade do ente querido. O ódio que se apossa de nosso espírito, quando somos humilhados, exerce a função de mitigar ou eliminar a dor inerente à humilhação sofrida. Idêntica função exerce o ódio para bloquear ou eliminar a consciência do sentimento de culpa, fracasso, desvalia ou vergonha que nos assoberba.

4 – *Frustração*. O ódio pode reduzir ou eliminar o estresse nascido da frustração de não satisfazermos nossas necessidades e desejos, mediante o extravasamento catártico das excitações que nos mobilizam. O estresse, em qualquer de suas modalidades, deflagra um alarme psicológico, sinalizando que algo de errado está acontecendo. Nossa disposição de reagir é proporcional à excitação produzida pela dor experimentada. Quando vemos preterida ou adiada, pela enésima vez, aquela sonhada viagem de férias, nossa tendência natural é a de reagir, com fúria, contra o suposto responsável, tachando-o de insensível, egoísta, incompetente ou com outra adjetivação qualquer, nada lisonjeira, como mecanismo para aliviar a dor da frustração sentida. Alívio que pode

ser seguido de arrependimento, em razão de uma potencial reação retaliatória do ofendido. Outras vezes, nossa frustração nasce do que percebemos como uma violação do nosso senso estético, de ordem, liberdade, disciplina, eficência, ética, lealdade, dever, religiosidade, gratidão ou de outro valor qualquer.

A frustração inesperada ou arbitrária ocasiona mais ódio do que a que é aguardada, razão pela qual a intensidade da agressão tende a ser maior. O oposto é também verdadeiro. A alegria de quem recebe mais do que o esperado é maior do que a de quem recebe, apenas, o que espera.

Convém esclarecer que há muitos outros meios – construtivos uns, destrutivos outros – de vencer o estresse, em lugar do ódio. Longe de ser exaustiva, segue uma relação de mecanismos que cumprem essa função:

A – *Chorar*. A primeira e mais espontânea estratégia para lidar com as dores, em geral, funciona muito bem como antídoto contra o estresse, na medida em que descarrega as tensões, relaxa os músculos e facilita a comunicação do desconforto.

B – *Atividade física*. Os exercícios aeróbicos, em geral, caminhar, correr, dançar, nadar, praticar esportes.

C – *Falar do estresse*. Verbalizar a dor sentida, com alguém de confiança, ou mesmo ventilá-la, em alta voz, na solidão do quarto, da praia ou do volante, ajuda a diminuir ou mesmo eliminar a dor do estresse.

D – *Aumento da carga de trabalho*. Uma mais intensa dedicação ao objeto de nossas responsabilidades, não importando se somos trabalhadores braçais ou intelectuais, contribui para a dissipação do estresse.

E – *Exercícios de relaxamento*. Há uma grande variedade, com predominância dos orientais, a maioria dos quais de inspiração budística.

F – *Humor*. Buscar o lado picaresco, burlesco ou pitoresco da situação reduz a gravidade que atribuímos ao problema, diminuindo o estresse.

G – *Recreação*. Dedicar-se ao lazer preferido, como ler, ver filmes, jogar xadrez, opera como esponja do estresse.

H – *Fazer amor*. A atividade sexual bloqueia a consciência do sofrimento, sendo que o orgasmo representa poderoso mecanismo redutor de tensões.

I – *Agir na solução do problema*. A canalização das energias para resolver o problema causador do estresse colabora para reduzi-lo ou eliminá-lo pelo conforto que sentimos de saber que estamos indo à raiz da questão.

J – *Comunicação construtiva*. Levar à fonte causadora do estresse o conhecimento do mal-estar pode sustar o fluxo do mal-estar.

K – *Agredir superfícies macias*. Travesseiros, colchões e água se prestam, sem o risco de danos físicos, a explosões catárticas. Praticar tênis contra o paredão pode até preparar-nos para um desempenho surpreendente nos torneios de fins de semana.

L – *Música*. Nada como a música, de preferência as de ritmo lento, ouvida em estado de relaxamento, para acalmar os nervos.

M – *Repouso*. Momentos de completa e voluntária inação, ainda que breves, podem contribuir de modo relevante para mitigar o estresse e suas consequências, como a insônia ou um surto anormal de esquecimento que de efeito passam a ser causa, instalando-se, então, um círculo vicioso.

O recurso às drogas, ao álcool, a iniciativas arriscadas, ao sexo compulsivo e à prostração pode parecer eficaz na superação do estresse, mas a um custo posterior que não vale a pena pelo seu caráter autodestrutivo. Importa repetir que o ódio é, apenas, uma das muitas estratégias passíveis de vencer o estresse, figurando no rol das menos eficazes, pelo elevado ônus psicossomático que cobra, a par da intensidade desastrada com que afeta os relacionamentos. A verdade é que o recurso ao ódio só se justifica em caráter excepcional.

Pelo menos três causas influenciam na escolha das diferentes alternativas para vencer o estresse: a *predisposição fisiológica;* o *condicionamento instrumental* e o *aprendizado social*.

Consoante a *predisposição fisiológica*, nascemos com um conjunto de tendências constitucionais que condicionam algumas reações, por serem mais cômodas ou mais gratificantes do que outras.

Essas tendências, no entanto, não têm a força de alegados determinismos biológicos, na medida em que podem ser substituídas por outras reações, desenvolvidas por nossa própria vontade ou pelo meio social. A fisiologia do ódio não se processa de igual modo nas diferentes tipologias pelas quais pode se manifestar em cada indivíduo considerado, em função do sexo, idade, estado civil, ideologia política etc. O ódio que sentimos de um cônjuge do qual estamos nos separando, ou de um ente querido com o qual nos desentendemos, difere do que sentimos de nosso chefe ou subordinado imediato, ou de um companheiro de partido político e, assim, indefinidamente. É o reconhecimento dessa mutabilidade emocional que leva a psicologia e a lei a excluírem ou amenizarem a responsabilidade do odiento, quando em estado puerperal, de embriaguez, depressão e nível elevado de testosterona.

O *condicionamento instrumental* é o processo resultante do estímulo de certas reações e do desestímulo de outras tantas, na infância da vida. O voluntarismo excessivo observado em pessoas que se habituaram a conseguir o que reclamaram aos berros, desde cedo, exemplifica o *condicionamento instrumental*. Rousseau inquiriu e respondeu: "Você sabe qual é a maneira mais eficiente de fazer uma criança infeliz? Acostumando-a a receber tudo o que desejar, suas exigências serão cada vez maiores. A primeira recusa que ela vier a sofrer causar-lhe-á uma dor muito maior do que se ela tivesse aprendido que não é possível satisfazer todos os seus desejos." Uma boa regra adicional para lidar com crianças consiste em nunca fazer por elas o que elas podem fazer por si mesmas.

Outro seria o comportamento dessas pessoas se em lugar de verem atendidos seus clamores truculentos tivessem sido orientadas para a adoção de métodos mais civis de reivindicação, destronando o ódio como meio de vencer o estresse.

O *aprendizado social* compreende as habilidades e os comportamentos desenvolvidos através da imitação de modelos de conduta, em especial dos maiores, dos pares e de personalidades admiradas. O desejo de ser como o modelo leva-nos a introjetar seus modos de agir e reagir diante das provocações da vida. Não raro, o recurso ao ódio como mecanismo para vencer o estresse resulta da ação combinada de dois ou de todos esses três fatores. Todavia, sempre haverá outras alternativas mais eficazes e mais convenientes. Em muitas situações, a manifestação da cólera opera como uma desculpa para implementar uma decisão já tomada.

De um modo geral, as pessoas que com mais frequência lidam com o ódio são os pais, professores, psicoterapeutas e todos os que vivem experiências conflituosas. As abordagens sugeridas por elas para lidar com o ódio diferem muito. Enquanto algumas propugnam pela supressão do sentimento, outras advogam seu extravasamento. E cada grupo apresenta um vasto rol de êxitos que justificam a continuidade do seu método preferido.

Embora o ódio seja, apenas, um dos mecanismos de que a inveja se vale para extravasar sua dor – distintos entre si, portanto –, os dois sentimentos são, por equívoco, a toda hora, confundidos. Diz-se com frequência: "Eu tenho uma raiva daquele sujeito!", o que pode ser verdadeiro, ainda quando a expressão correta fosse a inconfessável declaração: "Eu sinto uma inveja daquele sujeito!", por ser a inveja a causadora da cólera sentida. Ainda que a inveja não conduza, necessariamente, ao ódio consciente, nem o ódio decorra apenas da inveja, o invejoso odiento preferirá, sempre, dizer que a raiva que sente origina-se de outras causas, nunca da inveja. Com efeito, o incessante ódio decorrente da inveja é o mais difícil de lidar porque o odiento tudo fará para disfarçar sua origem, negando-a ou adulterando-a. Para dificultar ainda mais a compreensão e os modos de lidar com as condutas produzidas pelo ódio gestado pela inveja, é muito reduzida, quase inexistente, a literatura sobre a questão.

A farta bibliografia existente sobre as causas da violência não diz nada sobre as agressões oriundas da inveja. É oportuno salientar que, embora frequente, não há uma relação necessária entre ódio e agressão física, emocional ou verbal.

Do mesmo modo que há agressão sem origem no ódio, há ódio que não resulta em agressão, porque o desejo de ofender o odiado não se realiza quando o odiento conclui que de sua agressão resultar-lhe-á um mal ainda maior. As guerras modernas, motivadas por questões políticas ou econômicas, como a recente do Iraque, em que não se desejava vitimar inocentes civis, são o exemplo maior de agressão sem ódio. Dados obtidos a partir da guerra da Coreia revelam que metade da tropa americana, mesmo treinada para odiar o inimigo, volta dos campos de batalha sem realizar um disparo sequer. Talvez, porque, como explicou diante de uma corte marcial o soldado, personagem do escritor judeu Sholem Aleichem, essas tropas, treinadas para atirar quando vissem o inimigo, deixaram de fazê-lo, porque "só viram pessoas". O ódio nasce depois, ao longo da refrega, do sofrimento e da formação das vítimas. Com a crescente redução do contato físico entre os litigantes, ficou mais fácil acionar o gatilho, mesmo não havendo ódio, pelo caráter virtual que as modernas tecnologias imprimem aos conflitos.

Não obstante ser socialmente condenada, a agressão traz implícita a promessa instrumental de produzir uma mudança restauradora da segurança e da auto-estima, e redutora da ansiedade do agressor. Por isso, a agressão humana tende a se constituir numa reação aprendida, racionalizada, e o nível de agressividade dos indivíduos a corresponder às suas crenças sobre o caráter transformador que a agressão exerce nas situações que deseja ver modificadas, mas ao abrigo da repulsa social, embora a agressividade seja uma herança genética destinada a aumentar as possibilidades de sobrevivência. Os estudos realizados com ratos pelo fisiologista russo Ivan Petrovich Pavlov, Nobel de medicina de 1904, popularmente conhecidos como *reflexos condicionados*, são igualmente aplicáveis aos humanos. A negação social da legitimidade do ódio pode levar a preferirmos nos machucar a alma, a assumirmos o ódio contra quem a sociedade entende seria nosso dever amar. Como saída para a dúvida sobre se o ódio que sentimos é legítimo ou não, cultivamos o mau hábito, inoculado em nós pela sociedade, de ocultarmos nosso ódio e denunciar o dos outros.

Essa tendência à racionalização da agressão acompanha o processo evolutivo dos indivíduos e dos povos. Quanto mais educados, mais racionais. A legitimação da agressividade, portanto, é componente substantivo da ideologia do agressor. Quando ultrapassa certos limites, a agressão assume caráter marginal e é repreendida pela sociedade e/ou punida pela lei. A agressão pode produzir resultados distintos e até mesmo antagônicos. Enquanto, em alguns casos, pode produzir redução da ansiedade, em outros pode piorar, ainda mais, a situação, conduzindo ao aumento da ansiedade e do ódio e à mais completa deterioração do cenário que se desejava modificar, consolidando-se, assim, a fonte de um novo e aumentado ciclo de ódio. Quando o odiento avalia que sua agressão foi desproporcional à ofensa sofrida, a resultante pode ser um sentimento de culpa pelo excesso praticado. Essa premissa nos conduz à conclusão de que a redução da agressividade pode resultar de um sentimento de culpa. Quando sublimada, a agressão pode ser liberada através de mecanismos fantasiosos, como o masoquismo, o martírio e o suicídio. Freud sustentou que o suicídio pode ser o impulso de matar alguém, materializado pela pessoa contra si mesma, percepção verbalizada pelo psicólogo Edwin Shneidman como sendo assassinato em 180°.

É inegável a importância do papel exercido pela fantasia em nossas vidas. Através dela, podemos realizar grandes sonhos, pela manipulação livre de pessoas – conquistando as mais desejáveis – e de coisas, tendo os bens materiais que quisermos. A fantasia, portanto, ao restaurar nossa percepção de poder e de autonomia, colabora para reduzir ou diminuir as mágoas, frustrações e desenganos que acumulamos em nossa rotina existencial.

Os autores que tratam dessa questão reconhecem que um número grande de indivíduos atua, em casa como no trabalho, dominado por um eventual, constante ou difuso sentimento de rancor. Reconhecem, também, que podem ser ilimitadas as fontes de sua iracúndia, a exemplo de maus-tratos na infância, traumas de relacionamento, deficiências psicológicas, injustiças sofridas, irritação produzida por colegas de trabalho, gerentes e diretores, ambiente empresarial indiferente às circunstâncias peculiares a cada empregado, etc. Analisam, igualmente, várias modalidades de ira: a justificável, a patológica, a produzida por figuras autoritárias, a verbal, a controlável, a que marca posição, a auto-frustrante, a criminosa, a defensiva, a saudável, a nascida do presente, a nascida do passado, a catártica, a libertária, a vingativa, a inconfessável... Comum a toda essa variada tipologia é o fato de que a ira nasce de um contexto que reputamos injusto.

Entre os autores, é uniforme o entendimento de que o ódio não tem existência autônoma, antes se manifesta como o desdobramento de outros sentimentos, combinando ou interagindo com eles, como dor, inveja, ameaça, medo, pesar, frustração, piedade, amor, arrependimento, remorso, cobiça, ciúme, alegria, vergonha, culpa, tristeza, ressentimento e humilhação.

As múltiplas causas da ira contêm elementos comuns, com os quais somos treinados para conviver, tais como: ameaça, humilhação, injustiça e frustração, causas que reduzem o sentimento de segurança e auto-estima, estado que sinaliza que algo está errado.

O modo de lidar com a ira depende, também, de nosso estado de humor e do nosso temperamento. Segundo o psicólogo Paul Ekman, respondendo ao Dalai Lama, o humor dura horas, um dia no máximo, enquanto o temperamento corresponde a uma disposição de espírito duradoura, ainda que não eterna, parcialmente herdado e parcialmente condicionado pela criação e pela experiência. Como a satisfação com a vida depende mais do humor e do temperamento das pessoas do que de suas condições objetivas – de saúde e bem-estar material –, não deve estranhar, como exemplo, que paraplégicos e pessoas de baixa renda apresentem humor e temperamento equivalentes, quando não superiores, aos de atletas e milionários. Essa constatação não deve conduzir à crença precipitada de que a felicidade humana está sujeita a um determinismo biológico, como analisaremos ao longo deste estudo.

O ódio pode ser analisado sob a tríplice ótica: biológica, psicológica e social.

Alguns autores avaliam que a finalidade do ódio se desdobra em três vertentes. Em primeiro lugar, acentua a percepção de nosso sentimento e evita a perda da auto-estima. Em segundo, liberta-nos da frustração. Em terceiro, ajuda-nos a recobrarmo-nos da violação sofrida pelo nosso sentimento de justiça. Sobre a inveja esses mesmos autores não têm uma palavra sequer. A omissão é compreensível porque está em perfeita sintonia com o viés que a sociedade humana tem desenvolvido de silenciar sobre a inveja como um dos movedores principais de sua ação.

A contabilidade do ódio

Quando inquiridas sobre que consequências ou reações o sentimento do ódio provoca, as pessoas mencionam um extenso rol de percepções negativas ou aflitivas, tais como: violência, abuso, lágrimas, sofrimento, mágoa, estresse, incômodo, deconforto, tristeza, fuga, ressentimento, rejeição, arrependimento, impotência, dor, descontrole, perda, solidão, inadequação, ofensa, ferimento, desvalia, frustração, medo, culpa, destruição...

A publicação norte-americana *U.S. News and World Report*, em sua 12ª edição de 1993, revela que no ano de 1992 subiu a 111.000

o número de incidentes violentos denunciados no ambiente de trabalho, com um saldo de 750 mortes e um custo para as empresas da ordem de 4,2 bilhões de dólares, sendo o custo humano ainda maior. A avaliação é de que essa parte visível é, apenas, a ponta do iceberg, porque nos Estados Unidos, como em qualquer lugar, as estatísticas relativas à violência praticada nos locais de trabalho cobrem apenas os episódios denunciados, remanescendo fora do alcance do conhecimento público uma gama enorme de ocorrências, sobretudo as que envolvem pouca ou nenhuma ofensa física, cobertas pelo sigilo e discrição, não obstante seu caráter lesivo, tanto material quanto emocionalmente. Na última década do século XX, dobrou o número de homicídios no ambiente de trabalho em comparação com a década anterior, figurando como a primeira causa da morte de mulheres e a terceira de homens, e os números não param de crescer. Noventa por cento desses homicídios são praticados por homens contra dez por cento por mulheres. Cinco por cento dos trabalhadores sofrem agressões físicas, a cada ano, dezesseis por cento, agressões sexuais, e um terço, agressões verbais. Como o ódio oblitera a capacidade de julgar com isenção, os prejuízos sofridos pelas organizações, oriundos de erros de julgamento que o ódio produz, sobem a valores estratosféricos. Embora não haja dados estatísticos confiáveis para permitir a quantificação dos atos de violência produzidos por cada uma das diferentes causas, parece-nos fora de dúvida que ao ódio gerado pela inveja cabe a liderança nessa corrida de mau gosto, tanto em número de casos quanto na intensidade das agressões, bem como no montante dos prejuízos materiais que acarreta.

    Não obstante o entendimento geral atribuir valor, predominantemente, negativo à ira, reconhece-se, por outro lado, seu potencial valor positivo desde que utilizada de modo construtivo, ou seja: desde que o odiento aprenda a domá-la, controlando seus modos de expressão, porque, em essência, o que compromete a ira é sua incapacidade de produzir uma resposta proporcional à ação que a causou. A ira decorrente da inveja, porém, pelo seu caráter destrutivo, não desfruta de potencial valor positivo.

    Há, até mesmo, o conceito de cólera santa ou divina, cujo símbolo maior, no Ocidente, é a saga de Cristo, de chicote na mão, vergastando os vendilhões do Templo. Invulnerável ao medo, Deus não o é em relação ao ódio, como o demonstram os episódios de

Sodoma e Gomorra e do Mar Vermelho. No Levítico, capítulo 26, versículos 16 a 18, Ele ameaça: "Eu também vos enviarei terror, exaltação e febre que vos consumirão os olhos e destruirão vossas almas." Inspirado no tema, Rui Barbosa escreveu algumas páginas imortais em sua famosa "Oração aos Moços". Vale a pena transcrever linhas desse monumento de retórica moral:

"Bem pode haver ira, sem haver pecado... E às vezes poderá haver pecado, se não houver ira... A virtude da mansidão compreende dois atos: um é reprimir a ira, quando é desordenada; outro excitá-la, quando convém... Nem toda ira, pois, é maldade; porque a ira, se, as mais das vezes, rebenta agressiva e daninha, muitas outras, oportuna e necessária, constitui o específico da cura. Ora deriva da tentação infernal, ora de inspiração religiosa. Comumente se acende em sentimentos desumanos e paixões cruéis; mas não raro flameja no amor santo e da verdadeira caridade. Quando um braveja contra o bem, que não entende, ou que o contraria, é ódio iroso ou ira odienta. Quando verbera o escândalo, a brutalidade, ou o orgulho, não é agrestia rude, mas exaltação virtuosa; não é soberba, que explode, mas indignação que ilumina; não é raiva desaçaimada, mas correção fraterna. Então, não somente não peca o que se irar, mas pecará, não se irando. Cólera será; mas cólera da mansuetude, cólera da justiça, cólera que reflete a de Deus, face também celeste do amor, da misericórdia e da santidade. Dela esfuzilam centelhas, em que se abrasa, por vezes, o apóstolo, o sacerdote, o pai, o amigo, o orador, o magistrado. Essas faúlhas da substância divina atravessam o púlpito, a cátedra, a tribuna, o rostro, a imprensa, quando se debatem, ante o país, ou o mundo, as grandes causas humanas, as grandes causas nacionais, as grandes causas populares, as grandes causas sociais, as grandes causas da consciência religiosa. Então a palavra se eletriza, brame, lampeja, atroa, fulmina. Descargas sobre descargas rasgam o ar, incendeiam o horizonte, cruzam em raios o espaço. É a hora das responsabilidades, a hora da conta e do castigo, a hora das apóstrofes, imprecações e anátemas, quando a voz do homem reboa como o canhão, a arena dos combates da eloquência estremece como campo de batalha, e as siderações da verdade, que estala sobre as cabeças dos culpados, revolvem o chão, coberto de vítimas e destroços incruentos, com abalos de terremoto. Ei-la aí a cólera santa! Eis a ira divina! Quem, senão ela, há de expulsar do templo o renegado, o blasfemo, o profanador, o simoníaco? Quem, senão ela, exterminar da ciência o apedeuta, o plagiário, o charlatão? Quem, senão ela, banir da sociedade o imoral, o corruptor, o libertino? Quem, senão ela, varrer dos serviços do Estado o prevaricador, o concussionário, e o ladrão público? Quem, senão ela, precipitar do governo o negocismo, a prostituição política, ou a tirania? Quem, senão ela, arrancar a defesa da pátria à cobardia, à inconfidência, ou à traição? Quem, senão ela, ela a cólera do celeste inimigo dos vendilhões e dos hipócritas? A cólera do justo, crucifixo entre ladrões? A cólera do verbo da verdade, negado pelo poder da mentira? A cólera da santidade suprema, justiçada pela mais sacrílega das opressões? Todos os que nos dessedentamos nessa fonte, os que nos saciamos desse pão, os que adoramos esse ideal, nela vamos buscar a chama incorruptível. É dela que, ao espetáculo ímpio do mal tripudiante sobre os reveses do bem, rebenta em labaredas a indignação, golfa a cólera em borbotões das fráguas da consciência, e a palavra sai, rechinando, esbraseando, chispando como o metal candente do seio da fornalha. Esse metal nobre, porém, na incandescência de sua ebulição, não deixa escória. Pode crestar os lábios, que atravessa. Poderá inflamar por momentos o irritado coração, de onde jorra. Mas não o degenera, não o macula, não o resseca, não o caleja, não o endurece; e, no fundo são da urna onde tumultuavam essas procelas, e onde borbotam essas erupções, não assenta um rancor, uma inimizade, uma vingança. As reações da luta cessam, e fica, de envolta com o aborrecimento ao mal, o relevamento dos males padecidos."

Sobre a ira produzida pela inveja nenhuma dessas palavras pode ser dita. Toda essa impetuosa cachoeira de verdade alude à ira originada do ressentimento que, como se sabe, é uma reação legítima contra um ato percebido como injusto. É verdade que a inveja sofisticada costuma cobrir-se com o manto da indignação legítima para contar com a referenda social, dificultando, sobremaneira, sua identificação e distinção de outras causas. Observe-se, no entanto, que, para ser justa, santa, ou merecedora de outra qualificação construtiva qualquer, a cólera não pode ser do tipo que irrompe numa velocidade que torpedeia nossa visão da realidade. É necessário que sua instalação seja precedida de uma energia forte que nos estimule a reagir contra uma situação considerada objetivamente injusta, e não como produto de uma aflição espiritual.

A avaliação da ira como uma emoção condenável comporta graus de intensidade variável. Enquanto a ira produzida por uma injustiça, quando não suscita aplausos, conta com a mínima condenação, a gerada pela inveja é condenada com intensidade máxima, fator contributivo do fortalecimento do seu caráter inconfessável. O resultado é que as diferentes causas da ira podem ser verbalizadas, com graus de abertura variada, à exceção da inveja, sempre escamoteada, porque irremissivelmente condenada pela sociedade. Por essa razão, os indivíduos podem ser orientados ou mesmo educados para lidar com a ira produzida por diferentes causas, exceto pela inveja sobre a qual ninguém fala, parecendo existir um pacto siciliano de silêncio absoluto, o que enseja seu sub-reptício alastramento.

Como se vê, as origens da ira são tão complexas quanto sua natureza que se desenvolve nos já aludidos planos social, psicológico e biológico. A perspectiva social da ira nos permite identificá-la como oriunda do aprendizado convivial. Essa perspectiva nos informa certos tipos de ameaça, orienta nossa interpretação dos fatos e instrui nossas reações. A perspectiva psicológica contribui para definir os vários modos como vivenciamos nossa própria existência em suas diferentes dimensões, permitindo detectar, inclusive, a influência de fatores pré-natais, através de experiências vividas pela mãe. Por último, a ira pode ser estudada do ponto de vista de sua causação fisiológica que nos impele a agir, reagindo.

Compreender o mecanismo funcional da cólera e os modos de agressão que dela podem resultar é pré-requisito para mantê-la sob controle, inclusive quando oriunda da inveja, a sórdida vilã, que todo mundo sabe, embora fingindo ignorar, que realiza, sem trégua, seu trabalho de sapa e destruição, sob o manto protetor da omissão geral. Se fosse possível contabilizar os prejuízos materiais causados pela inveja silenciosa dentro e fora das organizações, chegar-se-ia a números de estarrecer.

Mente primitiva e mente moderna

O cérebro humano é composto por três áreas responsáveis pelos níveis mais elevados do processamento neural. Uma é chamada de córtex associativo parieto-têmporo-occipital, situada no ponto de junção desses três lóbulos, na área em volta da orelha. Outra é o córtex associativo pré-frontal, formada pela amplitude da área anterior ou dianteira dos lobos frontais, inclusive a região abaixo da testa. A terceira é o córtex associativo límbico, composto das áreas mais antigas, alinhadas com a face interior e com a base dos hemisférios cerebrais, inclusive o córtex orbito-frontal.

As áreas mais antigas do cérebro, comandadas pelo sistema límbico, integram o que se denomina sistema neural primitivo, responsável por nossas emoções básicas, vinculadas à reprodução e à sobrevivência, como a alegria, o medo e o ódio. Sabemos que o ódio e o medo localizam-se, do ponto de vista neurológico, na parte inferior do cérebro, que é estimulada pela parte superior a identificar perigo ou ameaça. As duas áreas neuroniais se comunicam através de meios químicos e hormonais, sendo de origem genética a predisposição para reagir com alguma violência.

Psicólogos apontam sete características principais da mente primitiva. São elas: 1. a associação de ideias ou pensamento associativo; 2. a generalização de idéias ou de pensamentos; 3. o pensamento categórico; 4. o pensamento personalizado; 5. o pensamento fixo no passado ou no presente; 6. memória seletiva e 7. reações de estado específico.

> 1 – Em razão do pensamento associativo, tendemos a emprestar sentido permanente ao que, na realidade, é circunstancial e tópico, como as fontes que alimentam as superstições ou tabus. Como em duas ou mais ocasiões nosso time ganhou quando usávamos uma determinada camisa, atribuímos, então, a vitória ao uso daquela peça do vestuário. Se nosso time perde quando comparecemos ao estádio, associamos a derrota à nossa azarada presença, e assim por diante. Cabe à função analítica de nosso sistema neural avançado libertar-nos desse preconceito.
>
> 2 – A tendência de generalizarmos a partir de experiências isoladas advém da pequena capacidade de entendimento de nosso sistema neural primitivo. Se o pneu de nosso carro furou quando não portávamos o estepe, ou quando dirigíamos por uma estrada deserta num dia chuvoso, na próxima vez que dirigirmos sem o pneu sobressalente ou por uma rodovia isolada seremos perseguidos pelo receio de nova pane iminente, a menos que sejamos salvos pela capacidade reflexiva de nosso sistema neural avançado ou mente moderna. O ódio crônico que se instala entre comunidades,

em função de etnia, religião, ou outro traço cultural, nasce dessa primitiva tendência de generalizarmos as exceções.

3 – O pensamento categórico tem caráter binário: sim/não, bonito/feio, amigo/inimigo, bom/mau, nós/eles. É tarefa do sistema neural avançado evitar, controlar ou dissipar esse primário maniqueísmo.

4 – O pensamento personalizado responde pela exacerbação de nosso egoísmo ou apetites. Afinal de contas, sem cada um de nós, o mundo sequer existe. Nossa irada reação a críticas é comandada pela mente primitiva, que vê nelas uma ameaça a nossa segurança e sobrevivência. É por isso que apreciamos tanto o afago dos elogios. Só o desenvolvimento do sistema neural avançado é capaz de possibilitar aos indivíduos seguros conviverem com as críticas, tirando partido delas.

5 – Como a mente primitiva vive em função das imediatas necessidades do presente e dos reflexos condicionados pelas experiências do passado, nossa tendência natural é a de reagirmos ao aqui e agora. Sem a intervenção de nossa mente avançada não poderíamos planejar o futuro, como é próprio dos indivíduos e dos povos mais desenvolvidos.

6 – Nossa mente primitiva, ao contrário da avançada, tende à fixidez da seletividade obsessiva. A flexibilidade de alterarmos estados de espírito, como sendo autoritários com os subordinados e dóceis com o chefe, própria do sistema mental desenvolvido, é incompatível com a mente primitiva. Quando dominados por um pensamento obsedante, excludente de todas as outras possibilidades, como é característico dos estados depressivos agudos e de ódio crônico, estamos sob o controle de nossa mente reptiliana ou dinossáurica.

7 – As reações de estado específico se caracterizam pelo condicionamento de nossa capacidade reativa aos humores e exigências do momento. Quando estamos com fome, só não avançamos sobre a primeira porção de comida com que nos depararmos, consoante os estímulos advindos de nossa mente primitiva, porque contamos com a providencial interferência de nossa mente avançada. Uma vez, porém, ultrapassado o limite de tempo suportável pelo sistema neural avançado, a mente primitiva volta ao domínio da situação, impondo-nos a satisfação imediata de nosso apetite, seja qual for o preço a pagar.

Cada sistema tem sua visão peculiar do mundo. O primitivo tem suas reações condicionadas pelos imperativos da reprodução e sobrevivência, caracterizadas pela imediatidade e rapidez ditadas pelas oportunidades do momento. O avançado, complexo e sofisticado, obedece a um elenco infinito de possibilidades, podendo-se dizer que não há dois indivíduos com sistemas iguais, à diferença do primitivo, sujeito ao determinismo original de nossos avoengos répteis. Todo processo cultural e civilizador é obra do sistema neural avançado. A conduta humana reflete a disputa permanente em seu ânimo dessas motrizes antagônicas. É através do córtex orbitofrontal, a parte mais desenvolvida do córtex associativo límbico, que a mente avançada controla ou suprime os impulsos da mente primitiva. Observe-se, porém, que, enquanto o sistema primitivo é dotado de uma capacidade efetiva, sempre pronta para manifestar-se, a capacidade do sistema neural avançado tem valor apenas potencial, ou seja: para efetivar-se, é necessário que cada um de nós a mobilize, em função de fatores múltiplos, como o treinamento, a vontade, a inteligência e valores. É por isso que as religiões reconhecem que nossa vida mental se resume à luta permanente entre os desejos e a consciência, esse atributo marcante da condição humana que todos intuímos o que seja, mas que não sabemos definir.

O modo pelo qual reagimos a sentimentos, como ao ódio, reflete o padrão de convivência dos dois sistemas. Enquanto o ódio, gestado pela mente primitiva, deita raízes no passado, o otimismo e a confiança, que são construções do sistema avançado, sintonizam-se com o futuro.

A CONTENÇÃO DA IRA

> *"Terás o poder de baixar às criaturas inferiores ou brutas.*
> *Terás o poder de te alçares ao mais alto, ou divino,*
> *de acordo com os ditames do teu intelecto".*
> Pico della Mirandola (1463-1494)
> *De hominis dignitate oratio*

Podemos subdividir a extensa tipologia dos odientos em três gêneros fundamentais, dos quais os outros defluem: 1°, os que se iram com facilidade; 2°, os que se iram medianamente e 3°, os que dificilmente se iram. Quanto ao tempo de reação, cada uma dessas três categorias se subdivide em duas espécies: a que reage logo e a que se dá um tempo, antes de reagir.

Os que se iram com facilidade, e reagem prontamente, vivem às turras. Sua vida, marcada por contínuos conflitos, é uma crise permanente.

Os que se iram em tempo normal e reagem prontamente se equiparam aos que se iram com rapidez, mas se dão um tempo para reagir. Esses têm uma navegação existencial mediana, nem turbulenta nem pacífica.

Os que se iram normalmente, e se dão tempo para reagir, integram a elite dos emocionalmente aptos, ao lado dos que, reagindo imediata ou demoradamente, se iram com vagar.

Essa tentativa de classificação de êxito existencial tem valor estatístico, apenas, uma vez que a reação mais conveniente não pode ser definida *a priori*, por depender, sempre, do cenário em que o ódio se desenvolve.

O equívoco mais comum quando nos referimos aos sentimentos é o de reificá-los, tratá-los como se fossem coisas, quando, na realidade, as emoções são uma reação complexa, composta de três elementos: um elemento *cognitivo*, um *físico*, e um *subjetivo*. Instalam-se as emoções quando se percebe que uma necessidade foi satisfeita ou ameaçada, ou quando ocorre uma perda. Uma vez deflagradas, as emoções nos impelem a agir.

A *cognição* diz respeito aos processos mentais. A *psicologia cognitiva* lida com os modos de pensar e processar mentalmente as informações. É por isso que o modo de pensar e processar informações depende do nosso estado de espírito. Nossos pensamentos conscientes e inconscientes são moldados por nossas emoções, ao tempo em que exercem grande influência sobre elas.

O elemento *físico* – que responde pelas reações fisiológicas, já analisadas, e por nossa expressão facial, que estudaremos adiante –, é obra do nosso sistema neural primitivo, e condiciona nossa reação de lutar ou fugir.

O componente *subjetivo*, por imensurável e inefável, como a consciência, constitui um campo amplo de especulações e pouca ou quase nenhuma prova. Nem por isso é menos expressivo o seu significado.

À maneira peculiar de cada pessoa extravasar suas emoções denominamos, de modo abrangente, temperamento. Apesar de o temperamento representar um processo, uma síntese dos sentimentos, de caráter intangível, a tendência universal, verificada na linguagem popular como na erudita, é a de reificá-lo, materializá-lo, coisificá-lo, concretizá-lo. Foi assim com Platão, Shakespeare e Freud. Tem sido assim com o engraxate, o lojista e o professor. Há psiquiatras que se referem ao ódio como uma quantidade imutável de energia alojada em nosso interior que, uma vez cutucada ou alfinetada, aflora sob mil formas, como neuroses, reações físicas ou verbais, pesadelos, dores de cabeça e estomacais, paralisias, depressões. Não estranha, pois, que usem expressões do tipo "extirpar a ira" ou "desenterrar o ódio", como se se tratasse de coisa física, tangível. As pessoas dizem que têm ou estão com raiva, estabelecendo, de modo equivocado, uma sinonímia inexistente entre os verbos estar e ter. Na linguagem coloquial, também, reduzimos a uma única expressão uma vasta gama de sentimentos odientos, nivelando a irritação que sentimos pelo simples atraso de um transporte a uma injustiça perversa, e colocando no mesmo cesto sentimentos como tédio, ansiedade, irritação, ressentimento, frustração e o próprio ódio. Até escritores e psicanalistas pop surfam esta onda. Ao fazê-lo, esses psicanalistas argumentam que seu ofício não está voltado para a pesquisa científica, mas para a arte de curar, a partir da anamnese proporcionada pela participação ativa dos pacientes. Esta supersimplificada e, por muitos, criticada generalização, de extrapolar, para todas as pessoas, certos achados da psicoterapia, pode, paradoxalmente, em função da escola psiquiátrica, criar o mal que está sendo diagnosticado, ou seja: o problema diagnosticado refletir o olho do observador, como ocorre na percepção da beleza.

A verdade é que há ódios e ódios, exercendo diferentes impactos sobre nossa saúde física e mental, e requerendo, por isso, distintas abordagens e/ou terapêuticas. A supressão da ira, por exemplo, que, em algumas situações, poderia acentuar o stress e malestar, em outras pode representar a melhor opção.

Para a contenção dos seus efeitos perniciosos, o primeiro e fundamental passo é o reconhecimento da naturalidade do sentimento ocasional da ira, rancor, cólera, raiva, ou ódio, expressões todas essas aqui consideradas como de perfeita sinonímia, independente de qualquer valoração positiva ou negativa: bom-mau, certo-errado.

Quanto à intensidade, o sentimento comporta gradações. Mira y López anotou seis estágios: o mais brando seria um suave sentimento de exaltação, ou disposição de agir com firmeza contra o que nos desagrada; o segundo grau consistiria num protesto interior decorrente de uma sensação de ofensa que nos encaminharia para o terceiro estágio, o da rebelião pessoal, passo inicial da disposição de agir ofensivamente; o quarto grau caracterizaria a ira desenfreada, instalando-se quando apresentamos uma reação maior do que a ofensa sofrida; no quinto, denominado raiva, a ira já se apossou de nós, correspondendo ao pânico, na escala de intensidade do medo, quando já perdemos o domínio sobre nossas reações. Por derradeiro, atingimos o estado de fúria quando, além da perda de controle sobre nossos atos, perdemos também a consciência deles. É na aceitação dessa possibilidade que se apoia a legislação penal da maioria dos povos para atenuar ou isentar de responsabilidade certos atos praticados sob o domínio de forte ou arrebatada emoção.

As pessoas devem ser encorajadas a não se vexarem quando possuídas, de vez em quando, pela cólera. O estado físico, emocional e mental de todos resulta de uma infinita combinação entre as causas que promovem a doença e a saúde. Quando se diz que alguém está são ou doente, a afirmação reflete a predominância de um desses dois conjuntos de fatos. É normal e saudável sentir raiva. O esforço de fingir que não sentimos ódio é emocionalmente desgastante. Devemos, no entanto, saber que um estado de ódio permanente ou uma permanente disposição para reagirmos com iracúndia às coisas que nos sabem desagradáveis reflete um quadro de desajuste emocional que precisa ser tratado com urgência e cuidado. Muitas vezes, é inveja a causa desse estado de rancor crônico.

O ódio não é uma perturbação de causa única, ou monogenésica. É, antes, um processo, um relacionamento, um meio de comunicação. Por isso, à exceção dos produzidos por anomalias psicossomáticas, os episódios protagonizados pelo ódio são eventos sociais cuja importância varia em razão das expectativas alimentadas pelos vários protagonistas envolvidos. Para a compreensão da ira, importa conhecer tanto o seu conteúdo quanto as crenças que temos sobre ela, bem como a interpretação que damos às vivências sob sua influência. Nossa tendência a emprestar sentido aos nossos atos e emoções nos leva a aceitar aquele que guardar maior harmonia com nossos valores, necessidades e imagem. É essa complexidade que, não raro, bloqueia a percepção de que estamos irados, a ponto de rejeitarmos, com indignada rispidez, as insinuações e conselhos de terceiros observadores, inclusive entes queridos, de que estamos agindo sob a ação do ódio.

Na medida em que se educam para reconhecer o sentimento da cólera e identificar suas origens, os indivíduos aprendem a tirar partido dele, colocando-o a serviço da razão, sem o contrapeso de ansiedades e frustrações maiores. A utilização da ira como um agente de mudança eficaz exige o conhecimento do mecanismo através do qual as relações humanas se processam. A explosão de cólera que, no momento, nos dá um certo alívio, e mesmo prazer, costuma revelar-se ineficaz quanto às mudanças almejadas, quando não produz um agravamento, ainda maior, dos males que desejaríamos reduzir ou anular. A prática demonstra que na maioria dos casos a eliminação das fontes da ira depende muito mais de uma atitude calma e refletida, função do sistema neural avançado, do que de reações destemperadas, a cargo do sistema neural primitivo. Se um bom relacionamento com as pessoas já é difícil, mesmo quando estamos no melhor de nossa disposição e comando, é de avaliar-se a quanto podem subir as dificuldades quando saímos de nosso eixo emocional. Uma vez irados, além de não sermos capazes de avaliar, com a necessária objetividade, o comportamento da fonte externa causadora de nossa ira, perdemos a noção do papel que podemos e devemos desempenhar na relação concreta, em curso. É antigo e universal o entendimento de que não é sábio tomar decisões ou mudar um relacionamento quando nos encontramos sob o guante de ira intensa. Obliterados em nossa capacidade de pensar e decidir, quando em estado de ódio, terminamos por renunciar a valores irrenunciáveis e culminamos por nos constituir na maior vítima da nossa conduta mal refletida. Não há desafio maior, não há prova mais forte da nossa maturidade psicológica do que o domínio exercido sobre nossa conduta quando estamos dominados pelo ódio. Por isso, a sabedoria popular cunhou a expressão, "a cólera é cega". A antiga suposição da existência de uma bile negra e sua associação com o ódio advêm da crença de ser este um sentimento escuro. Atento ao poder perturbador do ódio, Gandhi nos deixou este conselho: "Para que a marcha em busca da verdade triunfe, é indispensável que o ódio, o egoísmo, a vingança e demais sentimentos afins abram passagem. Um homem, por mais imbuído que seja de boas intenções e da capacidade de expressá-las, nunca alcançará a verdade se estiver mobilizado por paixões." Quatro séculos antes de Gandhi, Michel de Montaigne advertia: "Para agir corretamente, nunca deveríamos castigar nossos servos, enquanto durar nossa ira... As coisas mudam de significado quando nos acalmamos." Na mesma linha, um pouco depois de Montaigne, René Descartes ponderava: "A principal função da prudência, do autodomínio, é nos ensinar a sermos mestres de nossas paixões, controlando-as e guiando-as, de modo a tornar toleráveis os males que nos acarretam, e permitir-nos, até, extrair felicidade delas." Numa palavra: deveria ser motivo de vergonha ter pavio curto.

Uma vez tomada a decisão de nos libertarmos do jugo da ira, o primeiro passo consiste em trabalhar nossa mente no sentido de excluir terceiros da responsabilidade pelos nossos sentimentos, assumindo-a, plenamente. É evidente que casos extremos refogem a esses limites. Há situações em que a ira funciona como o combustível indispensável e redentor que nos induz à única reação capaz de preservar nossa integridade física e psicológica. É o caso, por exemplo, da defesa de nossa própria vida ou de nossos entes queridos em face de um ataque violento e iminente. É necessário, portanto, seguir a lição que Sócrates nos legou, colhida do frontispício da casa do oráculo Delfos, no século V antes de Cristo: *"Conhece-te a ti mesmo"*, ponto de partida para o conhecimento da alma dos outros e do próprio mundo em que habitamos. Vinte séculos mais tarde, Spinoza aduziu que, à proporção que uma emoção seja conhecida por nós, maior será nossa capacitação para submetê-la ao controle de nossa mente, pondo-a a serviço da razão. Sem o autoconhecimento, nunca chegaremos a compreender as pessoas nem o mundo à nossa volta. O domínio da técnica passa pelo desejo de apreendê-la e pela resignada compreensão de sua lenta progressividade. Na realidade, trata-se de uma tarefa para toda a vida. Para o particular da motivação do ódio, um bom começo seria a formação do hábito do autoquestionamento, regular e sistemático: "Por que isso me causa ódio?"; "Onde está o cerne de minha iracúndia?"; "O que faria cessar meu ódio, agora"?; "Quem é o responsável pela minha ira?"; "Em que esta fonte do meu ódio interfere com os propósitos maiores de minha vida?"; "O que fazer para desenvolver uma reação ou atitude equilibrada, serena ou equidistante dos surtos emotivos?"; "Com que frequência eu descarrego em *b* a ira em mim provocada por *a*?"

O grande problema para o desenvolvimento dessa postura proativa reside em que os ambientes familiares, sociais ou de trabalho, onde há maior motivação para se lidar de modo construtivo com o sentimento do ódio, são a exceção e não a regra geral. E bota exceção nisso! Em relação ao ódio, como a outros sentimentos, sobretudo a inveja, a sociedade não investe na preparação dos indivíduos para lidar com eles, omissão que responde pela maior porcentagem das desavenças entre pessoas e povos. Para agravar, ainda mais, esse quadro de dificuldades, costumamos reagir às próprias mudanças que almejamos. Essa resistência às mudanças, como ao desejo de mudar, é uma característica comum a todos os sistemas humanos, físicos e espirituais. Por isso, entre os que intentam mudar, só uma minoria chega ao fim, enquanto a maioria desiste em uma das fases do caminho, sobretudo diante da resistência oposta por terceiros ao nosso propósito de mudar, motivados pelo incômodo que lhes provoca nosso novo estilo de lidar com questões velhas. Adicione-se a essa reação natural, oferecida pelo meio social mais próximo a nós, aquel'outra oriunda de uma parcela expressiva do nosso eu profundo, conservador e resistente a qualquer mudança. Há, portanto, uma conjugação de estímulos conspirando pela preservação do *status quo*. Corroborando esse pensamento, alguns autores observam que, a partir de experiências repetidas, certos animais mudam de comportamento com mais facilidade do que as pessoas. É importante acentuar que mudar os outros é ainda mais difícil do que mudar a si próprio, dificuldade que decorre, sobretudo, da ausência de políticas destinadas a educar e orientar os indivíduos sobre como lidar de modo consistente e eficaz com os sentimentos em geral e o ódio em particular. Se houvesse orientação adequada, se se desse a atenção devida à lição socrática do "conhece-te a ti mesmo", como a transmissão de lições sobre os sentimentos desde o mais tenro berço, as pessoas cedo aprenderiam a ver na ira um guia para o autoconhecimento, suas necessidades, prioridades, valores e até mesmo para a identificação de um eventual vazio interior, sem traumas nem aflições insuportáveis. Ao contrário, a possibilidade de identificar e lidar com as carências interiores ensejaria oportunidade ímpar para o nosso fortalecimento psicológico e consequente capacitação para vencer este grande desafio. Reconhecer nossas fraquezas é um ato de coragem moral que representa o primeiro e mais importante passo para aprendermos a superá-las e a ampliar nossas possibilidades de mudança e crescimento emocional. Coragem não implica a ausência de medo ou ansiedade, mas a capacidade de reagir, apesar do medo. Isso ocorre quando nos convencemos, de modo consciente ou não, de que ganhamos mais com o avanço do que com a fuga.

Não obstante ser o sentimento da cólera moralmente neutro, não cabendo, portanto, conceitos aprioristicos, do tipo certo ou errado, legítimo ou ilegítimo, a orientação predominante é a de suprimi-lo, refreá-lo ou simplesmente negá-lo, como ocorre nos casos que poderíamos denominar, de modo genérico, desenvolvimento reativo. Um cenário característico desse estado instala-se quando os indivíduos reagem à cólera, sentindo, pensando e agindo de modo contrário ao sentimento condenável, a exemplo de quando o odiento se comporta com afetividade diante da fonte da ira que permanece ativa. Odeiam-se cordial e inconscientemente. Pais, professores e psicanalistas lideram o elenco dessas vítimas. A relação de dependência afetiva que se estabelece entre o carcereiro ou algoz e o prisioneiro ou vítima, no fenômeno conhecido como a síndrome de Estocolmo, é o mais gritante exemplo desse comportamento. Um outro cenário poderia ser denominado a síndrome da babá, quando os indivíduos se submetem às maiores penas para servir a terceiros, dominados, porém, pela motivação de manter os protegidos num estado de permanente fraqueza e dependência. Recorrem, sem percebê-lo, à bondade como meio de escamotear ao conhecimento público o próprio rancor por considerá-lo condenável pelo meio social. Tal é o caso de muitos amigões, filhões, paizões e mãezonas, e outras tantas irmãs de caridade e personalidades filantrópicas, que exigem obediência e reconhecimento, combustível de sua auto-estima, como compensação pelo sacrifício padecido. Essas pessoas vivem o paradoxo de terem no reconhecimento do valor do seu trabalho a fonte de sua ira, na medida em que a prática das ações generosas se dá ao custo de outros deveres existenciais ou de consciência. Esse estado de conflito interior leva nosso intricado sistema psicofisiossociológico a elaborar convenções sociais, à guisa de mecanismos catárticos e reativos, como jogos, rituais e normas de etiqueta. Nos ambientes onde o sentimento da ira é legitimado, as pessoas se sentem encorajadas a ventilá-lo, o que facilita a identificação de sua etiologia e sua abordagem, reduzindo o grau de ameaça, frustração e ansiedade que lhe é inerente. O auto-reconhecimento do êxito crescente no modo de lidar com a cólera opera como estímulo à continuidade da prática. Por isso, as organizações mais centradas no desenvolvimento dos seres humanos dão especial atenção ao ensino das técnicas voltadas para o direcionamento construtivo do ódio no ambiente de trabalho, reduzindo ao mínimo as possibilidades de formação de personalidades infantis, enrustidas, rancorosas e, até mesmo, invejosas. Enquanto, porém, não se estender à inveja a análise das causas do ódio, continuaremos a sofrer as graves consequências provenientes dessa dimensão humana, ignorada por hipocrisia e pusilanimidade. Registre-se, de logo, que o aprendizado sobre como lidar com o ódio se desdobra em atitudes e ações de curto e de longo prazo. A compreensão dessa distinção é importante para que possamos analisar e avaliar o progresso de nossa desejada e perseguida mudança. Enquanto no curto prazo o aprendizado consiste em alterar o modo como lidamos com determinadas situações, como fazer assim ou assado, ou fazer algo ou não fazer nada, no longo prazo o aprendizado nos leva a conquistar uma compreensão mais nítida de nós mesmos e a desenvolver novas e criativas maneiras de lidar com todos os eventos de nossa vida emocional. Não avançaremos, no plano de nossas relações, enquanto não nos habilitarmos a alterar os componentes da fonte de onde nossa ira se origina. Para isso, é necessário que aprendamos a correlacionar os diferentes modos como reagimos de modo colérico, às suas diversas causas.

A ira interage com muitas emoções, tais como: temor, compaixão, arrependimento, alegria, vergonha, remorso, amor, culpa, tristeza, ciúme, cobiça, ressentimento, inveja. Estas emoções tanto podem preceder quanto suceder o sentimento de cólera. Uma mesma causa pode provocar em diferentes indivíduos reações distintas. Enquanto um pode sentir-se insultado e outro humilhado, um terceiro pode sentir-se injustiçado. Em suma: a ira é um fenômeno social que envolve uma avaliação da situação para manifestar-se. Conduz, por isso, à escolha de uma resposta emocional apropriada, até a definição do modo mais eficiente de transmiti-la. Repita-se: a vivência e expressão da ira são governadas por valores culturais. Por isso, algumas vezes, reagimos com pequena, média ou grande violência ou perdemos a tramontana, explodindo, chorando. Outras, sentimo-nos inseguros, culpados ou magoados, outras, ainda, permanecemos calados, para mencionarmos algumas das hipóteses mais comuns. Essa é, também, a razão por que homens e mulheres têm distintos padrões de reação diante de uma causa idêntica. O fato é que, por mais estranho que possa parecer, irar-se é uma escolha realizada, muitas vezes, de modo inconsciente, a partir de hábitos construídos ao longo de anos de condicionamento; é uma estratégia para enfrentar diferentes tipos de estresse, tendo em vista que, muitas vezes e em graus variados de eficiência, funcionou bem no passado. Se nos dispusermos a ficar atentos, passaremos a perceber emoções até então inconscientemente sentidas. Ao nos estressarmos, em vez da ira, podemos recorrer a outros mecanismos catárticos muito mais construtivos, embora esta seja uma capacitação de difícil alcance, à qual o processo educacional deveria devotar-se com todo o afinco, desde o jardim de infância.

Se nos dermos ao cuidado de anotar os primeiros sinais físicos e sintomas anunciadores do ódio, como a alteração do pulso e do ritmo respiratório, uma sensação de calor ou súbita sudorese, uma compressão intestinal que acompanha a frustração, uma tensão no pescoço ou nos ombros, dentro de pouco tempo estaremos aptos a identificar uma relação de causa e efeito entre essas manifestações e causas específicas que as originam. Para muitos, a tensão nas pernas, panturrilhas e coxas é o prenúncio de que a situação constituída induz a fugir ou lutar. A tensão nas mandíbulas costuma associar-se ao esforço de reprimir uma reação.

A capacidade de conscientização dessas relações de causa e efeito permite a escolha de reações alternativas, menos emotivas e mais racionais e, por isso mesmo, mais eficientes na conquista de resultados e na redução do desgaste psicossomático produzido pelo estresse. Há expressões da cólera que são benéficas, em contraste com outras que são prejudiciais.

Há, sem dúvida, inúmeras razões saudáveis para sentirmos ódio, no mundo agitado de hoje, do mesmo modo que não há a mínima justificativa moral para uma vasta gama de hostilidades. O uso moral da cólera exige critério seletivo e disciplina das emoções. É necessário administrar, como, quando e contra quem irar-se, o modo de expressar a ira, bem como o momento de fazer as pazes.

A saúde da comunidade e a saúde do indivíduo não são a mesma coisa. Vários são os profissionais da mente dedicados à construção de uma ponte que ligue essas duas instâncias.

Nos últimos anos, os psicanalistas têm estado mais atentos quanto à importância de orientar as pessoas a compreenderem e a direcionarem o sentimento do ódio. Do mesmo modo que pode ser destrutivo, o ódio pode ser o instrumento de saudáveis mudanças quando compreendido e bem gerido.

A distinção entre ódio real ou irreal é bizantina. O que interessa é saber o que o ódio faz com nossas vidas: se promove nosso crescimento ou é fonte de nossa destruição. O ódio que nos destrói é o que sabota nossa auto-estima e reduz nossa alegria de viver. Os que vivem em estado de servidão emocional, no trabalho, na família ou na sociedade em geral poderão encontrar na cólera santa, bem gerida, o instrumento de sua cura e redenção. Tais são as hipóteses de pessoas oprimidas pelos cônjuges, pais tiranizados pelos filhos e vice-versa, patrões desalmados, etc. Quando falharem as tentativas de diálogo e persuasão, o recurso à indignação legítima, animada pela ira santa, pode representar o caminho redentor, que vale a pena, o risco e o ônus de percorrer. As polianas, sempre alegres, diante das mais injustas preterições, ou as amélias, que acham bonito não ter o que comer, ao lado de maridos malandros que gastam tudo com as amantes, ficam bem nos textos literários ou musicais. Na vida real, são abrigos de tristezas, frustrações, ódios e desenganos.

Nenhum psicanalista pode antecipar o quando e o porquê de uma pessoa deixar de sentir ódio, recolhendo-se ao silêncio e/ou ao perdão.

Um dos agravantes do ódio, além do ônus psicossomático que acarreta, consiste no comprometimento de nossa capacidade de aprender com os erros a que ele nos induz, e em nos habituar à nossa condição de sua vítima.

Em última análise, a necessidade de contar até dez antes de reagir ao ódio reside na importância da conciliação entre as motivações do indivíduo e o valor que atribui à relação ameaçada. Quando o indivíduo reage intempestivamente ao ódio, a imediata sensação de bem-estar produzida pelo desabafo é neutralizada pelo comprometimento a médio e longo prazos da relação com alguém. Quando conta até dez, ou seja, quando dá tempo ao tempo, a implementação da relação resultante termina refluindo em ganhos do bem-estar individual. A validade dessa reflexão bastaria para assegurar a superioridade da maturação sobre as reações súbitas e incontinentes ao ódio.

As suposições como fonte do ódio

Uma das grandes fontes do ódio reside na tendência de interpretarmos, de modo precipitado e equivocado, as motivações das pessoas, viés que podemos batizar como leitura errada da mente, e que ocorre toda vez que atribuímos a alguém uma intenção, ausente em sua vontade e existente, apenas, em nossa interpretação. A leitura que fazemos da mente alheia sofre muito, também, da já mencionada *distorção paratáxica*, causa de tantos males. Nossa avaliação das intenções, pensamentos, sentimentos e motivos da outra pessoa, com frequência, baseia-se em experiências anteriores. São reações condicionadas. As situações do gênero, produzidas pela vida diária, são tão numerosas e impactantes que suplantam em número e em gravidade as causas do ódio, interpretadas corretamente. O cinema, o teatro e a literatura, algumas vezes reproduzindo a vida, outras tantas inspirando-a, têm feito desse fenômeno o tema de muitas de suas mais festejadas criações.

No ambiente familiar, no trabalho e na convivência comunitária, a cada passo nos deparamos com equívocos de interpretação de gestos, palavras, atitudes e omissões que resultam em discórdia, desde a mais branda ao conflito mais proceloso. O processo que, então, é deflagrado foi denominado pelos fundadores da programação neurolinguística, John Grinder e Richard Bandler, *comunicação calibrada*, desenvolvido do seguinte modo: uma mensagem ambígua cria incerteza quanto ao verdadeiro conteúdo do que está sendo transmitido. Em lugar de buscarmos eliminar a dúvida, definimos o conteúdo da mensagem a partir da leitura imprecisa que fazemos da mente da outra pessoa, ou seja: a partir da interpretação que damos a suas intenções. O imbróglio se inicia com nossa reação, coerente com nossa interpretação, mas, quase sempre, em desacordo com a vontade do outro ator. Surpreendida, atônita ou perplexa com uma reação de quem não se apercebe de haver sido a causa involuntária, a outra pessoa, no mínimo, se põe na defensiva, atitude que tomamos como a confirmação do acerto de nossa interpretação original: "Está provado que houve o intento de me ridicularizar, de me ofender, de me prejudicar." Emocionalmente legitimados para reagir, atacamos a fonte de nossa iracúndia, sendo contra-atacados. Daí em diante, o processo beligerante, nascido de um equívoco, ganha autonomia e se desenvolve, alimentando o estresse e a ansiedade. Até que as coisas se aclarem, amizades, casamentos, sociedades e vidas podem ter sido destruídos.

Aspectos positivos do ódio

Como epígrafe deste título, poderíamos dizer que, se não odiássemos a injustiça e a desigualdade, ficaríamos sem os meios de corrigi-las. Dessa perspectiva, o ódio pode ser saudável.

É inegável que há situações em que a ira, desde que oriunda de outras causas que não a inveja, produz resultados favoráveis.

Quando alguém faz ver, por exemplo, que está disposto a retaliar seus ofensores, estes podem sustar o processo ofensivo e até oferecer ao ofendido alguma forma de reparação. Além disso, a reação dá ao ofendido o prazer de realizar uma grande catarse psicológica, mesmo quando dela não decorra qualquer vantagem material ou mesmo quando exacerbe, ainda mais, a hostilidade dos ofensores, apesar de essas eventuais conquistas serem insustentáveis, em médio e longo prazos. Adicionalmente, como contrapeso, o odiento pode consolidar o entendimento de que só é ouvido ou levado a sério quando explode.

A vida de cada dia é rica de lições sobre a força motivadora da cólera, para o bem e para o mal. Há indivíduos que fazem da cólera, queimando em fogo brando, o combustível de sua ação para restaurar a auto-estima e realizar grandes feitos. Isso explica a reação de um mentor acadêmico de um curso de doutorado, numa grande universidade, quando um discípulo lhe perguntou qual o segredo do seu extraordinário desempenho intelectual, naquele ambiente tão competitivo: "Ódio, muito ódio", respondeu o mestre, deixando boquiaberto o doutorando. O escritor norte-americano Robin Morgan confessou: "Eu não acreditava e ainda não acredito como eu era capaz de sentir ódio, um ódio arraigado e antigo, algo assim como um ódio soterrado há cinco mil anos", enquanto Richard Strout aconselha: "Eu espero que os jornalistas manterão sua curiosidade e interesse; sim! E no fundo do coração um impulso de ódio. Quando a adrenalina diminuir, quando a flama do ódio se apagar, acho que é chegada a hora de o repórter pensar em sair em busca de uma atividade que remunere melhor o seu trabalho." Por seu turno, Martin Luther King, o pastor e pacifista negro, assassinado em 1968, declarou: "Quando estou irado, escrevo, rezo e prego muito bem, porque todo o meu ser é mobilizado, minha compreensão aguçada, e me sinto liberto de todas as aflições e tentações mundanas." Para Myrlie, viúva do ativista negro Medgar Evers, o ódio pode dar força à vida, quando a vida parece não valer a pena, ao declarar, após o seu assassínio, na década de sessenta, pelo racista Byron de la Beckwith: "O ódio que sinto é muito grande. Sem o fogo e o combustível que me fornece para continuar lutando, não sei se seria capaz de sobreviver; acho que teria sucumbido." A absolvição do assassino por um júri composto por brancos, todos racistas, não interrompeu o empenho de Myrlie de ver o culpado sentenciado. Na década de noventa, trinta anos depois do primeiro, instalou-se novo júri, quando De la Beckwith foi sentenciado como merecia. Esse mesmo ódio, bem canalizado, levou um gerente, criticado pelo seu baixo desempenho, a reagir colérico, dobrando, em pouco tempo, a produtividade do seu departamento. "Bendita cólera!", murmuraram os dirigentes da organização. O direcionamento da cólera para ações construtivas só é possível graças à eliminação ou redução do sentimento de ameaça, frustração e ansiedade que a possibilidade de agir propicia. É evidente que essa conversão construtiva é o resultado de um sofisticado processo de racionalização dos fatos provocadores da cólera, que leva o indivíduo a evitar o confronto com a censura social que condena o desgoverno da ira e suas manifestações infantis e valoriza seu controle e sua ação como instrumento de mudança. É por isso que muitos indivíduos camuflam a cólera, como meio de conviver em paz com as pessoas, obtendo, desse modo, aprovação social. A esse processo, cognitivo ou de conhecimento, de valorização e condenação, se denomina socialização da cólera.

A condenação social se processa através de críticas, rejeição, isolamento, exclusão, medidas disciplinares e até agressão, individual ou coletiva.

A valorização se exprime por variados modos, todos eles tendo em comum a mensagem implícita de que dominar a cólera é apanágio de pessoas educadas, ainda que ao custo do armazenamento da agressão, que cresceria em força, de um modo que tem sido comparado ao da função hidráulica, até que se processe seu extravasamento catártico, dentro ou fora do comando da razão. Hoje, porém, a compreensão predominante é a de que é o estresse que se acumula, e não o ódio ou o impulso agressivo. Estresse de todas as origens: das dores físicas e emocionais, das frustrações e das ameaças. A renúncia à expressão do ódio não o aumenta, sequer aumenta o estresse. Sem que seja expresso o ódio, a excitação dolorosa continua até que encontre meios de reduzir-se ou desaparecer.

Quando, porém, a cólera não encontra canais de extravasamento, o resultado pode ser o agravamento de problemas preexistentes ou o surgimento de novos, como distúrbios psicossomáticos, materializados em dores de cabeça, tensões musculares, hipertensão, perturbações gástricas, artrite, asma, cegueira, depressão, cansaço crônico, colite, eczemas, rouquidão, paralisia, obsessões, paranoia, desajustes de personalidade, fobias, impotência sexual, esquizofrenia, sinusite, processos ulcerosos, tudo contribuindo para o aumento da ansiedade que pode desembocar até no suicídio, fatos que levam alguns estudiosos a compararem os efeitos da ira reprimida aos do sexo reprimido. A ansiedade desenvolvida por essas desordens nasce da vivência de emoções primárias, como frustração, ameaça, injustiça e humilhação.

Desfaça-se de logo a confusão que se costuma fazer entre enfermidade psicossomática e hipocondria. A doença psicossomática, embora de origem emocional, é real e aferível pela auscultação, exames laboratoriais e outros, enquanto a hipocondria é a sensação de uma doença imaginária, insusceptível de constatação, ainda que possa produzir consequências graves e até letais, como o atestam inúmeros depoimentos merecedores do maior crédito.

Do mesmo modo que Freud é considerado o pai da psicanálise, Emil Kraepelin é tido como o pai da psicobiologia, ciência derivada da biologia, destinada ao estudo dos mecanismos, relações e ações recíprocas, entre o soma – expressão material do organismo, em contraste com as funções psíquicas – e a mente dos animais. Kraepelin distinguia as doenças hereditárias das mentais adquiridas, e acreditava que as últimas correspondiam a bases bioquímicas internas. Uma das grandes dificuldades enfrentadas pela medicina curativa é que, embora todos esses sintomas caracterizem quadros patológicos reais, seu tratamento não pode ser alcançado a partir de terapêuticas meramente fisiológicas ou somáticas. A crescente percepção desse fenômeno tende a produzir uma revalorização crescente da importância da clínica geral sobre as especializações médicas que não estejam centradas no diagnóstico psicossomático dos pacientes.

Não é difícil inferir o impacto negativo que exercem essas desordens, afetando o moral e a integridade dos grupos, familiares ou laborais, gerando desentendimento, provocando redução da frequência ao trabalho, aumentando os encargos com saúde, culminando com o comprometimento da produtividade, sem a qual as organizações não sobrevivem, abaixo de um determinado nível mínimo, o *break-even point*, que assegure sua competitividade.

O ódio é uma das emoções mais dolorosas e das mais difíceis de lidar com sabedoria. A dificuldade decorre de não sabermos precisar onde se localiza o erro ou o mal que o gerou nem o que fazer para melhorar as coisas ou, pelo menos, impedir que se agravem. Por isso, o ódio é um sinal que deve ser levado na devida conta porque exprime sempre um estado de ânimo decorrente de uma ofensa sofrida, física ou moral, ou percebida como tal, como a violação de direitos, a frustração de expectativas ou o mero sentimento de que algo vai mal ou de que as coisas não estão bem. Pode revelar, também, que não estamos tratando, de modo satisfatório, um assunto ou questão que julgamos de importância para nossa vida, em contraposição à atitude de valorizar coisas de menor importância ou, ainda, de investirmos em demasia na busca de algum resultado pouco ou nada compensador. O ódio tende a aumentar na proporção inversa de nossa disponibilidade da moeda do investimento. O investimento aqui aludido pode ser tanto material quanto emocional. A alguns indivíduos pode ocorrer o desenvolvimento da ira como resultado da percepção de que terceiros fazem muito em seu favor, mas em prejuízo de seu crescimento profissional ou emocional, de que é exemplo típico o super-protecionismo de pais, irmãos, amantes e amigos.

Do mesmo modo que as dores físicas nos despertam para protegermos nossa sobrevivência biológica, a emergência da dor do ódio nos convoca a protegermos nossa integridade psicológica ou emocional.

Embora os estados de espírito sejam distintos, o comportamento provocado por esse tipo de ódio é semelhante ao produzido pela inveja. Ambas as situações recorrem à agressão passiva, secreta, dissimulada, sub-reptícia, traiçoeira. Além do seu caráter destrutivo, a agressão passiva tem pouca ou nenhuma eficácia em produzir avanços. Sua tática operacional se baseia na prática de atos que retardem ou prejudiquem o trabalho de terceiros por inação, omissão de informações ou sonegação de recursos. Quando o invejoso ou o odiento reprimido considera arriscado ou inconveniente o ataque direto contra a fonte do ódio ou da inveja, a agressão passiva se desloca para outro foco susceptível de, por via indireta, atingir a fonte. Na maioria das situações é muito difícil dizer se a agressão passiva se origina da inveja ou do ódio reprimido. Quanto mais, porém, o propósito da agressão for o de destruir, é de inveja que se trata, embora esta hipótese jamais seja admitida pelo agressor invejoso, que preferirá, sempre, atribuir sua atitude ofensiva à retaliação legítima ou ao ressentimento. O agressor passivo se esmera no esforço de parecer bom, suave e compassivo, para escamotear a dor de sua desvalia e frustração de desejos e necessidades insatisfeitos.

Modos de expressão da ira

São quatro os modos pelos quais a cólera se apresenta:

1 – A pessoa não percebe que está irada, mas os outros percebem e sabem que a pessoa odienta não tem consciência do seu frequente estado de ódio;
2 – O odiento consciente camufla sua ira para fugir ao conhecimento dos outros;
3 – Nem o odiento nem os outros têm consciência do estado de ódio reinante que se manifesta por reações fisiológicas;
4 – Todos sabem, terceiros e o próprio odiento, do estado de ódio reinante.

É importante não confundir a cólera passiva com a oculta. São irmãs, mas não são iguais. A cólera é oculta quando não ousa se manifestar porque tem medo ou porque o irado reconhece a ilegitimidade de sua motivação. Quando surge a oportunidade, porém, sua ação costuma ser destrutiva.

Ódio e inveja fazem presença constante nos ambientes de trabalho, sob as mais variadas formas. Mas, enquanto profissionais da administração – gerentes, diretores, especialistas em recursos humanos e consultores – recebem, nas empresas mais modernas, treinamento para lidar com a problemática do ódio nascido de diferentes causas, em matéria de inveja o silêncio é quase total, ensurdecedor, no dizer de Schopenhauer. Além da inconfessabilidade associada à inveja, colabora para o silêncio em torno da questão a invisibilidade dos atos oriundos da inveja em contraste com as mais ou menos ostensivas manifestações produzidas pela cólera de outras origens. Isso explica por que a inveja é, entre todas as paixões humanas, a mais sujeita à negação e projeção, ou seja: o invejoso tende a racionalizar sua conduta, não percebendo a verdadeira natureza do seu sentimento e atribuindo sua responsabilidade a terceiros.

A cólera reconhecida no ambiente de trabalho

A qualidade de vida no trabalho encontra-se muito distante do ideal apregoado por Confúcio no século V a.C.: "Escolha bem a sua profissão, e você não terá que trabalhar um dia sequer na sua vida." Pesquisas revelam o quanto as pessoas estão insatisfeitas e mesmo infelizes com o que fazem, não sendo raro encontrar quem odeie o emprego. Essa marcante insatisfação é a causa principal do esgotamento físico e emocional de grande parte da população, frequentemente explicada como decorrente de outros fatores, como excesso de trabalho, conflitos com colegas, má remuneração, baixa motivação, ausência de desafios, etc. A tendência natural é a conversão em ódio de cada um desses estados de espírito, em flagrante contraste com as pessoas felizes, que se apresentam energizadas, ligadas na vida e gostando do que fazem. O fenômeno da globalização, queiramos ou não, afeta a vida de todos nós, abrindo novas possibilidades para muitos e dúvidas e estresse para outros tantos. Essa crescente insatisfação no trabalho vem gerando uma variada gama de "fúrias": "fúria" do tráfego, "fúria" da fábrica, "fúria" do escritório, "fúria" contra o patrão, "fúria" contra o subalterno, "fúria" da competição, "fúria" salarial e por aí vai. Essa generalizada irritação se traduz na troca de insultos, lágrimas derramadas, tensões, insônia e guerras surdas, quando não desemboca em desabrida violência física, traduzindo-se, tudo isso, em improdutividade comprometedora da competitividade das organizações.

Examinemos, por instantes, os cenários em que o ódio é abordado e não raro reconhecido no ambiente de trabalho, em contraste com o silêncio tumular sobre a inveja como causadora da cólera.

Em sua complexa diversidade, a cólera, para ser compreendida, deve ser examinada sob o tríplice enfoque: *psicológico, biológico* e *sociológico*.

Do ponto de vista *psicológico*, a cólera é uma emoção defensiva contra eventos que ameaçam nossa segurança.

Do ponto de vista *fisiológico* ou *biológico*, a cólera nasce associada a uma resposta nervosa de autoproteção, deflagrada por uma ansiedade produzida pela percepção de uma potencial frustração, ameaça física ou emocional, embora haja situações em que nenhuma cólera resulta da ocorrência de qualquer desses fatores. Todos os sistemas orgânicos podem ser atingidos pela ira, sobretudo o digestivo, o circulatório e o respiratório, criando novas deficiências, no presente e no futuro, ou agravando deficiências fisiológicas preexistentes. É indiscutível o estímulo provocado pela ira na secreção de ácido clorídrico, no aparelho digestivo, aumentando a possibilidade do desenvolvimento de gastrite e úlceras, além de colite ulcerosa. Há quem sustente que "pessoas predispostas" podem exibir sintomas de colite quando alimentam ressentimento e ódio crônicos. A membrana mucosa do cólon pode reagir bruscamente ao ódio suprimido, congestionando-se com sangue e acelerando a atividade peristáltica. O ódio, como todas as emoções fortes, deflagra poderosas reações hormonais que provocam reações fisiológicas, resultando na produção elevada de testosterona, nos homens, epinefrina, norepinefrina e cortisol, em ambos os sexos. O excesso crônico de testosterona e cortisol potencializa o risco de arteriosclerose, a causa mais comum de comprometimento das artérias coronarianas. O cortisol, também, deprime o sistema imunológico, reduzindo a capacidade orgânica de defender-se de infeções. A epinefrina e a norepinefrina estimulam o sistema nervoso simpático a desviar o sangue da pele, do fígado e do trato digestivo para o coração, pulmões e músculos do esqueleto. Com isso, a pressão arterial se eleva, a glicose é bombeada na corrente sanguínea para assegurar a energia necessária para a luta ou a fuga. A redução do fluxo de sangue para o fígado prejudica a eliminação do colesterol, facilitando o acúmulo de gordura nas artérias, podendo chegar ao ponto de bloquear o fluxo sanguíneo. A turbulência produzida pela elevação da pressão arterial, também, compromete as paredes internas das artérias e força o coração a trabalhar em excesso, desenvolvendo uma musculatura maior e menos eficaz. Tudo isso de referência ao ódio crônico, não a surtos eventuais de cólera. Calvino, o bilioso líder da Reforma Protestante, na Suíça, padecia sucessivamente de cólicas, dores de cabeça, de estômago, calafrios, hemorragias, ataques de nervos, reumatismo e muito mais, como consequência, se supõe, de sua odiosidade crônica. Ele mesmo reconhecia: "Minha saúde representa uma morte contínua".

Quando é desenvolvida em função dos valores sociais peculiares ao meio em que se vive, temos a ira *social* ou *sociológica*.

Enquanto, portanto, a ira *psicológica* e a *biológica* são universais, respeitadas as características genéticas individuais, a *sociológica* é específica de um determinado ambiente social, interagindo com os processos educacionais a que as pessoas se submetem.

A extensão e a intensidade do papel do meio social na formação da conduta humana dividem a opinião dos cientistas sociais. Enquanto para Erich Fromm, "Os indivíduos adotam, integralmente, o tipo de personalidade que lhes é oferecido pelos padrões culturais dominantes, tornando-se, consequentemente, iguais aos demais membros da sociedade, precisamente como estes desejam que o sejam... A natureza do homem, suas paixões e ansiedades, são um produto cultural", Rollo May sustenta que "A natureza, as paixões e as ansiedades do homem não são produzidas pela cultura, mas são o produto do equipamento biológico, que é a fonte das capacidades humanas de agressão, hostilidade, ansiedade etc., e da cultura, que dirige e atenua as expressões dessas mesmas capacidades".

A partir dessas premissas, podemos concluir que a cólera é um fenômeno social, modificado pela vivência e reflexão, interagindo com as reações psicológicas e fisiológicas das pessoas, ou, em apertada síntese, é um fenômeno psicofisiológicosocial que envolve uma avaliação da situação para manifestar-se. O sentimento da cólera e seu modo de manifestar-se são, portanto, governados por valores sociopsicossomáticos. Isso quer dizer que a cólera não resulta apenas de uma situação ou comportamento ameaçadores, humilhantes ou frustrantes. É necessário que haja, também, a decisão de irar-se, por mais tênue que seja o arbítrio que os indivíduos exerçam sobre suas próprias reações psicológicas e fisiológicas. Caso contrário, não gozaríamos a distinção de sermos humanos ou racionais.

Modos de manifestação da cólera e da agressão

Os modos mais frequentes pelos quais a cólera e seu consectário, a agressão, se manifestam no ambiente familiar e no trabalho são o *passivo* e o *indireto*. Tanto a cólera quanto a agressão passivas podem se manifestar de várias formas. Enquanto, porém, a cólera passiva se fecha e se imobiliza numa atitude de isolamento mal-humorado e indecifrável, a agressão passiva produz resultados tangíveis sobre o seu alvo. Como exemplos de agressão passiva podemos mencionar: esquecimentos propositais; insensata teimosia; o cometimento de erros oriundos de uma fingida incompreensão de uma conversa ou instrução, como chegar atrasado a um encontro, adiar ações necessárias, ignorar o óbvio ou andar em descompasso com alguém a quem se deve acompanhar *pari passu*. Em qualquer dessas situações, o alvo da cólera sofre os efeitos da agressão passiva.

O modo *indireto* de comunicação da ira, também chamado de deslocamento da ira, ocorre quando esta é dirigida contra coisas ou pessoas diversas daquelas que a geraram, por entender o odiento que este é um percurso mais cômodo ou menos perigoso do que enfrentar a fonte do ódio.

O exemplo máximo do deslocamento do ódio encontramos na Bíblia, quando Cain deslocou contra Abel o ódio que sentiu de Deus por haver cometido a injustiça de preferir o carneirinho do irmão em lugar dos frutos da terra que cultivava com tanto esforço. Como seria impensável reagir contra Deus, deixou que a inveja que lhe inundava o coração armasse o seu braço para matar o próprio irmão.

Como o modo saudável de expressão da cólera consiste em direcioná-la contra a pessoa certa, na quantidade certa, no momento certo, com o intento de resolver o problema, o deslocamento não é visto, em tese, como uma alternativa saudável.

A ação combinada da ira passiva com a deslocada tem no ambiente de trabalho e em certos ambientes familiares seu campo ideal, porque pode operar de modo imperceptível à maioria dos circunstantes. Operação tartaruga, prestação tardia de informações, execução defeituosa de tarefas, omissão na prevenção de erros, persistente identificação de falhas no trabalho alheio estão entre as práticas mais comuns dessa ominosa parceria. Quando a prática insidiosa é denunciada, o odiento invoca o caráter autêntico e construtivo de sua conduta, assumida em nome dos superiores propósitos do grupo a que serve. As conjunções adversativas mas, porém, todavia, contudo são as palavras mais frequentes em suas avaliações: "O seu trabalho está muito bom, mas.."; "Ele é honesto, mas..", e assim por diante. Sob o pálio de uma arguida sinceridade, o odiento dissimulado segue alfinetando, cortando e provocando sem parar. Quase nunca expressa o que pensa de modo direto e carinhoso. Enquanto essa sabotagem intestina se desenvolve, lenta e insidiosa, uma paz aparente, ainda que mal-humorada, reina na superfície das relações interpessoais. Sem o propósito e sem a competência emocional para lidar com essas situações, o que não se adquire senão à custa de grandes esforços e dedicação, as relações familiares e profissionais tendem a degenerar em conflito proceloso e desagregação. Na maioria dos casos de ação combinada entre a ira passiva e a deslocada, o odiento tem consciência de sua intenção, mas não percebe que a está comunicando, o oposto do seu desejo de mascarar ao máximo os seus sentimentos. Trata-se, portanto, de uma postura desagregadora e desonesta.

Ao se perceberem sinais de um ambiente "carregado de energia negativa", sugere-se a adoção de algumas das seguintes medidas:

A pessoa incomodada ou ofendida comunica seu mal-estar ao pretenso ofensor, de modo a inibi-lo;

1 – Se o incômodo persistir, o ofendido torna mais explícita sua insatisfação, fazendo ver seu propósito de recorrer à retaliação;
2 – O incomodado manifesta estranheza sobre as razões que levam o ofensor a perturbá-lo, de modo a fazê-lo refletir sobre sua conduta;
3 – Uma vez convidado a falar sobre os episódios que deram origem à sua conduta, o ofensor tende a interromper a prática abusiva;
4 – O incomodado pode esvaziar o propósito abusivo na medida em que o despersonaliza. Provada a ineficácia do abuso, o ofensor tende a abandoná-lo;
5 – A denúncia pura e simples dos abusos só deve ser feita depois que todas as demais alternativas se tenham esgotado, em face da tendência do agressor ou odiento passivo de recorrer a todo tipo de artifício para negá-los, mesmo ao custo de, ainda mais, acentuá-los;
6 – Tratando-se de ofensor valioso, porque estimado ou poderoso, sugere-se o recurso à ajuda psicológica especializada, como meio de minorar os riscos de perdas valiosas.

O que importa assinalar é a frequência com que o ódio e a agressão passiva se manifestam tanto no ambiente familiar quanto no trabalho, bem como o deslocamento desses sentimentos da fonte que os causou para coisas ou outras pessoas.

A psiquiatra francesa Marie-France Hirigoyen escreveu um *bestseller* intitulado *Assédio Moral*, expressão que denomina as ações, atitudes e práticas repetidas que abalam a auto-estima e a segurança das pessoas, levando-as a duvidarem de seu valor e de sua competência. A ambiguidade com que essas práticas mascaram sua ação, com o intento de dificultar sua denúncia, é destacada por Hirigoyen, que coloca a inveja como uma das motivações centrais dessas agressões difusas que recorrem ao sarcasmo, fofoca, humilhação, calúnia, provocação gratuita, abuso de direito e outros meios. Ao contrário do assédio sexual que se processa, hierarquicamente, de cima para baixo, o assédio moral se consuma em todas as direções, sendo, no entanto, o que vem do alto o mais lesivo de todos. Os autores de novelas e de seriados populares conhecem o poder que esses assediadores morais exercem para levantar a indignação do público, razão pela qual sempre trazem à tona um ou mais deles. Embora o assédio moral tipifique um comportamento delituoso, sua comprovação é ainda mais difícil do que o assédio sexual, apesar de muito mais frequente.

Observe-se que o grau de sofisticação intelectual predominante no ambiente de trabalho não oferece qualquer garantia minimizadora dessas práticas, como o prova parcela substancial da convivência universitária, não raro carregada de picuinhas e disputas menores, incompatíveis com o espírito de cooperação exigido pelo rigor ético e disciplinar das pesquisas científicas. De qualquer modo, é importante salientar que, não obstante seu caráter nocivo, essas práticas são preferíveis à agressão explícita que prejudica e desagrega, chegando a impedir a convivência civilizada, ao se manifestarem sob a forma de ataques verbais e físicos, como sarcasmo, fofoca, humilhação, calúnia, provocação gratuita, abuso de direito, espancamento e até homicídio.

No Brasil, a mais notória iniciativa para debater a questão do assédio moral coube à médica do trabalho professora Margarida Barreto, em tese de mestrado em Psicologia Social, na PUC/SP, em 2000, sob o título "Uma jornada de humilhações". A Câmara dos Deputados, através de sua Comissão do Trabalho, Administração e Serviço Público, promoveu, em 2003, seminário sob a designação "Assédio Moral, Discriminação, Constrangimento e Coação", presidido pelo deputado baiano Daniel Almeida, em que o debate do assunto ganhou novo interesse. Há projetos de lei em tramitação no Congresso destinados a criminalizar o assédio moral.

Crenças que inibem a cólera

À guisa de exemplo, apresentemos algumas crenças que inibem a exteriorização da cólera:

1 – A ira pode conduzir à violência;
2 – Irar-se é um desperdício de energia e um sentimento destrutivo;
3 – Quem se deixa irar semelha a um monstro;
4 – Se eu deixar transparecer minha ira, as pessoas não me aceitarão;
5 – A agressão é um comportamento condenável;
6 – Se eu liberar minha iracúndia, posso perder o equilíbrio emocional;
7 – Temo represália à minha cólera;
8 – É melhor ignorar que estou sendo agredido e isolar-me. Assim me deixarão em paz;
9 – O colérico pensa que os fracos, os dependentes e os subordinados podem ser abusados;
10 – Quem pensa em retaliação e vingança perde o senso de realidade da situação;
11 – As explosões de humor apenas exprimem a raiva, sem resolvê-la;
12 – A perda de controle representa mais uma ameaça do que uma ajuda à sobrevivência;
13 – A cólera é a principal causa dos abusos contra crianças;
14 – A cólera é a principal causa do término das relações afetivas;
15 – O ódio gera doença;
16 – O mero enraivecer gera raiva nos outros, provocando uma circularidade causal do ódio;
17 – O ódio oblitera a percepção e a análise dos fatos, perpetuando os problemas e realimentando-os, em lugar de propiciar sua solução;
18 – Quase sempre a ira aumenta a frustração, na medida em que sua exteriorização não for suficiente para alterar o comportamento da pessoa que a ocasiona;
19 – A experiência ensina que, em princípio, é melhor refrear o ódio do que externá-lo;

20 – Sob o domínio da ira, atacar, fugir, renunciar ou negar representam alternativas destrutivas;
21 – Embora sejam questionáveis os benefícios da discussão sobre a ira, a maioria dos consultores a recomenda;
22 – Exprimir o ódio é uma tarefa difícil e amedrontadora;
23 – Expressar o ódio por meios físicos é perigoso;
24 – Exprimir ira quando se está enraivecido tende a aumentá-la;
25 – Dever-se-ia aprender como não sentir ódio ao invés de como lidar com ele;
26 – Ser incapaz de reagir a uma afronta sem perder o controle;
27 – Crença religiosa proíbe a ira;
28 – A cólera conduz a sentimentos de culpa, excesso de trabalho e ao risco de acidentes;
29 – A cólera nos torna condescendentes com nossa violência;
30 – A cólera não leva em conta os valores de longo prazo;
31 – A cólera interfere nos direitos de terceiros que são violentados pela agressão;
32 – A cólera pode precipitar a transformação do ativismo legítimo em rebelião destrutiva;
33 – A cólera pode levar o encolerizado a agir como o seu ofensor: até mesmo uma pessoa generosa pode reagir de modo mesquinho a uma ofensa mesquinha;
34 – O excessivo empenho em elevar a auto-estima pode conduzir ao preconceito e à discriminação contra terceiros, vistos como ofensivos ou incapazes, e a uma atitude abusiva contra eles.

Essa listagem, longe de ser exaustiva das inúmeras razões inibitórias da ira, demonstra que os indivíduos em geral e os empregados em particular precisam de treinamento específico para dar sentido construtivo aos surtos de cólera que não estarão preparados para evitar.

Crenças que estimulam a exteriorização da ira

Contrapondo-se às crenças dissuasórias da assunção da cólera, outras há que a estimulam, por entendê-la como sendo um sentimento legítimo, susceptível de motivar ações positivas e construtivas, desde que seja bem canalizada.

De acordo com algumas dessas crenças, a ira:

1 – Energiza o comportamento e contribui para uma ação afirmativa, ao abortar sentimentos de fraqueza e insegurança;
2 – Pode ajudar na conquista do que se quer, sem que seja necessário prejudicar as boas relações existentes;
3 – É um estímulo para a aquisição de conhecimentos e habilidades;
4 – Pode ser convertida em atividades valorizadas, como os esportes, o *hobby* e o trabalho em geral;
5 – Quando vivida em estado de fantasia tem enorme poder catártico, ajudando-nos, por exemplo, a suportar as dores de uma derrota real, mediante o prazer produzido por uma vitória imaginária, mesmo que obtida por meios violentos;
6 – Pode ocasionar prazer;
7 – Pode precipitar gestos de afetividade, a exemplo de pazes entre pais e filhos, amigos e amantes;
8 – Quando identificada com a indignação legítima, pode promover o florescimento das relações;
9 – Uma vez exteriorizada, pode produzir mudanças.

Por isso o poeta já ensinava: "Ódio são! Ódio bom! Sê meu escudo/ Contra os vilões do amor, que infamam tudo,/ das sete torres dos mortais pecados" (Cruz e Souza, *Últimos Sonetos*).

O modo como lidamos com a ira depende do nível de nossa auto-estima. Quando alta nossa auto-estima, além de nos encolerizarmos mais devagar, são maiores as possibilidades de destinação produtiva da ira, em contraste com nosso estado de baixa auto-estima.

É inegável que, uma vez que seja bem direcionada sua motivação básica, a cólera pode produzir um número ilimitado de benefícios, como o aprendizado, o progresso e o prazer, ao tempo em que arrefece o medo, a frustração ou o sentimento de humilhação provocados por determinadas situações ou procedimentos de terceiros. Além disso, reduz nossa ansiedade ao evitar que nos deixemos prostrar pelo desânimo provocado por um sentimento de fragilidade ou de inferioridade.

O desfecho positivo do ódio depende, no entanto, da observância de algumas condições.

Em primeiro lugar, a ira deve ser dirigida, pelo ofendido ou por terceiro em seu nome, contra a figura do ofensor.

Em segundo, a exteriorização da ira deve ter o propósito de consumar a restauração de um valor usurpado. Se não houver a sensação de que a ira se destina a reparar uma injustiça, nem o alvo da ira altera o comportamento que a gerou, nem o irado se liberta da cólera de que está possuído, criando-se, então, um círculo vicioso, uma retroalimentação.

Em terceiro lugar, o extravasamento da cólera deve ser capaz de alterar a conduta da fonte que a gerou.

Em quarto, o encolerizado e a fonte da cólera devem estar sintonizados quanto à verdadeira origem do mal-estar ou desavença. Qualquer movimento de fuga ao enfrentamento do problema reduz o grau de eficácia da cólera extravasada.

Em último lugar, para que a cólera produza resultados positivos, é indispensável que o seu causador não retalie de volta, ao ser alcançado pela indignação da vítima encolerizada. O sinal mais evidente do uso bem-sucedido da cólera é quando o seu causador reage de modo amigável à indignação do encolerizado, pondo fim ao confronto.

Práticas que qualificam a cólera

Algumas normas de comportamento facilitam o processo de materialização da cólera construtiva, útil ou criativa. Segue uma relação exemplificativa:

1 – Conte até vinte. Ganhe tempo para não reagir de modo precipitado;
2 – Evite linguagem ofensiva, apesar de sua inegável, ainda que apenas imediata, função catártica. As ofensas verbais, porém, tendem a agravar o conflito;
3 – Eduque-se para concentrar-se na busca de uma saída que seja honrosa para as partes envolvidas;

4 – Evite retaliação incontinênti ou desproporcional à ofensa sofrida;
5 – Evite as proposições maniqueístas ou perde-ganha, do tipo "eu ou você";
6 – Evite ameaças de rompimento da relação;
7 – Observe que a introdução de tiradas de humor enfraquece a eficácia do extravasamento;
8 – Restrinja sua cólera ao objeto que lhe deu causa e preserve os aspectos positivos da relação;
9 – Comunique sua iracúndia no plano mais particular possível;
10 – Habitue-se a tornar conhecidas suas expectativas; isso enfraquece ou anula os argumentos do tipo: "eu não sabia".
11 – Evite fazer de rancores antigos o ponto de apoio de sua retaliação;
12 – Implemente um a um os motivos de sua ira, ao invés de todos de uma só vez;
13 – Abra-se ao recebimento de críticas;
14 – Evite recolher-se ao silêncio;
15 – Evite reprimir a cólera por um tempo longo;
16 – Desenvolva a disciplina de pensar sobre o que vai dizer.

    A maturidade emocional desempenha papel da maior importância no processo de lidar com a ira, ficando os melhores resultados, como é de se esperar, com os indivíduos emocionalmente estáveis. Enquanto os indivíduos psicologicamente maduros conseguem submeter, com maior assiduidade, seus surtos de cólera ao comando da razão, por conhecer suas causas e os mecanismos eficazes no seu apaziguamento, os imaturos sabem quando estão irados, mas quase sempre ignoram as causas e os modos de lidar com a ira. É o que ocorre, na maioria das vezes, nos casos de ira camuflada ou negada, fonte de ansiedade e reações somáticas. Nessa situação, as pessoas recorrem a alguns derivativos. O mais frequente é a busca de satisfação e alívio na fruição de bens materiais, como a bebida e as compras. Alguns se tornam cínicos. Uma das mais imaturas reações a um estado de cólera se verifica quando o indivíduo, ainda que inconsciente da emoção que o domina, a escamoteia.
    Observa-se que, nos ambientes de trabalho, a contenção da cólera relaciona-se muito ao tipo de profissão exercida e ao valor

atribuído ao autocontrole. Não deve causar surpresa, por exemplo, que um administrador de recursos humanos ou um psicólogo tenham maior autocontrole do que um gerente de produção no trato com os colegas de trabalho, fato que, por si só, demonstra a importância do conhecimento específico do funcionamento da emoção para melhor lidar com ela.

Em qualquer hipótese, o caráter nocivo ou construtivo da ira depende, na maioria das situações, do grau de maturidade do encolerizado.

Cenários causadores de ódio

Em caráter exemplificativo, listaremos algumas situações exteriores e interiores aos indivíduos, causadoras de ira.

Situações exteriores:

1 – Ofensas verbais, insultos e subestimação;
2 – Dores, males e ferimentos infligidos por terceiros;
3 – Bloqueios da livre manifestação dos impulsos e da fruição dos desejos;
4 – Atitudes condescendentes de terceiros; não ser levado a sério;
5 – Humilhação e injustiça;
6 – Perda de afeição e vínculos;
7 – Perda de prestígio; ser ignorado ou subestimado;
8 – Exigências excessivas de terceiros; situações vexatórias.

Situações interiores:

1 – Perfeccionismo; expectativas irreais sobre si e os outros;
2 – Auto-avaliação e auto-estima negativas;
3 – Baixa auto-suficiência;
4 – Sistema de autogestão baseado na imposição, consciente ou não, de crenças;
5 – Crenças irracionais autodestrutivas e destrutivas de terceiros;
6 – Crença em que os frustrados sãos maus e, por isso, devem ser punidos;

7 – Crença excessiva nos "eu deveria...", tais como: "eu deveria acertar sempre e obter aprovação para o que faço"; "eu deveria realizar meus desejos"; "eu deveria ser tratado do modo que me convém";
8 – Quem não me apoia é mau;
9 – Autopiedade acompanhada de um extenso rol de injustiças sofridas;
10 – Transferência para terceiros definirem seu valor, e assim por diante.

O ódio como evocação do passado

Vivências passadas podem ser uma poderosa fonte de ódio no presente. Quando alguém reage com uma contundência desproporcional a uma ofensa sofrida, quase sempre a causa geradora reside na recidiva de uma dolorosa experiência vivida no passado, que a pequena ofensa deflagrou. A casuística dos psicanalistas abunda de exemplos dessa índole. Pode-se dizer que o principal trabalho da psicanálise consiste em levar o paciente a identificar os grilhões que o mantêm prisioneiro dessa contínua e indesejável ressurgência emocional, de modo a poder livrar-se deles. Este processo é referido como regressão. As relações negativas dos filhos com os pais, resultando em agressões físicas e mentais, humilhações, frustrações e abandono, quando o que desejavam era cumplicidade, convivência e amor, constituem a mais frequente e dolorosa fonte desse rastilho emocional.

A auto-estima e a ansiedade como fontes da ira no trabalho

Em toda organização haverá, sempre, empregados acometidos de baixa auto-estima. Apesar disso, suas reações longe estão de serem uniformes. Enquanto alguns se entregam à prostração, agressividade, arrogância, amargura, isolamento, fofoca e derrotismo, outros há que se estressam na busca de um desempenho que supere a si próprio, a muitos ou a todos. Em comum, há o fato de que representam para seus pares e superiores um relacionamento problemático. Quarenta dias decorridos da mais longa greve na história da empresa, os funcionários da Boeing retornaram ao trabalho, por haverem conquistado a principal de suas reivindicações: respeito. A empresa, em razão de dificuldades financeiras, dando a perceber que os lucros passariam a ter prioridade sobre o caráter familiar, tradicional da companhia, vista, até então, como uma grande família, anunciou a possibilidade de cortes, sem a participação dos interessados. Com o resgate da auto-estima, contido no compromisso de audiência dos empregados, a paz foi refeita.

Mede-se a auto-estima pelo grau do valor que o indivíduo atribui a si próprio. Enquanto os indivíduos dotados de auto-estima adequada apresentam-se cordiais, cooperativos, competentes, energéticos, confiáveis e confiantes de que podem encarar o futuro com otimismo, os acometidos de baixa auto-estima são possuídos por uma ansiedade que lhes tolda o discernimento, comprometendo sua espontaneidade existencial e tornando-os o oposto de todos aqueles valores. O resultado são pessoas amargas, possuídas por uma autocrítica irreal, porque desmesurada. É o exercício inconsciente do ódio contra si mesmo. Na medida em que esses indivíduos de mal com o mundo hipertrofiam suas cobranças dos outros, sendo, como reação natural, por eles rejeitados, realimenta-se a amargura e o isolamento pelo adensamento do sentimento da própria desvalia, consolidando-se, então, uma profecia do tipo auto-realizável: "Aí está a prova de que eu não presto!". Groucho Marx expressou esse sentimento autodepreciativo com a seguinte construção lapidar: "Não posso ser membro de um clube que me aceita como sócio."

É interessante aduzir que os detentores de uma auto-estima hipertrofiada – que se origina de um excesso de mimos na infância, quando a criança, em lugar de sentir-se deficiente, se superestima – convertem-se em personalidades narcisistas, antipáticas, de convivência difícil, porque estão sempre obcecados na busca de poder e admiração. Convencido disso, Jean-Jacques Rousseau observou: "Você sabe qual é a maneira mais eficiente de fazer uma criança infeliz? Acostumando-a a receber tudo o que desejar, suas exigências serão cada vez maiores. A primeira recusa que ela vier a sofrer causar-lhe-á uma dor muito maior do que se ela tivesse aprendido que não é possível satisfazer todos os seus desejos." É preciso ter em mente, porém, que a sub-gratificação é tão prejudicial quanto a supergratificação.

Defesas psicológicas

A percepção do seu desajustamento leva esses indivíduos, sub e superdotados de auto-estima, a adotarem defesas psicológicas como meio de superá-lo. Algumas dessas defesas contêm energia psíquica que pode ser armazenada para posterior liberação ou diluição. Quando a defesa não é identificada e reconhecida, o seu portador fica privado de recorrer aos meios eficazes para lidar com ela, resultando, como consequência dessa ignorância, a intensificação do seu desajuste interpessoal, que se alimenta daquilo que Theodore Rubin denominou "fundo de emoções distorcidas" ou "venenos da alma", na expressão de muitos autores. Tanto as emoções quanto os pensamentos distorcidos se originam de processos que desvirtuam a realidade.

Falaremos sobre algumas dessas defesas psicológicas: 1. Falso-eu; 2. Negação; 3. Isolamento emocional; 4. Introjeção; 5. Projeção; 6. Identificação projetiva; 7. Racionalização; 8. Regressão; 9. Repressão; 10. Deslocamento.

Falso-eu. O sentimento de desvalimento e falta de poder, decorrente da baixa auto-estima, leva os indivíduos a desenvolverem estratégias interpessoais autodestrutivas, com o propósito de controlar o pensamento, as emoções e as ações de terceiros. Quando a criança deixa de fazer o que gosta e altera seu procedimento para ajustá-lo às expectativas de pessoas a quem deseja agradar, como pais, tios, avós e professores, ela está, de fato, renunciando a uma parcela do seu eu como mecanismo para se sentir segura, pela preservação de um relacionamento que valoriza. O desenvolvimento de um falso-eu, operado pela repetição da renúncia que invade a vida adulta, compromete o posterior desenvolvimento de uma personalidade equilibrada. Esse divórcio entre o desejo e as ações, processado como meio de conquistar afeto, machuca e perturba as pessoas. Como exceção à regra geral do desajustamento profissional, alguns indivíduos conseguem, ao preço de uma permanente insatisfação interior, e ao risco de uma implosão emocional, realizarem-se como bons profissionais, sequiosos de aprovação e estima.

Negação. Um dos modos mais frequentes de lidar com situações desagradáveis é evitando-as. Muitas vezes, contudo, a negação implica inconsciência de alguns aspectos da realidade ou do próprio sentimento. Traumas do passado e do presente abatem a auto-estima, e o indivíduo nega existência a aspectos desagradáveis de sua personalidade, de terceiros e do trabalho, revelando-se insensível a eles. A negação é facilitada pelo trabalho extenuante, como meio de desviar a atenção da realidade que não se quer reconhecer. Pode ser considerada uma manobra, quando protege contra uma raiva reprimida antiga, ou uma distorção, quando usada para falsear um ódio atual. A moral vitoriana, por exemplo, ao não permitir que as mulheres "decentes" pudessem ter desejos sexuais fortes, levava-as a recorrer à negação como mecanismo de paz emocional. Quando a negação não era possível, o conflito entre os sentimentos e a moralidade predominante resultava, não raro, em distúrbios psicofisiológicos graves, como perda da memória e paralisias. Como responsabilizar-se alguém, de saúde tão precária, por sentimentos pecaminosos? Com a liberalização dos costumes, essas consequências vêm se processando, cada vez mais, sob a forma de ansiedade, depressão, úlcera péptica, ileíte e problemas cardiovasculares. A desatenção seletiva é, igualmente, um dos modos de negação da realidade. Como exemplo, o indivíduo só ouve o que acredita lhe convir, ou não ouve o que lhe não convém. Tudo isso – a negação, o excesso de trabalho e a atenção seletiva – serve ao propósito de o indivíduo ignorar a si mesmo e à necessidade de que mudanças sejam processadas.

Isolamento emocional. Os indivíduos se isolam por acreditarem que, desse modo, se protegerão contra o potencial ofensivo das pessoas. O isolamento emocional, quando excessivo, pode conduzir ao isolamento social, à racionalização e à dissociação, resultando no divórcio entre o pensamento e o sentimento. Um exemplo característico desse estado de defesa emocional se verifica quando o indivíduo deveria ficar irado, mas não fica, porque confere às críticas ou ofensas que lhe são dirigidas uma existência etérea, virtual. A racionalização assoberba os sentimentos e a percepção da realidade. Mesmo diante de uma situação ameaçadora, que exige uma resposta concreta, o indivíduo se dedica à busca de alternativas vagas e elaboradas. A dissociação leva o indivíduo a homogeneizar o valor de situações antípodas: o êxito é tão bem-vindo quanto uma falência que nos ensina o valor das crises; um canalha é tão apreciável quanto um grande amigo, porque nos dá a oportunidade de lidar com o mal, e assim por diante. Foi aconselhando uma atitude equidistante dos extremos da arrogância e do abatimento que o escritor argentino Jorge Luis Borges, afinado com o pensamento budista, sentenciou: "Devemos tratar tanto o êxito quanto o fracasso como impostores, porque ambos nos afastam de nossa linha de prumo."

Introjeção. A introjeção se dá quando a pessoa incorpora, como seus, qualidades e valores de outrem, sejam bons ou maus. Quando se introjetam valores positivos, o indivíduo restaura sua autoestima, tornando-se, por exemplo, um funcionário exemplar, alvo da admiração geral. Há situações em que os limites com o falso-eu se confundem.

Projeção. Ao contrário da introjeção, pela projeção o indivíduo transfere para terceiros sentimentos que são exclusivamente seus. Em vez de irar-se quando sabe que alguém de quem não gosta o caluniou, o indivíduo atribui a calúnia ao ódio que o caluniador nutre por ele.

Identificação projetiva. Esta defesa psicológica consiste em um indivíduo passar a agir de modo diferente, às vezes até oposto, de sua inclinação natural, em função das expectativas criadas por terceiros. Esses terceiros, ao transferirem para outrem essas qualidades, ou seja, ao se identificarem projetivamente com outrem, buscam segurança nele, a quem querem ver forte e sábio, como compensação por se sentirem enfraquecidos, em razão da perda psicológica, via transferência, de sua sabedoria e força. Quando o indivíduo passa a agir como se sábio e poderoso fosse, diferente de seu natural, é porque se identificou com a projeção. Em nível mais brando, não podendo consumar a identificação projetiva, o indivíduo procura a companhia daquele com quem se identifica. A política é o campo onde mais se verifica esse fenômeno, desde a formação das gangues aos partidos políticos.

Racionalização. Pela racionalização, erros e decepções do presente como do passado são justificados. Contradições e inconsistências são minimizadas em seu significado. Quando maltratado, por um superior, por exemplo, ainda que de modo sistemático e injurioso, o indivíduo tende a atribuir ao episódio caráter incidental, ocasionado, por um dia que pode classificar como singularmente ruim para o chefe, quando não considera a ofensa justa, porque merecida. Bons tratos, ao contrário, são, nesse contexto, considerados coisa rotineira ou manipuladora. Nunca reconhecimento de mérito, puro e simples.

Regressão. Por regressão se entende a adoção, por um período de tempo curto ou duradouro, de atitudes características de nível de idade anterior. Implica a confiança em processos psicológicos e modos de reagir desenvolvidos na infância. Em razão disso, o indivíduo pode se comportar de modo inconsistente com a realidade que vivencia, caracterizando o que se denomina "falta de responsabilidade". Essa defesa psicológica se ampara na crença fantasiosa de que os superiores não vão reagir com violência "contra uma criança". A fuga do autoconhecimento protege a auto-estima do indivíduo, pela imatura reação que oferece a uma provocação adulta.

Repressão. Há dois modos de repressão. O primeiro é um mecanismo de defesa através do qual as emoções conflitantes com o meio social são mantidas fora do campo consciente. É um esforço desesperado para descartar a realidade indesejável. Desenvolve-se com a prática, e se processa com tanta rapidez, que não deixa margem ao odiento para se conscientizar da raiva que se apossa dele. Embora não haja percepção do processo que anos de condicionamento automatizam, nem lembrança consciente das experiências que se deseja esquecer, todo esse acervo emocional reprimido continua a influir sobre os sentimentos e atitudes das pessoas que seguem alimentando a crença de que são imunes ao sentimento do ódio. A repressão automática é a mais prejudicial por não permitir que a pessoa entre em contacto com suas emoções, fato que agrava o fosso entre o que ela pensa que é e o que as pessoas à sua volta pensam dela. Em linguagem metafórica, é como se a pessoa, estando nua, agisse como se estivesse vestida. Em geral, essas pessoas costumam fazer frases do tipo: "Eu nunca sinto raiva"; "Nada me tira o equilíbrio ou o bom humor"; "Não me importa o fato de ele ser canalha e falar mal de mim." O segundo, também chamado de supressão, envolve um esforço consciente de afastar pensamentos e emoções alojados no consciente. Nesta hipótese, o odiento tem plena noção de sua ira, sente vontade de externá-la, mas não o faz por racionalizar que não vale a pena, por várias razões, inclusive para não comprometer a sua imagem social, consoante a introjeção das mensagens-conselho que recebeu do berço ou da sociedade em que vive: "Seja civilizado! Contenha-se!" "O fato de estar com ódio não é a mesma coisa que se deixar dominar por este sentimento!" "Tome uma ducha, seguida de alguns tragos, e a ira sai pelo ralo!" Empenhado em se ajustar à persona social eleita como modelo de polidez e civilidade, o odiento desenvolve a prática de reagir com uma docilidade inversamente proporcional à cólera sentida. Um tal arcabouço de falsa segurança emocional conduz à desonestidade e impede que o odiento seja feliz. Embora o conteúdo da ira não se perca, será sempre suprimido.

Deslocamento. É dirigir a cólera contra pessoas mais frágeis ou coisas, em lugar de contra a pessoa que a provocou. Os exemplos abundam, a cada hora, em todos os cenários humanos. O gerente maltrata o subordinado, a esposa, um irmão, a sogra, um velho amigo, um filho, em lugar de reagir contra a arrogância do chefe. Na realidade, foi o medo do chefe o causador da atitude irada contra terceiros vulneráveis. É mais conveniente porque é menos arriscado ou perigoso. Outras vezes o ódio é disparado contra pobres animais, quando a ira, também produzida pelo medo inconfessado, foi despertada por um parente ou amigo. Não é à-toa que se atribui a esportes como o tênis, o golfe, o futebol e tantos outros extraordinário papel catártico. Bate-se com as raquetes, os tacos e os pés nas bolas, tomado à guisa das pessoas odiadas e temidas.

Em síntese: os indivíduos que aderem, compulsivamente, a essas defesas psicológicas encontram-se em fuga do autoconhecimento e da compreensão das pessoas e dos fatos, como mecanismo para se sentirem bem consigo mesmos, pela libertação da ansiedade que o reconhecimento da realidade lhes provocaria. Fecham-se, portanto, ao exame e à discussão sobre suas fraquezas e rancores. Quando essas defesas psicológicas não se ajustam ao meio, em vez de eliminarem a ansiedade, podem acentuá-la. O nível de consciência da prática do deslocamento do ódio pode sofrer grandes variações de indivíduo para indivíduo. Registre-se que é frequente a fusão de duas ou mais defesas psicológicas, bem como a transformação de uma em outra.

Linguagem biológica da ira

A ira é uma reação deflagrada pela ansiedade produzida por uma ameaça, ferimento, humilhação ou frustração. Essa reação se manifesta por alterações psicológicas e fisiológicas, observáveis umas, outras não. Dentre as observáveis, podemos mencionar agitação física, enrubescimento ou palidez súbitos, tensões musculares, mudança de posição dos braços e do corpo, calafrio, ranger de dentes, sudorese, estremecimento, franzimento do cenho, fixidez do olhar, cerração de punhos, sufocação, perda do autocontrole e elevação do volume da voz. Algumas dessas alterações podem conter a intenção velada de transmitir uma mensagem, compondo o universo do que se denomina linguagem corporal, objeto de estudo crescente em todas as áreas que têm como eixo as relações humanas. Para que se tenha uma idéia do grau de expressividade da linguagem corporal, um estudo denominado "Diferenças culturais no julgamento da expressão facial das emoções", liderado pelo psicólogo Paul Ekman, considerado o maior especialista vivo na expressão facial das emoções que mobilizam cerca de oitenta músculos do rosto, revelou uma alta percentagem de acerto do julgamento feito por observadores americanos, brasileiros, chilenos japoneses e argentinos, de seis diferentes emoções como ódio, felicidade, medo, surpresa, tristeza e desgosto, em fotos de rostos que lhes foram apresentadas. O ódio alcançou o menor resultado, pelo mais baixo percentual de acerto dos americanos, 69%, e dos japoneses, 63%, o que, convenhamos, representa, na realidade, um altíssimo grau de percepção da expressividade. Em outro estudo, Ekman demonstrou que a capacidade de reconhecer expressões faciais fugazes revela uma habilidade invulgar para o exercício da empatia. Exibiu, numa fita de vídeo, seis rostos expressando diferentes sentimentos. Cada expressão aparecia na tela por uma fração de segundo, para simular as micro-expressões que ocorrem na vida real, num total de aproximadamente sete mil combinações, sem que delas tenhamos noção, nós que as observamos, e nós que as exibimos, sem querer, em nossos rostos, como reflexo dos nossos sentimentos, independente de origem, raça, educação ou credo. Ekman observou que os indivíduos mais aptos a identificar essas emoções são os mais abertos, eficientes, dignos de confiança, interessantes e motivados para aprender. Na atualidade, centenas de pesquisadores, no mundo inteiro, se dedicam ao estudo do Sistema de Codificação das Atividades Faciais, que servirá a múltiplas finalidades, inclusive a um mais eficiente meio de investigação policial. Ekman, depois de estudar as reações faciais de uma tribo da Nova Guiné, concluiu pela universalidade homogênea expressiva das emoções, já defendida por Charles Darwin em 1872, no livro *A expressão das emoções no homem e nos animais*. Enquanto os pensamentos são secretos, do nosso exclusivo conhecimento, as emoções são públicas porque se estampam em nosso rosto. Ao meio cultural cabe modelar as emoções que devemos exibir, como e quando exibi-las. Aqui também se aplica a máxima vigorante nas ciências sociais que ensina haver "alguns aspectos iguais em todas as pessoas, alguns aspectos iguais num determinado grupo e outros aspectos peculiares a cada indivíduo."

Como exemplos de alterações inobserváveis, temos o aumento da atividade cerebral, taquicardia, liberação de adrenalina, sensação de frio e de calor, adormecimentos, sensações espinhosas. O que ainda não se sabe é se a ira deflagra essas alterações ou se é por elas deflagrada. Do ponto de vista prático, importa acentuar que a ansiedade opera como o alerta de uma ameaça ou o aviso de sua concretização, e as alterações psicofisiológicas como estímulo para fugirmos ou lutarmos. O processo se realiza com tal velocidade que dele sequer nos apercebemos, apesar de conter sua composição elementos tão complexos e ecléticos como: 1. ameaça ou materialização de um evento; 2. ansiedade; 3. alterações psicológicas e/ou fisiológicas; 4. eleição do ódio como meio de lidar com a situação. O que dificulta o controle da cólera é o fato de sua criação induzir à crença de que a ação é necessária, porque agir é o objetivo de sua formação. É por isso que os indivíduos tensos reagem, na visão dos outros, quase sempre, de modo desproporcional à provocação sofrida, porque o que determina a intensidade da reação é o tamanho da ofensa percebida pelo iracundo e não o seu tamanho verdadeiro, objetivo, conforme avaliado por terceiros. Desse contexto pode resultar, então, um círculo vicioso: uma expectativa exagerada gerando uma ansiedade alta que por sua vez alimenta uma expectativa elevada.

Até o século XIX, acreditava-se cegamente no poder da ciência e da racionalidade, conforme legado de Platão e seus sucessores, que sustentaram ser o homem um animal superior aos outros, e a razão apta a controlar nossos piores impulsos. Os trabalhos revolucionários e iconoclásticos de Charles Darwin e Sigmund Freud vieram questionar a validade dessas crenças, pondo-as no plano do relativismo. Em sua obra de 1871, *Descent of Man*, Darwin afirmou que os animais, como os homens, sentem orgulho, vergonha, modéstia, autocomplacência, tédio, generosidade, admiração, espanto, curiosidade, ciúme e cólera. "Eu não tenho dúvida, disse Darwin, de referência aos cães domésticos, que um cão se sente acanhado, e não com medo, algo muito próximo da humildade, quando, repetidamente, pede comida." Em outro trecho, Darwin recorda uma visita ao zoológico, quando um babuino "ficava enlouquecido de raiva, toda vez que seu domador começava a ler, para ele, em voz alta, um livro ou uma carta. Seu ódio era tamanho que ele podia morder-se até sangrar". Com essas observações, Darwin não queria igualar homens e bestas. O seu propósito foi o de demonstrar que quase todas as emoções humanas se originam dos animais inferiores, bem como nossa linguagem corporal que serve como instrumento de adaptação ao processo evolutivo, a exemplo do riso, do esgar, do franzir do cenho, do contato visual. Uma vez ameaçados, os animais, como nós, eriçam o pêlo, retesam os músculos, dilatam as pupilas, enquanto todo o organismo se prepara para lutar ou fugir. Darwin chamou a atenção para uma terceira alternativa, o desejo de conciliação, de apaziguamento, que corresponderia a um tipo de fuga sem sair do lugar, caracterizado pela "ausência de qualquer propósito de resistência". Quando um cão fila ameaça um cão pequeno, este, para evitar o ataque que lhe seria mortal, prostra-se ao solo em decúbito dorsal, encolhe as orelhas, balança o rabo e oferece as patinhas inofensivas, numa clara demonstração de que não tem a menor intenção de resistir. Do mesmo modo reage a maioria dos subordinados diante de um superior truculento, ou alguém sensato diante de um assaltante de arma em punho.

Como todos os reflexos, o susto representa a atividade da base do cérebro, a mais primitiva e reptiliana. A intensidade do susto revela o tamanho das emoções negativas sentidas, em especial o medo, o ódio, a tristeza e a antipatia, nada tendo a ver com as boas emoções ligadas à felicidade e à alegria. Testes realizados mediante a submissão de pessoas ao impacto de sons estridentes revelaram que não há como evitar reações de susto, expresso na contração dos músculos faciais, sobretudo ao redor dos olhos, por mais preparadas que estejam para o que vai ocorrer, como acontece com os atiradores profissionais em exercícios de tiro.

A expressão facial do ódio não é culturalmente desenvolvida. É um componente do indivíduo, como os olhos e os pés. Para muitos, Darwin, um genial biólogo e etologista (especialista em comportamento animal e sua adaptação ao meio ambiente), revelou-se um modestíssimo psicólogo. Sua interpretação do comportamento animal é superior à sua interpretação do comportamento humano. Tamanha era sua motivação para identificar os pontos de semelhança entre homens e animais, que terminou por não perceber diferenças essenciais. A capacidade humana de lidar com símbolos, e de aprender, nos confere uma gama de alternativas comportamentais que nenhum outro animal possui. Os cães, contrastando com o homem, percebem, pela nossa voz, que estamos bravos, mas não dão a mínima para o que possamos declarar sobre eles, do modo mais injurioso. Além disso, o ser humano tem a capacidade de mentir e de mascarar suas emoções. No outro extremo, é capaz de fingir estar emocionado, quando, em verdade, está, calculadamente, frio. Talleyrand viu essa tendência humana para dizer o que não deseja ou pensa, em função de suas conveniências, com as seguintes palavras: "O homem recebeu o dom da fala para poder esconder seu pensamento" *(L'homme a reçu la parole pour pouvoir cacher sa pensée)*, porque não são as palavras que estão sob o poder dos homens, mas os homens que estão sob o poder das palavras, sobretudo quando os proferidores se encontram em posição de mando. Nessa mesma linha, Thiers observou que, submetidos às injunções do pragmatismo, os políticos recorrem às palavras como meio de esconder o que pensam. "As palavras significam o que eu quiser que elas signifiquem", disse Lewis Carroll pela voz de Humpty-Dumpty, um de seus personagens.

Na esteira desses rompedores do futuro, respeitáveis cientistas têm defendido que, ao contrário da crença comum, a maioria dos animais é mais sábia e afável do que o homem. Etologistas como Desmond Morris, Robert Ardrey, Konrad Lorenz, Karl von Frisch e Nikolas Tinbergen, os três últimos ganhadores do Nobel de 1973, e o sociobiólogo Edward O. Wilson, sustentam que o homem não é um animal razoável.

Dissecação da ira

Como, em geral, o lapso de tempo transcorrido entre a causa e a instalação do sentimento de ódio é, também, muito rápido, não é possível nos darmos conta das várias etapas que o processo consome, a saber:

1 – Expectativa (eu quero algo);
2 – Avaliação negativa (não consegui o que desejava);
3 – Interpretação (é péssimo não conseguir o que se deseja);
4 – Julgamento (eu deveria conseguir o que desejo e não ser tratado desse modo);
5 – Assunção da cólera (é intolerável ser tratado desse modo);
6 – Racionalização (o canalha que me frustrou merece ser punido).

A partir desse ponto, o ódio segue seu curso, de acordo com a síntese produzida no ânimo de cada um pelos vários componentes psicológicos, biológicos e sociais, conforme já descritos.

Conclui-se, pois, que, até que se instale, a ira é precedida de uma sucessão de eventos que são trabalhados pela reflexão e sociabilidade do iracundo. É oportuno destacar a existência desse processo cognitivo que precede a instalação da cólera, ainda que não percebamos quando ele ocorre. A cólera é uma resposta elaborada porque indica que uma mudança é necessária, no próprio odiento ou em terceiros.

Origens sociológicas da ira

É noção elementar em sociologia que a realidade da vida social costuma ser diferente da percepção que temos dela. A razão principal é que, em matéria social, somos, a um só tempo, sujeito e objeto de estudo, diferentemente das ciências exatas ou da natureza, campo em que não há envolvimento emocional do estudioso com o objeto de sua análise. A tendência natural de selecionar e valorizar os aspectos da vida social que mais nos interessam nos leva a consolidar idiossincrasias e distorcidas visões do mundo, com o prejuízo de sua compreensão objetiva. Uma porção dessas distorções consiste em assumir reações cautelares, como a cólera, a presumidas intenções de terceiros, no mais das vezes preconceituosas. Por isso, nosso crescimento intelectual e emocional consiste em controlar esse viés, buscando inspiração e apoio em nossa mente avançada. A tarefa não é fácil. Mesmo quando nos educamos para não extravasar a raiva que as situações nos provocam, somos traídos por mensagens não-verbais, corpóreas ou subliminares que, involuntariamente, transmitimos. Os autores Tim La Haye e Bob Phillips propuseram a quantificação dos percentuais dos meios pelos quais a cólera se exprime. Segundo eles, o que é dito sob a ação da ira corresponde a, apenas, sete por cento do processo de comunicação, o tom da voz, a trinta e oito e as ações não-verbais, a cinquenta e cinco por cento. Atribuem eles essa alta percentagem de comunicação não-verbal ao propósito dos odientos de escamotearem sentimentos que sabem condenados pelo meio social.

O que importa compreender é que, por mais que pensemos o contrário, somos responsáveis por nossas emoções, razão pela qual ninguém deve ser apontado como causador de nossa ira, porque nós é que nos deixamos irar. Uma prova elementar disso é que diante de uma mesma situação algumas pessoas se enraivam e outras não. De igual modo, uma pessoa, em momentos ou situações diferentes, pode irar-se ou não, diante de uma mesma provocação. Compare-se o modo de proceder de famigerado senador baiano, cassado por algumas de suas inumeráveis e inenarráveis delinquências: aproveitando-se da debilidade moral de correligionários pusilânimes, xingava-os, como se vitimado pela síndrome de Tourette, estapeava-os e lhes distribuía pontapés, a torto e a direito, por qualquer ato que lhe provocasse o mínimo desagrado; já diante dos seus interrogadores, no senado, achincalhado, humilhado e ofendido, acoelhou-se, na vã tentativa de salvar o mandato que não soube honrar. O mesmo se observa com assassinos cruéis: implacáveis diante de suas vítimas indefesas, mas cordatos e submissos diante dos seus carcereiros. Vide Saddam Hussein. Saliente-se, também, que nossa reação, quando irados, varia em função da noção que temos das restrições sociais e da importância que emprestamos a elas. Por isso, expressamos de modos distintos a cólera que sentimos numa discussão acadêmica ou na disputa de uma partida de futebol.

    A questão essencial não consiste em evitar a emergência da ira, que é um fenômeno natural, mas no modo de expressá-la, consoante os valores legais e sociais estabelecidos, o que não esclarece de vez a questão, posto que não há um padrão uniforme sobre as maneiras de fazê-lo. Tanto é que os júris populares apreciam o extravasamento da cólera, segundo critérios que variam no tempo e no espaço. A título de exemplo, a impunidade assegurada, no Brasil do passado, a certos crimes, motivados pela defesa da honra, não tem o mesmo apelo nos dias atuais. O mesmo pode dizer-se dos crimes praticados contra mulheres no Ocidente e, até, nos países muçulmanos.

    Estudos indicam que as pessoas que reagem com raiva merecem maior consideração do que as que, apenas, ficam tristes ou magoadas, como se apurou em relação ao presidente Bill Clinton no episódio Monica Lewinsky: seu índice de aceitação social aumentou quando sua reação evoluiu da tristeza para a indignação raivosa. No ambiente empresarial, as distinções são, em sua maioria, destinadas aos indivíduos que expressam ódio, em comparação com os compassivos. Os melhores salários e cargos vão para os candidatos a emprego que, em lugar de tristeza e mágoa, reagem com raiva às situações que lhes desagradam, isso porque as pessoas que expressam ódio são percebidas como mais competentes.

    Evidencia-se, portanto, o caráter cognitivo da ira, que se sujeita, para sua instalação e exteriorização, aos valores sociais do meio em que atua o irado.

    Em síntese: As origens da ira são tão complexas quanto sua natureza, não obstante os esclarecimentos que nos fornece o seu estudo sob os aspectos sociológico, psicológico e biológico.

    A socialização, que implica um processo de aprendizado, é de crucial importância para a compreensão das origens da ira, na medida em que nos dá clareza da ameaça que representa, orienta a interpretação que damos a ela e dá suporte à nossa reação.

    No plano psicológico, as origens da ira não têm importância menor, uma vez que influenciam, sob múltiplas formas, a maneira como encaramos a vida, nós próprios e nossas emoções. Nesse aprendizado constante, a prática de lidar com os problemas de cada dia aumenta ou diminui nossa capacidade de ajustamento às ameaças e frustrações do dia seguinte.

Do ponto de vista biológico, a ira é um mecanismo de mobilização do instinto de sobrevivência contra o perigo de nossa extinção. Por isso, a incapacidade de agir diante de uma ameaça sinaliza um estado patológico, ainda que momentâneo.

A gestão competente da ira depende, portanto, do conhecimento de sua constituição e de suas origens, bem como do adensamento da percepção de que a razão, a moral e a religião são os recursos que permitem ao homem controlar suas emoções.

SEGUNDA PARTE

AVALIAÇÃO DO IMPACTO DO ÓDIO

Os psicólogos Matthew McKay, Peter Rogers e Judith McKay elaboraram uma equação destinada a medir o efeito do ódio na vida das pessoas, pela atribuição de valores variáveis de 0 a 4:

0 = nenhum efeito
1 = pequeno efeito
2 = efeito moderado
3 = efeito significativo
4 = grande efeito

Ao lado de cada uma das situações abaixo enumeradas, anota-se o número correspondente à intensidade do efeito percebido:

Intensidade
1 – Relações com autoridades (professores, patrões, governantes, etc..)
2 – Relações com os pares e colegas de trabalho
3 – Relações com subordinados no trabalho
4 – Relações com clientes e associados
5 – Relações com crianças
6 – Relaçoes com o cônjuge ou amante
7 – Relações com ex-cônjuge ou amante
8 – Relações com parentes de sangue
9 – Relações com parentes legais
10 – Relações com os filhos dos parentes
11 – Relações com os amigos próximos

12 – Relações com amigos distanciados
13 – Relações com os vizinhos
14 – Relações com ex-amigos
15 – Relações com os grupos de recreação
16 – Relações com a comunidade religiosa
17 – Relações com grupos políticos
18 – Impacto de episódios odientos na saúde
19 – Percepção de sintomas de ódio (taquicardia, tensão, ansiedade, dores musculares, enxaqueca, irritabilidade, estresse, inquietação, insônia, abatimento moral, etc.)
20 – Tempo perdido, dedicado a sentimentos odientos
21 – Intrusão do ódio em atividades agradáveis ou relaxantes, como o sexo, os esportes, piqueniques, férias, *hobbies*, etc.
22 – Efeito do ódio quando consumindo drogas ou bebidas alcoólicas
23 – Efeito do ódio sobre a criatividade ou produtividade
24 – Efeito do ódio sobre a habilidade de guiar automóvel
25 – O ódio como causa de acidesnte e erros.

Feitas as avaliações, verifica-se se algum padrão emerge. É em casa ou no trabalho que o ódio se instala com maior frequência? Com as pessoas mais próximas ou mais distantes? Com autoridades, parentes ou pares? Como o ódio interfere nas atividades agradáveis ou prazerosas? Com que frequência o ódio tem ocasionado a perda de amizades?

A partir daí, definem-se as áreas sobre as quais se deve trabalhar.

Esses mesmos autores sugerem a prática de exercícios como meio de assumirmos responsabilidade no processo de operarmos as mudanças requeridas para bem lidarmos com o sentimento do ódio. Sugerem a reflexão sobre um episódio recente, de preferência algum que tenha sido registrado por escrito, do qual tenhamos nítida lembrança, anotando as respostas para as oito questões seguintes, as duas primeiras das quais são destinadas a identificar as causas do ódio, e as seis últimas, a permitir-nos a mudança do foco de terceiros para nós mesmos:

1 – Que tipo de estresse gerou meu ódio? Ao refletirmos sobre esta pergunta, devemos levar em conta o conjunto dos estresses produtor do ódio sentido, bem como o que o sucedeu.

2 – Que pensamentos inflamaram meu ódio? Devemos anotar tudo que nos dissemos, em pensamento, e que incendiaram nossos sentimentos.

3 – Há estratégias mais eficazes do que o ódio para levar as pessoas a satisfazerem meus anseios? Em lugar de punições e ataques agressivos, que geram reações defensivas, retraimento, reservas mentais, quando não ódio aberto, devemos nos empenhar na busca de alternativas construtivas, promotoras do espírito de colaboração. O que poderia induzir as pessoas a colaborarem comigo?

4 – O que devo fazer para realizar meus anseios e reduzir o estresse? Há algo que eu possa fazer, independente de terceiros?

5 – Haverá outras fontes de apoio, de provimento ou de simpatia, além da pessoa que me desperta ódio? Haverá outras pessoas ou situações em condições de nos dar o de que necessitamos, ou mesmo reduzir o nível de nosso estresse?

6 – Que limites gostaria de fixar, mas que temo reconhecer, e pelo qual pugnar? Gostaria de dizer não, ou reduzir o meu envolvimento?

7 – Como negociar para alcançar o que desejo? Estou habilitado a reivindicá-lo de um modo tranquilo? Estarei disposto a transigir e a fazer contrapropostas para conquistar o que desejo? De que modo e quais?

8 – Como renunciar? Na hipótese de falharem outras alternativas, estaria disposto a renunciar às minhas expectativas? Como fazê-lo?

A maior dificuldade para a implementação de um programa como esse reside em nosso próprio temperamento, porque, quando em estado odiento, nossa inclinação natural é a de mudar a outra pessoa a quem atribuímos a responsabilidade pelo nosso desconforto. Trata-se, portanto, de uma mudança profunda de paradigma, operação demandante de muito esforço, determinação e disciplina, desafio que vale a pena encarar, em razão da excessiva onerosidade existencial do ódio.

Joaci Góes

A cólera masculina e feminina

As diferentes expectativas sobre os papéis pertinentes a homens e mulheres, no espaço e no tempo, resultaram na formulação de distintos conceitos de legitimidade, relativos aos modos de exprimirem o sentimento do ódio, na família, no trabalho e na sociedade em geral. Essa distinção é corolário das diferentes maneiras com que homens e mulheres aprendem a reagir a humilhações, ameaças, frustrações, injustiças, preterições e desenganos. O maior grau de diferenciação verifica-se na intensidade com que reagem a situações causadoras de ódio, sendo o homem mais explosivo do que a mulher, apesar de se encontrarem, ambos os sexos, no mesmo nível quanto à frequência e intensidade com que são alcançados pela ira. Observa-se, ainda, que não há distinção no modo como reagem à ansiedade, sendo, também, semelhantes os conteúdos de sua excitação psicológica e fisiológica. Contudo, ainda que o processo de adaptação de homens e mulheres aos reveses da vida seja o mesmo, têm sido distintos, no tempo e no espaço, os modos como reagem às fontes da ira.

O movimento feminista tem destacado que o modo subalterno com que as mulheres são tratadas, em comparação com os homens, acarreta a diminuição de sua auto-estima, o que reduz sua capacidade de lidar com o stress diário, expondo-as a ansiedades maiores, provocando, em consequência, uma mobilização psicofisiológica que resulta, não raro, em sentimentos de ira que os valores aconselham suprimir ou redirecionar. Esse processo circular funciona como uma forja permanente de baixa auto-estima que se realimenta da incapacidade da mulher de expressar a ira produzida por sua atitude conformista, imposta pela sociedade comandada pelos homens. Afinal de contas, segundo o imaginário popular, construído a partir do predomínio masculino, a mulher é uma mescla de mel e ardor, doçura e paixão, sublimidade e erotismo.

Por isso, à exceção da mitológica sociedade das amazonas, o nível aceitável de expressão da ira feminina sempre foi menor que o admitido aos homens. Essa antiga restrição responderia pela continuidade de um grande número de perturbações psicossomáticas, endêmicas das mulheres, bem como pela maior desenvoltura dos homens, provocada por uma auto-estima mais elevada, resultante da legitimação social de uma manifestação mais intensa e mais livre do ódio masculino. Enquanto os homens são glorificados por matar ou morrer na defesa de suas crenças, propósitos e valores, as mulheres, mesmo nas sociedades modernas, que em nome da democracia postulam a igualdade para todos, inclusive para elas, são condenadas pela sustentação de uma luta, ainda que pacífica, pela materialização de seus direitos constitucionais. Esta milenária etapa da história da mulher, que está longe de encerrar-se, levou-a a temer ser possuída pelo sentimento do ódio, não apenas para não ser alvo da reprimenda social, como também para não ser dominada por um sentimento de culpa, impositivo, segundo foi condicionada a crer, da necessidade de abandonar seu "novo e ameaçador" modo de reagir, retornando ao seu conformismo atávico.

Este estado de espírito, socialmente construído, levou as mulheres a elaborarem uma tábua de autoquestionamentos, tais como: "Tenho o direito de irar-me?", "Minha ira é legítima?", "Para que serve irar-me?", "O ódio me trará algum benefício?" O resultado prático desse questionamento tem sido a perpetuação da vergonha, do medo ou do sentimento de culpa produzidos pela autopercepção da ira e seu extravasamento. Às mulheres não foi ensinado que, sendo o ódio uma manifestação natural, como tantas outras manifestações do ser humano, questioná-lo seria como duvidar da legitimidade ou oportunidade da fome ou da sede quando não se tem o que comer ou beber.

A desigualdade de tratamento dispensado a homens e mulheres chega a ponto de serem ofensivos às mulheres, particularmente à mãe, os mais duros xingamentos dos homens, a exemplo de "filho da puta", "filho de uma égua", "bastardo", etc. Em compensação, quando incapacitados de externarem sua ira, os homens, abatidos em sua masculinidade e auto-estima, são presa de sentimentos de frustração e desvalia muito maiores do que os das mulheres, histórica e socialmente condicionadas a melhor suportarem os reveses da vida.

A construção do macho

"Os homens revelam insatisfação pelo aumento de suas atividades domésticas."

Desde a mais tenra idade, os meninos são estimulados a adotarem uma conduta mais ativa e mais agressiva do que as meninas.

Ao crescerem, aprendem que é condenável agredir pessoas do sexo feminino, razão pela qual passam a direcionar sua agressividade, com prioridade, aos homens. Essa quase-proibição de atacar as mulheres torna os homens vulneráveis às críticas, censuras, rejeições e ataques femininos. Por isso, a alta cota de agressividade recíproca entre os homens é acrescida do desvio, para outros homens, da cólera reprimida que sentem das mulheres, contra as quais não podem manifestá-la, sem o ônus da sanção social. A milenária sedimentação do tratamento paternalista que os homens dispensam às mulheres culminou com a percepção ressentida de serem vistas como integrantes do sexo frágil. Como consequência desse aprendizado, os sentimentos de alegria e tristeza predominam nas relações dos homens com as mulheres, do mesmo modo que o ódio e o medo nas relações entre os homens. Como o desejo de predomínio e dominação preside as relações entre os homens, a competitividade e a agressividade são valores inseparáveis de sua cultura. Isso explica por que a história humana consiste, em primeiro lugar, na história da violência masculina, marcada por agressões físicas, crimes e guerras, fonte de contínuo stress e ansiedades que conduzem a perturbações fisiológicas e psicológicas, predominantemente masculinas, como a hipertensão e as cardiopatias. A agressividade masculina, amoldada ao meio social, define o estereótipo do macho que tem no sucesso, na exibição do poder de criar e, sobretudo, de destruir, adquiridos pela força, aplicada por meios legítimos ou não, o mecanismo de compensação de suas derrotas, inveja e desenganos.

Numa palavra: o dever-desejo de ser competitivo, corajoso, bravo, realizador, agressivo e poderoso supera no homem as conveniências da saúde, da família e da própria paz. Não é de estranhar, pois, que a atividade guerreira seja quase que exclusiva do sexo masculino, ainda que, historicamente, a disputa da mulher tenha dado causa a muitas guerras. Competir, para conquistar prestígio e força, é o que importa, mesmo ao preço de intenso sofrimento, que se recomenda seja padecido em ascético e estóico silêncio. Nesse contexto, é inegável o valor catártico de retaliações, com o sabor de acerto de contas, inspiradas na ira, nascida da inveja, na maioria dos casos. É por isso que, mesmo com o brutal prejuízo que representam, em tempo, recursos, esforços, felicidade e vidas, as guerras exercem sobre o imaginário masculino um fascínio irresistível. Não estranha que o símbolo máximo do vitorioso tenha sido, ao longo de milênios, a imagem do guerreiro solitário, elevando-se, altaneiro, sobre um monte de escombros de uma cidade conquistada, destruída e juncada de cadáveres. No mundo moderno esta imagem foi substituída pela bomba atômica, expressa sob a forma aterradora do cogumelo crescente.

A construção da fêmea

Dentre as várias características que distinguem o homem da mulher, uma maior emotividade feminina é apontada como das mais marcantes. O exercício dessa emotividade se realiza pela conciliação do conflito entre a espontaneidade com que a mulher tende a revelar suas emoções, em geral, e a contenção, socialmente imposta a ela, no sentido de abortar ou reorientar a expressão de sua cólera, em particular. Chegamos a essa síntese, por entender ser a que mais se aproxima de alguns diagnósticos, nem sempre coincidentes, realizados por respeitados estudiosos da emotividade feminina. Enquanto, para alguns, a mulher é mais propensa do que os homens a expressar suas emoções, inclusive a cólera – o que seria mais saudável –, para outros, quando a mulher não evita a cólera, exprime-a sob a forma de agressão passiva ou a direciona contra si própria, pelo que passa a sentir-se culpada. Outros, ainda, sustentam que a mulher tende a expressar sua cólera sob a forma de sintomas psicossomáticos, ao sentir-se confusa, irritadiça e deprimida.

Ao recorrer à violência, a mulher arrisca-se a ser considerada "machona" ou castradora, com graves prejuízos para a sua imagem. De fato, a reiterada repressão da cólera cobra dela pesado tributo, reflexo do sentimento de culpa, resultando em depressão, vergonha e a consequente redução de sua auto-estima. Quanto mais baixa a auto-estima, maior a vulnerabilidade feminina à ação debilitante da ansiedade e do stress, e menor a capacidade de resposta adequada às agressões externas. O estereótipo feminino que emerge dessa vivência conflituosa seria o do conformismo como virtude, que se manifesta na obediência, passividade, dependência e auto-sacrifício, posturas que operam como compensadores da baixa auto-estima decorrente daquelas mesmas manifestações, num círculo vicioso estreito. O encorajamento para que a mulher seja boazinha, dependente, submissa e avessa à competitividade e agressividade é fruto desse condicionamento. Mesmo quando competentes, só como exceção as mulheres desalojam os homens dos seus postos de trabalho; a regra é elas os substituírem quando eles são promovidos, ou quando se ausentam, em função de deveres eminentemente masculinos, como os de prover a família, defendê-la ou ir à guerra.

Essa coação sóciopsicológica pode induzir a mulher a direcionar contra si a agressividade que o meio social lhe desestimula – quando não inibe –, dirigir contra os homens. A tendência feminina de considerar-se culpada, em casa como no trabalho, quando em conflito com os homens, advém da necessidade psicossocial de contar com a aprovação e proteção masculina. Pesquisas revelam que, quando ocupa uma posição de autoridade, num contexto dominado por maioria masculina, a mulher sofre uma crise de identidade que só é vencida quando o número de mulheres operando no ambiente se equilibra com o número de homens.

Como o homem se afirmou, desde sempre, como protetor e provedor da família, a mulher aprendeu a ver na insubmissão a ele uma mostra de deslealdade e ingratidão condenada pela sociedade. Apesar disso, o avanço da iniciativa feminina, no sentido de afirmar-se, a exemplo da proposição crescente do número de ações de divórcio, é emblemático da disposição da mulher de vencer medos anciãos em favor da realização de anseios tradicionalmente reputados ameaçadores de sua estabilidade social e emocional.

O temor reverencial que a mulher aprendeu a manter diante do homem leva-a a reprimir e sufocar sua capacidade de competir, substituindo-a por uma maior predisposição para assessorar e participar em trabalhos de equipe, em prejuízo de sua criatividade individual, no que esta depender de afirmação da personalidade, de resistência emocional à rejeição e à censura e de retaliação na defesa de suas crenças e desejos. As exceções são os trabalhos domésticos, o cuidado com a prole e tarefas assistenciais voltadas para carentes. Essa tendência explicaria uma maior tradição da presença feminina, no mercado de trabalho, como secretárias, recepcionistas, enfermeiras, professoras e gestoras de recursos humanos, panorama que vem sofrendo vertiginosa transformação.

A afirmação da personalidade feminina, sua resistência emocional à rejeição e à censura e sua disposição de retaliar na defesa de suas convicções e desejos, sem o que sua criatividade individual fenece, constituem, para a mulher, um desafio difícil de vencer. É oportuno lembrar que a tese que sustenta ter sido a mulher o primeiro objeto de propriedade privada é respaldada nos estudos de influentes cientistas sociais, como Frederick Engels, Thorstein Veblen e Lévi-Strauss, que chamam a atenção para o fato de a mulher não figurar como protagonista das lutas para chegar ao comando do poder, encontrando-se, por outro lado, invariavelmente, como acervo do poder masculino que a exibe como troféu pela vitória sobre outros homens, como tem sido demonstrado, à larga, na história dos povos e na literatura de todos os tempos, de que é o primeiro e exponencial exemplo a *Ilíada* de Homero.

O ódio de Aquiles contra Agamenon nasceu do concurso de dois pecados: a cobiça de Agamenon, ao lhe subtrair do espólio de guerra a jovem princesa Briseida, e o orgulho ferido de Aquiles, ao ser humilhado por um ato injusto de força do seu comandante. De nada adiantou o empenho de Ulisses para que Aquiles abandonasse a reclusão que se impôs e retornasse ao campo de batalha. Aproveitando-se de sua ausência, o herói troiano, Heitor, fere de morte a Pátroclo, o melhor amigo de Aquiles. Sua dor oceânica, logo convertida num intolerável sentimento de culpa, só pode ser aplacada com a mais completa vingança. Paralelamente à vivência de intenso remorso, autocomiseração e vergonha, o coração de Aquiles é tomado da mais flamante fúria, virilmente canalizada contra Heitor, a quem ofende e mata, indo, em seguida, oferecer o corpo a Príamo, pai de sua vítima, com quem por último se reconcilia, tendo, assim, restaurada sua honra a partir da agressão ditada pelo ódio que se apossou do seu espírito.

Os crescentes avanços conquistados pela mulher, sobretudo no século XX, minoraram, mas não foram suficientes para eliminar esse ancestral condicionamento, alimentado por avaliações prejudiciais à sua imagem, formuladas pela ideologia da supremacia do macho, através de textos sagrados e do pensamento de figuras exponenciais de todas as civilizações, inclusive a ocidental, de que é modelar este trecho de Schopenhauer: "O que permite manter e seguir os princípios, a despeito dos motivos que agem em sentido contrário a eles, é o autodomínio. Aqui está a causa de por que as mulheres, como seres que, por causa da fraqueza de sua razão, são bem menos aptas que os homens para entender, manter e tomar como norma os princípios gerais, são inferiores a eles na virtude da justiça e, portanto, também da honestidade e escrupulosidade. Por isso a injustiça e a falsidade são seus vícios mais frequentes, e a mentira seu elemento próprio"... "O pensamento de ver uma mulher exercendo o ofício de juiz faz rir." Schopenhauer incorre em toda essa depreciação feminina, apesar de reconhecer "quão pequena é a quantia de justiça genuína, espontânea, desinteressada e não-dissimulada que se encontra entre os homens". Antes de Schopenhauer, Napoleão já havia concluído que os homens precisam dormir, apenas, duas horas por dia; os idiotas, quatro, e as mulheres, oito. Haja preconceito!

Enquanto a mulher tem conhecido avanços notáveis, sobretudo na maioria dos países ocidentais, amplos setores da organização humana continuam a manter o mesmo padrão de subordinação feminina, observado desde muito, a exemplo de sociedades primitivas umas, atrasadas outras, bem como sociedades moldadas por crenças religiosas, que legitimam a condição de inferioridade da mulher, de que as muçulmanas são o exemplo maior. Nos ambientes dessa segunda categoria, em casa como no trabalho, não se espera que as mulheres realizem algo de notável ou ajam de modo agressivo.

Há quem veja na protetora relação mãe-filho, enquanto infante o filho, a fonte dessa permanente predisposição da mulher de evitar o recurso à violência, não obstante a imagem de poder absoluto que sua condição de mãe continua a infundir nos indivíduos, mesmo em sua fase adulta, uma vez que, enquanto protege e dá carinho e amor, a mãe, além do poder de concepção, dispõe de fato, a seu talante, da vida dos filhos dependentes. Desse ambíguo cenário resultaria o uso pela maioria das mulheres de meios indiretos, como a sedução e a manipulação, para realizar seus objetivos. A partir daí, instala-se um círculo vicioso, alimentador do *status quo*, que prejudica a capacidade feminina de operar as mudanças oriundas da cólera, quando bem canalizada, porque sua ira, quando irreprimível, tende a ser expressa de modo inadequado, por falta do treino que só a repetição da experiência, comezinha entre os homens, propicia. O resultado, em muitos casos, varia da mera ineficácia à piora da situação. Vê-se, por aí, que, mais para a mulher do que para os homens, a cólera opera como uma faca de dois gumes, pois, ao tempo em que sua liberação ajuda a preservar a integridade, não resolve o problema que a gerou. Por isso, em muitas sociedades, contam-se como exceção os casos de cólera feminina expressa de modo eficaz, em especial no ambiente de trabalho, onde é grande o solitário esforço exigido para que uma mulher supere todo este handicap social e passe a exercitar sua cólera de modo elaborado e consistente, como é mais usual entre os homens. Em contrapartida, a mulher que alcança níveis elevados de eficiência e criatividade, logo rotulados de masculinos, passa a ser respeitada e temida como uma ameaça, por homens e por mulheres, de modo singular: os homens porque, treinados para não agredir as mulheres, ficam chocados quando dominados e agredidos por elas, e as mulheres porque, mordidas pela inveja, racionalizam que a expressão da cólera, que tomam como a causa da eficiência e criatividade denunciadas, não é conduta feminina adequada. Hesíodo já ensinava, no século VIII a.C., e Aristóteles repetiu quatro séculos depois, que a inveja grassa entre iguais. Por isso, dizia, "oleiro inveja oleiro e cantor inveja cantor".

A rotulação do sucesso feminino como fruto da adesão da mulher ao estilo masculino é uma supersimplificação equivocada, porque, na realidade, representa um terceiro modo de agir, mais eficiente e mais equilibrado, resultado da fusão da arguida omissão feminina com a reconhecida agressividade masculina. Por ser um modo de canalização da cólera mais raro do que os outros dois – o masculino e o feminino –, sua inegável superioridade não é tão visível como deveria, para melhor proveito das relações humanas. Observe-se que o êxito feminino não costuma se erigir sobre a derrota, humilhação e sofrimento de terceiros, com a mesma intensidade e frequência que assinalam a ascensão masculina. Os triunfos masculinos que não produzem vítimas, e por isso são mais duradouros, realizam-se, de fato, no melhor estilo feminino, penacho que poderia ser mais bem explorado pelas líderes feministas, em sua legítima busca de emancipação, e pelos dirigentes de empresas, como poderoso instrumento de elevação da produtividade do trabalho. A tolerância e o amor, característicos da ação feminina, geram produtividade auto-sustentável no curto, médio e longo prazos, enquanto o estilo "machista", rude e agressivo, só produz resultados em curto prazo, e enquanto perdurar o opressivo autoritarismo.

Com efeito, a compreensão de que homens e mulheres podem estar sujeitos a bitolas sociais que condicionam a expressão de sentimentos, como a inveja e a cólera, é de crucial importância para que se possa lidar com eles de modo pertinente, tanto na família quanto no trabalho, ambientes marcados por intensa competitividade, como apontou Karen Horney: "Cumpre ressaltar, porém, que a competição, assim como a hostilidade potencial que a acompanha, impregna todas as relações humanas. O espírito de competição é um dos fatores predominantes nas relações sociais. Impregna a relação dos homens entre si, das mulheres entre si, e, quer a disputa seja em torno da popularidade, competência, atração ou qualquer outro valor social, prejudica imensamente as possibilidades de uma amizade sincera. Como já foi indicado, também perturba as relações entre homens e mulheres, não só na escolha de parceiros, mas em toda a luta com eles pela superioridade. Impregna a vida escolar. E, talvez o mais importante de tudo, a vida em família está imbuída desse espírito de competição, de modo que, de uma maneira geral, a criança é inoculada com seu germe desde os primeiros anos de sua existência."

A dama ou "boa mulher" e a bruxa

Quando a mulher renuncia à manifestação da cólera e à luta, mesmo onde essas reações são requeridas, é vista e aplaudida como uma dama ou "boa mulher". Tal é a hipótese quando, em lugar de agir com apoio num sentimento de cólera legítima, a mulher cala, chora, lamenta-se ou se faz de coitada, por temor das consequências de entrar em conflito aberto. Pior: além de recalcar o ódio, a mulher, com frequência, omite-se de externar o que pensa, mesmo de modo pacífico, se supuser que isso incomodará alguém ou dará visibilidade a diferenças de pensamento com outrem estimável. Por definição, uma boa mulher não deve externar rancor. A reiterada prática da omissão induz a mulher ao papel ancilar e emocionalmente oneroso de responder pelos sentimentos e reações de terceiros, em prejuízo do próprio desenvolvimento e da qualidade de sua vida. Não raro, a mulher prioriza a preservação de um relacionamento em prejuízo do seu eu. Para a mulher, poucas coisas geram tanta ansiedade quanto ascender a um patamar superior de auto-afirmação, sob a ameaça de desestabilizar uma relação estável. Neste ponto, a mulher se transforma num posto de abastecimento emocional dos outros, porque esta reiterada postura contemporizadora, em lugar de contribuir para a eliminação ou redução da fonte que alimenta a sua ira, realimenta-a e fortalece sua estrutura, contribuindo para consolidar sua imagem de perdedora e passiva. Não residiria aí a origem da maior associatividade feminina, em contraposição a um mais acentuado individualismo masculino, características perceptíveis desde os primeiros jogos infantis? Ao valorizar, premiar e glorificar o individualismo masculino, postura expressa na imagem do herói que campeia solitário e vence obstáculos inauditos, a sociedade humana subestima a importância da amizade e interdependência entre homens, quando não as coloca sob suspeição ou as condena. Por isso, o homossexualismo masculino é visto com maior intolerância do que o feminino, de que é prova a leniência com que a sociedade encara a violência praticada contra homossexuais masculinos, conforme se lê da farta bibliografia produzida dentro e fora do Brasil.

Diante de uma tragédia, a imagem do homem forte é representada pela austera e magnífica solidão do seu sofrimento, enquanto a mulher, ao contrário, no mesmo cenário, aparece abraçada ou rodeada de pessoas com quem partilha sua dor. Enquanto o homem, portanto, aparece como auto-suficiente, a mulher é apresentada como dependente. Como desdobramento dessa sua disposição associativa, o ponto nodal do seu valor reside na sua capacidade de colaborar e de fundir os seus com os interesses de terceiros. Enquanto Ulisses saía pelo mundo, por vinte anos, em busca de triunfos e glórias, Penélope, sua mulher, permaneceu em casa cuidando do filho Telêmaco e dos bens da família. Para proteger-se do assédio dos que a cortejavam, sobre o fundamento de que o seu marido já deveria estar morto, depois de tantos anos sem dar notícias, Penélope disse que tão logo concluísse a teia que estava urdindo anunciaria o eleito entre os que disputavam o seu coração. À noite, porém, como voluntária Sísifo, desfazia o trabalho do dia, de modo a assegurar a integridade do seu voto de fidelidade a Ulisses, mesmo com a renúncia de seu direito de partilhar de um novo leito nupcial. Pela sua capacidade de comprometer suas preferências pessoais em favor da família, Penélope passou à posteridade como um dos símbolos máximos do valor feminino.

O desfecho da síndrome da boa mulher tende a ser um círculo vicioso que perpetua a dependência. Enquanto sucumbe ao viés de não externar ódio, a boa mulher é feita prisioneira de um crônico sentimento de culpa. E nada como o sentimento de culpa e de insegurança para elidir a manifestação do ódio! O resultado negativo dessa contradição, expressiva de uma verdadeira contorção psicológica, é o acúmulo inconsciente de ressentimento e rancor. Os que se encontram prisioneiros de um estado de impotência, em relação ao seu sentimento de ira, sofrem tanto quanto os que não ousam odiar. Quando, por outro lado, reage com o mesmo padrão masculino de cólera, a depender do meio onde viva, a mulher pode ser apodada de bruxa, megera, machona, virago e muito mais, o que lhe desperta um profundo sentimento de injustiça que a conduz a hipertrofiar sua indignação, a ponto de levá-la a perder as estribeiras. Esse processo de causação circular faz da mulher presa fácil do que se denomina profecia auto-realizável. É evidente, porém, que esse estereótipo vem sofrendo sensíveis alterações na sociedade contemporânea, sobretudo no Ocidente, onde o avanço feminino sobre espaços antes cativos dos homens se processa de modo gradual, mas firme e com recuos cada vez menores e mais raros. Como reflexo dessas mudanças, é cada vez maior o número de mulheres que, vencendo o desafio de sua preconceituosa e arguida inferioridade, nivelam e superam os homens mais produtivos.

A psicóloga norte-americana Harriet Lerner apresenta uma lista de doze recomendações destinadas a ajudar a mulher a lidar com a cólera:

1 – *Falar quando o assunto for percebido como importante.* Isso não recomenda que a mulher deva reagir a todas as questões que a irritem. É sinal de maturidade deixar passar sem registro as questões que possam ser suportadas sem amargura. Toda provocação, porém, cujo silêncio cause amargura deve ser rebatida ou denunciada.

2 – *Não revidar enquanto os ânimos estiverem exaltados.* Apesar de uma boa briga produzir, em muitas situações, resultados compensadores, é preferível deixar passar o estado de ebulição, sobretudo quando se tem o propósito de alterar padrões de conduta reputados inadequados e, por isso mesmo, carentes de mudança. Se perceber que a ebulição recorrente é uma ameaça ao padrão de conduta perseguido, é

legítimo que a mulher peça um tempo para ausentar-se, a fim de melhor refletir sobre o caso em discussão. Tal iniciativa cautelar nada tem a ver com frieza ou desatenção.

3 – *Utilizar sempre o tempo necessário para pensar sobre o assunto e a abordagem mais conveniente.* Antes de falar, formular-se as seguintes questões: "O que é que está me irritando neste caso?" "O que é que, de fato, importa nesta questão?" "Como devo me posicionar?" "Que resultado me interessa alcançar?" "Quem é responsável pelo quê?" "O que é que desejo mudar neste caso?" "O que é que eu posso e não posso fazer neste assunto?"

4 – *Não usar táticas de encurralamento.* A recomendação desaconselha derrubar o interlocutor, culpá-lo, interpretar seu pensamento, diagnosticá-lo, rotulá-lo, analisá-lo, passar-lhe sermão, adverti-lo, interrogá-lo, ridicularizá-lo etc.

5 – *Falar na primeira pessoa.* Aprender a dizer: "Eu penso, eu sinto, eu quero, eu temo." A afirmação quando feita na primeira pessoa do singular revela o eu interior, sem criticar ou culpar o interlocutor.

6 – *Não formular pedidos vagos.* Nunca dizer frases do tipo: "Eu quero que você seja mais sensível às minhas demandas." Deixar claro ao interlocutor o que você quer dele: "Se você quer me ajudar, escute o que eu tenho a dizer. Neste momento, eu não quero ouvir conselhos." Não esperar que as pessoas adivinhem os seus desejos. Nem mesmo as que mais a amam estão capacitadas para ler os seus pensamentos.

7 – *Aprender a apreciar a diversidade de pessoas.* A mulher sai da fusão com outras pessoas quando reconhece que há tantos modos de ver o mundo quantas são as pessoas que nele habitam. O mau vezo de procurar saber com quem está a verdade conduz ao vazio. Perspectivas e modos de reagir diferentes não conduzem à conclusão de que uns estão certos e outros errados.

8 – *Não participar de discussões intelectuais estéreis ou bizantinas.* Não estragar o bom humor tentando convencer os outros de que se está certo. Se o interlocutor não der ouvidos, basta dizer: "Bem, isso pode lhe parecer sem sentido, mas é assim que penso." Ou, "Vejo que você não concorda. Neste caso pensamos de modo diferente."

9 – *Reconhecer que cada pessoa é responsável pelas suas ações.* Não atribuir à nova mulher do seu pai a responsabilidade pela distância que passou a existir entre você e ele. Se isso incomodar, considere de sua responsabilidade a busca de um novo modo de tratar a questão. O que seu pai faz é da responsabilidade dele e não da esposa.

10 – *Não dizer às pessoas o que elas pensam ou sentem ou deveriam pensar ou sentir.* Se alguém se irar em reação a uma sua mudança, não criticar seu sentimento nem lhe dizer que não tem o direito de estar com ódio. É preferível dizer: "Eu compreendo que você esteja com ódio. Em seu lugar, talvez, eu reagisse do mesmo modo. Não obstante, depois de refletir sobre este assunto, tomei esta decisão." Não esquecer que uma pessoa não pode ser culpada, apenas, por exercitar o direito de estar com raiva.

11 – *Evitar a atribuição a terceiros de um sentimento que se deseja exprimir.* Irritada com uma pessoa, não dizer coisas do tipo: "Minha filha ficou muito decepcionada porque você não compareceu ao seu casamento." Será preferível dizer: "Eu fiquei decepcionada com sua ausência. Afinal de contas, tenho muito apreço por você. Por isso valorizo muito sua presença."

12 – *Não esperar que conflitos precipitados ocasionem mudanças.* As mudanças se processam com lentidão, nas relações íntimas. Quando se muda de atitude, numa relação íntima, é natural que a outra pessoa teste várias vezes sua fidelidade à nova prática. Claudicar na prática da nova atitude é próprio de toda mudança. Por isso, não se deve ceder ao desânimo. É preciso continuar tentando.

Esse receituário, aliás, sem tirar nem pôr, é recomendável aos homens.

Ódio masculino e feminino: diferenças

A busca das causas geradoras das diferenças nos modos com que homens e mulheres reagem às fontes da ira impõe a análise dos efeitos da socialização no desenvolvimento e expressão da cólera. A sociedade, plasmada em sintonia com os desejos masculinos, sempre acolhe melhor a relação do homem do que a da mulher com o sentimento do ódio, desde o mero encolerizar-se até a agressão, passando pela comunicação da ira.

Não é de estranhar que a sociedade tenha legitimado várias modalidades de exteriorização do ódio, como os duelos, os sacrifícios de vidas humanas, o ostracismo, na Grécia, e as guerras. Reagir a um ataque pessoal foi sempre visto como necessário para preservar a identidade masculina. Ainda que haja limites para a manifestação da ira, as sociedades de todas as eras sempre foram mais receptivas à liberação da agressividade masculina do que da feminina. Mesmo sendo mais valorizados do que as mulheres, os homens, como elas, dedicam grande quantidade de suas energias lutando para vencer a ansiedade decorrente dos seus sentimentos de impotência (política e sexual), desvalia, incompetência e tantos outros complexos de inferioridade.

Por outro lado, espera-se que os homens se entreguem com devoção incondicional ao trabalho, como meio de sustentar a família. O atendimento dessas expectativas substitui neles o desejo de serem bem cuidados, assim como o incômodo sentimento de que não são tão bons como gostariam.

Os homens são, também, orientados, motivados e condicionados para usar sua ira como combustível no revide a ameaças, injustiças, humilhações, frustrações e sentimentos de baixa autoestima.

Para ocupar o pódio da admiração geral, o homem é capaz de trabalhar à exaustão, assumir riscos temerários e quebrar as regras do jogo, se entender que tal é necessário para sua vitória. Por sua vez, o temor das mulheres de ferir os outros e de, como consequência, serem reprovadas e abandonadas faz com que seu apossamento pela cólera seja acompanhado do sentimento de culpa, lágrimas e tristeza, reações essas que operam no sentido de eliminar a cólera em favor da preservação, a qualquer preço, do vínculo preexistente. As mulheres que são submetidas, por muito tempo, a esse padrão tendem a desenvolver um eu falso e co-dependente, acompanhado de expressões coléricas de masoquismo autodestrutivo, tais como autodepreciação, ressentimento crônico, inveja, dependência mórbida, tédio e depressão. Nesse cenário, é difícil ocorrerem exitosas expressões de cólera ou mesmo a mudança do cenário injusto, ameaçador e frustrante que a gerou, sobretudo quando provocada por homens. A cólera que permanece em estado latente só é liberada através de destemperos infantis, verbais e físicos, insuficientes para alterar a situação criada, mas alimentadores da estereotipada percepção da mulher como inconsequente e irracional. Só o desenvolvimento da auto-afirmação da mulher pode mudar o quadro. A conquista dessa auto-afirmação, porém, implica a criação de um estado de convivência confortável com o sentimento da cólera e sua manifestação consistente, de modo a ensejar o desenvolvimento da auto-estima e da autonomia individual. É oportuno realçar o paradoxo existente, no ambiente de trabalho, entre a busca desse avanço feminino e o processo de socialização que o desestimula. Resulta da ignorância ou da incompreensão desse panorama contraditório a responsabilização das mulheres por fracassos que, de fato, não foram causados por elas. O que é inegável é a relação íntima existente entre auto-afirmação, criatividade e conquistas.

Como os homens aprendem a não agredir as mulheres, surpreendem-se e chocam-se quando agredidos por elas.

Ódio masculino e feminino: semelhanças

Sem embargo do suporte oferecido pela maioria dos estudiosos à tese que sustenta que homens e mulheres, em razão de suas diferenças psicossociais, formam e expressam o sentimento do ódio de modos distintos, há ponderáveis correntes, apoiadas em sólidas pesquisas de campo, que defendem o contrário.

O pensamento tradicional e majoritário sustenta que:

1 – Os homens sentem ódio, enquanto as mulheres se deprimem ou se magoam;
2 – Os homens expressam o ódio com franqueza, enquanto as mulheres o expressam por via indireta, sob a forma de ironia, sarcasmo ou mexerico;
3 – Os homens são encorajados a sentirem e manifestarem ódio como elemento integrante do seu papel masculino de provedor e protetor, enquanto as mulheres são concitadas a

suprimirem o sentimento por ser a expressão do ódio incompatível com o papel feminino.

Numa palavra: as mulheres, mais do que os homens, temem manifestar o sentimento do ódio.

Antes de tudo, impõe-se esclarecer a que sociedade pertencem os homens e as mulheres de que estamos falando. Do primeiro, do segundo ou do terceiro mundo? Do Oriente ou do Ocidente? Qual o peso da religião predominante? Como se distribui a renda? Qual a percentagem de ambos os sexos com nível superior? Como se distribui o trabalho entre homens e mulheres?

Sem que essas perguntas sejam respondidas, ficaríamos prisioneiros de critérios de valor apenas antropossociológico, insuficientes para esclarecer as reações de homens e mulheres no mundo real em que vivemos, em razão da complexidade do ambiente onde o ódio nasce e é desenvolvido. Se em países como Estados Unidos, Alemanha e França, homogêneos sob múltiplos aspectos, homens e mulheres obedecem a padrões peculiares quanto ao modo de reagir ao ódio, é de imaginar-se o quanto não diferem das populações da Bolívia, Nigéria e Arábia Saudita.

Nos Estados Unidos, onde a questão é estudada com vivo interesse, a maioria das pesquisas equipara homens e mulheres quanto ao modo de reagirem ao ódio. Alguns autores chegam a apontar uma certa supremacia feminina na desenvoltura com que expressam o sentimento. O psicólogo Herb Goldberg, por exemplo, amparado em extensos trabalhos de campo, reunindo homens e mulheres em situações homogêneas, afirma que o alegado retraimento feminino, se existiu, é coisa do passado, acrescentando que, enquanto as mulheres se sentem livres para ventilar ódio aos homens, estes se sentem inibidos de expressá-lo contra as mulheres, sobretudo de referência ao ódio oriundo da perda de liderança em suas relações com elas. Na contramão da crença dominante, Goldberg verificou que os homens mostraram-se mais receosos do que as mulheres de virem a ser julgados truculentos e primários se se deixassem dominar pelo ódio, razão pela qual passaram a expressá-lo de modo indireto. O recurso a meios indiretos resultaria da percepção pelo homem de que, na moderna sociedade norte-americana, o preço a pagar pela dominação exercida sobre as mulheres é o de não dever confrontá-las, porque se o fizer, ganhando ou perdendo suas batalhas contra elas, colherá sempre um julgamento negativo, por ser visto como um brutamontes e insensível criador de casos. Seria por essa razão que, em lugar do confronto, o homem preferiria, cada vez mais, recorrer a meios indiretos e ocultos, como o distanciamento físico ou emocional, queixumes psicossomáticos e outras formas de agressão passiva. De acordo com essa visão, estaria ocorrendo uma verdadeira inversão de papéis entre homens e mulheres. Goldberg vai mais longe, denunciando a falsidade da crença tradicional que aponta a educação como o fator condicionante básico que ensina a mulher a ser bem-comportada, doce e insusceptível de irar-se. Segundo ele, o ambiente americano, em casa como na escola, é muito mais favorável ao crescimento das garotas do que dos rapazes, onde a ênfase na importância da atividade física, associada à virilidade, cede lugar à polidez, elegância, docilidade e higiene, atributos predominantemente femininos. Nesse cenário, as emoções do macho, suprimidas por terceiros desde a infância, passam a ser reprimidas por ele mesmo, que segue condicionado a não exprimir, de modo aberto, sentimentos e necessidades. As dificuldades oriundas da educação, portanto, seriam maiores para os homens. Goldberg acredita que a agressão é aprendida e desenvolvida com a prática ou treino. Em paralelo ao movimento feminista que estimula a liberdade da mulher em expressar seus sentimentos, o papel de cavalheiro integrante da ideologia masculina conduz o homem ao exercício indireto do ódio contra as mulheres, como mecanismo de preservação de sua persona como provedor e protetor. O seu isolamento físico ou emocional se soma a vários modos de reações psicossomáticas, à guisa de agressão passiva, no melhor estilo que a tradição identifica com o comportamento feminino. Uma análise liberta de condicionamentos preconceituosos concluirá que no particular da expressão do ódio não há diferenças entre homens e mulheres que possam ser atribuídas às injunções do *status* sexual, à diferença de outras emoções, como o medo e a tristeza.

Na mesma linha, o psicólogo Jack Nichols sustenta que as mulheres são mais aptas a expressar, com liberdade, suas emoções do que os homens que, *"frequentemente, sofrem de uma paralisante incapacidade de expressar o que sentem"*, inclusive ódio.

Um teste denominado Inventário de Buss-Durkee, concebido para medir a escala de irritação das pessoas, não revelou qualquer distinção entre os sexos, mesmo quando aplicado a universos tão distintos quanto estudantes universitários e pacientes sob tratamento psicológico, segundo Arnold Buss, co-autor do teste. O teste consiste na identificação do respondente com uma ou mais das seguintes onze expressões:

1 – Perco a cabeça com facilidade, mas logo me recobro;
2 – Sou sempre paciente com os outros;
3 – Eu sou mais odiento do que as pessoas pensam;
4 – Meu sangue ferve quando fazem gozação comigo;
5 – Não me deixo perturbar quando me tratam mal;
6 – Algumas vezes me irrito com a mera proximidade das pessoas;
7 – Às vezes me sinto como um barril de pólvora prestes a explodir;
8 – Às vezes sou dominado por um forte desejo de brigar;
9 – Não posso evitar de ser rude com quem não gosto;
10 – Não permito que uma porção de questiúnculas me irrite;
11 – Nestes últimos dias tenho estado pê da vida;

O psicólogo Charles Spielberger, por seu turno, através da aplicação em milhares de pessoas de seu teste conhecido como STAXI, State/Trait Anger Expression Inventory (Inventário da Expressão do Ódio dos Estados de Espírito), não encontrou nenhuma diferença entre os sexos no modo de externá-lo, seja explodindo, ironizando ou por outro modo qualquer, direto ou indireto. No que respeita à interiorização, porém, concluiu que os homens mais do que as mulheres interiorizam o ódio (mordendo os lábios, engolindo em seco, alimentando má vontade secreta, criticando às escondidas, guardando ressentimento, odiando mais do que o aceitável). Até mesmo na categoria dos tipos odientos, aquelas pessoas em quem o ódio assume a condição de uma característica marcante da personalidade, a mulher igualou os homens.

Jerry Deffenbacher, pesquisador da Colorado State University, bem-sucedido psicoterapeuta no tratamento de portadores de ódio crônico, sustenta que homens e mulheres se iram de igual modo e com igual intensidade, e reagem ao tratamento da mesma maneira. Em pesquisa partilhada com Susan Hazaleus, constatou que 45%

de pessoas odientas haviam sofrido o fim ou a deterioração de um relacionamento no ano precedente.

A psicóloga Carol Tavris advoga que "na verdade, entre os muitos estudos que têm investigado as causas e os tipos de ódio, são pouquíssimos os que encontraram diferenças oriundas do sexo... ...Em face dessa tendência dominante, é de causar estranheza o pequeno número de estudos realizados com o propósito exclusivo de examinar as diferenças existentes entre os sexos na questão do ódio. Aparentemente, são poucos os psicólogos que se dispuseram a questionar a crença corrente de que os homens são mais inclinados a odiar do que as mulheres. As pesquisas, no entanto, revelam que essa é uma posição insustentável... Os sexos diferem quanto à probabilidade de expressarem outras emoções, particularmente medo e tristeza, por faltar, talvez, às mulheres, os padrões masculinos de estoicismo que as condicionem; diferem, também, de modo considerável, na disposição de falar sobre seus sentimentos.. ..Os diferentes modos de reagir ao ódio que tenho registrado nas entrevistas com os meus clientes não podem ser associados ao sexo a que pertencem." Tavris menciona, ainda, o caso de dois pesquisadores que entrevistaram oitenta homens e mulheres, com idades entre vinte e um e sessenta anos, para saber a fundo do ódio que sentiram na última semana. O resultado revelou diferenças de pequena monta nos 128 quesitos submetidos a ambos os sexos. De igual modo, homens e mulheres mostraram-se temerosos dos aspectos positivos do ódio, apesar de reconhecerem o seu valor social; ambos os sexos invocaram as mesmas razões para expressar ódio: fazer valer a autoridade, fortalecer ou destruir a relação com o outro, alterar a conduta do outro, desabafar pequenas frustrações acumuladas, expressar desagrado pela geratriz do ódio, acertar velhas contas. Passada a manifestação da ira, a maioria dos homens e mulheres, em lugar da pretendida catarse, sentiu-se do mesmo modo desconfortável. Dois terços sentiram-se irritados, hostis ou ofendidos, enquanto a metade agregou as sensações de infelicidade, tristeza, depressão, nervosismo e ansiedade. Um terço dos entrevistados, independente do sexo, declarou-se satisfeito com sua explosão de cólera. Apenas dez por cento reconheceram-se "triunfantes, confiantes e dominantes". As pequenas diferenças consistiram na maior propensão feminina para chorar, quando em estado de ódio, e para negar vantagens oriundas do objeto da ira.

O psicólogo Don Fitz, autor de um método para conhecer, por via indireta, em minúcias, a reação de homens e mulheres ao ódio, reuniu 337 adultos, com idades entre dezessete e sessenta e dois anos, casados e solteiros, ocupados e desempregados, e pediu-lhes para descrever, em detalhes, quatro episódios recentes de ódio ou aborrecimento, não importando se suportados em silêncio ou se alvo de reação de qualquer espécie, inclusive violenta. O resultado revelou reações idênticas de homens e mulheres: na mesma proporção, reagiram em silêncio, falando, gritando ou com violência. As pequenas diferenças encontradas, atribuíveis ao sexo dos entrevistados, vincularam-se ao local de ocorrência do surto iracundo. Embora todos se tenham mostrado susceptíveis ao sentimento do ódio, as mulheres explodiram mais do que os homens no ambiente doméstico, ao contrário do que acontece nos ambientes públicos, em que os homens levam a palma das explosões odientas. Com o crescendo da violência nas ruas, os homens, temerosos de reações que podem ser, até, mortais, vêm apresentando índices declinantes de explosões públicas. Embora o ambiente de trabalho respondesse por dois terços de todas as ocorrências do sentimento do ódio, homens e mulheres engoliram em seco, reprimindo-o, temerosos de perderem o emprego. Como não é difícil antecipar, o ambiente doméstico sedia o maior número de cenas raivosas, valendo enfatizar a liderança, no particular, das mulheres que se dedicam, com exclusividade, aos trabalhos domésticos, em oposição às que trabalham fora, responsáveis por destemperos iguais, em números, aos dos homens. Fitz chamou a atenção para o fato de que seu experimento, por envolver muita gente que não se conhecia, revelou que, também em relação a estranhos, o modo das mulheres de manifestar ódio não difere dos homens. Ao aplicar o experimento em casais, ficou claro que homens e mulheres são susceptíveis às mesmas reações raivosas contra os cônjuges. Para cada mulher que acusa o marido de dominante e indiferente, há um marido que julga a mulher parasitária e demandante.

As provas da igualdade entre os sexos, em matéria de expressão do ódio, não param aí. As autoras Ann Frodi, Jacqueline Macaulay e Pauline Thome, citadas por Carol Tavris, depois de realizarem setenta e dois estudos sobre a agressão de adultos, concluíram que "as teses correntes que sustentam serem os homens quase sempre mais agressivos fisicamente do que as mulheres, enquanto as mulheres recorrem, com maior frequência do que os homens, ao exercício indireto da agressão, não se comprovaram". Em sessenta e um dos setenta e dois estudos que realizaram, não se observaram as diferenças tradicionalmente apontadas entre os sexos. Vale a pena conhecer mais sobre as pesquisas lideradas por Ann Frodi:

    a – Um estudo de abrangência nacional, com 2.143 famílias norte-americanas, revelou que 12 % de maridos e esposas, na mesma proporção, haviam atacado o cônjuge no ano anterior, sendo que metade desse percentual se atacou mutuamente, enquanto um quarto dos homens e um quarto das mulheres tomaram, em isolado, a iniciativa da agressão. A maior atenção dada às agressões sofridas pelas mulheres se deve à maior gravidade das lesões produzidas pelos homens, em razão da força e da contundência dos meios por eles utilizados, como os punhos, armas e facas, em comparação com as mulheres que se utilizam de meios menos ofensivos, como tapas, beliscões e o arremesso de objetos que estiverem ao alcance da mão. Ficou claro que as mulheres não são, em estado natural, menos agressivas do que os homens, como a tradição supõe, sobretudo no ambiente doméstico;

    b – No particular da agressão física sem ódio – naquelas situações em que se usa da violência em caráter dissuasor – como expulsar à força quem perturba um ambiente pacífico e festivo – a liderança ficou com os homens. Essa preponderância na manifestação da agressividade masculina se origina do papel social como protetor, introjetado no homem, e não de sua suposta maior agressividade natural;

    c – No plano da agressividade verbal, mulheres e homens revelaram igual desempenho, mesmo na troca acalorada de insultos, cara a cara;

    d – De um total de dezessete estudos destinados a apurar o exercício da agressividade indireta ou deslocada, por homens e mulheres, oito demonstraram que os homens lideram a prática, enquanto nove revelaram igualdade entre os sexos, contrariando a crença predominante de que as mulheres são campeãs na matéria;

e – Quanto ao ódio originado da diferença de personalidade entre os sexos, as pesquisas negaram a voz corrente que atribui uma maior propensão ao homem.

Numa palavra: não se encontraram dificuldades especiais quanto ao modo de expressar o ódio, em função do sexo. Homens e mulheres, testados, apresentaram modos de expressão muito semelhantes; não obstante sentirem ódio pelas mesmas categorias de ofensas, como injustiça, ofensa moral, arrogância e insulto, não se iram, necessariamente, diante dos mesmos fatos, porque nem sempre concordam com o que constitua ofensa. Basta atentar para os diferentes padrões de comunicação de homens e mulheres, fonte de tanta discórdia gratuita, sobretudo entre cônjuges. As dificuldades defrontadas por todos decorreriam do fato de ser o ódio uma emoção perturbadora. As diferentes formas de lidar com o ódio se originariam do contexto social, do *status* dos protagonistas e do tipo de educação ministrado a ambos os sexos. A coexistência de um grande número de mulheres que disputam, palmo a palmo, espaços com os homens, com outras tantas que continuam a viver seus papéis tradicionais de mães e donas de casa – situação que varia de uma sociedade para outra, podendo, também, variar dentro de uma mesma sociedade, no tempo e no espaço, como é o caso da brasileira –, explica, ao mesmo tempo, a visão tradicional da mulher repressora do próprio ódio e os modernos achados que revelam poder ela esbravejar tanto quanto os homens. Essa ambivalência explicaria o diagnóstico corrente segundo o qual *"os homens tendem a sentir raiva, onde as mulheres tendem a sentir mágoa"*, porque o homem se concentra mais em sua hostilidade, transferindo a responsabilidade do conflito para o objeto do seu ódio, ao passo que a mulher, inclinada a partilhar a responsabilidade do imbróglio, sofre a ambivalência do seu sentimento, culpando-se. Como o sentimento de mágoa – mais comum às mulheres – sensibiliza mais do que o sentimento de ódio – mais comum aos homens – explica-se a maior eficácia afetiva do ódio feminino sobre o masculino que se apoia, com ênfase, na força.

Num ponto, porém, os homens sobrepujaram as mulheres. Segundo James Averill, eles foram considerados, por homens e mulheres, responsáveis por dois terços das causas iniciais de ódio. Estatística que os coloca numa posição nada lisonjeira.

O século XX pode ser dividido em fases que representam exemplos conspícuos dessa relação estreita entre o *status* da mulher e seus modos de expressar o ódio. Nos países mais desenvolvidos do Ocidente, os primeiros anos do século, as décadas de trinta, cinquenta e sessenta impregnaram-se da compreensão do amor como uma emoção exigente de auto-sacrifício e renúncia, em que o sexo não era o componente mais importante, e a valorização do desejo e da paixão era considerada indício de imaturidade emocional. Das esposas esperava-se que suprimissem a manifestação do ódio e mantivessem uma aparência de plena satisfação perante o marido provedor, em nome da preservação do bem maior, a harmonia conjugal. Nas décadas de vinte e setenta prevaleceu uma crença oposta: o amor encarado como uma forma de expressão legítima da individualidade, tendo como apanágio a paixão, o sexo, os impulsos existenciais e a alegria de viver. A crise econômica de 29 e suas imediatas repercussões na Europa impuseram a interrupção desses valores. Desde que restaurados, a partir dos anos setenta, esses valores vêm ganhando o mundo, com a crescente equiparação da mulher ao homem, inclusive quanto à receptividade social à manifestação dos seus protestos, indignação e questionamento da superioridade do poder marital. A mulher passou a sentir-se mais livre e menos constrangida para expressar seus sentimentos em geral, inclusive o ódio. Os primeiros setenta anos do século XX são um exemplo de como o ódio social pode oscilar, para cima e para baixo, do mesmo modo como o ódio individual nasce, consolida-se e se esvai. Algo assim como a história do movimento feminista nos Estados Unidos, marcado por sucessivas ascensões e quedas, em contínua alternância.

A coexistência da postura da mulher tradicional e conformista com a moderna, libertária, confunde alguns estudiosos que continuam a julgá-la pelo que eram e não pelo que passaram a ser, ensejando que o mito concorra com sua nova realidade, equívoco que responde por uma pletora de livros de auto-ajuda, a exemplo do popular *Meninas boazinhas vão para o céu, as más vão à luta*, da psicanalista alemã Ute Ehrhardt. Essa diversidade de situações pode dificultar, a ponto de impedir, o trabalho eficiente do psicanalista que ceder à tentação de considerar desvios de conduta os diferentes modos de expressão do ódio que se afastarem dos estereótipos, masculinos ou femininos, nascidos e desenvolvidos em sintonia com a dinâmica da vida. A casuística psicanalítica constata os diferentes sentidos e influências que o ódio tem e exerce sobre as pessoas. Enquanto a algumas o ódio faz sentirem-se vivas e motivadas para realizarem o que lhes der na telha, mesmo ao risco de ferirem ou serem feridas, no corpo ou no espírito, sem o aparente comprometimento de sua tranquilidade posterior, sobre outras os efeitos são devastadores: longo intervalo é necessário à recuperação de sua higidez emocional, não raro com o recurso a estupefacientes. Para essas pessoas, todas as questões deveriam ser resolvidas com frieza e racionalidade. Para as primeiras, o ódio exprime força, poder, a possibilidade de manter-se no comando da situação, sobretudo em relação aos mais próximos. Para as últimas, o predomínio do clima odiento, por representar a defenestração da racionalidade, expressa o oposto: a desvalia, a perda de mando, o fracasso, a impotência. Entre essas posições extremas, derrama-se um amplo espectro de tipos possíveis.

O ódio na família

Já foi dito, com sarcástica propriedade, que toda família com mais de um membro gera disfunção; ou seja: é fonte de anomalias. Relações íntimas são uma fonte potencial de sofrimento, decepções e momentos difíceis. Por isso, o casamento e a convivência familiar são as maiores fontes de ódio das pessoas normais, como acentuam especialistas em relações familiares. Dissemos pessoas normais, e não doentes. Por alimentar essa compreensão, Goethe disse que "neste mundo, a indiferença e a aversão estão em casa", afirmação que mereceu de Schopenhauer a observação de que "é bem bom para nós que a prudência e a polidez a cubram com seu manto e não nos deixem ver como a malevolência é geral, e como faz progredir, ao menos no pensamento, a *bellum omnium contra omnes*, a guerra de todos contra todos."

Eurípedes nos dá conta do ódio mortal entre Etéocles e Policines, filhos de Édipo. Foi do mesmo gênero o ódio entre os irmãos fundadores de Roma, Rômulo e Remo. Além do primeiro fratricídio, envolvendo Cain e Abel, a Bíblia alude à rivalidade menos grave entre Esaú e Jacó, filhos de Isac e Rebeca, e àquel'outra entre

Pareto e Zaraj, filhos de Judá e Tamar. O romance *Esaú e Jacó* de Machado de Assis, pondo em relevo a animosidade entre os gêmeos Pedro e Paulo, é uma paráfrase do texto bíblico.

Uma das causas mais frequentes do ódio na família reside na tendência de interpretarmos e julgarmos, a cada passo, o comportamento dos que nos são mais caros, em razão da associação do afeto com a intimidade. Pela mesma razão, odiamos os que interpretam e julgam negativamente nossas palavras e ações. Acresça-se a essa gama homogênea, o ódio nascido de interpretações peculiares à formação de cada qual, dado que os critérios interpretativos podem variar de um indivíduo para outro.

O ambiente de trabalho vem em segundo lugar. O psicólogo James Averill, um estudioso contemporâneo do papel social das emoções, apresenta quatro razões para explicar o fenômeno:

a – A proximidade enseja maior possibilidade de conflito;
b – A acumulação dos atos irritantes praticados pelas pessoas que vivem em intimidade tende a se transformar em ódio;
c – Como as pessoas amadas são as que mais desejamos mudar, o ódio termina sendo usado como instrumento para operar essas mudanças;
d – É menos arriscado expressar ódio contra familiares e amigos.

A falha na identificação das causas geradoras de ódio entre familiares e amigos resulta da tentativa de individualizá-las, quando o processo prevalecente é o da imbricação de diferentes fatores interativos. Quando se diz que as causas do ódio conjugal, por exemplo, derivam das diferenças de origem, dos choques de personalidade, de distintos estilos de comunicação ou de questões tópicas, expressa-se uma verdade parcial ou fragmentária, ou se busca um bode expiatório emocional a quem debitar nossa renúncia delinquente ao autocontrole responsável. Muitas pessoas, como algumas donas de casa, se sentem estressadas e miseráveis, sem que possam diagnosticar as causas. Esse estado de miséria emocional pode conduzi-las à depressão, letargia, frequentes crises de choro, alcoolismo, drogas e a reações psicossomáticas de origem vária. A menos que se trate de um fato de grande impacto, o ódio, só como exceção, nasce de um episódio, apenas. De um modo geral, os episódios são a gota d'água que faz transbordar, sob a forma de manifestação odienta, os desgastes acumulados ao longo das vicissitudes.

Embora se reconheça que as diferenças e as divergências são, em proporção ao tamanho, uma fonte potencial de ódio, não há vida comunitária que não seja exigente da convivência entre contrários. Tanto o casamento quanto as relações de trabalho se processam, cada vez mais, entre pessoas diferentes, na idade, cor, educação, nacionalidade, religião, renda etc. Uma recomendação básica, para reduzir o nível do ódio entre pessoas que convivem, consiste no levantamento das causas que são a mais frequente fonte de atritos, tais como: dinheiro, sexo, responsabilidades no ambiente doméstico, educação dos filhos, atividades sociais, etc. Muitos psicanalistas acreditam que a emergência desses conflitos representa a ponta do *iceberg* de problemas subjacentes ainda maiores.

Por ser o primeiro e mais importante núcleo social, a família é o espaço cultural por excelência onde se desenvolvem nossos hábitos, personalidade e aprendizado, na árdua tarefa de lidar com as coisas do mundo, em geral, e as pessoas, em particular. É natural, portanto, que incorporemos, como modelares, alguns padrões de conduta observados no âmbito familiar. A criança que convive, desde as primeiras percepções, num ambiente marcado pela serenidade de conduta, mesmo em situações difíceis, tende a desenvolver, de modo natural, idêntica postura. Do mesmo modo, quando a família age com habitual destempero, o provável é que os infantes venham a observar o mesmo padrão desde a mais tenra idade, com tendência a agravá-lo, com o passar dos anos. O sistema neural primitivo das crianças é influenciado pelo ambiente, de variados modos. Ódio, preconceito e fanatismo são, com facilidade, absorvidos por elas, podendo produzir-lhes sequelas irremissíveis, inclusive de natureza biológica, como anomalias neuroquímicas em seu sistema límbico. O modo habitual como lidamos com uma determinada situação condiciona o desenvolvimento dessa situação. Quando, por exemplo, enfatizamos o estresse que nos provoca um filho-problema, a consequência provável será o agravamento de sua condição problemática. O mesmo pode ser dito de um casal que faz de qualquer coisa uma crise marital. Tenderá a viver sempre às turras, a propósito de tudo e de nada. As pessoas, em particular os filhos, que vivenciarem este conflito, estarão suscetíveis a serem contagiadas por esta prática. As revisões que depois vierem a efetuar em seu procedimento não se processam senão à custa de muito empenho e determinação. Mudar comportamento é uma das tarefas mais complexas. A maioria das pessoas sequer tenta. Dentre os que tentam, a maioria desiste com os primeiros insucessos. Daí a grande importância atribuída ao berço, na construção do futuro dos indivíduos. O esforço de mudar, embora constitua, em si mesmo, uma fonte de crescimento psicológico de ponderável importância, seria mais bem aproveitado se utilizado na implementação das potencialidades construtivas de todos, tanto dos mal como dos bem nascidos em ambiente familiar estimulador de atitudes próprias, consentâneas com as aptidões de cada qual. Seria mais proveitoso dar força à força, ao invés do empenho, não raro claudicante e infrutífero, de corrigir erros incrustados em nosso espírito. Registre-se, de logo, que, não obstante a validade desse enunciado, a prática demonstra a existência de numerosas e conspícuas exceções a essa regra geral: indivíduos marcados pelo ódio surgindo de ambientes tranquilos, bem como pessoas calmas e refletidas oriundas de famílias turbulentas e violentas. Por isso, o que se vê é uma grande diversidade de conduta, uma vez que o padrão de cada família é determinado por uma conjugação de causas tão diversas quanto idade, renda, escolaridade, religião, ideologia, origem, meio social, etc., dos pais ou dos líderes do núcleo familiar. Esses estímulos externos e internos alimentam e acentuam as diferenças entre as pessoas de uma mesma família. O conhecimento dessa realidade dinâmica é de importância crucial como instrumento do aprendizado constante que precisam desenvolver para a construção do ambiente assecuratório de sua estabilidade emocional e avanço social. Certas questões que aos olhos do observador distante podem parecer triviais – como onde morar ou o que comer – representam, na realidade, um grande desafio à boa convivência familiar. Além disso, num mundo marcado pela mais ampla liberdade de ser, o cerrado monitoramento recíproco, exercido pelos membros da família, em razão da proximidade, intimidade, afetividade, inveja e identidade grupal, representa uma permanente fonte de desgaste emocional que pode resultar em ódio. As pessoas vêem os seus parentes mais próximos – pais, filhos, irmãos, cunhados, tios, sobrinhos, genros, noras, avós, netos, etc. – como uma extensão de si mesmas para efeito da construção de sua identidade social. A mesma gafe que, praticada por um amigo, pode ser objeto de genuíno divertimento, é motivo de constrangimento se praticada por um membro da família. Enquanto o sentimento da inveja pode levar o membro de uma família a desejar a desgraça do outro, sua identidade social interfere para que essa desgraça não ganhe oprobriosa visibilidade pública.

Buscar uma convivência sem conflitos é saudável, na medida em que se esteja ciente do caráter utópico dessa busca. Reduzir a frequência e a intensidade dos conflitos é desejável e possível. Impossível é uma convivência sem problemas.

Além da influência específica sobre os seus membros, nos modos como lidar com o ódio, a família é um microcosmo do que as pessoas vão encontrar mundo afora.

O psicanalista Richard Driscoll define três tipos de ódio, comuns ao ambiente familiar: o ódio autogestado; o formado pelo ciclo da passividade – explosão – passividade – nova passividade, e o ódio interativo: o ódio que gera uma reação odienta que leva a outra reação odienta.

O ódio autogestado ocorre quando o indivíduo, 1. achando que está sendo maltratado, 2. passa a atribuir veracidade à sua crença, 3. tornando-se cada vez mais irado pelas imaginárias e injustas ofensas sofridas, 4. prepara-se para reagir, 5. ficando com mais ódio, ainda.

O segundo tipo, característico das pessoas que temem qualquer modo de expressão de ódio ou conflito, alimenta-se do ciclo que, 1. começa com o sentimento perturbador da própria passividade e impotência, 2. transforma-se em queixumes e ressentimentos, 3. irrompendo sob a forma de explosões de ódio descontrolado, 4. que conduz ao remorso e temor de novos confrontos, 5. retornando ao estado inicial de passividade e impotência.

O terceiro padrão, próprio de indivíduos irascíveis, 1. inicia-se quando alguém, de modo hostil, tenta impor seu estilo de conduta, a outrem, que, 2. ao perceber a iniciativa como errada e injusta, 3. recusa-se a ceder, argumentando, defendendo-se e contra-atacando passivamente, 4. reação que leva o agente original a nutrir novas queixas geradoras de ódio, 5. sentimento que leva ao início de novo ciclo.

O importante na elaboração de Driscoll é que, sendo circular a trajetória do ódio, e não linear – situação que teria início, meio e fim –, impõe-se interrompê-la em algum ponto, sob pena de perpetuar-se. A grande dificuldade em pôr fim ao ódio circular, típico dos ambientes familiares, é que as pessoas nele envolvidas têm dificuldade de compreender que o peso que atribuem à fonte do seu incômodo decorre mais da engrenagem que se construiu do que das ações do oponente, individualmente consideradas. Ao invés de se concentrarem na busca inútil de quem está com a razão ou de quem está errado, os atores avançariam se se apercebessem da necessidade de interromper o círculo vicioso de caráter sistêmico que se estabeleceu. O primeiro e decisivo passo a dar é renunciar ao propósito fantasioso de mudar o outro, pelo reconhecimento da extrema dificuldade, para não dizer impossibilidade, do êxito dessa tarefa inglória. Questionadas no seu modo de ser, a tendência natural das pessoas, mesmo quando compelidas a ceder, é reagir, racionalizando sua conduta, como mecanismo de preservação de sua auto-estima. Afinal de contas, não é nada fácil admitirmos que devemos deixar de ser o que somos. A palavra de ordem, portanto, é negociação, por mais difícil que seja implementá-la, o que depende da capacidade que tenham as pessoas envolvidas de conciliar os interesses recíprocos, respeitados os pontos inegociáveis. As dificuldades crescem quando uma das partes aparece como vilã, como se afigura na hipótese do marido que espanca a esposa. Ao realizar o pacto de gradual extinção do processo, em lugar de queixar-se ou romper o vínculo conjugal, a mulher arrisca-se a ser considerada masoquista pelo núcleo formado pelos amigos e parentes do casal.

Sem a compreensão de que o processo é lento e difícil, exigente de paciência, tolerância, perseverança e delicadeza, enquanto se processam as tentativas de quebra do círculo vicioso, as pessoas envolvidas desistem e retomam o velho padrão odiento.

Murray Bowen, criador da chamada Teoria dos Sistemas Familiares de Bowen, enfatiza o fato de que em toda família há uma forte reação contra qualquer membro que queira assumir um papel mais independente. A reação se apoia em três pilares: a) Você está errado; b) Volte a ser o que era e nós o aceitaremos de novo; c) Se você não voltar a ser o que era, sofrerá as consequências.

Atração e hostilidade

"Não há pureza racial, cultural ou religiosa."

Nosso primeiro impulso é o de classificar as coisas de modo simplista, binário, maniqueísta: bonito-feio, claro-escuro, bom-mau, alto-baixo, gosta-não gosta. Segundo o biólogo Edward O. Wilson, esse recurso a um algoritmo mental, binário, corresponderia à tendência inata de simplificar e dar ordem a um mundo que de outra sorte poderia tornar-se, em demasia, complexo e difícil de lidar. No plano social, a divisão se desdobraria nas vertentes nós-eles. Mesmo quando não há ódio explícito, a divisão nós-eles conduz ao esvaziamento da empatia. A partir daí, um acidente que vitime moradores de nossa cidade repercute mais em nosso espírito do que se ocorresse na comunidade vizinha. Vale o mesmo raciocínio para os estados, nações, continentes, comunidades linguísticas ou partidos políticos. Afinal de contas, o que atinge a "nós" dói mais do que o que atinge a "eles". De modo inconsciente, portanto, toda vez que nos deparamos com alguém, nosso sistema neural primitivo aciona o dispositivo da intolerância, classificatório binário do "nós" ou "eles", pondo em confronto as forças emocionais da atração e da hostilidade que nos dominam.

Diz-se que o amor e o ódio são cegos porque se situam além da razão, o primeiro conduzindo-nos a um irrealismo otimista, de caráter positivo e construtivo; o segundo, pessimista, negativo e, no mais das vezes, destrutivo. Ambos acionam o sistema neural primitivo e tendem a se tornar obsedantes. Como o amor, o ódio assume grande número de disfarces. Um dos mais contundentes é a indiferença. Daí dizer-se que o oposto do amor não é o ódio, mas a indiferença ou apatia. Do mesmo modo que amar e se sentir amado é a melhor das emoções, sentir-se ignorado por quem se ama é a pior, porque o sistema neural primitivo tende a interpretar a indiferença, venha de onde vier, como uma ameaça à sobrevivência, sobretudo partindo da pessoa amada.

O amor e o ódio estão presentes em todas as relações humanas, sob a forma mais abrangente de atração e hostilidade, bipolaridade que nos assoberba, em caráter permanente. Nossas mais íntimas relações se constituem de elementos oriundos desses pólos extremos. Somos susceptíveis de nutrir ódio temporário ou permanente pelas pessoas a quem mais deveríamos amar. A escolha dos nossos atos dependerá sempre da predominância, em nosso espírito, de um desses dois pólos. Vizinhos confraternizam e digladiam-se; membros de uma mesma equipe colaboram e sabotam-se; diplomatas recebem a indicação de seu novo país de destino, ora como prêmio, ora como castigo; casais sobem aos céus e descem aos infernos; sindicatos e organizações patronais se abraçam e se agridem, (agridem-se mais do que se abraçam); as multidões aplaudem e lincham.

Ainda que seja a principal causa da dissolução dos laços mágicos do amor, o ódio é, com frequência, a fonte neurótica de sua alimentação. Quando se alia ao amor, o ódio conduz ao ciúme. Amor e ódio, atração e hostilidade podem ser, portanto, duas faces de uma mesma moeda. Na esteira do amor, vêm a perda, a dor, a mágoa, o ressentimento, a fúria, o ódio e o desejo de vingança, todos sentimentos odiosos que compõem o outro lado do amor, mas tão inevitáveis quanto o dia na sequência da noite, possibilidade que levou Ronald Laing a dizer que o amor é um disfarce da violência. É por isso que a imposição do amor como um sentimento constante e inabalável equivale a uma receita de desastre, porque a tentativa de impor ao amor um conjunto de regras, para que permaneça com o mesmo viço de sua floração original, embota-o. Quando esperamos da pessoa amada mais do que ela pode ou está disposta a nos dar, acabamos vitimados pelo irrealismo dessa expectativa. Nesse instante, o ódio tende a tomar o lugar do amor. E é importante a consciência de que o ódio tem mais poder de aumentar o sofrimento do que o amor de aliviá-lo. Um dos grandes problemas, como nos ensinou o neoplatônico Plotino, é que "o amor insatisfeito se transforma em ódio." Pode transformar-se, diríamos nós, porque o amor não-correspondido faz cessar a felicidade, sem, necessariamente, extinguir-se ou converter-se em ódio. É por isso que se diz que não há amor maior do que aquele que não chegou a realizar-se, por intercorrência alheia à vontade do amante. Na outra ponta, amores há que fenecem ou se exaurem ao atingirem a plenitude.

Enquanto a hostilidade é uma resposta a uma ofensa ou ameaça, real ou percebida como tal, a atração se nutre da necessidade de dependência ou de segurança. Quando nos encontramos solitários, num ambiente estranho, como num país cuja língua e costumes ignoramos, sentimo-nos de logo atraídos pelo conforto que imaginamos encontrar em conterrâneos, aparecidos de repente, que se disponham a dialogar conosco, porque o ódio pode nascer tanto do sentimento de prisão física quanto emocional, do mesmo modo que o amor pode nascer da segurança oferecida pela libertação. Jill Tweedie, no livro *In the Name of Love: A Study of Sexual Desire*, diz que se isolarmos uma pessoa, colocando-a num ambiente desconhecido, em que se sinta solitária, humilhada e ameaçada, ela tenderá a se sentir apaixonada pelo primeiro que aparecer, oferecendo-lhe apoio e segurança. Se houver a alternância de ameaças e proteção, o sentimento saberá como se de amor eterno fosse. No romance *Possession*, Ann Rule conta a história de um psicopata que mata o marido na presença da esposa que é por ele levada para o ermo de uma montanha. O sexo, de início forçado, vai aos poucos se transformando em entrega absoluta, pela necessidade da crença, desenvolvida por sua mente exaurida de qualquer resistência psicológica, de que o seu raptor, apesar de tudo, é sincero ao afirmar que a ama de verdade e, por isso, deseja protegê-la. Quando o marginal é morto, a prosternação desesperada da mulher sobre seu corpo é verdadeira. Nesses momentos de desamparo emocional, opera-se a ressurgência dos temores da primeira infância, em que a presença constante de tutores é de fundamental importância para a preservação de nosso sentimento de certeza, quando iniciamos a exploração dos primeiros territórios desconhecidos. Daí advém a força do *status*, com seus componentes de prestígio e poder, com dupla função: de atração afrodisíaca (*"o poder é afrodisíaco"*, ensinou Henry Kissinger) e de dissuasão do ódio. Observe-se que a concorrente atração que sofremos pela conquista de segurança e de *status* nos conduz à dúvida hamletiana de perseguirmos o *status*, com o risco de perdermos a segurança já alcançada, ou optarmos pela manutenção da segurança, com o risco de não atingirmos o *status* desejado. Por isso, a hostilidade máxima é a que decorre da ameaça ou perda, simultânea, da segurança e do *status*, do mesmo modo que a máxima atração é a que promete a realização conjunta desse duplo anseio. Basta ver como diferem os morais das equipes esportivas: quando em baixa, seus integrantes, ameaçados na segurança e *status*, tendem a se digladiarem, lançando a responsabilidade da derrota, uns sobre os outros; quando em alta, porém: "Todos juntos, vamos, pra frente Brasil, salve a seleção!"

Nessa ordem de raciocínio, parece-nos correto inferir que o sentimento de hostilidade tende a crescer na proporção direta do grau de ameaça, redução ou perda da segurança e/ou do status.

São três as vertentes cognitivas do fenômeno da atração e da hostilidade: a do *equilíbrio*, a da *congruência* e a da *dissonância*.

O modelo cognitivo do *equilíbrio* se infere da conduta das pessoas, da linguagem por elas selecionada e da afinidade entre as coisas. O senso comum percebe, em função das expectativas criadas por regras e práticas consuetudinárias, a natureza da circularidade das relações produzidas pelas ações e reações dos diferentes atores sociais. Quando há equilíbrio, riso provoca riso, abraço gera abraço. No plano da linguagem, o equilíbrio se manifesta pela homogeneidade semântica das palavras, cuja escolha se subordina ao conteúdo emocional das relações em curso. Em consequência dessa simbiose, o fazer e o discurso das pessoas são percebidos como uma mesma entidade ontológica. A afinidade entre as coisas é uma elaboração do olho e da mente do observador, não resultando, portanto, de sua constituição intrínseca. No seu sentido mais amplo, o equilíbrio resulta da percepção unívoca, pelo observador, de todos os elementos que atuam, sinérgica e sinteticamente, sobre ele: meio físico, pessoa, atitude e linguagem são encarados como um só ser. A existência de similaridade real entre alguns elementos que integram a mesma entidade semiótica pode contribuir para o fortalecimento do modelo cognitivo do *equilíbrio*, como parentesco, nacionalidade, classe social, etnia, sexo, idade, nível intelectual e outros critérios de agrupamento ou coletivização, embora a atração se exerça, com maior vitalidade, pelos conjuntos identificados pela sua unidade mais do que pela eventual similaridade entre seus componentes. A associação entre similaridade e afetividade é inegável e universal, asserção de conteúdo emocional bem diverso do contido no refrão popular que sustenta que os opostos se atraem, enunciado que só é verdadeiro como exceção. Essa atração dos contrários se processa quando há a noção de que dessa diversidade possam resultar vantagens para os agentes envolvidos, mediante a construção de uma unidade sinérgica que harmonize e fortaleça as agendas comuns. As associações e parcerias internacionais, entre concorrentes, no mundo globalizado de hoje, são um bom exemplo das duas tendências: empresas há que competem num país, nós/eles, enquanto operam, em consórcio, em outros, nós/nós. Pesquisas revelam que a maior atração sexual se realiza entre pessoas que têm muito em comum, no plano físico, financeiro, etário, étnico, linguístico, religioso ou cultural. Uma realizada na Universidade de St. Andrews, Escócia, concluiu que os indivíduos tendem a achar mais bonitos os que têm características parecidas com as suas ou de seus pais. A maioria dos duzentos entrevistados considerou mais bonitas as pessoas parecidas com seus familiares. Estudo posterior, realizado pela Universidade da Califórnia, chegou a idêntica conclusão: rico prefere rico, e bonito é atraído por bonito.

O recurso a relações triangulares é didático para explicar o modelo cognitivo do equilíbrio. Se A gosta de B, e C também gosta de B, é provável que A e C se gostem. Presume-se sua identidade afetiva pelo interesse comum, de caráter não-competitivo, que partilham por um mesmo objeto. Marido e mulher que partilham gostos comuns tendem a viver melhor do que casais que alimentam diferentes interesses. Se o interesse partilhado fosse de cunho competitivo, em lugar de identidade haveria dissonância afetiva, como na disputa de uma cátedra ou da pessoa amada. Se A gosta de B e de C, ele tende a acreditar que B e C se queiram. Desequilíbrio haveria se A gostasse de B e de C que, por sua vez, não se quisessem uni ou bilateralmente, hipótese cuja dinâmica pressionaria por mudanças na direção do equilíbrio, no caso, o bem-querer mútuo. Nessa sequência de raciocínio, somos tentados a dizer que se A gosta de B, e B gosta de C, A tende a gostar de C, silogismo afetivo a ser encarado com muita reserva, para não cairmos nas armadilhas oferecidas pela vida real, como a de concluirmos que amamos o amante de quem amamos... Isso para não mencionar o mau vezo de demonizar as sogras: o marido ama a esposa que ama a sua mãe, logo o marido ama a sogra...

Quando terceiros nos julgam do modo como nos julgamos, nossa receptividade a eles é maior do que quando eles nos julgam de modo diferente do julgamento que fazemos de nós mesmos. Se terceiros julgarem de modo negativo um aspecto de nós que também julgamos negativo, nossa receptividade será maior do que se eles julgarem positivamente um aspecto de nós que reputamos negativo. Nosso mais intenso desagrado ocorre, no entanto, quando alguém julga de modo negativo o que em nós julgamos positivo, do mesmo modo que nossa satisfação maior ocorre quando as pessoas pensam tão bem a nosso respeito quanto nós mesmos.

Essas previsões se comprovaram numa pesquisa conduzida pelos sociólogos Morton Deutsch e Leonard Solomon, em 1959, constando da seguinte abordagem: os partícipes do experimento foram informados, pelos coordenadores, de que o seu desempenho individual no cumprimento de uma dada tarefa se situou abaixo, acima ou no mesmo nível da performance do grupo. De posse das notas que lhes foram atribuídas, os participantes emitiram suas opiniões, por escrito, sobre o desempenho dos diferentes indivíduos. Os coordenadores manipularam as opiniões, de modo que cada membro recebesse avaliações de si, feitas pelos outros, que estivessem acima, abaixo ou no mesmo nível de sua auto-avaliação. Em seguida cada participante emitiu "suas primeiras impressões" sobre seu julgador, classificando-o, de zero a dez, nos itens considerados. Não deu outra.

A compreensão do modelo cognitivo da *congruência* é de grande importância para a compreensão dos elementos que respondem pela atração e pela hostilidade, apesar da pequenez da área sobre a qual atua. O foco de ação do modelo da congruência se concentra naquelas situações em que se requerem mudanças de atitudes dos indivíduos em relação a temas, conceitos, ideias, pessoas e a outras entidades, sociais ou não. Consideremos uma escala de valor, de peso 7, oscilante de -3 a $+3$, para medir a intensidade e a direção da atitude de hostilidade e de atração dos sujeitos envolvidos, em relação ao objeto sob exame, tendo 0 como o ponto equidistante dos extremos. Mede-se o grau de congruência ou de desequilíbrio pela posição, na escala, das diferentes atitudes ou julgamento das pessoas em relação ao objeto sob exame. Quando há discrepância, as forças que militam em favor da atração, contra a ruptura da hostilidade, pressionam no sentido de vencê-la, promovendo um ponto de encontro dos interesses em disputa. Suponhamos que um partido, aliado do presidente Lula, indicou para ministro um candidato a quem atribuía, na escala de valores, o conceito $+3$. Suponhamos que, a partir do que ouviu de sua assessoria política, Lula atribuiu o conceito -1 ao candidato. Como a resultante exprime um desequilíbrio de 4 pontos, que é a distância entre $+3$ e -1, o candidato não emplacará se não obtiver um julgamento positivo, ou, no máximo, neutro, equivalente a 0. Isso significa que a nomeação só será possível se Lula avançar, pelo menos, uma posição: de -1 para 0. Quanto mais o presidente avançar na escala da atração, mais provável fica a nomeação do indigitado candidato. Nessa mesma ordem de raciocínio, se A, a quem reputo +3, me recomendar B, a quem reputo –3, a tendência é de que eu melhore meu julgamento de B, e piore o de A. É natural que essa tendência reflita meu grau de dependência diante de A e de B. Se esta for grande em relação a A, é provável que seu conceito se reduza pouco ou nada diante de mim, mesmo com a eventual elevação do conceito de B. Se minha dependência de A for pequena ou nenhuma, poderia cair muito minha atração por ele, na medida em que minha animosidade contra B tenha nascido de uma dimensão existencial vital para mim. Como se vê, recomendar ou dar conselhos pode ser negócio muito perigoso!

Em tese, pode-se dizer que há congruência mesmo quando os sinais são opostos, com igual intensidade.

Do que se viu dos modelos de equilíbrio e congruência, podemos resumir, dizendo que:

1 – Se A gosta de B, sua tendência é a de gostar das coisas de que B gosta;
2 – Se A não gosta de B, sua tendência é a de gostar das coisas de que B desgosta;
3 – Se A não gosta de B, sua tendência é a de desgostar das coisas de que B gosta;
4 – Se A gosta de B, sua tendência é desgostar do que B não gosta.

Sempre que houver disparidade nos juízos de valor, de pessoas ou de coisas, as forças do modelo de congruência pressionam para que desçam de suas posições e caminhem na direção do ponto de encontro.

O modelo cognitivo *dissonante* é mais abrangente do que os outros dois já analisados, conquanto se atenha, em essência, ao princípio da *dissonância,* que se instala quando há disparidade, na percepção do indivíduo, entre o que pensa de si mesmo, de suas ações e do ambiente físico-social que o rodeia. Do mesmo modo que o desequilíbrio e a incongruência, a *dissonância,* por representar uma motivação negativa, é uma condição que se deseja evitar, eliminar ou reduzir.

Levando-se em conta as aplicações práticas do modelo, não são uniformes as definições de *dissonância,* sobretudo porque sua percepção depende do conjunto que resultar da integração de seus díspares elementos constitutivos. Assim, por exemplo, quando se estabelece uma *dissonância* entre as ações de um indivíduo e o que dele se espera, a compatibilidade será facilitada ou dificultada pelo confronto entre o peso da ação, para o indivíduo, e a avaliação que fizer da repercussão social, sobre a sua imagem, de sua conduta. Se o indivíduo achar que sua ação lhe é tão valiosa a ponto de absorver sua perda de imagem, sua tendência é a de manter a *dissonância*. Caso contrário, ele modifica ou desiste de sua ação, ajustando-se às expectativas que desperta, em favor da preservação de sua imagem, resultando em *congruência*. Não obstante o enorme poder da sanção social para criar, eliminar ou reduzir *dissonâncias,* o modelo teórico terá, sempre, que ser ajustado às condições empíricas. Para se saber, por exemplo, se o tabagismo de um cardiologista caracteriza, no plano emocional, o modelo *dissonante,* uma vez que é inerente à sua profissão o conhecimento de que o tabagismo mata, é necessário saber se ele está ou não de bem com a vida, se gosta ou não de correr riscos, ou se acha ou não que o hábito de fumar confere especial charme. Se ele achar que, não obstante todos os inconvenientes, vale a pena fumar, teremos um modelo, ao mesmo tempo, *dissonante,* do ponto de vista externo, da sociedade, que se choca com o conflito produzido pelo tabagismo de um cardiologista, e *congruente*, do ponto de vista interno de sua satisfação emocional.

A *dissonância* máxima ocorre quando A quer ir para o sul e B, que não pode ser desacreditado, quer que ele vá para o norte. Esse é o conflito clássico entre os revolucionários e as ditaduras que desejam derrubar. Que o digam as inúmeras vítimas dos Fidel Castro e Saddam Hussein da vida! Em contextos menos dramáticos, como os ambientes familiares e de trabalho, a *dissonância* ocorre a cada passo, impondo aos indivíduos a sucumbência diante de um poder que seria oneroso contestar. Quando não há a conformação, induzida pela atração exercida pela autoridade, a consequência é a capitulação, que passa a operar como uma forja permanente de ódio.

Motivados, com ou sem consciência, pelos três modelos cognitivos que acabamos de abordar, os indivíduos, seguindo os mais diferentes caminhos, buscam harmonizar suas condutas e sentimentos com os valores do meio onde atuam. Essa tendência à harmonia seria resultante da natural disposição humana para conviver com a simplicidade, em razão de sua condição animal. É fácil lidar com situações binárias e maniqueístas, à base do tudo ou nada, bonito ou feio, ou que, apesar de diversificadas, não envolvem conflitos, atributos a cargo do sistema neural primitivo. Nossa capacidade de pensar é que nos induz às desafiadoras complexidades que geram dissonância, função do sistema neural avançado. Toda nova vivência é interpretada pelo sistema neural primitivo, naturalmente intolerante, como aprimoramento ou desvio de nossa diretiva evolucionária básica de sobrevivência e reprodução. As pessoas dotadas de auto-estima positiva, mesmo as mais sofisticadas, tendem a avaliar positivamente tudo que estiver em sintonia com suas características e valores. Por isso, a *incongruência* oriunda de posições distintas, entre essas pessoas afins, tende a ser resolvida pela renúncia, de um ou mais atores, do *quantum satis* necessário ao encontro da simplicidade, presente no *equilíbrio*.

Duas vertentes se oferecem ao combate da *incongruência*. A primeira é a sua universalizada condenação. Quem quer que aja ou expresse uma atitude julgada inconsistente, perde prestígio social. Desse receio decorre a tendência de evitar, camuflar, eliminar ou reduzir atitudes que possam ser consideradas inconsistentes, o que, na prática, opera como redutor do alastramento do ódio. A segunda é que a inconsistência ou *dissonância* representa uma ameaça à necessidade de manutenção de uma identidade entre a percepção do indivíduo e o meio em que vive.

Os estudos do agir humano identificam oito fontes principais do ódio, todas elas contendo a dicotomia potencial do nós/eles. São elas: medo e dor; disputa de recursos limitados; controle e dominação; ajustamento ao grupo social; a busca da identidade pessoal; sensação de impotência; a luta pelo *status*; o papel social. Há quem sustente, por exemplo, que o interminável conflito sem quartel entre palestinos e israelenses decorre de que a percepção da identidade de ambos os grupos impõe a sustentação de uma luta que seria vital à preservação de sua auto-estima.

Em síntese: a *dissonância* é perturbadora, e por isso geradora de ansiedade, medo e ódio, seja por frustrar a necessidade de *equilíbrio*, seja por bloquear a satisfação de outras necessidades. Por outro lado, os diferentes modelos cognitivos não conduzem a visões uniformes dos elementos que compõem os conceitos de atração e de hostilidade, tendo em vista que a decomposição dos seus efeitos depende das motivações sociais, particularmente as oriundas da necessidade de *status* e de segurança.

O ódio no casamento

Os programas de tratamento de casais abusivos, aqueles que não conseguem controlar seus sentimentos odientos, em geral, se apoiam em três princípios: a. O abuso é um problema mútuo e integrante do sistema familiar; um cônjuge abusivo pode ser premiado pelo cônjuge vítima; b. A pessoa não nasce abusiva, aprende a sê-lo; por isso, pode desaprender. Não se trata de uma deformação de personalidade, de uma doença, nem de uma reação automática como pode parecer; c. Ser abusivo representa um esforço para resolver um problema, embora outros meios mais eficazes possam ser aprendidos.

O desenvolvimento do aprendizado de enxergar a família como um sistema, que condiciona o papel desempenhado, dentro dele, por cada membro, é de fundamental importância para a extinção do processo odiento. O êxito dessa missão depende, em parte, do diagnóstico das razões geradoras do ódio. Uma vez tomada a decisão pelo casal de romper o círculo vicioso, o passo inicial consiste na identificação dessas causas imediatas em cada um dos cônjuges, de modo a evitar sua repetição. É imperativo o abandono, por ambos os contendores, da inútil responsabilização do outro como deflagrador do processo. Em seguida, cada cônjuge fixa seus pontos inegociáveis, como, por exemplo: "Eu não admito que você ponha as mãos em mim", e/ou "Eu não aceitarei que você volte a me destratar em público", "Não tolerarei que você volte a estourar nosso cheque especial." A partir desse ponto, o casal avança para abortar o ódio no nascedouro, por iniciativa própria ou a partir da advertência acumpliciada do outro. Em outras palavras: mantendo a língua presa, contando até dez, cem ou mil. Os casais mais criativos costumam eleger algumas palavras evocativas de boas lembranças, como sinal de que é preciso respeitar o pacto de paz: "A. P.", por "agenda positiva"; "P. M. A.", por "paz, meu amor". Quando, no entanto, o tema, com potencial explosivo, parecer, a quem desejar expô-lo, que deva ser abordado, o conveniente é estabelecer, via acordo, um momento posterior. Além de esfriar os ânimos por ventura aquecidos o adiamento enseja a reflexão sobre o quanto importa o êxito do esforço conjunto que se realiza pela restauração da concórdia. Nesse estágio, cada um dos cônjuges, estimulado pelos pequenos avanços conquistados, começa a perceber o quanto de si depende o sucesso da empreitada comum. Aprende-se a lição mestra de que a oportunidade para apresentar os argumentos é tão ou mais importante do que o próprio conteúdo dos argumentos. Muitos relacionamentos naufragam em verdades proferidas num momento impróprio: menos pelas verdades, em si mesmas, do que pela inoportunidade das ocasiões. Os casais que se revelam treinados para vencer o ódio e os conflitos que ameaçam destruir sua união sabem da importância de silenciar, por polidez, sobre questões menores como meio de cacifarem-se para a abordagem de questões maiores, pertinentes à sua autonomia e crescimento, em sintonia com a lição de Goethe, segundo a qual "o maior de todos os erros é o de permitir que as coisas menores impeçam a realização das maiores".

Na quase totalidade das vezes, a irritação nascida de questiúnculas se esvai com uma indiferença racionalizada, em oposição a uma reação que se queira catártica, que, além de esmerilhar nossa disposição odienta, alimentando-a, pode operar como um rastilho de pólvora, só Deus sabe com que consequências.

Em última análise, nas relações conjugais, como em qualquer relação humana, a polidez opera milagres.

Como advertência e estímulo aos casais para se aplicarem com mais determinação na busca de meios que consolidem e valorizem a paz conjugal, vale a pena conhecer o doloroso rastro de ódio deixado pelas separações. Jerry Deffenbach adverte que "as pessoas podem sofrer de uma generalizada desordem de ansiedade, mas não de uma generalizada desordem da ira. A clínica psicanalítica reconhece que os indivíduos podem sofrer de forte ansiedade ou depressão quando vivenciam uma crise, mas ignora a extrema ira que experimentam quando vivem crises como o divórcio". "...Eu acho que nós temos, excessivamente, ignorado ou evitado o tratamento de problemas do ódio, sobretudo o ódio embrionário ou moderado, manifestações que afetam a saúde, as relações, as aptidões e a própria identidade, mas que, necessariamente, não levam os indivíduos ao divã do psicanalista. Tenho a impressão que, como clínicos, vamos fundo em questões relativas à ansiedade ou depressão, mas recuamos diante da ira. Disso, ao menos, estão conscientes nossos alunos-clientes que, ao fim dos estudos, têm dito: Graças a Deus! Eu sabia que precisava de ajuda, mas não sabia a quem recorrer! Quando perguntados por que não recorreram ao centro de orientação, olhavam perplexos para nós e respondiam que não estavam nem deprimidos nem loucos. Eram, apenas, pessoas enfrentando uma emoção difícil, socialmente inaceitável."

A psicóloga norte-americana Judith Wallerstein, fundadora e dirigente do maior centro de aconselhamento, nos Estados Unidos, de pessoas divorciadas, depois de acompanhar centenas de casais desfeitos e seus filhos, ao longo de dez, quinze e vinte anos, concluiu que a dor da separação é, não raro, uma substanciosa fonte de ódio. Os pais pertenciam à alta classe média, de maioria branca, e estiveram casados entre quatro e vinte e três anos. Até o divórcio, os filhos apresentavam um desenvolvimento normal, com bom desempenho escolar e atitude psicológica saudável. Dez anos depois do divórcio, metade das mulheres e um terço dos homens revelaram um intenso ódio aos ex-cônjuges, com consequências danosas para todos, pais e filhos, na contramão do senso comum que acredita, contra a evidência dos fatos, ser o decurso dos anos, por si só, suficiente para superar o ódio produzido pela separação. O principal combustível que alimenta a chama do ódio – segundo as observações de Wallerstein – é o arengar contínuo, *urbi et orbi*, ao longo de todos os anos, dos cônjuges que se sentem rejeitados. Mais uma vez se evidencia que o repisar de velhas mágoas, em lugar de dissipar o ódio, tem, na realidade, o condão de robustecê-lo, pela renovação constante de sua lembrança. Mais grave ainda: os cônjuges que após o divórcio continuam a remoer as mágoas, verbalizando-as a cada passo, demonstram menor capacidade de crescer, no ambiente social, do que aqueles que silenciam suas dores, porque a contínua ruminação dos queixumes impede a cicatrização da chaga emocional, aberta com a separação, e bloqueia o crescimento. É relevante observar que entre os cônjuges arengueiros e os discretos não há diferenças de idade, número de filhos, situação econômica, *status* social, raça, etnia, berço, duração do casamento ou a quem coube a iniciativa da separação. Não importa, também, a frequência com que os ex-cônjuges se vêem. O divisor de águas reside na falsa catarse da repetição *ad nauseam* dos enrustidos rancores, operando como o ensaio de um ator que declama o script, até que a emoção se aposse de sua alma, como se autêntica fosse.

Os que desejarem vencer o impasse terão que proceder à decomposição do ódio, de modo a facilitar seu esvaziamento contínuo e progressivo.

O ÓDIO INFANTIL

"Os melhores pais são aqueles capazes de substituir os desejos negados aos filhos por outros considerados genuinamente equivalentes, sem falseamento da verdade. Os filhos desenvolvidos nesse ambiente têm tudo para serem pessoas ideais, que experimentam as coisas boas e ruins próprias da aventura de viver, e só se permitem sentir ódio contra o que deve ser odiado e combatido, como meio de preservação de seus valores e interesses."
Karl Menninger.

É inegável a influência dos primeiros ambientes no desenvolvimento da personalidade. A grande plasticidade do cérebro jovem deixa-o vulnerável a distorções comprometedoras de sua estabilidade emocional, podendo torná-lo facilmente irascível, conclusão confirmada por sucessivos testes com ratos. A falta do indispensável apoio dos pais na fase crucial do desenvolvimento pode levar o jovem à generalização do conceito de que todo o mundo – como sua casa –, não presta, e de que o melhor a fazer é preparar-se para reagir.

Os contos da carochinha, que tanto fascinam as crianças, estão cheios de episódios em que reis, pais, padrastos, tios e irmãos perversos de ambos os sexos perseguem implacavelmente infantes frágeis e desamparados. Por que estas horripilantes histórias continuam a interessar o mundo infantil? A psicanalista Dorothy Bloch (*So the Witch Won't Eat Me*), acredita haver encontrado a resposta depois de vinte e cinco anos dedicados ao estudo de mais de 600 pacientes, a maioria crianças. Segundo suas conclusões, todas elas vêem o pátrio poder – senhor de baraço e cutelo sobre a vida e a morte –, como algo profundamente ameaçador. Como seria muito perigoso dirigir sua ira e medo contra essas pessoas poderosas, as crianças deslocam os seus sentimentos contra feiticeiras, duendes e outras figuras fantasiosas que encarnem o mal. Este seria o deslocamento saudável. As crianças, porém, que, submetidas a abusos, não forem capazes de resolver, satisfatoriamente, os conflitos nascidos dessa má vivência, constituem a vasta população dos desajustados emocionais. Em resposta à reação dos psicanalistas que viam sua teoria na contramão do parricídio edipiano de Freud, Dorothy Bloch lembra que foi por pouco que o próprio Édipo escapou ao filicídio(de *filius*=filho+cid, raiz apofônica de *caedere*+matar), palavra cunhada pelo psicanalista argentino Arnaldo Rascovsky, que vê o assassínio de filhos pelos próprios pais numa dimensão tão vasta e constante que propõe integrar a temática e a perquirição psicanalítica.

A morte dos filhos pelos pais sempre foi abrangida pela designação genérica de infanticídio ou homicídio. Segundo Rascovsky, a falta de um termo específico, designativo da autoria paterna, decorre da fuga inconsciente do ônus emocional de ver reconhecido este viés traumático da conduta humana. A noção de filicídio para Rascovsky, além do assassínio, compreende inúmeras formas de ofensas físicas e emocionais, tais como: circuncisão, abandono precoce, castigos, proibições, ameaças, castração, penalidades e repreensões, crueldades, ataques físicos ou verbais, negações despóticas, insensibilidade ante o sofrimento, julgamentos detrimentosos e todos os tipos de atitude paterna, ocasional ou sistemática, que são impressos como feridas no ego infantil, com repercussão imediata ou remota sobre o seu desenvolvimento emocional.

Já em 1962, um grupo de psicanalistas norteamericanos descreveu uma enfermidade a que denominaram "síndrome da criança espancada", ou maltratada(*Battered Child Syndrome*). Os tenros pacientes apresentavam um quadro de lesões múltiplas, provocadas por várias modalidades de agressões físicas, um quarto dos quais não conseguia sobreviver. Segundo a Associação Humanitária Americana, anualmente, na década de 1960, verificou-se uma média de 10.000 casos desse tipo, nos Estados Unidos, sendo 55 por cento das vítimas menores de quatro anos. Os pais, em conjunto ou isoladamente, foram responsabilizados por 75 por cento dos casos. Sem falar nas mutilações e deformações impingidas pelos pais a crianças antes saudáveis, com o propósito de explorá-las na mendicância, a crônica policial do mundo inteiro denuncia com assiduidade o filicídio pelas razões mais desconcertantemente banais.

Crescer numa família desajustada tende ao desenvolvimento de uma percepção negativa do mundo sob cinco diferentes óticas:

1 – Resistência a acreditar nas pessoas
2 – Dificuldade para se sentir em segurança
3 – Descrença na viabilidade dos sonhos
4 – Sentimento de inadequação
5 – Carência afetiva, oriunda do sentimento de que não se é amado.

O desejo de partilhar a intimidade constitui uma de nossas mais marcantes necessidades. Quando a intimidade, porém, é identificada com a dor nascida de nossas primeiras experiências negativas, a tendência natural é recorrermos ao isolamento afetivo. Daí a substituir o desejo de intimidade por outros valores ou atividades, como o dinheiro, o prestígio, as drogas, o sexo, o trabalho, é apenas um passo. A intimidade emocional baseia-se na crença de que a ligação que mantemos com a outra pessoa é uma fonte de segurança para nós, a ponto de não nos inquietarmos com o fantasma do medo ou do ridículo quando a ela confessamos nossos temores, dúvidas, desejos, sonhos, rancores e esperanças. Sentimo-nos à vontade em sermos o que somos. Os que cresceram num ambiente de respeito e calor afetivo sabem disso. Por isso confiam e são confiáveis. É verdade que as demandas da vida moderna tornam cada vez mais difícil o exercício da paternidade na plenitude do que seria ideal, ainda que reste um vasto elenco de possibilidades.

Um dos erros mais frequentes que os adultos cometem contra as crianças consiste em considera-las e trata-las como se fossem pequenos adultos. Há casos extremos de crianças duramente castigadas, por motivos educacionais, nos primeiros meses de vida. Ignoram esses adultos que a diferença entre eles não é de quantidade, mas de qualidade. Nos primeiros anos, a criança só aprende com a experiência física, a partir da qual vai dominando, gradativamente, os processos de generalização, parte substantiva da fase adulta. Muitos desequilíbrios se formam quando os adultos censuram e punem as crianças por não fazerem o que para elas parece trivial.

Alguns estudos procuram identificar as razões pelas quais o controle dos impulsos agressivos é mais difícil para os meninos e homens do que para as meninas e mulheres. Suspeita-se de que a razão disso repouse no fato de que os hormônios femininos promovem o crescimento do hipocampo, responsável, em grande medida, pelo aprendizado e memória, enquanto os hormônios masculinos estimulariam o crescimento da amígdala, responsável pela reação do ódio e da agressão. Ademais, os níveis de serotonina costumam ser mais baixos nos homens do que nas mulheres, fator agravante da tendência à violência, como se tem observado em estudos realizados com primatas. Além disso, os meninos sofrem mais distúrbios cerebrais do que as meninas; dois terços dos autistas são do sexo masculino; há dez meninos para cada menina sofrendo de transtorno de déficit de atenção com hiperatividade; 75% por cento das crianças em erro social são do sexo masculino; embora o maior número de tentativas de suicídio seja perpetrado por meninas, é muito maior o número de mortos do sexo masculino, em razão da mais intensa violência dos meios pelos homens utilizados. Nem sempre, porém, predomina o sexo masculino como recorrente ao suicídio. Vejamos o que aconteceu na Grécia, segundo relato de Plutarco, em suas *Obras morais:*

"Em determinado período, um estranho e terrível mal, de origem desconhecida, se abateu sobre as virgens de Mileto. Pensou-se, inicialmente, que o ar estava contaminado por um mal desconhecido e infeccioso que acarretava perturbações mentais nas jovens, tomadas por um repentino e forte desejo de morrer na forca. De nada adiantavam as lágrimas nem os dramáticos pedidos dos pais e dos amigos: venciam todo tipo de vigilância posto sobre elas, e impunham-se a morte. O mal misterioso parecia ter origem divina e, por isso, superior à vontade humana, até que um sábio formulou a seguinte proposição: as enforcadas seriam expostas nuas, na praça central. A partir de então, as jovens pararam inteiramente de se suicidarem".

Quem sabe se a experiência helênica não poderia servir de base ao combate da proliferação dos homens e mulheres-bomba, a partir do esvaziamento do glamour que o imaginário coletivo dispensa a esses suicidas?

Podemos dividir o ódio infantil em duas grandes categorias: o psicossociológico e o psicossomático.

Ódio infantil psicossociológico. Os estudiosos dos sistemas familiares são unânimes em reconhecer que os padrões de desobediência e violência, em famílias agressivas e odientas, se desenvolvem desde cedo, e logo escapam ao controle. A baixa da auto-estima, nesses ambientes, é geral, atingindo pais, filhos e quem mais compuser o universo familiar. Os pais, por razões várias, como separação conjugal, desemprego, doença, alcoolismo, herança cultural e outras, revelam-se despreparados para gerir os negócios da família, bem como para impor o mínimo de disciplina necessária aos seus membros. Enquanto, num extremo, certos pais exercem autoridade excessiva, mediante a utilização da disciplina, em caráter exclusivamente punitivo, no outro figuram os pais omissos e permissivos, incapazes do exercício de qualquer grau de autoridade ou disciplina. Nesse quadro de desajuste, medram, com facilidade, as crianças problemas, um de cujos tipos mais preocupantes é a odienta e agressiva, que evolui de uma desobediência sistemática para o destempero verbal, avançando, quase sempre, para a prática da violência física. Sem que a realidade em que está imersa opere no sentido de reduzir sua animosidade, a criança passa a encontrar na geral reação violenta à sua animosidade o estímulo para reagir com novo surto de violência raivosa, constituindo-se, então, o círculo vicioso que se auto-abastece. A criança temperamental ou agressiva mantém-se num estado de permanente vigilância, com o propósito de identificar quem vai magoá-la, em seguida, conforme lhe ensinou a vida. A violência raivosa, à falta de outras habilidades sociais, é utilizada como o instrumento que, supõe, lhe proporcionará a realização de seus desejos. Nessa altura, a baixa da auto-estima já se constitui em fator de agravamento do ódio crônico que passa a dominar o seu ânimo.

Observe-se que a conduta irregular do infante, na maioria dos casos, nada mais é do que o reflexo direto da falta de disciplina dos pais que, por dá cá aquela palha, gritam, xingam e espancam, de maneira desproporcional aos erros real ou supostamente por ele cometidos. As crianças, ainda mais do que os adultos, precisam de que seus sentimentos sejam reconhecidos. Não é possível nem indispensável ceder a todos os desejos infantis, mas é necessário explicar as razões da recusa. A indiferença, tanto quanto a recusa sem explicação, tende a causar dano permanente ao senso de identidade, confiança e segurança do infante. Poucos são os pais que sabem que as crianças não devem ser punidas por expressarem sentimentos negativos sobre eles. Em lugar de castigá-las por isso, os pais devem conscientizá-las do impacto que suas palavras produzem sobre os outros. Além disso, a ausência de obrigações mínimas a serem cumpridas com regularidade, e de regras claras para punição e louvor, bloqueia, na criança, a compreensão e a incorporação de valores sem os quais a conduta humana é percebida como algo errático e sujeito aos caprichos e impulsos circunstanciais do momento, entendimento ratificado, no entender infantil, pelo procedimento inconsistente dos pais. Para que a criança não seja prejudicada no seu bom aprendizado, é indispensável que os adultos não percam o equilíbrio quando expressarem ódio contra ela, de modo a evitar o sentimento de desamparo que se estabelecerá em seu espírito, fruto do seu despreparo para distinguir entre perda de controle e abandono futuro. O que conhecemos sobre o amor nos ensina que as vivências amorosas negativas na infância dificultam, sobremodo, o desenvolvimento do amor saudável na vida adulta. Por outro lado, as crianças amadas são mais bem preparadas para os requerimentos de intimidade do amor adulto. No outro extremo, as crianças frustradas em sua busca de ternura e as punidas pelos atos construtivos que praticam, fato que ocorre com uma frequência maior do que os pais costumam admitir, sofrem um ferimento psíquico profundo que atinge o âmago de sua auto-estima. A repetição dessa experiência conduz à substituição da ternura por uma hostilidade ostensiva como resposta a manifestações de simpatia. O indivíduo que percebe que lhe é negado o senso de valor emocional tende a exibir uma personalidade odienta que destrói a possibilidade de ser objeto da afeição dos outros. A hipertrofia dessa atitude constitui o que se denomina misantropia.

    Os novos programas, concebidos para resgatar o comportamento das crianças consideradas problemáticas, abandonaram o populismo psicológico – que recomendava liberdade plena para o exercício purgativo da violência, como meio de cura – e passaram a enfatizar o desenvolvimento da capacidade de relaxar e reduzir tensões, controlar o ódio e resolver os problemas que o geram, culminando com a habilidade de conviver com as pessoas, pelo efetivo desarme do seu ódio potencial.

    Desde o estudo de Seymour Feshbach, em 1956, a teoria freudiana da liberação catártica da agressividade, a partir da prática de ações agressivas, vem perdendo força. Feshbach começou reunindo um grupo de crianças bem-comportadas, submetendo-as a brincadeiras violentas. O resultado foi o aumento da agressividade, acompanhado de uma maior receptividade à violência. Em seguida, o pesquisador expôs três grupos de crianças ao molestamento de colegas da mesma idade, dando a cada um dos grupos uma das seguintes instruções: o primeiro grupo deveria queixar-se dos molestadores; o segundo procuraria defender-se com armas de brinquedo, e o terceiro tentaria inteirar-se dos motivos que levavam os colegas àquele proceder abusivo. Dos três grupos, só o terceiro – o que recebeu a missão de conhecer os motivos do mau procedimento dos colegas – experienciou uma redução do sentimento de ódio, enquanto o que se defendeu, atacando com as armas de brinquedo, teve aumentado o ódio, de modo expressivo.

Os mais avançados centros de tratamento de crianças odientas registram progressos expressivos a partir desses métodos flexíveis, conduzidos com bom humor e empatia, e apoiados em agendas construtivas, aptas, por tudo isso, para despertar confiança, entusiasmo e compromisso pela sua reintegração social. Parte-se do pressuposto de que a violência e o ódio que a anima representam desastradas estratégias de sobrevivência, nascidas da ignorância da existência de outros mecanismos aptos a satisfazer desejos e necessidades.

Um desses programas, denominado Treinamento para Substituir a Agressividade, baseia-se nos estudos de Eva Feindler e Raymond Novaco, para ensinar o domínio do próprio ódio. O cerne do programa consiste em corrigir deficiências nas habilidades sociais básicas e no ensino de princípios de educação moral, como fator de valorização da vida. Pouco adiantará o esforço de ensinar às crianças a conviver com as pessoas, e a controlar o temperamento, se não lhes for explicado, de modo convincente, o sentido desse aprendizado. Passo a passo, o programa ensina a escutar, a perguntar e a responder, a sustentar um diálogo, a dizer "muito obrigado", a identificar as emoções – como o amor, o ódio e o medo – e a respeitar os sentimentos dos outros. A partir de então, aprendem métodos alternativos à violência, através da solidariedade, negociação, exercício dos direitos de cidadania e do não-envolvimento em brigas corporais, bem como da utilização de jogos em que as palavras substituem os punhos. São treinadas, ainda, para enfrentar provocações, a solidão, as derrotas e outras situações estressantes. O treinamento se encerra com o aprendizado de técnicas de planejamento e de solução de problemas.

Não é difícil entender a enorme superioridade desse tipo de programa sobre o processo autoritário de, simplesmente, impor às crianças que se comportem com calma e civilidade. É por isso que, em sua aplicação ideal, os pais devem ser treinados para, também, alterarem sua conduta em relação aos filhos e à vida, em geral. O tratamento de crianças sociopatas ganha muito em eficácia quando também os pais são submetidos a tratamento. Em sua abrangência máxima, o domínio das técnicas do treinamento para substituir a agressão deveria ser estendido a todos os que lidam com crianças e adolescentes, acima de tudo os pais, professores e policiais. É oportuno destacar que a criação da Organização das Nações Unidas, ONU, se inspirou no princípio psicanalítico que confere ao diálogo mais eficácia do que à ação como meio de superar conflitos e hostilidades. Do mesmo modo que os adultos, as crianças mais tenras necessitam do diálogo para sobreviver. Incapacitadas de compreender a linguagem sonora, esses pequeninos seres dependem do toque e do aconchego, sem os quais atrofiam e morrem.

Os pais ideais, aqueles que sabem quando e como disciplinar os filhos; que não exigem obediência absoluta, mas não abrem mão dos princípios básicos; que estabelecem e cobram, com firmeza, padrões de conduta, ao tempo em que explicam, com didática e racionalidade, as razões de suas exigências, têm um modelo para sua ação sistêmica:

1 – Continuidade e coerência na aplicação das regras, sem ceder aos caprichos e destemperos infantis, nem tolerar a quebra, às escondidas, dessas regras. A inconsistência, que se caracteriza pela cobrança das regras dia sim dia não é fonte de inspiração de condutas irregulares;

2 – As expectativas criadas devem ser compatíveis com a idade e maturidade de cada criança, a quem deve ser ensinado o modo de alcançá-las. Os filhos de pais "bonzinhos", que exigem pouco deles, tendem a ser impulsivos, imaturos e agressivos, em comparação com os filhos que crescem prestativos, solidários, competentes e autoconfiantes. Para esses os pais estabelecem alto grau de desempenho;

3 – O processo de comunicação com os filhos deve ser o mais aberto possível, no sentido de esclarecer, à saciedade, as razões das cobranças do seu desempenho. Casos haverá em

que, mesmo à revelia do infante, o desempenho é compulsório, como na hipótese de tratamento médico que se impõe, entre riscos e lágrimas de amor;

4 – A boa conduta deve ser, sempre, exaltada. Para o aprendizado, mais importante, ainda, do que a punição dos erros, que ensina o que não deve ser feito, é a exaltação das boas ações, que ensina e estimula o que deve ser feito;

5 – Destacar o impacto que as ações infantis produzem sobre terceiros. Isso ensinará às crianças a serem empáticas, a compreenderem e respeitarem os sentimentos e opiniões dos outros.

Corroborando a viabilidade desses programas de mudança do procedimento de infantes problemas, o pesquisador Jerome Kagan reporta um estudo realizado com 140 crianças, de cor branca, testadas em diferentes momentos: aos quatro, oito, treze e vinte e sete meses de idade, para avaliar sua capacidade de concentração, modo de sorrir, de brincar, irritabilidade, loquacidade e movimentação. Os resultados revelaram a ausência de qualquer continuidade previsível na observância desses traços, entre uma idade e outra, de tal sorte que, inquieta, irritável ou desatenta aos quatro ou aos oito meses, a criança pode continuar ou deixar de sê-lo nas idades seguintes. Renovado o estudo, com sessenta e cinco dessas crianças, aos dez anos de idade, obtiveram-se os mesmos resultados: não se registraram correlações entre suas qualidades enquanto bebês e aos dez anos, em suas personalidades, QI ou habilidades relativas para compreender imagens.

É lamentável que no Brasil, como em muitas regiões do mundo, continue prevalecendo a aderência a velhas técnicas correcionais, como a do aprendizado da disciplina imposta, e do exercício inútil da ventilação catártica. Essa postura, talvez, explica por que, entre nós, aumenta a delinquência infantil, enquanto declina nos Estados Unidos, a partir do pico alcançado em 1993.

Ódio infantil psicossomático. A discussão sobre poderem os alimentos ocasionar a hiperatividade infantil surgiu com o trabalho do alergista Ben Feingold, que, com base nas observações empíricas de sua clínica, levantou a hipótese de que cerca de 50% das crianças hiperativas poderiam ser curadas com a eliminação de aditivos químicos de sua dieta. Submetida a hipótese de Feingold à experimentação, com vinte e uma crianças normais, com idade variável entre dois anos e meio e sete anos, todas inocentes a respeito do teste a que estavam sendo submetidas, apenas duas apresentaram marcante sensibilidade aos aditivos químicos corantes, passando a ter uma atitude hiperativa típica. Por outro lado, especialistas em bioquímica nutricional elaboraram o conceito da "síndrome da supersubalimentação", ou *junk-food syndrome*, que atinge indivíduos que ingerem calorias em excesso, mas sem o devido balanceamento das vitaminas e minerais indispensáveis ao suprimento das exigências do corpo e do cérebro, prática alimentar típica dos assíduos frequentadores das modernas cadeias de lanchonete. Os detentores dessa síndrome não podem ser confundidos com os hiperativos, em razão dos sintomas que apresentam de prisão de ventre, dores musculares e indisposição física, apesar de exibirem elevada excitabilidade, combatividade, destemperos agressivos e pequeno autodomínio. Tanto é verdade, que, quando substituem *junk food*, como doces, sorvetes, chocolates e outras guloseimas, por uma dieta à base de ovos quentes, frutas, alimentos fibrosos e complexos vitamínicos, em poucas semanas a agressividade se reduz a olhos vistos.

Por outro lado, os psicólogos Stanley Schachter e Jerome Singer, com o propósito de demonstrar que é a capacidade de pensar que molda nossas emoções, realizaram, em 1962, um trabalho de campo com três grupos homogêneos de estudantes que foram submetidos às seguintes situações: ao primeiro grupo, em quem se injetou adrenalina, foi dito o que deveria aguardar; ao segundo se fez pensar que recebeu uma injeção de vitaminas, mas não se anunciou o que esperar; no terceiro foi injetado um placebo, sem qualquer comentário. Cada grupo foi, então, colocado na companhia de um aliado do teste com a instrução de reagir com euforia ou com raiva. Só o primeiro grupo, o que estava condicionado para aguardar um determinado tipo de reação, não copiou o comportamento do figurante à sua volta. Como não se repetiu, o experimento perdeu apelo científico.

É oportuno lembrar que é vasta a lista das anormalidades e doenças do cérebro que causam ódio, a exemplo de epilepsia, encefalite virótica, abcesso craniano, congestão, derrame, demência senil, tumores, hipertireoidismo, lesões cranianas, coreia de Huntington ou doença de Huntington, uma enfermidade hereditária que ataca o sistema nervoso central, caracterizada pela deterioração do cérebro e perda de comando dos movimentos voluntários e cujos sintomas se manifestam após os quarenta anos.

O psicólogo Alan Berman submeteu a uma bateria de testes dois grupos de quarenta e cinco adolescentes – todos da mesma idade, raça e origem geográfica e social –, sendo um composto de internos em instituições penais e outro normal. Os pesquisadores puderam identificar 87% dos delinquentes com a utilização de, apenas, cinco medidas neuropsiquiátricas.

A ideia segundo a qual os impulsos odientos teriam origem genética tornou-se popular nos anos cinquenta, quando se descobriu uma anormalidade cromossômica, representada por um cromossomo Y excedente, em alguns sentenciados. A síndrome "XYY" explicaria a violência masculina. Observou-se, no entanto, que prisioneiros XYY não eram homicidas, mas ladrões e assemelhados, apenas. Sua maior expressão numérica na população carcerária era o resultado de sua inteligência inferior em se deixar apanhar com mais facilidade do que os homicidas (Robert Baron, *Human Aggression*).

Um exemplo emblemático do ódio psicossomático infantil é o de filhos de mães viciadas em drogas desde a concepção. O feto exposto às drogas tem tudo para tornar-se uma criança de raciocínio lento e de reações e aprendizado difíceis. Sua saúde tende a ser precária, representando um fardo adicional para a mãe que, em razão do vício, prioriza as drogas, comprometendo sua capacidade de dar atenção e nutrir o filho das vitaminas afetivas indispensáveis à sua estabilidade emocional. Tomados ambos, mãe e filho, por incontida irascibilidade, o desfecho inevitável é uma contenda sem fim que exaure a tolerância mútua. Um ódio denso e oleoso é a resultante inescapável desse relacionamento desastroso, sobretudo quando a esse contexto anômalo vem somar-se a ausência paterna.

O ÓDIO, A JUSTIÇA E A LEI

*"Justiça é a permissão para fazer tudo o que desejamos.
Injustiça é a proibição de fazê-lo."*
Samuel Johnson

O sentimento de injustiça não é nato, mas socialmente construído. Isso explica a opinião de Santo Tomás de Aquino ao concluir que as pessoas só sentem ódio quando ofendidas por inferiores ou subordinados: "Um nobre fica irado quando insultado por um camponês; um sábio por um ignorante; um senhor pelo escravo." Se, por outro lado, o nobre ofende o camponês, "em lugar de ódio temos tristeza". O importante a destacar no pensamento do autor da *Suma Teológica* é o poder da autoridade para estabelecer a legitimidade, e a força da legitimidade para extinguir o ódio, de que são prova os longos e repetidos ciclos da convivência humana, marcados pela dominação de poucos sobre muitos. Tiranos sanguinários, de ontem como de hoje, verdadeiras desgraças paroquiais ou nacionais, figuram como objeto de grande adoração popular. O exemplo mais dramático da espécie reside na necessidade psicológica de amar os seus algozes, desenvolvida por prisioneiros, humilhados e torturados, constituindo o fenômeno batizado como "síndrome de Estocolmo". Uma pesquisa para estudar a sensação de desamparo revelou que os animais, quando encurralados e submetidos a estímulos dolorosos dos quais não conseguem fugir, entram num processo de docilidade semelhante à depressão.

Charles Darwin, condicionado pelos valores da classe social a que pertencia, viveu sérios equívocos de interpretação. Pensava ele que um subordinado jamais ousaria odiar seu superior: "Quando a ofensa parte do superior, a reação do subordinado é de terror, no mesmo estilo com que os escravos reagiam aos seus senhores", compreensão que confunde causas sociológicas com biológicas, divergente da de Santo Tomás de Aquino, como já tivemos ocasião de ver.

A tendência para aceitarmos injustiças, desde que integrantes do sistema social, decorre do peso que conferimos à estabilidade como fonte de nossa segurança emocional. Quando, porém, os subjugados se rebelam, nascem as revoluções, que podem ser ou não violentas, como nos provou o Mahatma Gandhi.

Submetidos a mudanças aceleradas, marca dos dias correntes, expomo-nos ao estresse produzido pela indecisão e ansiedade, pela insegurança de não sabermos como nos comportar, como pensar, nem em nome de que valores dedicarmos nossa ação.

Embora o ódio dependa do modo como percebemos as situações, inclusive a injustiça, não é inevitável que seja apanágio da justiça. Com facilidade, nos iludimos com a sensação de que sempre estivemos sujeitos ao ódio que sentimos agora, quando, na realidade, ele pode ser a ressurgência de ódios passados, reprimidos, distorcidos ou deslocados, de que é exemplo superlativo o ódio histórico que conflagra os povos da Iugoslávia. Concessões passadas, feitas em nome de um valor considerado maior – de que é exemplo clássico a renúncia pela mulher de projetos de vida em favor do casamento –, tendem a se transformar em ódio quando o bem alcançado se esvai ou perde o fascínio original. Em graus variados, todos estamos sujeitos a manifestações de ódio dessa origem. Por aí, explica-se o prestígio da lição que ensina ser o maior suplício de uma alma a lembrança das oportunidades perdidas.

A verdade é que, como regra, a vida não é justa. A justiça, como a entendemos, é exceção tanto no mundo social como no natural. A convivência humana, em última análise, se nutre da utopia do dever ser; de avaliar as coisas consoante nossos desejos, e não como são, de modo objetivo; de que é possível a construção de um mundo justo. Sem essa crença, que se apoia em princípios éticos, morais e religiosos, os homens, a exemplo dos irracionais, viveriam nas goelas uns dos outros, em escala muito mais acentuada do que a já existente. Timão, o Misantropo de Atenas, contemporâneo de Sócrates, já ensinava que "o bem e o mal, inexistentes em estado natural, são criações da mente humana". Para sobreviver emocionalmente, o homem desenvolveu sua organização mental condicionada a eliminar as informações colidentes com suas crenças básicas. Por isso, com facilidade, acreditamos no que desejamos, tendência que ganhou mundo na expressão inglesa *"wishful thinking"*, "pensamento condicionado pelo desejo". Nosso bem-estar depende muito da generosidade da avaliação que fazemos de nós mesmos, da ilusória percepção do mando que exercemos sobre o mundo em redor, e da intensidade do nosso otimismo, desvinculado da realidade. Essas ilusões, normais e necessárias à nossa higidez mental, respondem pela intensidade de nossa disposição de amarmos o próximo, de sermos felizes e produtivos. Por isso os otimistas vivem mais e melhor, e são menos vulneráveis a doenças físicas e mentais, como o demonstram inúmeros testes realizados com esse fim. Quando ocorre algo que traumatize essas crenças, instala-se a desilusão, logo sublimada e racionalizada por alguns que ou minimizam a ocorrência, adequando-a às suas conveniências, ou passam a ver no episódio uma possibilidade de crescimento, enquanto outros se deixam abater pelo desalento. Para esses, eles próprios e o mundo já não são tão bons quanto antes. Como consequência, tornam-se ansiosos, irados e deprimidos. Schopenhauer, seguindo o pensamento de Bernard de Mandeville, expressou essa tendência com as seguintes palavras: "A vontade do ser humano se dirige sempre para o seu próprio bem-estar, cuja soma é pensada sob o conceito de felicidade, sendo que a tendência para alcançá-la conduz a um caminho diverso daquele que a moral poderia indicar-lhe." Goethe, por seu turno, definiu Mefistófeles como "parcela daquela força que sempre deseja o mal, mas sempre causa o bem". Até porque a ética e a moral têm pouco a ver com o comportamento real dos homens, sendo ambas uma concepção idealizada do seu modo de ser. Enquanto o egoísmo é comum a todos os animais, só os homens têm interesses, que podem ou não ser afinados com uma e com outra.

A dificuldade de alterar o *status quo* decorre da resistência dos valores estabelecidos a propostas inovadoras, vistas como uma ameaça ao conjunto das crenças individuais prevalecentes, constituindo-se, portanto, em fonte potencial de ódio, mecanismo de que se vale a mente para proteger sua organização. É o nosso ego totalitário – indispensável à nossa saúde mental, operando como um Moloch insaciável – que dificulta a compreensão objetiva dos fatos sociais, pela simultaneidade da condição humana como sujeito e objeto do estudo de si mesma. Vencer esse obstáculo é tarefa que exige muita determinação, reflexão e prática, como sabem os cientistas sociais.

Segundo os psicólogos que vêm desenvolvendo o conceito denominado *consistência da cognição*, destinado a prever o modo como as pessoas lidarão com situações ou informações colidentes com suas crenças e valores, a tendência natural é a de flexibilizá-los, ajustando-os à nova situação, ou adequando esta àqueles, como meio de harmonizá-los.

Todas as teorias nesse campo partem do princípio de que os seres humanos necessitam de ordem e sentido em suas vidas: a crença em um mundo justo, em que os bons são premiados e os maus punidos. O caráter ilusório dessa crença, patente no flagrante diário de ocorrências injustas, leva os indivíduos a sublimarem sua impotência, denegrecendo as vítimas, e negando ou reinterpretando os fatos.

Denegrindo as vítimas. Nas sociedades construídas à sombra de valores machistas, a justificação das inúmeras formas de violência praticadas contra a mulher, inclusive através de decisões judiciais, se insere no contexto dessa tendência humana de justificar a ordem estabelecida, ao arrepio da verdade. Estupros, incestos, abusos sexuais contra menores, espancamentos de crianças, idosos e mulheres são justificados como induzidos pelas vítimas que teriam provocado seus pretensos algozes.

A pobreza, por sua vez, é explicada como produto do desleixo, preguiça e maus hábitos dos que a compõem, e não como produto de políticas sociais insubsistentes. A responsabilidade pelos acidentes dos meios de transporte tende a ser atribuída aos condutores, como meio de preservar o prestígio do setor industrial automotivo. A crença na correção desses desvios preserva o indivíduo do sentimento de culpa pela omissão de reagir contra essas injustiças.

Negação. Freud e seus seguidores consolidaram o conceito de negação como um primitivo e perigoso mecanismo de defesa, indicativo de que o indivíduo sofre de doença mental, caracterizada pela perda de contacto com a realidade. Para efeito da *cognição consistente*, a *negação* – que, ao contrário da visão clássica, na maioria das situações, se processa de modo consciente – consiste em descartar informações inconvenientes, tendentes a abalar nossas convicções. Os adeptos do fundamentalismo racionalizam o medo de novos conhecimentos que negam valor à sua ortodoxia dogmática, pregando a superioridade da ignorância; o paciente terminal toma o agravamento de sua saúde como um sinal de retrocesso da doença; os pais aceitam, como produto do trabalho honesto, os recursos trazidos pelos filhos, oriundos, na realidade do tráfico, do roubo ou da prostituição. Apesar dos males que, a médio e longo prazos, essa postura acarreta, é inegável, no curto prazo, o papel protetor que exerce contra a ansiedade, a depressão e o ódio. É ainda a *negação* que assegura a fidelidade dos indivíduos a suas ideologias. Enquanto os anti-semitas negam a existência do Holocausto, os judeus negam valor moral ao movimento palestino; do mesmo modo que os esquerdistas não reconhecem o fracasso do socialismo, os direitistas se recusam a reconhecer a importância de políticas de desconcentração econômica. Na visão dos torcedores, a derrota de seus times preferidos é, quase sempre, explicada como produto do azar ou da desonestidade da arbitragem, quase nunca como mérito do oponente. Negamos valor aos atos de nossos adversários, e justificamos os erros de nossos ídolos, ainda quando, no poder, pratiquem as mesmas atrocidades do "tirano" deposto.

Reinterpretação. Em lugar de negar os fatos com força suficiente para destruir nossa crença na estabilidade social e na justiça, nós os reavaliamos, dando-lhes um sentido imaginoso que possa ajustá-los a valores que confortem nosso espírito. Em vez de violadores do direito e ultrajantes da dignidade das pessoas, os abusos são encarados como saudáveis desafios que mobilizam as energias morais e intelectuais, levando as vítimas para a frente. Em situações dramáticas, como nas estatísticas aterradoras que apontam para dezenas de milhares de mortes anuais nos acidentes de trânsito no Brasil, o desleixo dos motoristas, passageiros e transeuntes é apontado como superior, em responsabilidade, a outras causas, como defeitos das estradas, da sinalização e dos próprios veículos. A responsabilização das vítimas de estupro, por mais bizarro e trágico, é um modo de pacificar o ânimo, mantendo a crença no *establishment* protetor e provedor. Esse sentimento, talvez, explicasse a opinião de um juiz, referindo-se à criança de cinco anos de um caso de abuso sexual que presidia: "Trata-se de uma jovem extremamente promíscua." No mesmo tom, uma mãe, apontando a filha de três anos, disse: "Veja como ela olha para você. É assim que ela atrai homens: ela não passa de uma cadela."

Quando, à força da repetição de fatos "injustos" ou perturbadores da ordem, desaparece a confiança no sistema, como ocorre com a segurança pública brasileira, o resultado é a insegurança emocional, a ansiedade e a vulnerabilidade à presença invasiva da depressão e do ódio.

Tudo isso se processa em nosso espírito, ainda que já tenhamos vivido, há alguns milênios, sob o império da lei, substitutiva da pena de talião, – "dente por dente, mão por mão, pé por pé, ferida por ferida, olho por olho, vida por vida", presente no Código de Hamurabi, na Bíblia e no Alcorão –, concebida para ser impessoal e distribuidora de justiça. Na prática, a lei, obra dos apetites humanos, no todo ou em parte, não se mostra suficiente para resolver a totalidade dos conflitos, sem que remanesça a sequela do ódio, nascido do sentimento de injustiça. No Brasil, a excessiva tolerância do sistema punitivo em relação a ilicícitos de toda ordem constitui uma fonte de permanente indignação geral, incentivadora de novos ilícitos, sobretudo a impunidade de marginais ostensivos e notórios, protagonistas de fraudes momentosas, como os que atentam contra o Erário e o direito constitucional à privacidade das pessoas.

O ódio das vítimas

A vítima que não perdoa o seu ofensor tende a ter no ódio que a consome uma fonte de sofrimento mais perturbadora do que o sofrimento original. A vítima pode resultar de ofensas reais, tangíveis, concretas, bem como de ofensas subjetivas que se processam, tão-só, no seu ânimo. Quando a vítima não é capaz de identificar o responsável pelos seus males, a tendência natural é a de atribuí-los a entidades genéricas e inespecíficas, como o meio social, ou a uma categoria de pessoas, em geral, dotadas de poder político, econômico ou intelectual. Quando a punição do ofensor não se opera imediatamente, o que só em caráter excepcionalíssimo pode ocorrer, o ódio emerge no coração da vítima à guisa de justiceiro, para resgatar a ordem e a equidade. Uma tentativa de catalogar a vasta tipologia das vítimas possíveis seria inútil, uma vez que, do ponto de vista teórico, essa listagem abrangeria toda a humanidade. Não há ser humano, por mais dotado que seja dos mais ricos e cobiçados atributos, que, vez por outra, não se veja no papel de vítima. É por essa razão que, em seu significado mais amplo, a vítima corresponde a um estado de espírito, mais do que a uma situação objetiva, concreta, real. Esse estado de espírito, resultante do sentimento de autocomiseração, conduz à inveja, que, como já vimos, corresponde a um tipo de ódio que tem os seus modos peculiares de manifestação.

O ódio sentido pelas vítimas de ofensas reais, por mais intenso que seja, é com mais facilidade superável do que o ódio das vítimas de autocomiseração. Quando a ofensa é nítida, o ódio que ela produz pode ser neutralizado com um pedido de perdão, uma reparação de caráter econômico, uma retaliação de porte igual ou superior, uma nova compreensão da própria ofensa, ou pelo mero decurso do tempo. Na maioria dos casos de vítimas de ações concretas, como atestam pesquisas feitas com sobreviventes de doenças graves e de grandes desastres, a reação dos indivíduos, longe de recorrerem a lamentações do tipo "Por que eu?", se processa na linha do "Pior poderia ser, como o foi para tantos outros. Que bom que eu esteja vivo para viver a beleza da vida, tornando-me uma pessoa melhor para a família e a sociedade!". Prisioneiros dos escombros do sobrado que desabou sobre suas cabeças, em consequência da bomba atômica lançada sobre Hiroshima, pai e filho, impossibilitados de se moverem nas ruínas em chamas, dialogaram: "Pai, nada podemos fazer, além de oferecer nossas vidas à pátria", ao que o pai retrucou: "Gritemos Banzai a nosso imperador", e os dois exclamaram: "*Tenno-heika, Banzai, Banzai, Banzai!*"

A vítima de autocomiseração, tomada pela inconfessável emoção da inveja, escamoteará o quanto puder o seu sentimento, exercitando do modo mais camuflado e indireto possível a ardência do ódio que a consome em banho-maria. Vale a pena ressaltar que a pessoa que despertou inveja na vítima de autocomiseração nada fez com a intenção de ofendê-la. Na maioria dos casos, sequer tem conhecimento de que está sendo invejada. É algoz odiado, sem nenhum propósito ou consciência de sê-lo.

Há numerosas vítimas, porém, de situações de grande dramaticidade existencial, em quem a remoção do ódio que as domina exige processos específicos e complexos. Referimo-nos, especialmente, aos casos que envolvem ofensas de amor carnal. A casuística dos profissionais da mente e das clínicas de aconselhamento conjugal concorre com exemplos torrenciais de parceiros que não conseguem conviver com o ciúme, transformado em ódio, dos quadros concebidos da pessoa amada nos braços de outrem. Um sentimento ambivalente de amor e ódio paroxístico se instala, levando os indivíduos a se perceberem num beco sem saída: precisam, mas não conseguem perdoar, por mais alto que seja o preço que o parceiro faltoso se disponha a pagar. Em sua forma mais dramática, casos há que terminam com a trágica morte dos disputantes – assassinato em uns e suicídio em outros –, quando não os dois processos simultâneos de extermínio. Nessa, como em tantas outras conjunturas existenciais, não há regras infalíveis a seguir. As técnicas e os recursos que podem ser utilizados compõem a razão de ser deste livro. A superação do ódio, no entanto, dependerá sempre da capacidade de mobilização das forças morais que cada um puder desenvolver, em benefício próprio.

ÓDIO, MEDO E OPRESSÃO

> *"Muito distante, na noite dos tempos, do negro ventre do Medo,*
> *brotaram as rubras fauces da Ira."*
> Mira y López

O entendimento de que a opressão é fonte de ódio é comum a todas as pessoas, independente de raça, nacionalidade, credo, condição social, política ou econômica. A queda dos tiranos e das tiranias, a insurreição contra atos arbitrários de chefes de família, líderes ou patrões contam a mesma história de ódios nascidos da opressão. A recente invasão do Iraque nos oferece uma sucessão de exemplos: o ódio suscitado no povo iraquiano pelo governo opressivo de Saddam Hussein, seguido do ódio produzido pela ocupação norte-americana, percebida como opressiva do direito dos povos de se autogovernarem.

O escritor negro norte-americano Horace Cayton deu vívida expressão ao ressentimento e à cólera nascidos da opressão, num trabalho de 1953 intitulado "A psicologia do negro sob discriminação ("The Psychology of the Negro Under Discrimination"). Partindo do seu próprio ódio contra os brancos, sentimento de que se conscientizou através da psicanálise, Cayton concluiu que o seu não era um caso especial, mas a resultante psicossocial de sua condição de membro da raça negra, discriminada e oprimida na sociedade americana. Cayton desenvolveu, então, a teoria do "complexo medo-ódio-medo" que leva a população negra do seu país a sofrer uma ferida psicológica profunda que intensifica e reforça os sentimentos normais de insegurança, em face da contínua e difusa sensação de que a qualquer momento, com ou sem motivo, surgindo de qualquer ponto, poderá se abater sobre ela, à guisa de punição, todo tipo de violência, física ou psicológica. O resultado seria a humilhação e a brutalização do negro num ambiente sempre hostil. A percepção de que o ressentimento e o ódio nascidos desse persistente, diuturno e irracional assalto contra sua auto-estima seriam punidos, uma vez revelados, leva a uma reação amedrontada que enseja a supressão do ódio e do ressentimento, que seriam substituídos por um sentimento de apreensão e de culpa, provocado por essa confusão emocional. "O medo conduz ao ódio; mas a personalidade se retrai com o aumento e a intensificação do ódio. Esta é a reação do negro à sua própria brutalização, subordinação e ofensas sofridas. É nesse círculo vicioso que se enreda o negro americano; é aí que sua personalidade se fragmenta, no pulverizador autopropelido desse conflito emocional ", diz Cayton, advertindo que, se o contrato social não oferecer uma válvula de escape para permitir a catárse desse conflito interior, será inevitável o recurso à violência para expressar o que psiquiatras afro-americanos denominam síndrome da ira negra.

Em 1994, Colin Ferguson, negro norte-americano, atirou a esmo, dentro de um trem, matando seis pessoas brancas. Quando um advogado se ofereceu para defendê-lo, inspirado na síndrome da ira negra, Ferguson recusou, optando por realizar sua própria defesa. Foi condenado.

O ódio e o sexo como objeto

O sexo visto como propriedade pode ser fonte de manifestações destrambelhadas de ódio, como decorrência do sentimento denominado ciúme, uma reação irada provocada pela percepção da perda da auto-estima. O tema foi aprofundado no clássico *Human Society*, de Kingsley Davis, publicado em 1948, onde o ciúme é descrito como "uma reação de medo-ódio à ameaça de apropriação de um bem estimado e encarado como propriedade pessoal". De tudo sobre o que se aspira domínio, nada se vincula tanto ao sentimento de auto-estima quanto o da propriedade sexual. Os laços de afeição e de amor, de um modo geral, expressam não apenas os sentimentos de alguém por outrem, mas também a implícita reciprocidade desses mesmos sentimentos. Quem ama considera o seu afeto como um componente de si mesmo, intrincado com o próprio ser. Quando a relação amorosa envolve intimidade sexual, nasce o sentimento de propriedade, que passa a afetar a vaidade e orgulho do possuidor. Daí por que um ataque à propriedade sexual resulta numa ferida profunda na auto-estima. Verifica-se uma tendência para o ciúme masculino se concentrar no medo da infidelidade, enquanto o feminino se concentraria no receio do abandono. Em quase todas as sociedades, o ciúme sexual figura como uma das mais poderosas e frequentes fontes de violência, inclusive assassínio, com predominância masculina. Em consequência, é cada vez mais numerosa a porcentagem da população humana que adota o casamento monogâmico, figurando a poligamia como exceção, cuja liderança numérica pertence ao mundo muçulmano.

É relevante observar, porém, que o ciúme, apesar de sua quase universal presença no coração humano, não é um sentimento inato, como se pensa. Já havíamos observado em *A inveja nossa de cada dia* que "Estudos psicoantropológicos e sociológicos revelam que o ciúme é um sentimento socialmente transmitido, e os modos de sua expressão são altamente reveladores do perfil cultural das sociedades que o modelam. A compreensão do ciúme como uma emoção individual não pode se dar em abstrato, porque os modos de sua expressão são moldados pelos valores do meio social.

Os habitantes da Lapônia costumam, como prova de hospitalidade, oferecer a esposa e o leito nupcial aos seus hóspedes de honra. Sem grilos. Plutarco, por sua vez, diz que em Esparta era comum a um homem idoso, casado com uma jovem, e incapaz de procriar, permitir que sua mulher engravidasse, sucessivas vezes, de um ou mais varões assinalados. Xenofonte nos dá depoimento semelhante. Do mesmo modo, era lícito a um homem pedir o consentimento do marido para dormir com a esposa dele, para ter filhos ou não (Xenofonte, *Constituição Espartana*). Nas sociedades humanas que observam a linhagem matriarcal, os filhos se relacionam mais diretamente com os tios maternos do que com os pais. Verifica-se, nessas sociedades, que o tio é quem fica enciumado quando o sobrinho passa a relacionar-se mais com o pai do que com ele. Precisamente o oposto do que acontece na sociedade ocidental, de linhagem patriarcal."

A sociedade contemporânea, em geral, e a brasileira, em particular, representam cenários onde podemos perceber, com nitidez, o caráter sociológico do ciúme, em face do acelerado processo de mutação dos padrões de conduta que vivenciam. Sobre o tema, observamos na *Inveja*: "Os adultos contemporâneos, testemunhas, agentes ativos e passivos de uma brusca mudança nos costumes e nas regras de comportamento social, caracterizada, sobretudo, por uma elevação sem precedentes do papel da mulher, vêem-se compelidos a aceitar, com ar de naturalidade, situações que lhes ensinaram, preconceituosamente, a rejeitar. Paralelamente, os mais jovens, menos expostos à carga de preconceitos, ajustam-se ao novo momento, sem dor e sem conflitos maiores. O desvirginamento da mulher, ignorado pelo homem, é motivo suficiente, na letra do Código Civil Brasileiro (o de 1917), para anular o casamento, enquanto o desvirginamento de mulher menor de dezoito anos e maior de quatorze obriga o autor a casar-se, sob pena de prisão, como diz a lei penal do Brasil – ainda que letras mortas em ambas as situações. Já o desvirginamento de mulher menor de catorze anos é presumido como se estupro fosse; avalie-se o número de casos de estupro que abarrotaria os tribunais, hoje em dia, se este dispositivo fosse aplicado."

A corte amorosa, fase que precede a "legitimidade" do sentimento de propriedade sexual, contém regras que obrigam os contendores, sob pena da sanção social. Do perdedor espera-se que se retire, cavalheiresco, do campo da disputa, o que não acontece quando o sentimento de frustração é grande a ponto de levá-lo a assumir o papel de transgressor, insistindo na disputa, não raro, mediante a utilização de recursos condenáveis. Os possíveis quadros emocionais que se podem formar, nesse contexto, alguns deles marcados por ódio paroxístico, compõem a matéria-prima de que se servem poetas, romancistas, dramaturgos e cineastas para a confecção de idílios, dramas e tragédias.

O sexo tem para os humanos a maior importância em toda a escala animal, porque o praticamos para muito além das funções evolucionistas. Não é à-toa que a teoria freudiana tem na vida sexual das pessoas o elemento aferidor básico de sua felicidade existencial. Polêmicas à parte, Freud, no mínimo, tinha muita razão, porque os indivíduos bem resolvidos, em sua vida sexual, são mais felizes, vivem mais tempo e são menos sujeitos a vários tipos de doenças, inclusive a depressão.

Quando a fêmea não está no cio, os animais quase não fazem sexo, o oposto dos humanos, que, em razão do planejamento demográfico, evitam, cada vez mais, os períodos de fertilidade da mulher, copulando por mero prazer, com o uso de preservativos, praticando o *coitus interruptus* e dando prioridade aos períodos inférteis. A cópula humana, incluídas as preliminares, é a mais longa dentre todos os primatas. Uma rica e variada linguagem gestual, carícias, palavras e atenções integram a ritualística do amor sexual, tema de grande parcela de nossa criação artística em múltiplos domínios. Enquanto um gorila consome, em média, um minuto e um chimpanzé pigmeu quinze segundos, um macaco comum consome, apenas, sete segundos para consumar o ato sexual. Os homens sujeitos a tais níveis de ejaculação precoce, quando não-tratados, podem sucumbir ao desalento.

Uma vez que a ovulação feminina não é perceptível como a da maioria dos animais, e sua fertilidade é comparativamente pequena, só como exceção a atividade sexual humana resulta em prenhez.

O ÓDIO, A ESTABILIDADE SOCIAL E A FÉ

> *"Três líderes religiosos pugnavam na defesa da supremacia de suas respectivas crenças, quando um anjo apareceu e lhes disse: – Para acabar com esta disputa, satisfarei o desejo de cada um de vocês: – "Eu quero que morram todos os muçulmanos", pediu o padre. – "Eu quero que morram todos os cristãos", reclamou o muçulmano. Chegada a sua vez, demandou o judeu, modestamente: –"Para mim basta uma xícara de chá".*

A fé religiosa representa, sem dúvida, o bastião máximo da confiança na estabilidade e na ordem, produto da infalibilidade de um deus que tudo sabe, vê, e que não deixará de distribuir justiça, à perfeição, se não neste, com certeza no outro mundo. Religião e política, mescladas ou isoladas, detiveram, desde sempre, a palma da dominação do mundo. Continua tendo razão Kant, ao dizer que o ser humano jamais se libertará da paixão política e religiosa.

As religiões monoteístas, enquanto conclamam o culto a Deus, procuram manter fora do coração dos homens, como pecaminosos e impensáveis, os sentimentos de censura e ódio às figuras parentais.

Em função de suas respectivas conveniências conjunturais, religião e política, ao longo dos séculos, têm legitimado a expressão da ira como mecanismo de construção da ordem social, ajustada ao seu ideário. No *Velho Testamento*, como em outros textos religiosos, enquanto se condenam os que o dirigem contra "irmãos", o ódio é prescrito como legítimo quando posto a serviço da vontade divina sobre as ovelhas de Deus: "Vós podeis reduzir o homem ao pó, dizendo apenas: regressai, filhos do homem!" (*Salmos,* 89, 3), "Na verdade somos consumidos pela Vossa ira, estarrecidos pelo Vosso furor. Pusestes as nossas culpas diante de Vós, os nossos pecados ocultos, à luz da Vossa presença. Todos os nossos dias se esvanecem perante o Vosso desagrado" (*Salmos*, 89, 7-9).

Independente dos diferentes pesos atribuídos ao ódio pelas várias religiões – cada qual se afirmando e guerreando por ser reconhecida como a única verdadeira, sendo as demais infiéis aos desígnios divinos –, é comum a todas elas a valorização positiva ou negativa do sentimento, não em função de sua natureza intrínseca, mas de sua destinação. Enquanto em alguns momentos se recomenda: "Não seguirás nenhuma divindade alheia, nenhum dos deuses dos povos que te rodeiam. Porque o Senhor, teu Deus, que reside no meio de ti, é um Deus zeloso; teme que sua cólera se inflame contra ti e te extermine da face da terra" (*Deuteronômio* 6:14-15), ou "Se não deres ouvidos à voz do Senhor teu Deus, para não cuidares em cumprir todos os seus mandamentos e os seus estatutos, que hoje te ordeno, então virão sobre ti todas estas maldições, e te alcançarão: Maldito serás tu, na cidade e no campo; maldito o teu cesto e a tua amassadeira; maldito o fruto do teu ventre, da tua terra, das tuas vacas e ovelhas; maldito serás ao entrares e ao saíres; o Senhor mandará sobre ti a maldição, a confusão e a derrota em tudo que puseres as mãos, até que sejas destruído e pereças de repente; o Senhor lançará sobre ti a pestilência até que vires pó; o Senhor te ferirá com a tísica e com a febre, com a inflamação, calor ardente, secura, crestamento e ferrugem até que pereças...(*Deuteronômio* 28:15-68), num outro se prescreve: "Todo o azedume, animosidade, cólera, gritaria e maledicência se elimine do meio de vós, bem como toda espécie de maldade. Sede bondosos, compassivos uns com os outros e perdoai-vos mutuamente, como também Deus vos perdoou em Cristo." (*Carta aos Efésios* 4:31-32). O Deus do Apocalipse apresenta-se como um tirano implacável, perverso e vingativo, a exigir o reconhecimento, como justas, de todas as suas ações: "Se não se arrependerem de suas obras, ferirei de morte os seus filhos, e todas as igrejas saberão que sou Aquele que sonda os rins e o coração"; (*Apocalipse*, 2:22-23). "Um dos quatro viventes deu aos sete anjos sete taças de ouro cheias da ira do Deus que vive pelos séculos dos séculos"; (*Apocalipse*, 15:7). "E ouvi, vinda do Templo, uma grande voz que dizia aos sete anjos: "Ide e derramai sobre a Terra as sete taças da ira de Deus"; (*Apocalipse*, 16:1). E as sete taças foram uma depois da outra derramadas sobre a terra, o mar, os rios, o sol, o trono da Besta, o grande rio Eufrates e o ar, destruindo tudo à sua passagem.

Não faltará quem veja na recente invasão do Iraque, pelas tropas americanas, a ira divina derramada sobre o velho Eufrates.

Jesus, porém, sensível às invencíveis fraquezas humanas, mais uma vez enfatizou a fragilidade do barro de que somos feitos: "Quem vier ao meu encontro e disser que não odeia o pai, a mãe, a mulher, os filhos, os irmãos, as irmãs, e, até, a si próprio, não pode ser meu discípulo" (*Lucas*, 14:26).

A história demonstra que todas as religiões apresentam, de fato, um verdadeiro abismo entre a prática e a pregação. A pregação as eleva, enquanto a prática as condena, de modo irremissível. Algumas das páginas mais cruentas da história humana foram escritas com o sangue de devotos inocentes, em nome dos deuses de plantão, lutando pela preservação da estabilidade e da justiça, com a motivação do otimismo alimentado pela expectativa da redentora vitória final. Quinto Cúrcio Rufo, ao escrever a *História de Alexandre Magno*, observou: "Nada rege, de modo mais eficaz, a multidão do que a superstição, de modo que ela, normalmente, impotente, cruel e mutável, logo que tomada pela ilusão religiosa, obedece de preferência a seus sacerdotes, em lugar dos seus governantes".(*Nulla res efficacius multitudinem regit quam superstitio: alioquin impotens, saeva, mutabilis, ubi vana religione capta est, melius vatibus quam ducibus suis paret*).

O budismo, no entanto, em razão do modo distinto como trata o assunto, merece capítulo que trataremos em destacado.

Toda organização social dispõe de regras peculiares de convivência, não raro reputadas esdrúxulas, quando não chocantes, pelo estrangeiro. Cada nacionalidade define, constrói e desenvolve os papéis a serem desempenhados pelos seus membros, que os aceitam como contrapartida dos benefícios que acreditam receber.

A circuncisão feminina (clitoridotomia) e a excisão do clitóris de mulheres do terceiro mundo, em particular das muçulmanas, que soam intoleráveis à sensibilidade ocidental, são percebidas e aceitas por elas – as supostas vítimas – como um sinal de que continuarão a ser protegidas pelos seus homens e pela ordem social a que prezam pertencer. É da mesma índole a aceitação, pelas mulheres, do papel subalterno que ao longo da história têm desempenhado, em relação aos homens. Sua remuneração, em nossos dias, inferior à dos homens, mesmo quando tanto ou mais bem preparadas do que eles, decorre dessa lógica cultural de valorizar a preservação da ordem estabelecida. Durante a vigência da escravatura, tanto era normal e prazeroso aos escravos se sentirem bem com um senhor que os tratasse com urbanidade quanto o é no regime de castas da Índia de hoje para os membros que se situam abaixo dos brâmanes – a casta dominante – inclusive os párias, integrantes da base da pirâmide social, e que são privados de todos os direitos religiosos e sociais. A bem-documentada literatura existente sobre a escravidão no Brasil, a par de maus-tratos praticados por gente má – existente em todos os lugares e em todas as épocas – registra, como dominante, um relacionamento pacífico, solidário e, até mesmo, afetuoso entre senhores e escravos.

As estruturas hierárquicas se baseiam na disposição do subordinado ao sacrifício de algum valor em favor do superior, chefe ou patrão, que lhe assegura, em contrapartida, a proteção do emprego, indispensável à sua sobrevivência. Em todas essas situações, predomina o sentimento de valorizar a segurança oferecida pela estrutura social, expressa na sensação de reciprocidade oriunda de um contrato tácito entre o indivíduo e o sistema. Casos há, extremos, em que ex-presidiários voltam a delinquir, com o deliberado propósito de retornar à segurança e previsibilidade da vida carcerária. Na Espanha, uma mulher converteu-se ao islamismo, renunciando ao seu estilo ocidental de vida e aderindo aos rigores e sacrifícios da nova religião. Quando inquirida sobre os motivos de tão profunda mudança, respondeu categórica: "Eu me converti ao islamismo, porque preciso de ordens claras!". Mais uma vez: quando os subjugados percebem que houve a quebra da reciprocidade, implícita no contrato social que ninguém assinou, mas que todos sabem existir, advém a insatisfação que gera ódio susceptível de, em sua modalidade extrema, desembocar em rebelião ou revolução.

Os movimentos sociais são rebeliões aprendidas. Não são, portanto, as condições materiais, objetivas – como querem os cartesianos da ciência política –, a matéria-prima fundamental para a eclosão de movimentos revolucionários. O que importa é o modo como os indivíduos percebem sua inserção no meio em que vivem e atuam. Nada indica que as dezenas de milhões de indianos que nascem, crescem, vivem e morrem nas ruas das grandes cidades do seu país estejam menos contentes com sua situação do que as bem-aquinhoadas populações dos países do primeiro mundo. Saber se se trata ou não de alienação é outra história.

O fracasso dos movimentos armados contra a ditadura militar que se implantou no Brasil, a partir de 1964, decorreu da falta de apoio popular, por receio das massas de serem lançadas às incertezas do desconhecido, não obstante serem elas a destinatária do objetivo dos que lutaram e morreram em nome dos seus interesses.

Lula, o operário que nasceu na pobreza extrema, só chegou à curul do poder depois que ganhou a confiança popular de que iria preservar a ordem existente, e melhorá-la, pouco a pouco; foi derrotado nas três eleições anteriores pelo temor das massas de que iria substituí-la por outra, embora essa proposta fosse, do ponto de vista da racionalidade, conveniente à maioria esmagadora da população brasileira, marginalizada pela desigualdade reinante.

Famintos e carentes de toda sorte são motivados para satisfazer as necessidades que, no momento, os assoberbam, como ensina Abraham Maslow. Só quem já teve satisfeitas suas necessidades fundamentais, como as fisiológicas e de segurança, é que se deixa motivar por apelos de ordem superior, como a necessidade de modificar a ordem existente. Os miseráveis nunca fizeram revoluções, como querem fazer crer os românticos de todos os tempos. As grandes transformações sempre foram lideradas por gente educada e bem-nutrida, a exemplo das revoluções americana, francesa e soviética. No Brasil, o PT – Partido dos Trabalhadores –, fundado e desenvolvido pela elite obreira dos principais centros urbanos, e por uma parcela de sua intelectualidade, não é exceção. Sem o aval de importantes segmentos conservadores, os muito pobres continuariam surdos às propostas de transformação do operário de humílima origem e baixa escolaridade formal, que protagonizou o feito mitológico de chegar à presidência da República, pelo voto democrático.

Para que o ódio nasça de uma situação preexistente, é necessário que o indivíduo adira a novos paradigmas, nova ideologia, novos modos de ver a realidade na qual ele está inserido. Quando a nova consciência se espraia, alagando e contagiando de ódio inconformista o coração das massas, nascem os movimentos sociais transformadores, responsáveis pelas grandes mudanças, com frequência associadas ao progresso humano. Esta é a esfera de atuação dos partidos políticos de vanguarda e dos ideólogos. O ódio – essencial à fase embrionária dos movimentos sociais, em razão do seu papel coesivo sobre elementos heterogêneos contra o inimigo comum – passa a ser, então, o elo de união do movimento. É por isso que os grupos dominantes tendem a desclassificar, o quanto puderem, os movimentos coletivos, considerando-os fruto de desajustes individuais a serem resolvidos caso a caso.

Segundo Bertrand Russell, todos os movimentos sociais tendem ao exagero. Com o propósito de podar o excesso e restaurar o equilíbrio, o corpo e o cérebro reagem. Depois de passarem pela liberação de uma certa quantidade de adrenalina, para fazer face ao desafio, conspiram em favor da manutenção do *status quo*, operando como se fossem o termostato da sanidade, pela redução do ódio a limites razoáveis, tanto no indivíduo quanto no grupo social. É natural, portanto, que as revoluções evoluam do ódio insano – quando se julga grande a quantidade de gente genuinamente má, pervertida e satânica, que precisa ser destruída – para o ódio consequente, administrado pela razão, que ensina e incorpora o valor da diversidade. Em visita a Londres, Voltaire observou: "Se só houvesse uma religião na Inglaterra, seu despotismo seria intolerável. Se houvesse duas, os ingleses se digladiariam. Como há trinta, o jeito é viver em paz".

Uma vez eleito presidente da África do Sul, Nelson Mandela, agindo como um estadista, à altura do grande desafio que tinha pela frente, abortou as odientas propostas de expulsão dos brancos, responsáveis pelo *apartheid*. Tivesse ele cedido à insensatez do ódio desaçaimado, os brancos teriam deixado o país, levando consigo toda a tecnologia indispensável ao progresso e bem-estar social, sem a qual o povo sul-africano teria mergulhado na miséria e na guerra civil.

O ÓDIO E O BUDISMO

> " *Tudo o que foi acumulado ao longo das eras será destruído em um instante de ódio.* "
> Versículo primeiro do Guia do Modo
> de Vida do Bodhisattva.

Não é necessário ser budista para tirar grande proveito dos ensinamentos que a importante religião fundada por Sidarta Gautama (563-483 a.C., Ásia Central) tem a nos oferecer. De fato, é impressionante o acervo de reflexões de que o budismo se vale para tratar extensa e profundamente do ódio, essa dimensão emocional tão importante para todas as pessoas. Para o budismo, o ódio compõe com a ansiedade e a ilusão os Três Venenos.

É no *Guia para o Modo de Vida Bodhisativa* (aquele que possui a aspiração heróica de alcançar a iluminação), de Acharya Shantideva, onde se encontra o conjunto dos ensinamentos budistas sobre o ódio. Escrito no século VIII, essa obra é considerada um clássico do Mahayana, um dos dois sistemas do budismo, que enfatiza o altruísmo, tendo como objetivo a liberação de todos os seres senscientes, sendo por isso denominado Grande Veículo. O outro sistema é o Hinayana, chamado de Veículo Inferior ou Menor, por ter como base a motivação do praticante, e objetiva a liberação individual de toda a existência cíclica.

A paciência e a tolerância são – segundo a lição do budismo, incorporada por Shantideva – as virtudes básicas das quais defluem várias outras, inclusive a arte de lidar com o ódio: "Por tanto tempo quanto o espaço durar, e por tanto tempo quanto os seres vivos existirem, que eu possa até lá também esperar, para dissipar a miséria do mundo." A paciência é definida como sendo "a reação contra a adversidade, originando-se de um temperamento estável, imperturbável por disfunções internas ou externas", modo ativo de ser, e não passivo, como pode ser tomado, por equívoco, porque a paciência, aí, se manifesta sob três formas de tolerância: 1. a decorrente da aceitação consciente do natural e inevitável sofrimento; 2. a nascida da compreensão racional da realidade; 3. a que recepciona as agressões de terceiros. Para explicar a primeira modalidade de paciência, Shantideva leciona: "Não há nada que o conhecimento não possa simplificar. Conhecendo os pequenos males, aprendemos a aceitar os males maiores." Para justificar a segunda, argumenta: "Tudo que existe é produzido por uma causa anterior, não havendo nada que seja a causa de si mesmo. Por isso é transitório e mutável. Algo inalterável, permanente e eterno não poderia gerar coisa alguma. A compreensão desse fato me impede de odiar ocorrências que, na realidade, são ilusórias." A doutrina budista da causalidade se desdobra em três dimensões. A primeira sustenta que não há um criador autônomo; a segunda diz que tudo que opera como causa tem existência provisória e mutável; a terceira aponta para a relação umbilical entre causa e efeito.

A terceira modalidade de paciência, a que recepciona as ofensas de terceiros, por se referir ao ódio, é a que mais nos interessa examinar, porque o ódio é o principal obstáculo ao desenvolvimento da paciência: "Um momento de ira pode destruir os benefícios produzidos por mil evos de paciência." O evo é a maior unidade do sistema budista de medição. Sua duração corresponde ao tempo necessário para que o leve e fugaz esfregar de um manto de seda, uma vez a cada século, eroda, por inteiro, uma grande montanha rochosa.

O ódio é o veneno e a paciência é a cura, como ensina o Guia: "O ódio é o maior dos males, e a paciência é a segurança maior. Por isso devo submeter-me a qualquer sacrifício para meditar sobre a paciência." Por essa razão não devemos alimentar expectativas de resultados imediatos. Shantideva aconselha que, em lugar de ódio, deveríamos ter compaixão dos que nos ofendem, porque suas ações se originam de um estado de ignorância, sujeitos que estão à influência de forças que os dominam. Essa seria uma compaixão genuína, porque baseada no entendimento de que "todos, como eu, têm o direito de serem felizes", muito superior à compaixão viciada, egoística ou aflitiva que sentimos daqueles a quem amamos. Para vencer ou superar o ódio, é indispensável que tomemos a decisão consciente de cultivar, em caráter permanente, os antídotos da tolerância, do amor e da compaixão. Kant também pensava assim ao lecionar que um ato moral praticado por dever ou por amor não tem valor moral. Daí por que, para ele, embora sendo natural, o amor de pais e filhos não tem valor, porque a moralidade, para ser valiosa, precisa envolver uma luta contra o próprio sujeito.

A influência de Cristo no pensamento de Shantideva é evidente: "Perdoai-os, Senhor! Eles não sabem o que fazem." A compaixão, aliás, é uma recomendação presente em todas as grandes religiões, ainda que obedecendo a critérios peculiares a cada uma delas. Schopenhauer julgava, inspirado em Rousseau, que a "compaixão é um fato inegável da consciência humana, sendo-lhe essencialmente própria e não repousando sobre pressupostos, conceitos, religiões, dogmas, mitos, educação e cultura, mas é originária e imediata e, estando na própria natureza humana, faz-se valer em todas as relações, e mostra-se em todos os povos e tempos." Do mesmo modo, para ele, "A caridade existiu de fato e praticamente em todos os tempos. Mas foi trazida à baila, teoricamente, e estabelecida como a maior de todas as virtudes, estendendo-se mesmo aos inimigos, em primeiro lugar pelo cristianismo, cujo maior mérito consiste nisto, embora só em relação à Europa, pois, na Ásia, milhares de anos antes, o amor ilimitado do próximo já era objeto tanto de doutrina e prescrição, quanto da prática, posto que os Vedas e DharmaSastra, Itihasa e Purana, como também a doutrina de Buda Sakiamuni, não se cansavam de pregá-la." O Dalai Lama, no entanto, confessa-se impressionado com o depoimento de importantes cientistas com quem mantém correspondência, segundo os quais a compaixão pode ser desenvolvida com segura intensidade, desde a infância, quando os recém-nascidos passam muito tempo no colo dos pais, sendo acariciados.

Shantideva, porém, dá um passo adiante e considera a existência de um inimigo como uma bênção, porque nos proporciona a ocasião de praticar a tolerância: "Devo me sentir feliz por ter um inimigo, porque ele me ajuda a alcançar a claridade." Enquanto me ofende, o inimigo está acumulando carma negativo contra si mesmo. Carma, em sânscrito, significa, ao pé da letra, "ações" físicas, mentais e verbais, além das impressões psicológicas e tendências desenvolvidas por essas impressões, dentro da mente, compondo um todo mental, ao longo de uma sucessão de renascimentos. Quando ocorrem certas condições, esse carma potencial se manifesta. A concepção do carma se baseia em dois princípios: 1- ninguém sofrerá as consequências de uma ação que não praticou; 2- o potencial de uma ação nunca se perde, a menos que sejam adotadas providências especiais.

A racionalidade de Shantideva, sobre a inutilidade do ódio, chega a ser desconcertante, quando levanta a questão sobre se é ou não essencial à natureza humana causar mal aos outros. Se for essencial, devemos fazê-lo, sem a necessidade de sentir ódio. Caso contrário, seria como sentir ódio do fogo, por ser de sua qualidade intrínseca queimar, ou se ressentir do espaço por permitir a ascensão da fumaça. Se não for, não há por que sentir ódio de algo acidental, como as nuvens, por obumbrarem a luminosidade solar.

Sua Santidade Tenzin Gyatso, o XIV Dalai Lama, chefe do ramo tibetano do budismo Vajrayana, tido como a reencarnação de Bodhisattva Avalokitesvara, é autor de um *best-seller* sobre a raiva, onde enfatiza a importância da meditação solitária e silenciosa, como meio de fazer com que as percepções transcendam o nível intelectual e se arraiguem em nosso espírito. Ele faz uma diferença entre raiva e ódio, ausente na reflexão de Shantideva. Enquanto é possível haver uma raiva positiva, o ódio encarnaria um valor sempre negativo, de acordo com sua compreensão. A "raiva positiva", nascida de uma injustiça, pode ser canalizada para fins benéficos, o que não ocorreria com os efeitos do ódio, pela presença nele do rancor que corrói o interior de quem o sente, e degrada suas relações com terceiros. Para o Dalai Lama, o ódio, em si mesmo, é o verdadeiro inimigo, e não quem supomos o tenha causado, porque, enquanto este último come, bebe, dorme, trabalha, ama e faz muitas outras coisas, o ódio que sentimos não exerce outra função qualquer, além de nos corroer o corpo e o espírito. Diz o *Guia*: "Os melhores guerreiros são os que ignoram os sofrimentos e atacam o verdadeiro inimigo que é o ódio. Guerreiros comuns derrotam, apenas, corpos."

O segredo, para nos protegermos contra o veneno insidioso do ódio, reside no disciplinamento de nossa mente. Se desejarmos pisar em solo coberto com a pele curtida de certos animais, não será necessário cobrirmos todo o mundo; basta cobrirmos a sola dos pés com a pele desses animais. Do mesmo modo, controlar a nossa mente é o mesmo que controlar o curso externo das coisas. Pragmático, o Dalai Lama cita o *Guia*: "Por que sofrer com o que pode ser corrigido? E para que sofrer com o que não tem remédio?"

O Dalai Lama enfatiza a importância da inteligência ou da sabedoria dos indivíduos como um fator adicional, determinante da intensidade e da profundidade das várias atitudes de compaixão, sendo a gentileza o substrato básico da espécie humana, como, de resto, de todos os seres sencientes. O nosso bem-estar físico e emocional depende muito da qualidade dos sentimentos que nutrimos. Do berço ao túmulo, alimentamo-nos das vitaminas afetivas, ministradas sob a forma geral da gentileza. Na contramão dessa necessidade de paz está o conflito que nasce de nossa imaginação, estribada em nossa inteligência. Só a compaixão pode equipar a inteligência para superar os conflitos gerados por ela própria.

Há uma grande ligação entre a paciência e a humildade. A humildade se caracteriza pela capacidade de decidir a não retaliar quando se dispõe do poder para fazê-lo. É, portanto, um atributo do forte diante dos mais fracos ou indefesos. É uma das virtudes que assinalam o progresso espiritual. É impróprio, por isso, considerar desvalidos como humildes, porque esses não têm alternativa à imposição para que cedam. A paciência e a tolerância, como a humildade, se nutrem do entusiasmo que é o combustível que nos anima a aceitar e a resistir às adversidades com que nos defrontamos ao longo do processo existencial. Quanto maior o entusiasmo, maior será nossa tolerância, paciência e humildade.

O Dalai Lama situa o ódio como a mais aflitiva das emoções, acima do orgulho, ciúme, avareza, luxúria. Silencia, porém, sobre a inveja, sem dúvida a maior aflição da alma. Para ele, o ódio, um amigo leal, mas desastrado, nasce como uma ilusória proteção, quando somos injustiçados ou se frustram nossas expectativas. O recurso à força, quando necessário para evitar o cometimento de males, deve ser feito sem ódio. A vingança é condenada por ser incapaz de desfazer o mal que já foi praticado. Quando estamos sob o domínio do ódio, emitimos vibrações negativas que são sentidas pelas pessoas e pelos animais domésticos, fato que nos coloca em algum grau de perigo. O *Guia* leciona que "um mestre que sente ódio arrisca-se a ser eliminado, mesmo por aqueles que dependem dele para serem ricos e felizes", porque, quando sentimos ódio, "terminamos fazendo o que não desejamos, e o ódio cresce e nos destrói." Como o descontentamento é a matriz do ódio, devemos contê-lo no seu início, antes que ele escape ao nosso controle, "uma vez que a única função desse inimigo é a de nos prejudicar". A riqueza, o poder, a inteligência, o saber, a beleza, nada nos protege contra a ação invasiva e destruidora do ódio, além da paciência, da tolerância e da empatia que, como a sabedoria, têm uma base firme, fundada no espírito. Um modo de desenvolver a empatia – segundo o Dalai Lama – pode iniciar-se cuidando de pequenos seres sencientes, como as formigas e outros insetos. "Cuidar deles e reconhecer que eles também querem encontrar a felicidade, terem prazer e viverem livres da dor. Comece pelos insetos e crie uma verdadeira empatia por eles, evoluindo depois para os répteis e assim por diante. Os seres humanos e você mesmo virão em seguida. Por outro lado, assassinar pequenos insetos e desprezar qualquer possibilidade de que eles queiram sentir prazer e evitar a dor servirá de treino para o desprezo que gradualmente você sentirá pelos seres que mais se aproximem até chegar aos humanos. Quem for sensível ao sofrimento dos animais terá maior sensibilidade e empatia pelo sofrimento humano." Como a meta de completa libertação do ódio é uma utopia, o budismo aconselha a busca de alternativas para lidarmos com esse sentimento destrutivo de modo eficaz, como a concentração num objeto neutro da percepção, como uma cor, um som, ou a mera inalação e expiração do ar dos pulmões.

O vazio do tempo da espera, requerido pela paciência e tolerância, deve ser preenchido pelo hábito da meditação, iluminante e libertadora, sobre o sofrimento. Como são poucas as causas da felicidade e muitas as do sofrimento produzido pelo ódio, devemos recorrer à reflexão para identificar sua procedência e seus contornos precisos, em cada situação concreta, de modo a podermos combatê-las com eficácia, conforme ensina Shantideva: "Não existe nada que o conhecimento não torne mais fácil." Como tudo que há no mundo, a qualidade da meditação avança à proporção que nos dedicamos a ela. Quando aprendemos a lidar com um sofrimento menor, habilitamo-nos para lidar com um sofrimento um pouco maior, e assim por diante.

Na terminologia budista, o nirvana, libertação ou liberdade, expressa "o outro lado", "o que está além", estado d'alma dos iluminados, a interrupção definitiva dos sofrimentos e das emoções dissonantes que causam e consolidam o sofrimento, enquanto o samsara, a existência cíclica, o curso da vida mundana, o "aqui e agora", corresponde a uma condição existencial condicionada por tendências e percepções do carma afetado por ações perpetradas no passado, espírito dos pouco ou nada iluminados, inaptos para enxergar além do imediato, do óbvio, do que está visível no ambiente que os cerca, caracterizado pela sucessão de sofrimento e morte. Um guia prático para alcançar o nirvana consta das seis perfeições que devem ser perseguidas: generosidade, postura ética, paciência, perseverança, concentração e sabedoria. O primeiro grande passo consiste no comprometimento ético de libertação das dez não-virtudes que assoberbam o samsara: três ligadas ao corpo (matar, roubar e sexualidade desregrada); quatro ligadas à língua (mexerico, mentira, intriga e incontinência verbal); e três vinculadas à mente (visão deturpada dos fatos, cobiça e más intenções). Apesar de nossa vida de hoje refletir as ações que perpetramos no passado, não é o mesmo que reconhecer que somos impotentes diante de nosso carma. Por via da conscientização e vontade, podemos agir de modo a imprimir mudança na direção das ações que compõem o nosso carma. É evidente, porém, que as aflições do espírito são próprias do samsara, e os estados nirvânicos, caracterizados pela transcendência dos sofrimentos, são privilégio dos que evoluíram *"deste para o lado de lá"*, *"o estado além do pesar"*. O verdadeiro progresso espiritual, pois, consiste na mudança do desassossego do samsara para a paz do nirvana. Mede-se o progresso espiritual verdadeiro pelo modo como as pessoas lidam com as emoções distorcidas.

O conhecimento dessa valorização hierárquica faz com que certos indivíduos, inteligentes e sofisticados, mas pertencentes ao nível samsara, mascarem seu ódio, assumindo falsos ares nirvânicos, com o duplo propósito: surpreender suas vítimas e passar pelo que não são. Embora o apego e o egoísmo próprios do amor romântico representem elementos obstrutivos do nirvana, é forçoso reconhecer que, sem eles ou sem a afeição que leva as pessoas a se unirem para ter filhos, a raça humana se extinguiria. Por essa razão, o budismo aceita a existência de situações adequadas para o amor romântico.

Mesmo possuindo, todos os seres sencientes, o potencial para a perfeição, sem que haja um esforço consciente na direção do aperfeiçoamento espiritual, não se realizará sua evolução para um estágio iluminado. E nunca é tarde para se consumar o processo, acessível a qualquer idade, pois o vigor espiritual sobrevive à decadência física imposta pela velhice. Os grandes mestres ensinam que devemos estar sempre abertos para aprender, mesmo que saibamos que vamos morrer amanhã.

Os que atingiram o nirvana sabem que tudo de mal que nos acontece, inclusive as decepções que despertam ódio, é de nossa exclusiva responsabilidade, por ser o desdobramento de atos que praticamos no passado, repercutindo agora sobre nós, de acordo com o carma de cada qual. O carma é definido como o conjunto das ações dos homens e suas consequências: "Como causei males semelhantes a outros seres sencientes, é inevitável que esses males se voltem contra mim, responsável que sou pelo mal que fiz aos outros", ensina Shantideva. Se for golpeado por uma arma qualquer, devo ter em mente que "tanto a arma quanto meu corpo são a causa do meu padecer. Como meu corpo deu origem à arma e eu ao meu corpo, a quem devo odiar?" Se o meu corpo não fosse susceptível à dor, a ação da arma sobre ele não me causaria sofrimento, consequentemente, não despertaria ódio. Por que, então, sentir ódio de um dos agentes apenas, a mão que acionou a arma contra mim? Tudo isso demonstra como o sofrimento, inclusive o produzido pelo ódio, depende do modo como reagimos às ocorrências. Tanto é verdade que, muitas vezes, reagimos com fúria inaudita a situações sem maior importância, enquanto silenciamos diante de outras, de valor crucial para nossas vidas. Por que haveríamos de nos importar se falam mal de nós, uma vez que as injúrias, infâmias e calúnias são de constituição imaterial, incapazes, portanto, de prejudicar nossa integridade física? "Porque serei mal visto pelos outros. Mas se esse mau julgamento não pode me destruir, por que devo me deixar perturbar por ele"?

Quando reagimos com ódio a essas provocações, além de não nos protegermos contra o mal que já nos tenham ocasionado, adicionamos um fator novo ao nosso potencial sofrimento futuro, ocorrência que pode vir a comprometer nossa capacidade de ajudar ou de salvar terceiros.

Na origem de todas essas formulações resistentes ao ódio está a pregação do Sakyamuni, o Buda, o Iluminado, no Sermão sobre a Injúria: "Se alguém, sem razão, me faz mal, eu retruco com a proteção do meu desinteressado amor; quanto maior for o mal que me fizer, maior será a minha bondade em resposta; agindo assim, os eflúvios do bem virão para mim, enquanto o ar nocivo do mal vai para o meu ofensor". Quando um homem insensato o injuriou de modo contundente, o Buda o ouviu em impassível e atencioso silêncio até o fim, dizendo-lhe então: Filho, se um homem recusa a dádiva que lhe é feita, a quem pertence a oferenda?" – "Ao ofertante", respondeu o homem. Ao que o Buda observou: – "Meu filho, tu me injuriaste, mas eu declino de aceitar teus insultos, rogando-te que os guarde para ti mesmo. Não te servirá isso como uma fonte de desgosto? Como o eco pertence ao som e a sombra à substância, o mal também retornará ao seu causador. O homem perverso que ofende o virtuoso é como aquele que escarra contra o céu; o escarro não atinge o céu e recai em seu próprio rosto. Caluniar é como arremessar pó no outro, no sentido contrário do vento; o pó recairá sobre quem o lançou. O homem virtuoso não pode ser atingido, e o mal que o outro pretendia infligir-lhe volta-se contra ele."

Numa palavra: o budismo se apoia no mais completo domínio do sistema neural avançado sobre o primitivo, pregando uma empatia que substitui o nós/eles, por um definitivo e universal nós/nós, em relação a todos os seres sencientes.

TERCEIRA PARTE

ÓDIO CRÔNICO

O ódio é uma emoção que mobiliza o corpo, a mente, os valores e os hábitos formados ao longo da vida. Trata-se, como se vê, de uma reação ético-psicossomática. O fracasso das tentativas de gerir o ódio decorre da abordagem parcial de sua complexa composição. Para ser bem-sucedida, a abordagem tem que levar em conta os diferentes elementos que o integram. Do ponto de vista somático – do corpo, portanto –, importa o aprendizado de técnicas para acalmar e relaxar. Para a mente, interessa identificar e interpretar as fontes geradoras do ódio. Os hábitos e os valores só se alteram com a adoção de novos paradigmas.

A tentativa de cura dos odientos crônicos – detentores, segundo o jargão popular, de "maus-bofes" –, só terá êxito se o paciente se dispuser a transformar-se num experto em sua própria ira. A sociedade que já encontrou meios para apoiar as pessoas em padecimento de dor moral, de que é exemplo maior a perda de entes queridos, não tem podido ajudá-las a vencer o sentimento do ódio. Ao surgimento das primeiras crises de ódio, a reação natural do odiento é a de voltar-se para os amigos e familiares. De um modo geral, essas pessoas, como não sabem o que fazer, quando não se omitem, tendem a reagir criticando e condenando, o que só faz contribuir para o agravamento do estado de espírito do prisioneiro do ódio. Pesquisas atestam a eficácia da cooperação solidária entre odientos que queiram superar seu sentimento de ódio crônico, a exemplo das associações de drogados e alcoólatras. O envolvimento cooperativo estimula mecanismos subconscientes que minimizam quando não neutralizam as emoções primitivas. Os grupos de auto-ajuda ensejam aos seus integrantes compreenderem e interpretarem o que lhes sucede, a partir do conhecimento da vida dos outros, que operam como espelhos de suas próprias experiências, habilitando-os a avaliarem de modo mais realista seus problemas atuais e suas futuras possibilidades. Representa um grande conforto saber que há um lugar aonde as pessoas compareçam, com o fim específico de partilharem dores com quem está preparado para compreendê-las. A tendência natural é a redução da autocrítica impiedosa, odienta e deprimente, bem como o gradual esvaziamento do ódio votado a terceiros. A luta solitária para vencer o ódio – como o vício do jogo, do álcool e das drogas – é possível, embora muito mais difícil do que a luta solidária e partilhada, travada contra um inimigo que não tem pressa, nem compromisso com a vida.

O psicanalista Raymond Novaco, estudioso do ódio crônico, propõe o registro diário da emoção, buscando identificar: 1. o que o *deflagra*; 2. a *frequência* da aparição; 3. a *intensidade* com que se manifesta; 4. a *duração* do sentimento; 5. o *modo de expressá-lo*.

A anatomia do sentimento e a disposição de submetê-lo à análise racional e objetiva desmitificam o seu arguido caráter nato e incontrolável, na medida em que permite ao detentor observar que a sua ira, em vez de se manifestar de modo errático e imprevisível, obedece, na realidade, a um determinado padrão, em função do contexto ambiental, das pessoas envolvidas e do tipo das provocações. Quando o odiento passa a compreender que a ira não está inteira dentro dele, que parte dela está fora, inicia-se a cura. Como a ira é alimentada, mantida e ampliada pelas nossas crenças: "Que canalha!" "Que Traidor!" "Que...", o próximo passo é rever o modo como vemos as intenções dos agentes causadores, passando a encará-las com crescente simpatia. A capacitação de pessoas para lidar com o público enfatiza a necessidade de compreenderem que a rudeza e brusquidão com que são tratadas, com frequência, pelos clientes, advêm de causas alheias à vontade dos seus ofensores. Essas técnicas aproveitam a qualquer um que queira reduzir o nível do seu ódio latente. Analisemos, em confronto, as diferentes atitudes:

Percepção que aumenta o ódio.	*Percepção que reduz o ódio.*
Injustiça. "Isso não é justo".	Coisas ruins acontecem.
Frustração das expectativas.	Empatia pelo outro.

Não fui bem tratado. Não houve propósito de ofensa
O mundo é injusto. Reagir com bom humor.

Hábitos que aumentam o ódio. *Hábitos que reduzem o ódio*
Gritar. Contar até dez ou mais.
Enfezar-se ou fazer beicinho. Minimizar, passar por cima.
Conceber vingança. Exercitar a compreensão.
Reagir com violência. Abortar o ódio no nascedouro.
Jogos competitivos. Meditação e relaxamento.
Identificar e acusar culpados. Falar de esportes e literatura.

A disposição vigilante de dominar o ódio passa pelo desenvolvimento do hábito de manter a calma e a crença de que não vale a pena perder a tramontana. Embora seja natural e inevitável sentir ódio, depende da decisão de cada indivíduo o que fazer do sentimento. A razão é o contrapeso da emoção. Quando a razão impede os excessos irrefletidos da emoção, o resultado é a elevação da autoconfiança e, por consequência, da auto-estima. O bom humor que ajuda a reduzir o ódio situacional não se confunde com tiradas sarcásticas, ironias, debiches e outras formas de zombaria que só fazem aumentá-lo. A grande força do humor consiste em evidenciar a absurdidade contida nas injustiças, e só prospera onde há o que corrigir. De sua eficácia, testada ao longo dos séculos, valem-se os mais fracos na luta desigual com os poderosos. O seu valor terapêutico se processa no plano fisiológico, ao reduzir tensões, bem como no psicológico, ao ensejar o distanciamento, a visão objetiva e a revisão dos problemas. Usado com inteligência e sensibilidade, o humor reduz o grau de hostilidade reinante e cria um ambiente favorável à discussão civilizada, sobretudo quando troçamos de nós mesmos. Basta ver o quanto as personagens que encarnam os anti-heróis são amadas pelo público. A tendência natural de os indivíduos ficarem solenes quando ansiosos, deprimidos ou irados, não os torna menos sensíveis ao riso. Na pororoca emocional que se trava entre o riso e a gravidade de expressão, quase sempre o riso vence, pela alternativa que cria às dores morais que tanto machucam o espírito. Não é possível sorrir e franzir o cenho, ao mesmo tempo. Uma criança que urrava de ódio, a plenos pulmões, porque levaram o seu brinquedo preferido, transformou o choro em hilaridade incontida quando um tio esperto sussurrou-lhe: "Você diz que sabe tudo, vaga-lume sabe mais; vaga-lume acende a bunda, coisa que você não faz."

A mais importante das técnicas para combater o ódio crônico é evitar que se instale. Uma vez, porém, instalado, o foco deve ser minimizá-lo, se não for possível abortá-lo. Outra alternativa consiste em reagir de modo diferente e mais brando do que o habitual, para quebrar o padrão dominante, no mesmo estilo de combate à dependência das drogas. Em qualquer hipótese, é imperativo distinguir entre questões que de fato importam e questões secundárias, alimentadas pela irreflexão ou mero capricho; entre o ódio ocasional e passageiro, comum e saudável, provocado por um contratempo real, e o ódio latente, constante, patológico, ardendo em banho-maria, dentro do peito. O esforço de distingui-los representa, em si mesmo, um auspicioso começo.

Tipos difíceis

Todos somos compelidos a conviver com uma ou mais pessoas a quem consideramos difíceis. É possível, por outro lado, que cada um de nós seja visto como tal por um ou mais integrantes de nosso círculo compulsório de relações: parentes, amigos, colegas de trabalho ou de clube e vizinhos. Na medida em que não tenhamos como evitar o contato com essas pessoas, cedemos à tentação de querer modificá-las, tarefa destinada ao fracasso. Mais adequado e mais fácil do que modificá-las seria modificarmos a nós próprios, feito que abriria curso a desejáveis alterações na conduta delas. O problema reside em nossa tendência de nos concentrarmos nos pontos que nos incomodam, sem darmos a contrapartida do devido crédito pelas coisas positivas que realizam. Por outro lado, se apresentamos a tendência de encontrar falhas em meio mundo, o provável é que o problema esteja conosco. Impõe-se, portanto, refletirmos sobre a parcela de responsabilidade que nos cabe na construção dos tipos difíceis à nossa volta. Quando atingimos esse estágio, reduz-se nossa dependência da pessoa "difícil". Dominar alguém difícil equivale, na realidade, a dominar a nós próprios, façanha exigente de talentos distintos dos meramente intelectuais. Em linguagem de inteligência emocional, esses são talentos, de fato, superiores. Tanto melhor será se for possível a construção de um pacto explícito com a pessoa "difícil", tendo como foco o propósito comum de afastar os pontos de conflito e melhorar o relacionamento. Diante de um interlocutor intransigente e temperamental, as coisas tendem a ser bem mais difíceis do que nossa disposição e capacidade de superá-las. É preciso, portanto, que haja a prévia preparação e o ânimo determinado do alpinista para escalar encostas íngremes e escorregadias.

Casos há, todavia – quando a convocação ao diálogo e à razão não funciona –, em que o enfrentamento é o melhor meio: "Se este abuso não cessar, serei obrigado a reportá-lo ao delegado, ao seu pai, ao bispo." Quando, apesar de todo empenho, o caso parecer sem jeito, impõe-se escolher entre aceitar a situação, adaptando-se a ela, enfrentá-la ou sair de cena. Nas duas últimas hipóteses, é de bom alvitre refletir sobre as consequências de médio e longo prazos, a fim de evitarem-se arrependimentos tardios e, muitas vezes, dolorosos.

Uma variante singular dos tipos difíceis é o portador ou emissor de fluidos negativos: sua mera presença física, mesmo em situação de imobilidade, desagrada. Nesses casos, o julgamento preconceituoso que fazemos da pessoa opera como indutor de sua conduta que consideramos imprópria. Ao invés de algozes, esses reputados tipos difíceis são, na realidade, vítimas de uma profecia construída pelo nosso preconceito, ou seja, pelo nosso conceito prévio, anterior, portanto, ao conhecimento dos fatos. Instala-se, então, um círculo vicioso que se alimenta da precipitação de nossos erros de avaliação. Para romper a circularidade do ódio, podemos recorrer ao conselho de Richard Driscoll, atrás mencionado. Avançará muito quem partir do princípio, verdadeiro até prova em contrário, de que os tipos "difíceis" nada mais são do que pessoas carentes e solitárias à espera de quem as resgate para a convivência cúmplice e fraterna que almejam no mais íntimo de suas almas.

O envolvimento involuntário

A imersão da criança nos problemas familiares se processa de modo natural e inevitável. Por maiores que sejam os cuidados em se preservar temas, assuntos e questões ao abrigo da curiosidade ou do interesse infantil, mais cedo ou mais tarde, em grau maior ou menor, o infante termina por ser impregnado dos valores e das práticas predominantes no universo familiar. O modo como os pais, filhos, empregados, parentes, amigos e pessoas da sociedade em geral se relacionam entre si termina por constituir um padrão que se grava nas mentes infantis, com maior intensidade, por se encontrarem em processo de formação da personalidade. Muitos estudiosos acreditam que os humanos nascem quando apenas metade do seu período de gestação se completou. A outra metade, que se iniciaria com o nascimento, se completa quando a criança começa a engatinhar, por volta dos dez meses de idade. Durante a longa gestação extra-uterina, o bebê depende dos cuidados de outras pessoas. A tal ponto que Jung acreditava que nada influi tanto sobre a formação emocional da pessoa quanto "os fatos silenciosos" da vida do lar, ou os "sussurros das paredes", sobretudo os oriundos daquelas emoções que, não obstante serem marcantes na alma dos indivíduos, a exemplo das frustrações das mães, permanecem sem a devida verbalização consciente. Ao intuir a infelicidade materna, a criança faz todos os esforços para agradá-la, diante da impossibilidade de corrigir o rumo dos acontecimentos. Por isso, as crianças sintonizam os desejos inconscientes dos pais, distinguindo, por via intuitiva, entre o que dizem e o que pensam: sabem quando um "não" é verdadeiro ou de mentirinha, e agem de acordo.

 O indivíduo que resulta dessa forja psicossociológica tende a supor que o seu modo de agir e reagir aos embates da vida é o melhor modelo de conduta, até porque é natural e único, como se não pudesse ser outro. Quando, porém, em algum momento de sua vida, vem a questionar a validade de alguns princípios que introjetou no berço, razão por que deseja submeter-se a mudanças, quase sempre não tem a consciência nítida de como aquelas influências se processaram. Não sabe avaliar, por exemplo, qual foi o legado de cada um dos vultos que povoaram seu universo infantil, nem dos modos como agiram sobre seu espírito as diferentes interações a que assistiu ou de que partilhou. Para aumentar as possibilidades de êxito do projeto da desejada mudança de procedimento, é necessário um esforço de memória, uma incursão retrospectiva à aurora da vida, a fim de se obter uma visão clara das principais vertentes de onde emanaram as fontes que alimentam algumas de suas indesejáveis reações reflexas de hoje. E isso está longe de ser uma tarefa fácil. Bem ao contrário. A decisão de encará-la exige muita coragem moral e higidez emocional. Afinal de contas, para muitos, remexer o passado pode trazer à luz da claridade alguns esqueletos que melhor seria permanecessem trancafiados no velho e esquecido porão do tempo, de modo a não abalarem noções fantasiosas alimentadas a respeito de seus avoengos. Quanto mais conhecermos do nosso passado, mais nos capacitaremos para alterar nossos paradigmas existenciais e, por via de consequência, nossa conduta. Para o êxito desse desafio revisionista que, quando levado adiante, de modo competente, produz resultados favoráveis, o concurso da psicologia ou da psicanálise é, sem dúvida, da mais alta valia. Por isso, importa conhecer um pouco da extensa e complexa teia de relações que têm lugar no interior da família.

Relação triangular e poliédrica

No ambiente familiar as relações lineares, tipo de A para B, são a exceção. Aí a regra é feita de relações triangulares ou poliédricas. Enquanto em diferentes cenários da vida podemos desenvolver inúmeras relações lineares, isto é, apenas, relações de uma pessoa para com outra, no ambiente familiar essas relações inexistem em estado de pureza autonômica. Aqui, as relações entre A e B serão sempre afetadas pelas relações entre A ou B e um ou mais diferentes agentes familiares, C, D, E, etc. Como é fácil depreender, o elenco das possibilidades é ilimitado. Qual a influência sobre as relações entre a mãe e o filho mais velho, da relação entre aquela e o filho caçula, ou o marido, ou o avô, ou o filho do meio? Como atuam sobre as relações marido-mulher as relações entre os avós maternos e os filhos do casal? E as relações entre o pai e a filha caçula de que modo são afetadas pela relação entre aquele e os demais filhos, ou apenas o mais velho ou o do meio, e assim por diante?

Diante da impossibilidade prática do estudo exaustivo das hipóteses isoladas dessa inesgotável casuística, alguns casos podem ser concebidos e mencionados, a título de ilustração, apenas, como mecanismo para permitir a aplicação de critérios de ordem geral a cada uma das inúmeras possibilidades concretas, de modo a habilitar os indivíduos a se protegerem contra a emergência do ódio derivado de um posicionamento inadequado ao longo do fluxo contínuo e inevitável das relações familiares.

Ódio e agressão no trabalho

Ódio e agressão, expressos de diferentes modos, estão sempre presentes no ambiente de trabalho. Tomada, por equívoco, como uma singular emoção, ainda que difícil de lidar, a ira é, na realidade, um complexo conjunto de respostas nem sempre reconhecido como tal. Para que possam atuar de modo consistente sobre a ira, os profissionais da administração, de todas as áreas, precisam aprender a lidar com ela. O mesmo pode ser dito sobre a agressão. Basta ver a quantidade de violência praticada no trabalho, muitas vezes resultando no assassinato de desafetos.

Os indivíduos de baixa maturidade têm consciência dos seus sentimentos virulentos, mesmo quando se encontram pouco preparados para identificar sua causa. Quando o indivíduo não percebe que mascara seu sentimento de ódio crônico, suas reações são, sempre, imaturas. Uma tal duplicidade de atitude faz com que a comunicação da ira possa ser tanto construtiva como destrutiva. Quando a ira é camuflada ou negada, o resultado pode ser mal-estar psicossomático. A camuflagem ou negação da ira desdobra-se em três vertentes. A mais comum conduz à busca de consolo ou satisfação em coisas materiais, como o alcoolismo ou a compra desenfreada de bens de consumo. Uma segunda vertente conduz ao uso do cinismo, da manipulação, da desconfiança e da autodepreciação em favor de seus próprios interesses. Um terceiro modo de camuflar a comunicação da ira se processa através da adoção de uma contínua expressão de desespero. O indivíduo passa a crer que as pessoas não prestam e que não vale a pena viver.

O conhecimento dessas diferentes vertentes é de fundamental importância quando se deseja saber como as pessoas reagem ao ódio em qualquer cenário, sobretudo no ambiente de trabalho, onde a expressão do sentimento é inibida por razões profissionais ou por receio de seu possuído vir a ser rotulado de cabeça-de-bagre ou pavio-curto. A camuflagem do sentimento do ódio, quando exacerbada, pode elidir qualquer possibilidade de os odientos se conscientizarem do seu grau de iracúndia, mesmo quando ajam com regular brutalidade no trato com as outras pessoas, particularmente com os que estão no seu nível ou abaixo. Quando não se pode expressar, de algum modo, a ira, o resultado prático é que as pessoas, em especial no ambiente de trabalho, desenvolvem mecanismos heterodoxos e imprevisíveis de lidar com o sentimento. Emoções latentes, oriundas de uma relação que nos inibe a manifestação da ira, terminam por ressurgir numa outra relação. Quando passamos a adquirir consciência desse processo, estamos aptos a nos desculpar do alvo inocente de nossa potencial ou efetiva agressão e retornar ao equilíbrio: "Desculpe, mas...". Quando não há essa percepção, é claro que nossa agressão gratuita produz ressentimento e revolta do agredido, que funcionou como bode expiatório de nossa iracúndia deslocada.

Há situações em que o indivíduo sente, pensa e age de modo contrário às inclinações produzidas pelo ódio. Ainda que irado, mantém-se cordial, sem que a ira desapareça. A ira, então, pode levar o indivíduo a agir de acordo com os valores e expectativas sociais dominantes, ainda que inconsciente da verdadeira tipologia do sentimento que o domina. A esse fenômeno podemos designar de formação reativa, cujo exemplo clássico constitui a síndrome do protetor ou da babá, quando o odiento se submete a incontáveis aflições, em favor de certas pessoas, motivado pelo propósito oculto de manter suas fraquezas e dependência. Alguns autores, como Bach e Goldberg, sustentam que a permanente postura de ser bacana mascara um intenso sentimento de cólera e ressentimento. Enquanto seu exterior exsuda bonomia, solidariedade e filantropia, seu interior queima em ódio sublimado. Harry Levinson, no seu livro *Emotional Health in the World of Work,* fala de um fenômeno a que denomina "gestão ou administração por culpa" (*management by guilt*). Sustenta Levinson que ódio e culpa influenciam o processo de tomada de decisão, o planejamento e a organização de um modo que habilita os gerentes a negar sua ira e a acalmar seus patrões. Todas essas mecânicas trazem embutido o propósito de dominar os outros, induzindo-os ao conformismo e à renúncia de crescimento pessoal. A supermãe, por exemplo, cobra, como preço pelo sacrifício de sua permanente devoção, a obediência cega dos filhos e os cuidados excessivos do marido, para que ela possa massagear o seu ego e, desse modo, sentir-se bem. Sua cólera funciona como alavanca da auto-estima e redutor da ansiedade, à custa do crescimento emocional dos protegidos. Também o "paizão" pode agir motivado por semelhante estímulo de cólera inconsciente ou sublimada. Sua condição de bom provedor pode conduzi-lo a uma atitude de passividade, distanciamento e indisponibilidade para com a família, como meio de demonstrar que não é por ela suficientemente amado e valorizado. A família, por seu turno, apesar do apoio material recebido, sente-se, igualmente, desamada e rejeitada. Os bons filhos, ou filhões, por sua vez, podem, apoiados num sentimento de cólera sublimada, manipular os pais, na busca da satisfação dos seus desejos mais íntimos e inconfessáveis, mediante o exercício sacrificado e contínuo de uma conduta filial amorável, a toda prova.

Também no ambiente de trabalho o fenômeno se repete, com o patrão ou chefe paternalista em excesso, na proteção dos seus auxiliares, seja no apoio ao trabalho deles, no patrocínio de suas reivindicações, na reiteração dos afagos em eventos festivos, seja na cobertura e minimização de suas falhas. O receio de ser desamado leva-o a induzir os subordinados a verem nele uma vítima assoberbada de encargos e responsabilidades. Quando percebe que o seu propósito não está sendo comunicado, pode recorrer ao silêncio e à reclusão, além de outras posturas surpreendentes e imprevisíveis, como a alternância de rasgados elogios e avaliações injuriosas, praticados em nome de um súbito e despropositado anelo de perfeição, como meio de expressar velada mas contida ira. As vítimas de tais destemperos ajustam-se à situação, desenvolvendo sentimentos de inadequação, corrigíveis, mediante seu ajustamento às demandas do chefe irado, tendo, como compensação, aumentados o sentimento de segurança e a auto-estima. Os empregados, por sua vez, têm a possibilidade de mascarar sua iracúndia, servindo com desvelo ao chefe ou à empresa, que, além de ignorar o seu empenho, os remunera e os trata mal. Isso explicaria a surpreendente dedicação de funcionários a chefes truculentos, em contextos que enervam os observadores, inconformados com o que supõem ser sorte satânica do tirânico patrão. Verifica-se nessa, como nas hipóteses precedentes, uma perfeita adaptação darwiniana de contrários. Os possuídos por essa cólera sublimada vestem sua resignação com a roupagem moral e superior de uma conduta objetiva, imune a prêmios e preterições, razão pela qual renunciam ao exercício do poder de que disponham ou à possibilidade de dar vazão à cólera inconscientemente reprimida. Inspirado nessa lição, o escravo alforriado, o norte-americano Frederick Douglass, com surpreendente acuidade psicológica, sentenciou: "Surre e algeme o seu escravo; deixe-o com fome e desanimado, e ele seguirá seu amo, manso como um cão; se, porém, você o alimentar e vesti-lo bem, cobrar dele um trabalho de intensidade razoável e cercá-lo com conforto material, seu espírito será possuído pelo desejo de libertação." (*"Beat and cuff your slave; keep him hungry and spiritless, and he will follow the chain of his master like a dog, but feed him and clothe him well, work him moderately, surround him with physical comfort, and dreams of freedom intrude."*)

A criação de uma atmosfera refratária a reações espontâneas e verdadeiras é comum a todas essas situações, em face da percepção intuitiva generalizada de que o "bom mocismo" em causa não é genuíno, mas artificial. Essa atmosfera, iniciada pelos "bacanas" e alimentada pelos que com ele interagem, gera um clima de desconfiança quanto ao relacionamento poder suportar um eventual confronto produzido pela exteriorização da ira. Esta insegurança emocional, ao limitar as possibilidades potenciais dos indivíduos, provoca baixo rendimento do trabalho em equipe.

A listagem hipotética das situações destrutivas produzidas pela ira sublimada não pára aí. Uma das modalidades mais sutis é quando o "desvalido agressor" faz uso de suas fraquezas, lágrimas e vulnerabilidade para controlar as pessoas, infundindo-lhes sentimento de culpa, caso não se ajustem aos seus propósitos de manipulação, como, à guisa de exemplo, cuidando dele com desvelo. Outra modalidade sofisticada do exercício da ira sublimada opera-se quando o iracundo busca o reconhecimento ostensivo de sua superioridade sobre os circunstantes, como mecanismo para elevar sua auto-estima e reduzir sua ansiedade. O sentimento de superioridade resulta no distanciamento do odiento das pessoas, a quem passa a analisar, julgar e dissecar do alto de seu saber e autoridade. Temos aqui uma das principais fontes do puxa-saquismo militante, em que as pessoas massageiam o ego do pretenso superior, em troca de potenciais favores, ao preço da redução da auto-estima e aumento da ansiedade. Uma modalidade sutil do exercício da ira sublimada verifica-se quando o pretenso superior condescende em aprovar os atos de sua vítima, no limite certo para mantê-la grata, mas tensa e insegura, como nestas hipotéticas variáveis: "Seu trabalho está excelente. Não estou certo, porém, de que venha a ser aprovado pelo conselho", ou "Você escreveu um belo livro. É uma pena que não haja público leitor para este tipo de trabalho", e assim por diante.

O que confere utilidade e valor moral a essas situações, produzidas pela repressão da cólera, nos ambientes sociais que idealizam e romantizam a conduta humana, como sendo pacífica, altruística, solidária e fraterna, é que elas são preferíveis à expressão da ira desabrida, embora Freud tenha advertido que o edito "ama o próximo como a ti mesmo" representa uma invencível aspiração da espécie humana.

Comunicação passiva e deslocada do ódio e da agressão

O ambiente de trabalho, mais do que o familiar, é onde, com maior frequência, se realiza a comunicação passiva e/ou deslocada do ódio e da agressão, através de variados modos de expressão.

A comunicação passiva começa quando se refreia a manifestação de sentimentos como irritação, aborrecimento, aflição, descontentamento, chateação, desconsolo, exasperação, repulsa, agastamento, contrariedade, antagonismo, fastio, tédio, desgosto, exacerbação, amargura, aversão, enfado, zanga, relutância, oposição, repugnância, objeção, estorvo, obstáculo, nojo, desprazer, pesar, mágoa, tristeza, ressentimento, antipatia, incompatibilidade, incômodo, mal-estar, dificuldade, desalento, consternação, desagrado, desconforto, indisposição, ansiedade, inquietação, constrangimento, embaraço, perturbação, impedimento, desânimo, abatimento, injúria, desagravo, lesão, afronta, dano, ultraje, desacato, rudeza, menosprezo, indelicadeza, desavença, excitação, má vontade, agitação, reação a insulto, calúnia, difamação e por aí vai. Ainda que cada um desses sentimentos clame por extravasamento catártico, o indivíduo cala, tolhido pela censura social. Como o corpo e o gestual se expressam à revelia de nossa vontade, percebe-se que há algo de errado pela nossa postura de incomum retraimento e inacessibilidade, estado ambíguo e misterioso que passa a gerar dúvida e insegurança e a se constituir, em si mesmo, numa fonte autônoma, alimentadora de novos sentimentos de discórdia. Não é difícil perceber que haveria ganhos generalizados se a cultura local, sobretudo a da família e a do ambiente de trabalho, estimulasse e acolhesse a livre expressão desses sentimentos, abortando, assim, o efeito dominó negativo, oriundo de sua repressão.

Mais ostensiva do que a comunicação passiva, verbal ou gestual, a agressão passiva produz efeitos concretos sobre terceiros que são, por isso, mais claramente perceptíveis. Em seus múltiplos modos de manifestação, a agressão passiva se disfarça na prática de erros e esquecimentos voluntários, fingida incompreensão de instruções recebidas, lentidão no cumprimento de tarefas, absenteísmo, desídia e imperícia propositais e assim por diante. Como se depreende, sem esforço, são evidentes os efeitos diretos e lesivos de tais atitudes sobre terceiros, bem como o clima de mal-estar improdutivo que tendem a desencadear, onde e quando quer que surjam.

Deslocamento da ira

O modo indireto de extravasamento da ira, também chamado de deslocamento da ira, ocorre, como já o dissemos, quando esta é dirigida contra coisas ou pessoas diversas daquelas que a geraram, por entender o odiento que esse é um roteiro mais cômodo ou menos perigoso do que arrostar a fonte do seu ódio, reputada mais forte ou potencialmente mais perigosa do que os bodes expiatórios, eleitos como alvo do seu desabafo ou catarse. Ofensas verbais ou destemperos de qualquer jaez contra subalternos, agressão a animais e quebra de objetos, em lugar do enfrentamento da própria fonte geradora do ódio, são as modalidades mais frequentes de deslocamento da ira.

A ação combinada da agressão passiva com a deslocada tem no trabalho e em certos ambientes familiares seu espaço ideal, porque pode operar de modo imperceptível à maioria dos circunstantes, despreparados para perceber o processo degenerescente em curso. Operação tartaruga, prestação tardia de informações, execução defeituosa de tarefas, omissão na prevenção de erros ou na produção de respostas e orientações estão entre as práticas mais comuns dessa deletéria parceria. Enquanto o solapamento intestino se desenvolve, com insidiosa lentidão, uma paz aparente, ainda que por todos percebida como mal-humorada, reina na superfície das relações interpessoais. Sem que haja o propósito e a competência emocional para lidar com essas situações, o que não se adquire senão à custa de vontade, observação e empenho, as relações familiares e profissionais tendem a degenerar em conflito desagregante e destrutivo. Na maioria dos casos de ação combinada entre a agressão passiva e a deslocada, o odiento está consciente do seu sentimento, mas não percebe que o está extravasando. É improvável que a mesma pessoa, sob cuja liderança esse cenário se estabeleceu e consolidou, tenha condições de revertê-lo. Até porque a própria existência do cenário conturbado é a demonstração cabal de que o gerente ou líder não possui a competência para superá-lo. O modo de superar um tal cenário consiste na criação de estímulos para trazer à tona o máximo desse universo de insatisfações e malquerenças latentes, em lugar de tentativas, quase sempre destinadas ao fracasso, de introduzir ou ampliar políticas de apoio, compensações e camaradagem convivial, de efeitos, apenas, momentâneos porque insustentáveis em médio e longo prazos. Isso acontece porque os membros da comunidade, por julgarem mais cômodo ou menos arriscado, optam por deslocar, para o interior da organização ou família, as frustrações, ressentimentos e inveja nascidos das relações interindividuais, enquanto, por equívoco, os líderes trabalham com a perspectiva de que são eles a fonte do problema, a partir de seu estilo de liderança ou personalidade, ou de sua conduta como um todo. Esse erro de avaliação, em lugar de reduzir, pode até contribuir para o agravamento da situação. Por isso, não cedendo o lugar a outrem que possua a competência requerida, e possa chegar, com o benefício da dúvida, junto aos liderados, o mais provável é que o desavisado e opiniático líder ou gestor, incapaz de superar as sucessivas armadilhas e crises lançadas em sua rota, pela ira, simultaneamente passiva e deslocada, seja fritado na própria banha.

Não raro os empregados vêm ao trabalho sentindo ódio. Outras vezes o ódio é contraído no ambiente de trabalho. Dentre as múltiplas causas, podem ser mencionadas as seguintes: um estado raivoso que continuou da infância à maturidade; raiva própria de algumas relações; raiva incidente sobre determinadas características que nos desagradam; raiva de injustiças que já ocorreram ou que se teme possam vir a ocorrer; raiva provocada por colegas, supervisores e diretores; ambiente de trabalho percebido como hostil aos empregados. A tendência natural de quem sente raiva é a de extravasá-la, e de modo agressivo. Como meio de minorar esse impulso, os empregados deveriam ser instruídos, estimulados e até premiados por saberem usar a ira de modo eficaz, como redutor de ameaça, frustração e ansiedade, sentimentos que, deixados ao deus-dará, podem comprometer ou mesmo destruir a convivência humana, quando não houver comando emocional consciente sobre seus modos de comunicação.

Lidando com o ódio alheio

Lidar de modo competente com a ira dos outros é, em si mesmo, uma arte, cujo aprendizado se inicia com a aceitação do fato de não podermos mudá-los, por mais necessária que pareça a mudança desejada. Eles é que têm que operar a própria mudança. É verdade que pressões, oscilando da intimidação ao convencimento afetivo – incluindo nossa própria mudança, como meio de induzir o outro a fazê-lo, acompanhando-nos – podem contribuir para a formação do desejo de mudança no outro. A postura básica consiste em não se deixar contaminar pelos excessos raivosos do outro, mantendo a calma, evitando sentir-se ameaçado, ansioso e, por último e mais importante de tudo, não se sentir irado, mediante estrita concentração nos aspectos objetivos da problemática em causa, consoante exposta pelo interlocutor iracundo. E isso é muito difícil. Fácil e emocionalmente cômodo é o indivíduo deixar-se dominar pelo medo, sentimento de culpa, humilhação ou pela indignação de sentir-se tratado de modo discriminatório para, ao fim, sentir-se dominado pela ira e pelo desejo de retaliação imediata e feroz.

Um grande elenco de posturas integra o receituário para lidar com a ira dos outros, de modo eficaz, embora deva ser dito, de plano, que é bem mais fácil aconselhar do que praticar. Seth Allcorn fornece uma lista com quinze sugestões:

1 – Não se ponha na defensiva;
2 – Não se deixe envolver pelas emoções do rabioso;
3 – Como o rabioso está projetando em você o ódio que o domina, proteja-se contra a crença de que você é mau;
4 – Relaxe e escute;
5 – Procure separar os fatos dos sentimentos e das fantasias;
6 – Procure identificar a causa da ira e contra quem, se vigorasse a lógica, ela deveria ser dirigida;
7 – Procure identificar se não existe uma frustração ou complexo que esteja provocando o deslocamento, contra você, da ira do outro;
8 – Questione direta e objetivamente a ira contra você dirigida;
9 – Procure identificar a responsabilidade que lhe cabe na ira do outro;
10 – Não se sinta culpado pela cólera do outro, mesmo quando você a tenha provocado;
11 – Não aceite ser "saco de pancada" emocional dos outros, mesmo quando isso não o incomode;
12 – Lembre-se de que uma certa dose de frustração e ira ajuda nosso crescimento e o desenvolvimento de relações afetivas;
13 – Procure ajudar o outro a buscar soluções em vez de esbravejar;
14 – Ajude o irado a aprender com a própria experiência;
15 – Ajude a pessoa a encarar a realidade. Não se deixe violentar para corresponder a falsas expectativas e fantasias.

Auto-afirmação e criatividade

A criatividade guarda estreita correlação com a auto-afirmação, com as realizações e as motivações produzidas pela ira. Ao suprimir a ira, redirecionando suas energias para outros propósitos ou tornando-as indisponíveis para a conquista de seus objetivos, a mulher compromete sua criatividade e, com ela, parcela considerável de seu mundo de fantasias porque, para desenvolver-se, a criatividade requer determinação – para não dizer genuíno prazer – em romper com as convenções sociais e com o alinhamento incondicional com concepções alheias, bem como a disposição de absorver os choques produzidos pelas críticas, rejeição e férrea competição supervenientes. A criatividade traz, portanto, como elementos intrínsecos, o desejo de alcançar distinção, a disposição de resistir a restrições e rejeição, bem como de retaliar na defesa de seus ideais e trabalho.

Em apertada síntese: Ser criativo, realizador, bem-sucedido, autônomo, proativo, eficaz, auto-afirmativo, auto-estimado, implica ser capaz de bem expressar a raiva sentida, conclusão que exclui todo excesso, como é próprio da maioria dos homens, em quem o desgoverno, na canalização do ódio, ocasiona tantos males conhecidos. A expressão eficaz do ódio é, também, fator de promoção da saúde física e emocional e fonte de bem-estar geral das pessoas, pela remoção da ansiedade e do stress que acompanham as ocorrências de fracassos, frustrações e desenganos. Por aí se depreende que a conduta modelar, em matéria de expressão do ódio, seria uma combinação entre o que há de melhor, em homens e mulheres, relativamente à expressão desse sentimento: recepcionar sua livre instalação, mas submetendo sua manifestação ao império da razão, restringindo sua expressão a modos positivos e construtivos, em contraste com os habituais e destrutivos modos de mera retaliação pessoal.

Para crescer, tornando-se competitiva, produtiva e criativa, é necessário que a mulher, como o homem, ganhe identidade, autonomia, espaço, independência e auto-estima, conquistas que parecem sinônimas, mas que são, na realidade, variáveis, ainda que muito próximas, de um mesmo tema.

Para crescer, tornando-se mais tolerantes, afetuosos e solidários, como a mulher, é necessário que os homens reduzam sua confiança na expressão da ira, em qualquer hipótese, como fonte motivadora de sua afirmação pessoal, na família, no trabalho e no amplo espectro de suas relações em sociedade, mediante uma administrada transformação, redução e supressão do sentimento rabioso. Uma tal postura exige o aprendizado para o encontro de meios, como é habitual entre as mulheres, com que reagir ao sentimento rancoroso sem atuar, necessariamente, sobre ele, o que se consegue pela compreensão e gestão racional do sentimento.

Independente dos diferentes modos como homens e mulheres convertem seus sentimentos em agressão, vejamos como diferem os modos de ver a ira, entre agressores e agredidos ou vítimas.

A compreensão dessa diferença revela-se útil na organização do ambiente familiar e de trabalho, ao ensejar a supressão consistente do mal-estar reinante, impeditivo de um relacionamento fluente e propiciador de crescimento pessoal e da produtividade.

Percepção da ira pelo agressor

Em princípio, o agressor deve ser visto como uma vítima das circunstâncias que o levaram ao desequilíbrio emocional que o atormenta, estimulando-o ou impelindo-o a agir de modo agressivo como mecanismo que, segundo supõe, modificará a situação de desconforto em que se encontra. Consumada a agressão, o agressor é iludido com a sensação de que o seu desconforto foi vencido, embora a única resultante real de seu ato violento seja a transformação em vítima de quem o frustrou, ameaçou ou ofendeu, caso não tenha deslocado sua ira contra outrem. Embora, como regra, o agressor justifique seus atos, quando se arrepende da agressão praticada, em face, sobretudo, de sanção social ou interpessoal, costuma racionalizá-los como algo consumado e insusceptível de mudança, no estilo do provérbio espanhol que ensina que *"lo que no tiene remedio, remediado está"*. Quando, porém, é alvo de represália que o vitima, o agressor tende a reavaliar a utilidade de sua agressão, diminuindo-a, o que induz à redução ou eliminação do conflito. Caso contrário, o agressor retorna à primitiva condição de vítima, podendo reagir com fúria, propiciando, desse modo, a realimentação do ciclo de violência.

Percepção da ira pela vítima

Ao contrário do agressor que tende a se libertar do sentimento que gerou a agressão, a partir de quando esta seja consumada, a vítima continua a sentir os seus efeitos por um período muito mais longo, podendo chegar a abranger, até, o resto de toda a sua existência. A durabilidade e a intensidade da dor, real ou alardeada como tal, podem ensejar à vítima algumas vantagens. Quanto mais prolongada e intensa a dor, maior a possibilidade de a vítima ganhar simpatizantes para sua causa, e de o agressor sentir-se culpado, o que poderá levá-lo a sensibilizar-se para fazer uma composição reparadora, suspender ou reduzir futuros ataques. O papel de vítima pode conferir ao agredido uma certa superioridade moral sobre o agressor, bem como sobre os circunstantes que "não puderam evitar a consumação da odienta brutalidade", apesar de não concordarem com ela. A partir daí, pode ocorrer que à vítima seja conveniente alimentar a agressão sofrida como fator de manutenção do seu papel de vítima, agora cultivado. Uma das alternativas a que a vítima pode recorrer, para pôr fim à agressão, é perdoar o agressor, desde que a agressão sofrida não seja do tipo deslocada, caso em que a vítima não é a fonte geradora do ódio que levou à agressão. O perdão ao autor de agressão deslocada, ao invés de conduzir à cessação da agressão, pode representar um estímulo à sua continuidade.

Uma característica bastante crítica da agressão consiste no fato de que, mesmo quando o agressor possui uma compreensão satisfatória de seus atos, esta não é susceptível de ser comunicada, nem a terceiros, nem à vítima, que, por isso, criam sua própria versão, quase sempre condenatória do agressor. Esse aspecto crítico da agressão, ao gerar incompreensão, estimula mais ódio, mais frustração e, *ipso facto*, mais agressão.

O prestígio e o fascínio que os mártires inspiram originam-se do culto ao papel de vítima e da exibição de magnanimidade contida no perdão público aos agressores.

Não é demais enfatizar: a agressão é um meio de eficácia duvidosa para resolver as questões suscitadas pela cólera, porque, na maioria dos casos, são de caráter temporário os resultados alcançados, uma vez que são temporárias as mudanças alcançadas nas situações que nos incomodam, sujeitando-se o agressor ao risco de contra-ataques e sanções sociais e interpessoais.

Em síntese: parece evidente que homens e mulheres dispõem de sólidas possibilidades de melhorar seu desempenho no que tange ao uso adequado, consistente e construtivo do sentimento do ódio, na família, no trabalho e nas relações interpessoais em geral, sem desconhecer as dificuldades oriundas da omissão do meio social em estimular e implementar o domínio dos mecanismos susceptíveis de viabilizar um modelo eficaz, resultante da mescla dos melhores elementos dos estilos masculino e feminino. Muitas das divergências e conflitos que interferem na qualidade das relações entre homens e mulheres nascem das acentuadas diferenças dos dois estilos que comprometem a compreensão recíproca e a qualidade da comunicação de seus respectivos sentimentos de cólera, em especial nos momentos de mais intensa iracúndia.

As reações ao sentimento do ódio, de homens e mulheres, acentuam-se no ambiente de trabalho, onde ficam mais evidenciados seus diferentes modos de reagir ao stress e à ansiedade. A eficácia de cada modelo dependerá, sempre, da situação concreta. Tendo em vista, porém, a tábua de valores dominantes no ambiente de trabalho, implementada para atender às motivações dos homens, resulta inelutável a predominância, aí, do êxito do modelo masculino.

A construção do modelo ideal

Enquanto os estereótipos masculino e feminino de reagir ao ódio representam modelos autônomos e, sob certos aspectos, antagônicos, cada um com seu próprio quadro de deficiências e vantagens, uma fusão do que há de positivo nesses dois estilos de conduta poderia conduzir ao modelo ideal. Em linhas gerais, pode-se dizer que nem o modelo feminino puro, caracterizado pela passividade, dependência e supressão da cólera, nem o masculino puro, em que a livre energização da ira tende a conduzir à sua inadequada expressão, se realizam de modo eficaz. Na prática, porém, impõe-se acentuar, é raro encontrar-se qualquer desses dois modelos em estado de pureza. O comum é encontrá-los mesclados com um pouco do outro. Enquanto os homens, por exemplo, podem optar por meios indiretos, no melhor estilo feminino, em lugar da ostensiva expressão da cólera, as mulheres podem optar pelo curso da sua livre expressão, tornando-se abertamente competitivas, e assumindo riscos tipicamente masculinos, em lugar do mascaramento ou da supressão da ira, como lhe tem sido imposto pelo meio social.

O ÓDIO ENTRE NAÇÕES

> *"Quando ouvirdes falar de guerras e revoltas, não vos alarmeis; é preciso que estas coisas sucedam primeiro, mas não será logo o fim."* Disse-lhes depois: *"Erguer-se-á povo contra povo e reino contra reino. Haverá grandes terremotos e, em vários lugares, fomes e epidemias; haverá fenómenos apavorantes e grandes sinais no céu."*
>
> Lucas, 21: 9-12.

O nacionalismo é uma das mais marcantes expressões da identidade dos grupos humanos. Sua afirmação se processa por uma face positiva, quando exprime amor pelos do grupo, e outra negativa, quando simboliza ódio e hostilidade, aos de fora, consoante a bipolaridade da atração e da hostilidade. Como se trata de um sentimento de notória presença na vida política dos povos, e nas relações internacionais, convém conhecer de suas origens e dos mecanismos do seu funcionamento.

É corrente o entendimento de que o nacionalismo é o vínculo emocional entre pessoas de uma mesma comunidade, responsável pelo nascimento das primeiras organizações políticas, e pela consolidação, maturidade e expressão das comunidades étnicas. Tratar-se-ia, segundo essa mesma visão, de uma fase indispensável, mas passageira, na vida dos povos, cedendo lugar, pouco a pouco, a outras formas mais racionais e progressistas de expressão das sociedades políticas. Do ponto de vista político-sociológico, nada mais falso do que a primeira parte dessa crença. O nacionalismo é, na realidade, um fenômeno europeu do século XIX, resultante política do Romantismo, movimento intelectual e literário, nascido da reação que a Europa Central opôs ao Iluminismo francês do século XVIII. Segundo Isaiah Berlin, na Alemanha, "esta reação assumiu a forma da glorificação do indivíduo, da oposição do histórico e do nacional ao atemporal e universal; da adoração do gênio, do inexprimível, do lampejo do espírito que desafia todas as regras e convenções, da exaltação do heroísmo individual, o gigante, acima e além da lei; o inesgotável e ilimitado em lugar da medida, da claridade e da estrutura lógica." É esse caráter regional do nacionalismo que impede sua conceituação como ideologia, por lhe faltar o indispensável alcance universal, embora sua invocação e influência, pela e sobre as pessoas, ocupem o espaço e exerçam as funções morais e emocionais das filiações ideológicas.

A existência do estado-nação é recente. O número de nações, antes da era moderna, com uma história coerente de razoável independência, era muito reduzido. Forçando um pouco a barra, podemos mencionar Japão, Inglaterra, França, Suécia, Rússia, Polônia, Espanha, Portugal e, com fronteiras distintas das atuais, Dinamarca. A França, por exemplo, que existiu como um reinado, um império e uma revolução, só ganhou verdadeiro *status* de nação, a partir de quando Jules Ferry, no século XIX, emancipando-a da tutela da Igreja, criou a educação livre e universal. A nação russa, por sua vez, apoiada na ascendência moscovita sobre os tártaros, só se consolidou nos séculos XVIII e XIX, transformando-se, mais tarde, num império, até ruir, em 1989-90. Ainda hoje, a Espanha luta contra os movimentos separatistas, basco e catalão.

A unificação alemã, com o nome de Prússia, só aconteceu em 1871, e sua reunificação, sem a maior parte do que constituía a Prússia de então, só se deu em 1990. Observe-se que a origem histórica da Alemanha, como sucessora política de Roma, à exclusão da civilização e da língua, é imperial, e não nacional. Não obstante haver ocupado, no século IX, o território que pertencera à Grécia democrática e à Roma republicana, vocacionada para o direito e a literatura, a Alemanha se desenvolveu imune à influência dessas duas notáveis civilizações, fato que contribuiu para a construção de um modelo civilizador autóctone, exemplar por sua magnífica produção filosófica, musical e científica, conquanto bisonha e, às vezes, lamentável nos domínios da política, com a exceção de momentos como os protagonizados por Frederico, o Grande, no século XVIII. Quando, sob a inspiração romântica do nacionalismo, Bismarck se empolgou com a ideia de edificar uma poderosa Alemanha imperial, com base na suposta existência de uma unidade racial germânica, ele estava redefinindo e criando uma nova concepção do espírito de nacionalidade germânica, existente desde há muito. Essa concepção de nacionalidade baseada na unidade racial não resiste ao teste da história, nem aos mais recentes exames de DNA: os genes de qualquer ser humano são idênticos, na proporção de 99,9% aos de outro ser humano qualquer. Como observou o geneticista inglês Brian Sykes, em *The Seven Daughters of Eve*, "não há a menor base genética para uma classificação étnica ou racial". Na mesma linha, Steve Olson, em sua obra *Mapping the Human History*, concluiu: "a investigação científica está acabando com a pueril e malsinada crença na existência de raças".

Inicialmente, ao longo da Idade Média, a identidade comunitária alemã se apoiava na unidade linguística. Depois se desenvolveu como um aglomerado étnico, por se constituir em ponto de cruzamento intenso dos mais diferentes povos, sob a égide do *Volkgeist*, o espírito do povo. O resultado desse nacionalismo, impermeável à verdade histórica e existencial, foram duas conflagrações mundiais, uma das quais, a Segunda, teve como um dos seus objetivos a absurda singularidade do extermínio de um povo, o judeu, constituindo-se o Holocausto na única guerra conhecida sem nenhum outro propósito que não o do extermínio, como um fim em si mesmo. Foi em razão disso que em 1944 o judeu Raphael Sinkim cunhou a palavra genocídio, formada da palavra grega genos=raça + cídio=assassínio, do latim *caedere* ou *cadere*. Não faz muito, sobretudo no biênio 1993-4, sob a inspiração da nefasta e velha crença numa identidade sanguínea, a Alemanha deu palco a atos de intolerância contra exilados políticos, e contra imigrantes que acorreram ao país em busca de trabalho, como os gregos, espanhóis, turcos e italianos, cuja atividade construiu o "milagre econômico" do qual os alemães tanto se orgulham. Em nome dessa mesma identidade sanguínea, aos descendentes dos saxões, colonizadores da Romênia e da Rússia de Pedro o Grande, é assegurado o direito automático à cidadania alemã, mesmo sem falarem o alemão, ou sequer estarem familiarizados com a cultura e a civilização germânicas, enquanto aos filhos dos trabalhadores turcos e iugoslavos, nascidos e educados na Alemanha, nega-se igual direito, sob o argumento de não descenderem de matrizes germânicas. Para esses, a luta pela obtenção da cidadania converte-se num processo kafkiano. Recorde-se que até a era Bismarck a identidade nacional alemã se impunha pelo compartilhamento de uma cultura comum, valor adquirível, ao contrário da etnicidade, que é um traço nato.

A Áustria, que de 1867 a 1918 integrava o Império austro-húngaro, fundiu-se com a Alemanha, em 1938, depois de uma curta autonomia de, apenas, vinte anos.

A Itália, embora correspondendo a uma parcela importante da antiga Roma, só veio a se formar em meados do século XIX, pela unificação da Lombardia, dos reinos da Sicília e de Nápoles, do Império de Veneza, da Savoia, do Piemonte e dos Estados Papalinos. Do total de sua população, só dez por cento falavam o italiano quando da reunificação por Garibaldi, que, aliás, nasceu na França.

A Grécia que, antes de Cristo, se dissolveu no Império romano, ressurgiu do Império Otomano, no século XIX.

Os Estados Unidos, como nação-estado, são mais antigos do que a Alemanha e a Itália. Apesar de constituída por imigrantes de todas as origens, a nação norte-americana é o produto da contradição dialética entre o mais avançado ecumenismo religioso e econômico e a mais atrasada intransigência racial. A Ku Klux Klan – uma imitação da KKK do período de reunificação dos estados, após a Guerra de Secessão, denominado Reconstrução –, que em 1920 contava com algumas centenas de membros, evoluindo para quatro milhões e meio em 1924, veio a tornar-se uma força política dominante nos estados da Califórnia, Ohio, Texas, Oregon, Oklahoma, Arkansas e Indiana. Seu objetivo era unir os brancos do sexo masculino, os não-judeus nascidos nos Estados Unidos, descomprometidos, por vínculos de qualquer matiz, com governos, nações, instituições, seitas, governantes, pessoas ou povos, para promover a perpetuação da supremacia branca, e conservar, proteger e manter as superiores instituições, direitos, privilégios, princípios, tradições e ideais do mais puro americanismo. Esse nativismo rábido, mesclado com uma xenofobia populista, e desenvolvido entre as duas grandes guerras, veio repetir-se nos anos cinquenta, sob a bandeira do macarthismo anticomunista, com uma diferença: o nativismo nacionalista da Ku Klux Klan floresceu em meio aos trabalhadores anglo-saxões e protestantes celtas, povoadores históricos do país, que se sentiam ameaçados pelos católicos e pelos judeus emigrados do Sul e do Leste europeu, enquanto o macarthismo se constituiu num movimento apoiado nos imigrantes recém-assimilados, de maioria católica, imbuídos do sentimento da superioridade e da pureza do seu americanismo, em comparação com o cosmopolitismo liberal e anglófilo dos primeiros colonizadores protestantes.

A França e a Inglaterra, as mais antigas, emergiram como nações ao longo da Guerra dos Cem Anos, que, curiosamente, teve a duração de 116 anos(1337-1453).

A nação, baseada em etnia, é uma criação moderna. Não se conhece precedente da evolução de uma comunidade étnica para um estado-nação. Entre os modernos estados-nação, são poucos os que se caracterizam pela homogeneidade étnica, a exemplo do Japão, da Finlândia, dos países escandinavos, da Albânia e da Hungria. Ainda assim, com restrições. O mundo árabe, com seus 350 milhões de habitantes, estendendo-se do Oceano Atlântico até o Iraque, fala um só idioma, e os povos que o integram partilham, com grande porcentagem dos judeus, a mesma origem – os semitas –, povo que ocupou a Península Arábica há milhares de anos, como ficou demonstrado pela unidade genética entre eles, revelada em pesquisa comparativa de DNA, realizada pelo professor da Universidade de Stanford, Luigi Luca Cavalli-Sforza. Não obstante essa identidade genética comum, os povos árabes nunca se reuniram em uma comunidade supranacional, nem mesmo quando, organizados em tribos, estiveram submetidos, ao longo de quase seis séculos, ao Império Otomano. O islamismo continua a ser o seu mais importante vínculo, apesar da forte animosidade existente entre suas principais correntes, os sunitas e os xiitas, seguindo-se as lealdades tribais, vindo em terceiro lugar o arabismo, entendido como a identidade árabe, acima das fronteiras nacionais. A exceção corre por conta do prestígio de líderes carismáticos nascidos dos regimes populistas que promoveram a reunificação de países como o Egito, a Líbia, a Argélia e o Marrocos, a exemplo de Gamal Abdel Nasser e Muamar Kadafi.

Do mesmo modo que o século XIX pertenceu ao internacionalismo, de corte imperial, o século XX pertenceu ao nacionalismo, que destronou, um após o outro, o internacionalismo imperial, o nazista e o comunista, sem prejuízo de importantes criações internacionais, como a Liga das Nações, as Nações Unidas e a Comunidade Europeia. Como não poderia ser diferente, os seguidores de cada uma dessas correntes endeusavam-nas como o meio mais recomendável de consolidação do progresso material e social dos seus povos.

Do ponto de vista racional, o nacionalismo é uma doutrina insustentável. Como justificar que o acaso do nascimento deva ter o poder de impor aos indivíduos uma lealdade que os antagonize com membros de outra comunidade qualquer? É verdade que desde sempre houve lealdade a lugares, clãs e tribos, mas a palma cabia às religiões, aos deuses, aos imperadores e às civilizações. O sentimento de patriotismo, como expressão de apreço à terra dos avoengos, é antigo. Ser chinês, romano ou mesopotâmico envolvia a sensação de pertencer a uma comunidade universal, sem fronteiras, fora da qual só existia a barbárie, diferente do nacionalismo, um fenômeno típico da modernidade. O estrangeiro pugnava por ser aceito como romano, em função do prestígio da cidadania inerente a essa condição: *"Civis romanus sum"* (Sou cidadão romano). Roma não era uma nação, mas uma combinação de cidade e império. Ser europeu, na Idade Média, não correspondia a ser nacional de qualquer país ou região. Para a grande maioria equivalia a ser cristão, obediente ao comando do imperador ou do Papa.

As primeiras nações surgiram ao sabor das dinastias que se acastelaram no poder, sem qualquer unidade étnica. Em sua formação pré-histórica, a Inglaterra foi invadida pelos celtas e dinamarqueses, antes da conquista romana, depois da qual sofreu a invasão de vários povos germanos, vindo, em 1066, a sucumbir ao domínio e colonização dos franco-normandos, o que vale dizer, escandinavos. Depois da Segunda Grande Guerra, a Inglaterra incorporou à sua nacionalidade minorias da Índia, do Paquistão, de Bangladesh, num processo que poderia ser considerado uma recolonização do colonizador pelo colonizado, fenômeno também conhecido de outras potências colonizadoras europeias. A própria monarquia britânica é germânica, depois de ter sido escocesa e holandesa. Desde o século XI, não há um rei genuinamente inglês.

A França chauvinista de hoje se origina dos viquingues, belgas, germanos, gauleses, bretões, catalães, bascos e latinos provençais. Os irlandeses e os escoceses foram levados para a França em razão da luta contra a Inglaterra, sendo vários dos seus descendentes, ironicamente, integrantes da aristocracia francesa desde muito. Na virada do século XIX para o XX, só os Estados Unidos superavam a França na imigração de judeus russos e poloneses.

Depois da Primeira Grande Guerra, foi grande o contingente de poloneses, italianos, portugueses, espanhóis e armênios atraído para participar do processo de reconstrução nacional. Mais tarde, libaneses, algerianos, indochineses, marroquinos, tunisianos, africanos, muçulmanos e judeus, de variada procedência, vieram se juntar à rica diversidade étnica francesa. Marcas indeléveis dessa diversificada presença podem ser encontradas em figuras que, embora nascidas no exterior, pontificam em vários domínios, exaltando o orgulho nacional, a exemplo do turco Edouard Balladur, primeiro-ministro em 1993; do norte-americano Julian Green, romancista e membro da Academia Francesa; do campeão de *skate* Surya Bonaly e do tenista Yannick Noah, nascidos na África; do cantor e ator italiano, Yves Montand; do escritor Albert Camus, nascido na Argélia.

Ser francês ou inglês, portanto, nada tem a ver com o lugar do nascimento, nem com a etnia. O vínculo da nacionalidade se processa pela identidade histórico-cultural, ainda que as características físicas possam ensejar a identificação das origens étnicas.

O mesmo não pode ser dito da Europa balcânica e centro-oriental, onde a nacionalidade é associada à etnia e religiosidade, e destacada da base territorial, razão pela qual a imigração ou a emigração em quase nada altera o *status* nacional do indivíduo. É verdade que há conspícuas exceções a esta regra geral, como o clamor dos servos pela posse de Kosovo, sob a alegação do seu significado, para eles, remontar à Idade Média, embora seu povoamento, desde então, tenha sido, sobretudo, obra dos muçulmanos albaneses. Do mesmo modo, os romenos consideram a Transilvânia como seu território, ainda que sua população seja de maioria húngara.

Ao longo de 123 anos, a Polônia existiu sem um território reconhecido como sendo seu. De 1918, quando readquiriu sua existência territorial, aos nossos dias, a Polônia sofreu várias alterações, perdendo espaços preciosos para a Lituânia e a Ucrânia, e ganhando áreas antes pertencentes à Prússia. Parece mais do que razoável supor que os limites territoriais da Polônia ainda não podem ser considerados definitivos.

Durante toda essa fase de inexistência territorial, a Polônia sobreviveu na memória dos seus filhos, que se mantiveram em sua base histórica, bem como no culto dos que se exilaram nas nações democráticas. Quando, já possuindo base territorial, perdeu sua independência, com a invasão nazista, em 1939, e depois da Segunda Grande Guerra, sob a dominação soviética, escolas e universidades clandestinas foram criadas, além de várias outras instituições civis, com o propósito de assegurar a existência política da nação, não obstante sua inexistência formal. Até reconquistar sua independência, em 1990, com a implosão do Império Soviético, e a eleição de Lech Walesa, o povo polonês, dentro e fora dos limites territoriais da Polônia, soube manter acesa a chama do espírito nacional.

Embora, em muitas regiões do globo, abundem exemplos de vinculações afetivas ou emocionais dos nativos com seus respectivos países, num estilo que poderíamos denominar nacionalista, com toda a carga de paixão intolerante e odienta que lhe é inerente, as nações em todo o mundo, as ocidentais à frente, cada vez mais, se consolidam, na prática, como organizações de interesse. De um lado, o poder constituído assegura a defesa nacional, a ordem interna, a aplicação da justiça, a estrutura econômica para o desenvolvimento da agricultura, indústria, comércio e serviços, a educação, os meios de transporte e comunicação, a liberdade religiosa, etc.; de outro lado, exige solidariedade entre os concidadãos, expressa na aceitação das regras jurídicas e morais, eleitas pela coletividade, como pagar os impostos e defender a integridade nacional em caso de ameaça externa. A cidadania é, portanto, matéria de direitos e deveres recíprocos, dos cidadãos entre si, e desses com as organizações, públicas e privadas, a que pertencem hoje, mas a que podem vir a não pertencer amanhã. Como exemplo, o fato de serem austríacos, com direito a sotaque, não impediu Henry Kissinger nem Peter Drucker de se transformarem em figuras de proa da sociedade norte-americana, o primeiro como secretário de Defesa, e o último como o guru máximo da moderna gestão capitalista. E o que dizer de Albert Einstein?

Em meio às levas crescentes de imigrantes, das mais diversificadas origens, em todos os países, destacam-se nomes que pontificam em domínios tão distintos como o esporte, a literatura, o comércio, a indústria, a ciência, os serviços e as artes. Sem culpa e sem saudade do torrão natal. Atento a toda essa tradição histórico-cultural, o pensador liberal inglês, nascido na Itália, Lord Acton sentenciou: "A integração de diferentes nações num só estado é uma condição tão necessária à vida civilizada como o é a convivência entre pessoas na sociedade... Um estado incapaz de satisfazer diferentes nações condena-se; um estado que pugna por neutralizá-las, absorvê-las, ou expulsá-las destrói a própria vitalidade; um estado que não as incorpora é destituído do substrato essencial à sua autonomia."

Segundo a antropóloga Célia Beatriz Giménez, o isolacionismo xenofóbico foi a causa central do desaparecimento da outrora poderosa nação dos índios tupi, para quem todos os outros nativos de Pindorama eram tapuia, o mesmo que bárbaro, inculto e escravo, inimigos a serem a todo custo combatidos e aniquilados. Sentencia a estudiosa argentina, titular da cadeira de Antropologia das Faculdades do Descobrimento: "O povo tupi, os audazes e belos guerreiros enaltecidos pela história e lenda, bravos defensores de grande parte do território conquistado pelos portugueses, estava condenado à extinção pela sua própria e paradoxal existência, baseada no ódio, na incapacidade de perdoar e aceitar o perdão, na sua proibição secular de amar qualquer pessoa diferente de si próprio, condições essas que o levaram inevitavelmente à destruição, seja pela mão de portugueses, franceses, aimoré ou pelos seus próprios irmãos". .. "Essas características fizeram do povo tupi um povo errante, sem destino, perseguindo em vão a miragem da terra sem mal, cujo mito ancestral manteve seu povo vivo durante pelo menos dois mil anos. O povo tupi caminhava para a morte."

O nacionalismo, pobre de dimensão humanística, em razão do desapreço que nutre por quem quer que não pertença à sua grei, colide com os cada vez mais aceitos princípios de solidariedade internacional, considerados indispensáveis ao desenvolvimento de políticas e religiões universais. Emana dessa concepção generosa a piada que sustenta ser uma nação nacionalista composta de "um povo que se une pelo desapreço reinante entre os vizinhos e pelo equívoco comum sobre suas origens". Nesta mesma linha, Freud observou que "é sempre possível reunir um grupo de pessoas pelo vínculo do amor, desde que haja outras contra quem elas possam direcionar sua agressividade", enunciado que está em sintonia com a norma binária do sistema neural primitivo da atração e da hostilidade.

Segundo Leon Tolstoi, para quem o nacionalismo era uma força primitiva e monstruosa, inspirada num falso ideário, "A essência de ser humano consiste na capacidade de escolher o modo como viver: as sociedades poderiam ser transformadas em função de crenças verdadeiras, alimentadas com dedicação e fervor".

A formação dos blocos econômicos, como a Alca, a CEE e os Tigres Asiáticos, envolvendo nações com um passado recente de hostilidades recíprocas, representa um grande golpe no espírito nacionalista, apesar dos entreveros iniciais, requeridos para acertar os ponteiros, como aconteceu com os países europeus durante toda a segunda metade do século XX e está acontecendo neste início do terceiro milênio, com os 34 países do continente americano, que integrarão a Alca, notadamente entre os que compõem o NAFTA – North American Free Trade Agreement(Acordo de Livre Comércio da América do Norte) –, Estados Unidos, Canadá e México, e os demais, sob a liderança do Brasil. Sem o contrapeso da economia de mercado, que clama pela internacionalização das atividades econômicas, o componente residual do nacionalismo norte-americano tenderia a se impor, de modo traumático, pelo poder incontrastável de sua esmagadora superioridade militar, política, econômica e científica. Refletindo esta contradição, os mexicanos oscilam entre o clamor do ditador Porfirio Díaz: "Pobre México: tão perto dos Estados Unidos, mas tão longe de Deus" e a invocação de Octavio Paz: "Ianques, vão embora, mas me levem com vocês", (*Yankees go home! ... But take me with You"*).

Precipitado pela facilidade de comunicação ensejada pela Internet, o fenômeno da globalização garante que os recalcitrantes movimentos nacionalistas, que ainda remanescem, sejam, cada vez mais, exceção à regra geral da integração dos povos. Os pensadores ingleses Isaiah Berlin e Eric Hobsbawn, criados na tradição liberal, consideram tão irracional a exaltação de um país sobre os outros, e tão convincente a superioridade do internacionalismo, que confessam a dificuldade de aceitar que pessoas inteligentes possam ser nacionalistas. Acreditam ambos que o nacionalismo está condenado ao desaparecimento, como uma aberração a ser destruída pelo progresso. Já no século XVIII, Samuel Johnson, implacável, sustentava ser o "nacionalismo recurso dos canalhas". Nessa mesma linha de raciocínio, são muitos os pensadores que acentuam o caráter patológico do nacionalismo, não obstante necessário ao processo de desenvolvimento dos povos, do mesmo modo que a neurose é um facilitador do desenvolvimento pessoal. Trata-se, em última análise, do velho confronto entre as forças do sistema neural primitivo, nós/eles, apoiado na intolerância, e do sistema neural avançado, nós/nós, apoiado na tolerância aprendida. Como as diferentes áreas do cérebro possuem diferentes especializações e limitações, nem sempre o que ocorre numa área é compreendida pela outra.

Na contramão desses vaticínios condicionados pelo desejo, assistimos, em diferentes lugares, a uma parcela da elite intelectual, instruída, embora não, necessariamente, educada, envolver-se, com muito ódio, em ações sanguinárias, inclusive genocídios, estupro e terror, sob a inspiração de movimentos nacionalistas, como aconteceu em 1992, com a Bosnia-Herzegovina, e durante o cerco a Sarajevo, sinalizando que ainda não é chegada a hora da vitória final do internacionalismo sobre a bitola estreita do nacionalismo. Foi pensando nessa irracional vocação do homem para repetir erros que o historiador inglês do século XIX, o bispo de Oxford, William Stubbs, observou: "É possível que o estudo da história possa nos tornar mais sábios, como é absolutamente certo que nos torne mais tristes." Denis Diderot, o líder principal do movimento editorial do Iluminismo que nos legou l'*Encyclopédie*, otimista, equivocou-se, pelo menos até agora, ao vaticinar: "Nossos descendentes, sendo mais cultos do que nós, serão, a um só tempo, mais felizes e mais virtuosos."

Sem renúncia ao ódio que constitui o combustível de sua mobilização, o nacionalismo tem sido festejado, pelos seus adeptos, desde seu nascimento, como um movimento progressista, uma bandeira da luta popular contra os privilégios das dinastias ou dos impérios. Alguns autores atuais, como Ernest Gellner, sustentam que o nacionalismo "é o produto da necessidade das nações modernas de alcançarem uma educação genérica, de padrão universal, de acordo com uma certa divisão do trabalho, que permita às diferentes nações sobreviverem na complexidade do mundo moderno, em contínua mutação." Gellner acredita que o nacionalismo não morrerá, mas perderá sua virulência.

O início do nacionalismo coincide com a visão jacobina, inspirada em Rousseau, a qual, em seguida, foi incorporada ao pensamento de liberais como Giuseppe Mazzini, na Itália, e John Stuart Mill, na Inglaterra. Woodrow Wilson, 28º presidente dos Estados Unidos, apoiado no trabalho de um grupo de intelectuais, propôs a criação da Liga das Nações, sob o princípio da autodeterminação dos povos. A subdivisão dos impérios austro-húngaro e otomano em diferentes nações nasceu da crença no valor da superioridade desse princípio. As insatisfações produzidas pelo fracionamento dos dois impérios, sem levar em conta valores étnicos, territoriais, históricos, éticos e morais, figuram como causa importante da deflagração da Segunda Guerra. Muitas dessas insatisfações alimentaram ódios permanentes, como a luta sem quartel, servo-croata, na implodida Iugoslávia, cujos horrores na passagem do milênio são um libelo contra nossas pretensões de civilidade.

O nacionalismo revelou-se de grande utilidade, depois da Segunda Guerra, nos movimentos de emancipação das colônias europeias, na Ásia e na África, embora não se hajam concretizado as expectativas de progresso, resultantes da utópica superioridade do homem primitivo e puro, consoante a crença romântica de Rousseau no valor do homem natural: "Todo homem nasce bom, mas a sociedade o corrompe." Poucos sabem que essa crença nasceu da idealização das qualidades do índio brasileiro, desenvolvida e debatida por ensaístas e literatos europeus, a partir do século XVI, desembocando na Revolução Francesa, conforme se lê no clássico de Afonso Arinos de Mello Franco, *O Índio Brasileiro e a Revolução Francesa*, publicado em 1937, com uma terceira edição, pela Topbooks, no ano 2000. Autores como Thomas Morus, Erasmo de Roterdam, Rabelais, Montaigne, Shakespeare, John Locke e Rousseau cederam ao fascínio temático do índio brasileiro. É chocante, para dizer o mínimo, que uma obra dessa importância não tenha sido, até hoje, objeto de ampla difusão, no exterior, pelo governo brasileiro.

Com a implosão do Império soviético, o nacionalismo latente dos países balcânicos e do Leste europeu reafirmou sua presença, levantando-se contra o jugo político e geográfico que violentou sua identidade histórica e cultural, desde o fim da Grande Guerra.

Ao conjunto de tantas motivações com potencial para plasmar o sentimento nacionalista, podemos acrescentar o ódio nascido do ressentimento, como é o caso do nacionalismo antiamericano – dos países da América Central (Panamá, Costa Rica, Honduras, Salvador e Guatemala) contra os Estados Unidos. Em lugar de um sentimento de orgulho nacional pela sua superioridade, identidade e autenticidade, é o ódio nascido do sentimento de fraqueza e da falta de identidade histórica que alimenta a mobilização desses povos contra tudo que seja norte-americano.

A primeira Grande Guerra nasceu de um gesto de nacionalismo da Sérvia. A Segunda, do nacionalismo germânico, desejoso de restaurar seu império, expandindo suas fronteiras e impondo sua vontade ao mundo. O nacionalismo inglês pugnou pela imposição do seu predomínio no mar, a milenária via de ligação entre os povos e as civilizações, fomentando o divisionismo entre as nações da Europa continental. A França exercitou o seu nacionalismo e desejo de vingança, conquistando a Alsácia e a Lorena, ao preço de sua exaustão econômica. O nacionalismo da Rússia imperial interveio na guerra de 14, para defender a Sérvia ortodoxa, e terminou numa revolução ateísta. A Sérvia quer incorporar áreas vizinhas ocupadas por sérvios. O Iraque de Saddam Hussein invadiu o Kuait, alegando que este território lhe pertenceu, quando do Império Otomano, e lhe foi roubado. Os palestinos clamam de volta o país que era seu. Israel não quer correr o risco de perder um território que conquistou em séculos de suor, lágrimas e sangue. Os vietnamitas mataram e morreram para ter o seu território. O nacionalismo tribal da África vem ceifando milhões de vidas. Esses movimentos de inspiração nacionalista mataram, no século XX, mais do que todos os conflitos anteriores somados. Parece que "está no ar o assassínio de Deus", comentou a personagem de Curzio Malaparte, em *Kaputt*, ao saber que um prisioneiro leninista matara o pastor luterano que viera lhe prestar conforto espiritual, como se estivesse eliminando a Deus.

O perigo potencial de todo processo de identidade nacional reside na exacerbação da crença de que sua conquista justifica o sofrimento de outros povos.

O nacionalismo visa alcançar a vitória de pessoas e, na melhor das hipóteses, de povos sobre outros povos, enquanto o internacionalismo democrático conduz ao avanço e à paz entre as civilizações. O verdadeiro antídoto contra o ódio nacionalista reside na democracia. Apesar das marchas e contramarchas, o mundo está se tornando cada vez mais democrático, e – praza aos céus! –, não se conhecem guerras travadas entre democracias. Por enquanto, em matéria de violência, a cultura atual predominante é a de desaprovar sua manifestação, mas, paradoxalmente, legitimando seu uso.

Como lidar com o ódio

A agressão é sempre a primeira opção a que recorremos ou em que pensamos recorrer quando sentimos ódio ou somos agredidos. O uso inadequado da agressão, contudo, pode produzir efeito bumerangue: tornarmo-nos vítimas de nossa própria agressão, piorando, ainda mais, a situação que desejaríamos modificar. É necessário, portanto, aprendermos a lidar de modo consistente com o ódio e com o desejo de agressão dele decorrente.

    O primeiro e mais importante requisito para lidar com a ira é não se deixar irar. Tarefa nada fácil. O propósito de vencer esse desafio remete-nos às nossas características biológicas, ao berço familiar e aos valores do meio social onde crescemos e vivemos, forja de nossas crenças, expectativas e reações culturalmente desenvolvidas. Independente da influência de nossa formação, animal ou cultural, todos, vez por outra, sentimos ódio. Importa, portanto, conhecer as alternativas de que dispomos para lidar com a ira que se apossar de nós, impondo-se, de plano, o reconhecimento de que o uso dessas alternativas varia de indivíduo para indivíduo, em face da maior ou menor facilidade com que nos damos conta do que pensamos e sentimos, quando estamos ameaçados ou frustrados, bem como do que ocorre em nosso redor. O exercício dessa competência reativa depende da auto-avaliação de nosso modo habitual de reagir a situações que provocam cólera, combinada com a identificação e prescrição do modo de agir adequado para mudar a situação incômoda.

    Relevar ou perdoar o agressor, ainda que não assegure o fim das hostilidades – antes pode, até, incrementá-las, se o ofensor perceber no recuo da vítima um sinal de fraqueza que estimule novas e mais violentas agressões –, pode ser um meio eficaz de atenuação ou de exaustão do ódio, causado pelo ofensor. Por outro lado, à liberação do ódio, segue-se a instalação de um processo restaurador da auto-estima e da segurança emocional da vítima.

Mecanismos de auto-avaliação

Reflita, antes de responder às seguintes indagações:

1 – Você vive com raiva a maior parte do tempo?
2 – Você gostaria de ser mais livre na expressão dos seus sentimentos?

3 – Você teme ser rotulado de chato ou criador de caso se expressar seu ódio?
4 – Você se sente, com frequência, infeliz, deprimido, num beco sem saída?
5 – Você se irrita com facilidade diante de pequenos incidentes ou leves brincadeiras feitas por terceiros?
6 – Você se isola e evita conversa quando está com raiva?
7 – Você só exprime raiva quando tem certeza da impunidade ou de que terceiros não reagirão a ela?
8 – Você evita irar-se para não quebrar a paz?
9 – Você prefere passar ao largo da ira de terceiros, em lugar de fazer face ao conflito?
10 – Você teme prejudicar outras pessoas ou relações de amizade, se expressar, contra elas, seu sentimento de ódio?
11 – Você prefere abordar coisas sem importância em lugar de falar sobre coisas relevantes, por receio de ser rejeitado ou desacreditado?
12 – Você é do tipo que esconde a ira e evita denunciar o que o está incomodando?

Quanto maior o número de respostas positivas a essas perguntas, maiores serão os benefícios existenciais do respondente que se dispuser a aperfeiçoar os meios de lidar com a ira de terceiros e a própria, tão presente em sua alma.

Tipos de rancorosos

Há vários tipos de pessoas que se tornam odientas, rancorosas ou raivosas. A tipologia leva em conta o grau de facilidade com que se iram, bem como o modo de reagir ao sentimento do ódio. A identificação dos diferentes tipos é iluminada pela discussão em torno da noção da própria ira, como pelo nível de competência desenvolvido para lidar com o sentimento, como já tivemos ocasião de ver. Ilustremos a tipologia com a análise de alguns exemplares dessa vasta galeria, conforme os estudos de Adelaide Bry, Roger Daldrup e Dodie Gust. Enfatize-se, de logo, que a tipologia sobre a qual aqui discorremos é exemplificativa de um leque muito mais amplo, de listagem quase impossível de ser feita em caráter exaustivo. A nomenclatura é a construída nos ambientes de trabalho. Enquanto reflete, com visão crítica, sobre como a ira é compreendida pelos por ela possuídos e por terceiros, o leitor atento pode acrescentar títulos à breve lista que segue:

1 – *Os falastrões.* Quando irados, os falastrões canalizam, via discurso, toda sua iracúndia. Neles, a boca substitui os pés que chutam e os punhos que esmurram. Líderes políticos e empresariais são adeptos desse estilo quando lidam com o seu público, sua clientela ou seus subordinados. As mirabolantes e rocambolescas promessas que costumam fazer, levados pela empolgação do momento, são mal cumpridas. Várias causas militam para justificar esse modo verbal de exprimir a ira. Uma delas reside na vida fantasiosa desses indivíduos na qual eles se sentem muito maiores do que o são, na realidade. Um discurso grandiloquente fá-los sentirem-se importantes e poderosos, elevando sua auto-estima e reduzindo a ansiedade pela promessa implícita de remoção de ameaças e frustrações reais ou potenciais. Por isso, não deve estranhar que se irritem quando lhes são cobradas as promessas irrealizáveis e megalômanas. Sua verbosidade, algo verbomaníaca, é um modo de defesa intrapessoal e interpessoal, que atua em parceria com outros tipos de defesa psicológica como a negação e a racionalização, servindo de escudo contra sentimentos de impotência e desvalia, e sublimação da incapacidade de cumprir as promessas feitas. Mal conscientes de sua cólera, os falastrões são imaturos no lidar com esse sentimento.

2 – *Os realizadores* usam o ódio e a ansiedade como combustível emocional para fazerem coisas. São perfeccionistas, audazes, produtivos e equipados para verem, nos problemas, potenciais oportunidades benfazejas. Sua capacidade realizadora atinge o máximo quando acicatados pela ira nascida de ameaças, frustrações e injustiças. Sua disposição de correr riscos alia-se a uma aparente disposição, inesgotável para o trabalho físico e mental, instrumento de que se valem, de modo inconsciente, para reduzir ou vencer o ódio e a ansiedade que os assoberbam. No afã de fazerem, transformam

o sucesso, de meio para "alcançar a felicidade" em fim em si mesmo, circunstância que pode levar os demais membros do grupo, especialmente no ambiente de trabalho, a verem neles uma inconsciente, compulsiva e doentia motivação para alcançar o êxito a qualquer preço quando, na realidade, sua motivação substantiva reside na necessidade de, vencendo a ansiedade e o ódio, restaurarem a segurança e a auto-estima. É inegável o impacto transformador e construtivo produzido pelos realizadores.

3 – *Os sabotadores*, imaturos em sua reação ao ódio, canalizam sua agressão destruidora, de modo passivo, seguro, deslocado e sub-reptício, tornando difícil a percepção por terceiros, bem como seu comando e supervisão. O que, muitas vezes, parece incidental ou acidental é, na realidade, elemento integrante do arsenal destrutivo do sabotador, a exemplo de esquecimentos ou perdas de coisas importantes, incompreensões de diretrizes básicas, impontualidades, expressão de falsos sentimentos e intenções. Quando aumenta o estresse, o ambiente parece tomado, de súbito, por sabotadores que limitam sua participação e empenho, retêm informações, desviam-se de suas funções, desorientam os colegas, percebem mal instruções recebidas e trabalham com irritante lentidão.

4 – *Os contidos* enterram sua cólera no mais recôndito de si mesmos porque acreditam que seus sentimentos não têm valor, motivo por que devem ser suprimidos. Como extensão dessa postura, inibem-se na expressão e reconhecimento de sua ira e envidam todos os esforços para suprimir conflitos à volta, contribuindo para arraigá-los e perpetuá-los, uma vez que só a discussão, o conhecimento e a análise de suas causas poderiam resolvê-los a contento. O receio de virem a ser punidos e rejeitados leva-os a evitar ferir suscetibilidades e sentimentos alheios. Em geral, apoiam-se na repressão, supressão e isolamento emocional, como defesas psicológicas, para lidar com as ameaças, ansiedades, injustiças, frustrações e ódio. Como não é fácil a percepção da ira dos contidos, os que vivem a seu redor, sobretudo no ambiente de trabalho, consideram-nos cucas-frescas e boas-praças, admirando-os por tolerar abusos e evitar conflitos.

5 – *Os condenadores* vivem de buscar bodes expiatórios a quem responsabilizar por tudo de negativo que lhes acontece. Os outros, sempre os outros, são os responsáveis pelo seu estado de iracúndia. Dessa percepção advém sua apatia em reagir a situações que lhes causam ódio. Essa incapacidade de reagir de modo consistente e de assumir responsabilidade pelos próprios atos conduz o condenador contumaz a exonerar-se, emocionalmente, do ônus de mudar ou de lidar com a situação. O processo psicológico que alimenta a postura do condenador apoia-se em diferentes defesas psicológicas, tais como negação, racionalização e projeção, que lhe ensejam filtrar e alterar a realidade de modo a impermeabilizar sua consciência contra qualquer informação que não seja coincidente com seu ponto de vista. Fruto de sua baixa maturidade no lidar com a ira, bem como da pequena consciência de estar possuído por ela, fato percebido por terceiros, o condenador sistemático acredita que sua desvalia e passividade minimizam o seu dever de agir no próprio nome e de comunicar sua ira. Essa contorção psicológica, porém, não alivia o condenador de sua iracúndia, nem o torna eficaz em mudar a si mesmo e os outros, o que é difícil acontecer. Por isso, como as coisas não melhoram, a ansiedade e a cólera permanecem estáveis, quando não se agravam. O mau vezo de culpar os outros tende a se transformar em postura padrão no ambiente de trabalho, sempre que acontece algo de errado. Aqui o responsável pode ser apontado entre um elenco de alternativas: o cliente, a organização concorrente, a própria organização, o processo, os materiais, o chefe, o subordinado, um colega do mesmo nível. O melhor da criatividade do condenador habitual é canalizado para localizar a fonte responsável pela sua ansiedade e ódio, a tal ponto que, em situações extremas, quando é de todo impossível apontar um culpado, responsabiliza o destino, Deus ou o Diabo.

6 – *Os criadores* são um tanto imaturos e pouco conscientes do seu estado de cólera, com o qual lidam através de uma variedade de meios, todos de difícil compreensão, por eles próprios e por terceiros, como ser susceptível a atacar sem motivo, empenhar-se, com excesso, para aprender ou dominar novas técnicas, tornar-se ativista social ou culpar os outros

para aliviar a ansiedade ou controlar sentimentos raiventos. O tipo criador realizará qualquer coisa que suponha lhe fará sentir-se bem, pela restauração do equilíbrio da situação ou redução da ansiedade, amparando-se em muletas psicológicas, como a negação, o deslocamento, a projeção e a racionalização. Quando necessário, o criador encontrará meios furtivos para atuar sobre a própria cólera e agressividade, deslocando-as ou comunicando-as passivamente, contribuindo para aumentar, ainda mais, a dificuldade de percepção e compreensão de sua ansiedade e ódio. Uma tal imprevisibilidade de comportamento dá origem a problemas morais, na medida em que as pessoas não possam entender as motivações do irado criador.

7 – *Os sonhadores* não são conscientes de seu estado de ódio que, igualmente, não é percebido por terceiros. As pessoas, em geral, consideram o sonhador divorciado da vida real, percepção que está muito próxima da verdade, posto que, ao isolar-se no seu mundo de fantasia, o sonhador inveterado altera ou bloqueia a realidade, submetendo-a à sua vontade, tornando-a segura e rica de imagens e possibilidades que elevam sua auto-estima. Essa falta de autoconhecimento elimina as possibilidades de mudança em condições de aliviar a dor da ansiedade e do ódio, embora, quando mantidos dentro de limites razoáveis, o sonhar acordado e as fantasias possam ser meios eficazes de lidar com esses sentimentos, porque diante de uma situação dolorosa, incontornável, imutável e invencível, os que puderem recorrer ao sonho e à fantasia encontrarão o alívio e a proteção que a dura realidade adversa lhes nega. É por isso que há prisioneiros mais felizes do que os seus carcereiros, ou escravos mais plenos de genuína alegria do que os seus senhores. Mais ainda: em função dessa capacidade de preencher os vazios abertos por carências de toda ordem, a experiência da vida diária aponta para o enorme poder de construção e reconstrução de mundos existenciais, a partir da elaboração mental. Os resultados práticos alcançados pelos sonhadores podem oscilar do mais retumbante sucesso ao mais completo fracasso. Por isso, o sonhador não deve ser discriminado, mas tratado com as cautelas que impeçam o

desastre produzido por excessivo irrealismo e abram as cortinas das muitas possibilidades que a fantasia oferece. Convém lembrar que as grandes conquistas resultaram de percepções heterodoxas do mundo. A escola de Sagres, um espaço virtual onde ideias absurdas eram ouvidas e estimuladas com simpatia, abriu aos navegadores portugueses as portas de todos os mares. Inspirado nessa lição, o escritor britânico George Bernard Shaw ensinava que todo progresso humano depende do inconformismo dos insensatos. Em todo grupamento humano o sonhador está presente. É aquele tipo "que vive no mundo da lua", recluso na sua realidade particular, criada pela sua mente, enquanto os circunstantes se dedicam a realizar algo de concreto, a abortar uma ameaça, uma injustiça ou superar uma frustração. Sonhar na hora errada pode gerar tragédias. O que dizer de um piloto de avião que transforme, em sua fantasia, a visão dos grandes edifícios de uma cidade numa pista de pouso?

A anatomia desses tipos não deve conduzir à conclusão equivocada de que eles só existam em estado de pureza. Com grande frequência, os irados podem recorrer, em acelerada sucessão, a mais de uma tipologia, como defesa psicológica contra os sentimentos de frustração, ameaça, injustiça, ansiedade e ódio, numa variação camaleônica que dificulta ainda mais sua compreensão por terceiros. Um condenador inveterado, em face de uma vigorosa censura do chefe, pode converter-se num empedernido centralizador, transformando-se, em seguida, num olímpico empreendedor de curta duração, enquanto um sonhador, temente de uma demissão, pode passar a desenvolver elevada operosidade pragmática, evoluindo para culpar a tudo e a todos.

Evitando a ira

Não se enraivecer, sem a perda ou comprometimento da integridade, é, sem dúvida, o melhor meio de lidar com a cólera, tarefa mais difícil, ainda, do que reagir de modo adequado ao sentimento, cuja emergência é natural e, até mesmo, inevitável. A superioridade da conquista de evitar a ira, porém, é inegável, sobretudo no ambiente familiar e de trabalho, onde, com frequência, somos expostos a humilhações, ameaças, frustrações, injustiças, ansiedade, medo e inveja. Evitar a ira não é reprimi-la ou suprimi-la, mas preservar nosso eu verdadeiro no espaço destinado ao culto de nossos valores e auto-estima, para que possamos estar em harmonia conosco e com os outros. Os indivíduos sensatos e dotados de auto-estima satisfatória são autoconfiantes, temem, anseiam, invejam, abatem-se e frustram-se menos, razões pelas quais não dependem do ódio para se sentirem importantes, auto-suficientes e poderosos. Por isso, estão sempre no comando das situações. A renovação do êxito no lidar com questões conflituosas, prenhes de motivações mesquinhas, aumenta a autoconfiança e a auto-estima, potencializando a capacidade de domínio sobre os próprios sentimentos. Para atingirmos esse patamar, temos que aprender a relaxar, a nos acalmarmos e a quebrar velhos, familiares e destrutivos hábitos de pensar e sentir. O desejo de evitar a ira resulta do receio que temos de, não sabendo como reagir de modo adequado ao sentimento, ferirmo-nos e aos outros. Outra fonte do desejo é a percepção de que o ódio é pecaminoso ou imoral. Uma terceira é o receio de sermos repelidos ou de perdermos uma relação afetiva ou de valor material. Da força condenatória do meio social, contudo, na maioria esmagadora dos casos, em lugar de evitar a cólera, o que conseguimos, de fato, é suprimir ou reprimir o sentimento, situações que deixam como legado seu quinhão de tristeza, como decorrência da percepção de que somos responsáveis pelo que sentimos, do que é prova que dele tentamos nos livrar. Na realidade, muita gente que partilha a convivência deixa de apreciar a vida, comprometendo a felicidade, porque não percebe que vive num estado permanente de ódio latente recíproco.

A difícil conquista de evitar a ira passa pela determinação e disciplina de incorporarmos ao nosso estilo de vida um conjunto de práticas, dentre as quais podem ser destacadas:

a – Não agir antes de refletir sobre o que dizer ou fazer;
b – Ter em mente que uma vida rica de objetivos e operosa é causa e efeito do desenvolvimento da auto-estima, indispensável ao domínio de suas emoções;
c – Desenvolver hábitos que assegurem seu bem-estar físico e mental, como dieta balanceada, repouso, relaxamento e exercícios físicos adequados;

d – Evitar os vícios e as drogas;
e – Habituar-se a avaliar seu nível de irritação e desgoverno;
f – Habituar-se a ser afirmativo e destemido, ao enfrentar um problema;
g – Aprender a exercer autoridade, sem ser autoritário;
h – Habituar-se a vergastar, no plano mental, seus desafetos, em vez de fazê-lo, em concreto;
i – Evitar o agravamento das crises e jogar limpo.

A dificuldade básica para lidar com a ira e seus consectários – frustração, injustiça, humilhação, ameaça e ansiedade – decorre de uma dupla necessidade: a– O reconhecimento da dor que provoca, e o modo singular como é percebida por cada indivíduo; b– O reconhecimento de que nós é que somos responsáveis por nossos sentimentos e pelo modo de expressá-los, e não os outros. Essa complexa capacitação exige o desenvolvimento da sensibilidade para monitorarmos as causas e as variações de nossa excitação física e psicológica, como a lição recolhida por Sócrates, constante do pórtico da casa do oráculo de Delfos, prescrevia: "Conhece-te a ti mesmo." A prática de perceber, em sua fase embrionária, essas mudanças exercita-nos no comando do seu extravasamento e direção, e evita seu agravamento e escape, permitindo, ainda, o escrutínio e a identificação de outras potenciais fontes de ansiedade, antes que se consolidem como uma ameaça ponderável, dificultando ou mesmo impedindo o seu comando ou gestão. Este é o percurso básico para quem queira controlar a própria iracúndia.

Exemplos de subjetividade do ódio

As causas predominantes numa determinada reação irada podem sofrer influência de outras menos perceptíveis, ora acentuando, ora atenuando a intensidade da reação.

Quando sofremos uma humilhação ostensiva, na família, no clube ou no ambiente de trabalho, temos a motivação e o reconhecimento público ao direito de reagir com imediato vigor. Se, por outro lado, estivermos a par das especiais e justificadoras circunstâncias que impeliram nosso ofensor, poderemos reagir, até, com simpatia e compaixão, em vez de recorrermos à mera retaliação. Um tal episódio elevaria nossa auto-estima e confiança. Num outro extremo, poderemos investir contra uma generosa iniciativa de um benfeitor, em razão de nosso equivocado convencimento de que era um mal o bem a nós dirigido. Uma situação como esta nos atordoaria, abalando nossa confiança e auto-estima.

Como regra geral, teremos muito a ganhar se nos habituarmos a nos dar um tempo antes de agirmos, como a ira nos estimula. Uma maneira de facilitar essa conquista é a concentração em torno do que está ocorrendo, em lugar de nos concentrarmos em nossa sensibilidade. Exemplo máximo dessa prática encontramos no trabalho do cientista que retira o veneno dos répteis para produzir soro antiofídico, ou do domador ao lidar com as feras. Apesar do perigo iminente de uma picada ou mordida letal, cientista e domador analisam as reações de suas bestas sem se deixarem tomar pela emoção. O desenvolvimento da leitura da linguagem corporal, na medida em que exige a disciplina de buscarmos entender as mensagens verdadeiras transmitidas pelo corpo, facilita a adoção dessa postura crítico-objetiva. Vamos a um exemplo: Nelson Cerqueira, contrariando sua costumeira lhaneza, vocifera palavrões contra o velho amigo Henrique Serra, em protesto pelo espargimento de água, sobre o seu carro novo, lançado pelo *sprinkler* do amigo vizinho. Enquanto escuta e analisa as diatribes do amigo, Henrique Serra, pouco a pouco, vai se dando conta de que aquele destempero nada tem a ver com as razões arguidas. Seu desejo de identificar as verdadeiras causas leva-o a lembrar-se de que Nelson acabara de perder uma eleição que supunha assegurada para presidir a unidade regional da Ordem dos Advogados. Mais ainda, o filho mais velho de Nelson, contra sua vontade e para sua grande decepção, desistira de seguir uma estável e promissora carreira acadêmica, pela sedutora incerteza de acompanhar uma exímia e bem-torneada esquiadora no gelo. Impassível, mas com a expressão carregada de fraternal simpatia, Henrique escuta a explosão do amigo perder força, aos poucos, até reduzir-se a esparsos resmungos seguidos de silêncio e prostração. Sem dizer uma palavra, Henrique aproxima-se do amigo e se senta ao seu lado. Passados alguns instantes, diz a Nelson: "Acho que precisamos conversar. Você sabe que eu sou seu amigo; e amigo é para essas coisas." Nelson, os olhos marejando, lança-se, soluçando, nos braços do amigo.

Uma retrospectiva de vivências pessoais lembrará o leitor de um ou mais casos, no ambiente familiar ou de trabalho, em que o acompanhamento, com neutra simpatia, de explosões destemperadas, abortou o conflito nascente e restaurou a tranquilidade ameaçada.

Todos os casos de relações bem-sucedidas, entre sócios, colegas de trabalho, irmãos, cônjuges, pais e filhos, têm, como suporte, o desenvolvimento da competência, por pelo menos uma das partes, de dissociar a atitude do outro de suas verdadeiras motivações. Essas maduras reações à cólera são mais difíceis de desenvolver do que irar-se. Em compensação, evita-se alimentar a ira com mais ira a ponto de perder-se o mando da situação.

A literatura disponível prescreve dois conjuntos de medidas para lidar com o ódio: um destinado ao autocontrole e outro a mudar a situação.

Como receituário para o desenvolvimento do autocontrole, sugere-se:

1 – Focar nos aspectos positivos da situação;
2 – Compreender que irar-se é negativo;
3 – Manter o autocontrole e o acesso a saídas de emergência;
4 – Desenvolver uma atitude positiva diante dos problemas, do tipo "estou bem", "sim, eu posso";
5 – Retardar a reação para ter tempo de pensar;
6 – Evitar o acúmulo de tensões físicas;
7 – Deixar-se tocar pelas emoções primárias ligadas à situação vivenciada;
8 – Conscientizar-se de que toda crítica tende a gerar reação, na proporção do valor que a pessoa criticada se atribui.

Para mudar a situação, prescreve-se a seguinte receita:

1 – Avaliar os sentimentos odientos, indagando-se: "O que está me causando ódio?", "Meu ódio é legítimo?", "Estou reagindo precipitadamente?";
2 – Assegurar-se de que sabe o verdadeiro sentido do que a outra pessoa diz ou faz;
3 – Reunir o maior número possível de dados sobre a situação, para aumentar a compreensão do que está ocasionando o ódio, bem como orientar quanto à reação adequada;

4 – Elaborar alternativas para a cólera;
5 – Identificar o momento de emergência da cólera, no tempo e no espaço interpessoal;
6 – Rememorar situações semelhantes à atual, visando aplicar as lições aprendidas sobre como reagir à ira;
7 – Refletir sobre o que ou quem a situação lhe evoca, buscando identificar fatos recorrentes e condicionadores de suas reações;
8 – Selecionar alternativas para a expressão construtiva do ódio, eliminando, porém, as autodestrutivas;
9 – Refletir sobre as dificuldades de expressar a ira de modo construtivo;
10 – Indagar-se sobre a frequência com que sentimentos de impotência, baixa auto-estima e desvalia o assoberbam, de modo a poder decidir-se pela busca de ajuda profissional;
11 – Ser objetivo no esforço de identificar o que há a ganhar e a perder quando a cólera for expressa de um determinado modo;
12 – Elaborar cursos alternativos de ação, incluindo a mais ostensiva confrontação, acompanhada da revelação de que se sente invadido por sentimentos de injustiça, frustração, ameaça, insegurança, humilhação e ódio.

Vale destacar que presente em ambos os conjuntos está o poder da racionalidade, permitindo-nos evoluir da posição de agentes passivos, submetidos ao comando do ódio, para a condição de sujeitos ativos, capazes de colocar o ódio a serviço de causas edificantes e construtivas. Mais uma vez: devemos dar-nos tempo para pensar e relaxar, como se estivéssemos flutuando nas águas mansas de um rio em sua serena descida para o mar.

A indomesticabilidade do ódio

Há muita gente que tem prazer em sentir ódio. Em compensação pela colheita negativa que isso pode acarretar, essas pessoas são tomadas por um sentimento, momentâneo embora, de inebriante poder, ao darem plena vazão catártica ao desejo destrutivo de agredir e retaliar derivado do ódio. Além do prazer, a liberação do sentimento pode alterar a situação que deflagrou o conflito, em caráter temporário, na maioria das vezes. Ambos os efeitos, porém – o prazer sentido e a mudança operada, – insustentáveis em médio e longo prazos, são de curta duração.

Ainda que ineficaz, esse procedimento, que torna difícil a convivência com seus praticantes, é a regra e não a exceção do reagir humano, como os ambientes familiares e de trabalho dão inquestionável testemunho diário. A ausência de políticas de treinamento para preparar as pessoas para lidarem com essa situação responde, em grande medida, pela equivocada crença de que se trata de algo normal e inevitável, percepção contributiva de seu arraigamento e perpetuação, não obstante o conhecimento generalizado dos males que ocasiona. Não esquecer que a gestão competente da ira alheia começa com a gestão da própria ira, sendo que o desempenho de uma melhora o desempenho da outra, gerando um saudável círculo virtuoso.

As explosões e destemperos, próprios dos que têm o "pavio curto", são mecanismos psicológicos que levam essas pessoas a se sentirem bem consigo mesmas. Uma vez confrontadas, tendem a explodir, fato que constitui um elemento facilitador da difícil tarefa de lidar com elas, em função de sua elevada previsibilidade, ensejando a eleição, com tranquilidade, de medidas preventivas eficazes, até para o enfrentamento, como não é infrequente, de uma sucessão de destemperos. Ouvir, ouvir, até "ficar rouco", é a pedra de toque no trato com gente explosiva. Em seguida, com serena gravidade e no tom mais neutro possível, ponha seu plano em ação. Se não puder memorizar os passos de sua intervenção, escreva-os, de modo a assegurar-se de poder mencioná-los na sequência que melhor fortaleça o poder de convencimento de sua abordagem, concluindo por evidenciar, com exemplos concretos, os problemas que o destemperado vem criando, ao lado de sua convicção de que ele, o destemperado, responsável e bom caráter que é, no futuro imediato dará testemunho do seu espírito de colaboração. Não esquecer de enfatizar que não é a pessoa do destemperado quem está criando os problemas, mas o seu comportamento, consoante a lição do Evangelho: "Condenar o pecado, mas amar o pecador." O aconselhamento para a busca de apoio psicológico não está fora de cogitação, embora sua abordagem deva ser feita com as devidas cautelas, para não ferir ou agravar suscetibilidades.

Lidar com a ira alheia não é fácil. Sobretudo no instante mesmo em que ela está acontecendo. De um modo geral, quanto mais retardada e menos antagonística, mais eficaz a reação ao destempero. A preparação psicológica antecipada, contudo, aumenta a eficácia da abordagem e reduz a intensidade do estresse produzido pela árdua missão de lidar com as explosões alheias.

As reações explosivas são um mecanismo psicológico de que as pessoas se valem para se sentirem melhor diante de uma ameaça, injustiça, humilhação ou outro sentimento qualquer que gere desconforto ou mal-estar. Toda vez que uma pessoa for confrontada é de esperar-se que reaja com fúria. Preparar-se para enfrentar a reação explosiva é, portanto, o primeiro passo para lidar com ela. O segundo consiste em abordar a questão no momento em que se está mais bem predisposto a fazê-lo, cenário que pode envolver hora, local, data e a identificação prévia das pessoas que devam participar do evento.

Entre as várias recomendações dos mais diferentes autores, para extravasar a cólera, podemos destacar as seguintes:

1 – Reconheça sua ira, contrariando a postura predominante de negá-la;
2 – Conceba rituais de cura para restaurar a justiça e pôr termo à ira;
3 – Assuma responsabilidade pelos seus sentimentos;
4 – Confesse seus temores e pensamentos mais íntimos de modo a distanciar-se deles;
5 – Perdoe e esqueça;
6 – Repasse aos outros o que aprendeu lidando com o ódio;
7 – Atente para o provérbio que ensina que "pauladas e pedradas podem quebrar meus ossos; provocações e xingamentos não", o que quer dizer que sem a nossa permissão nós não nos iramos;
8 – Acredite que as pessoas podem controlar sua ira sem se deixarem irar;
9 – Lamuriar-se não costuma mudar as situações que geram desconforto;

10 – Peça ajuda;
11 – Procure apoio profissional psicológico;
12 – Una-se a um grupo de ajuda recíproca;
13 – Ajude a terceiros, dando visibilidade à sua própria dor e ódio;
14 – Faça concessões;
15 – Fixe limites ao comportamento dos outros em relação a você;
16 – Aprenda a confrontar;
17 – Verifique se há legitimidade na sua cólera;
18 – Identifique a verdadeira causa do seu ódio;
19 – Ore;
20 – Deixe de culpar os seus pais;
21 – Não confunda seus desejos com suas reivindicações;
22 – Busque as fontes primeiras de sua ira;
23 – Aceite-se;
24 – O modo mais eficiente de vencer a cólera é analisando-a, mediante a reconstrução do cenário e do modo como lidou com ela;
25 – Esmurre o travesseiro;
26 – Quebre lápis;
27 – Chore;
28 – Martelar, serrar, lavar carros ou limpar a casa são meios inofensivos de extravasamento físico.

Como se vê, as recomendações sobre o que fazer para nos livrar da ira são muito parecidas com as destinadas a evitá-la ou administrá-la, ainda que cada um desses três cenários preserve sua autonomia. Na essência, e como abordagem comum a todos eles, importa entrar em contato direto com nossos mais íntimos sentimentos, a par de refletir sobre o que está acontecendo, de modo a tirar as lições que a vida pode nos transmitir.

Aprendendo a relaxar

O desenvolvimento das práticas de relaxamento é um meio eficaz na superação dos estados de excitação fisiológica ou psicológica, a partir mesmo do início de sua adoção. Exercícios de respiração profunda, de relaxamento dos músculos do rosto e do corpo e meditação podem ser praticados a qualquer hora e em todas as situações da vida, sem a assistência de ninguém. Massagens são recomendadas para liberar as tensões do corpo, inclusive as crônicas, desenvolvidas na mais remota infância.

A identificação da ira e da agressão camufladas

A capacidade de identificar expressões da ira e da agressão, passivas e deslocadas, é fator importante para sua dissipação, sobretudo porque, segundo avaliações, esses são os modos pelos quais se manifestam em mais de oitenta por cento dos casos. Sem essa identificação, não haveria como chegar às suas fontes originais, para esvaziá-las.

O perdão como meio de dissipação da ira

O ódio pode conduzir ao perdão, na medida em que nos conscientizarmos de que isso nos livrará dos incômodos psicossomáticos a ele inerentes. A busca de novo significado para o fato gerador do ódio, pela sua reconfiguração, em que os atos e seus agentes não sejam confundidos, mas vistos como coisas distintas entre si, leva a um novo entendimento que possibilita o esvaziamento da emoção odienta. A concessão do perdão, prática que está longe de ser fácil, não significa que a ofensa seja esquecida e não deva ser denunciada, contestada, reprimida ou punida, como meio de prevenir sua repetição. A capacidade de perdoar requer maturidade, elevada auto-estima, força de vontade e muita racionalidade, apesar do relevante papel atribuído, no particular, ao poder da fé e das orações. Por paradoxal que possa parecer, o passo final consiste no autoperdão, indispensável para que não sobrem resquícios de culpa, retroalimentadores do sentimento odiento.

O psicólogo Ray Burwick sugere um conjunto de indagações, à guisa de teste, para medir a extensão e a intensidade do perdão concedido:

a – Continuo a remoer a situação?
b – Meus sentimentos negativos ainda persistem?
c – Há frieza e resistência de minha parte?
d – Continuo a racionalizar os danos que sofri?
e – Minha amargura extravasa para outras situações?
f – Estou deslocando meu ódio?

Anotar os sentimentos, descrevendo-os, facilita, sobremodo, sua compreensão, obrigando-nos a refletir sobre sua formação e expressão. Esse processo, ordenado e sistematizado, opera como substitutivo do psicoterapeuta. É como se os sentimentos tivessem sido separados de nós e deslocados para fora, permitindo-nos examiná-los de modo objetivo, ensejando, inclusive, a nítida distinção entre ficar irado e partir para a agressão. A análise sucessiva dos contextos em que o ódio se forma pode conduzir, também, à percepção de que ele nasce de expectativas irreais e/ou de crenças irracionais, alimentadas por nossas fantasias, facilitando, por isso, o exercício do seu uso controlado e consequente esvaziamento redentor.

O desenvolvimento da habilidade de perceber os momentos quando estamos imersos em nossas fantasias é importante meio de identificação dos sonhos-produtos delas decorrentes, seu conteúdo, detalhes e emoções derivadas. Como treinamento, aconselha-se o esforço de responder algumas questões:

a – O que aconteceu na fantasia?
b – Como me senti?
c – Que emoções foram expressas e que problemas emergiram ou foram resolvidos?
d – A fantasia apontou um meio construtivo de resolução de um problema ou sugeriu adiar o seu enfrentamento?
e – Na fantasia eu apareço como super astro, bonito, forte, rico e bravo ou, no todo ou em parte, o contrário de tudo isso?
f – Se eu me senti bem na fantasia, como posso transferir para a vida real esse sentimento de bem-estar?
g – Se apareço diferente do que sou, como reagi a essa mudança?
h – Gostaria de transformar a fantasia em realidade? Serei capaz disso?
i – Como me sinto quando sonho acordado?
j – Há alguém que possa me ajudar a entender minhas fantasias?

O ódio como meio de cura

Comunicar a ira, agindo sobre ela de modo eficaz, inicia um processo de cura emocional que conduz a mudanças propiciadoras de seu esvaziamento, perdão e o aborto de futuros sentimentos de frustração, ansiedade, ameaça, humilhação e, por via de consequência, do próprio ódio. A cura que se instala funda-se na restauração do sentimento de segurança, valor e auto-estima. Passamos, então, a nos sentir bem compreendidos e, por isso, bem conosco e com os outros. Alguns indivíduos revelam-se inaptos para socorrer-se desse tipo de tratamento, devido à sua permanente falta de firmeza, aos seus recuos, à supressão da ira e transferência, para outros, de tarefas de sua responsabilidade, contribuindo para a continuidade dos problemas e redução de sua auto-estima. Em lugar de agirem, essas pessoas cedem à apatia, e põem em crise a própria identidade, em face da perda parcial do eu, conducente a um processo autodestrutivo, comandado pelo ódio represado e pelo persistente sentimento de culpa.

O comando da agressão

Como todo comportamento, a agressão pode mudar uma dada situação. Recorre-se à agressão quando a ira não foi comunicada, o foi de modo ineficaz ou não foi submetida a comando racional. Independente das mudanças que conquiste, a agressão exerce papel catártico momentâneo, levando-nos a nos sentir bem e ou reduzindo nossa tensão. Tudo isso em curtíssimo prazo. Na maioria esmagadora das ocasiões, porém, e em caráter permanente, a agressão produz resultados destrutivos, tanto para o agressor, que tende a desenvolver sentimento de culpa, quanto para o seu alvo e outras pessoas à sua volta, agravando, ainda mais, a situação que se desejava alterar. A discussão das origens do ódio e da agressão possibilita o conhecimento de sua anatomia, e ajuda a evitar que se manifestem de modo aberto ou camuflado, sob a forma de ataques físicos ou verbais, frieza, isolamento, ironia, boicote, etc. O valor catártico da agressão é reconhecido por diferentes técnicas psicoterápicas, que recomendam seu extravasamento simbólico: bater num objeto, em lugar de seres vivos; destruir a presumida fonte da ira e assim por diante.

Desde que haja determinação de propósito, maturidade emocional e auto-estima elevada, a eficácia no lidar com a ira pode ser alcançada mediante um dos três seguintes processos:

a – Evitando-a;
b – Submetendo-a a comando racional;
c – Esvaziando-a.

A maturidade emocional assegura o reconhecimento, sem culpa, da legitimidade do sentimento do ódio e sua adequada expressão.

A gestação do ódio nos ambientes de trabalho

Como regra geral, as organizações e seus dirigentes não se preparam para evitar a emergência do ódio no ambiente de trabalho, tampouco para lidar com o sentimento, uma vez vindo à tona. Atuando na direção oposta, há muitos estilos de liderança e dinâmicas gerenciais que erodem o moral e a auto-estima dos funcionários, a exemplo de inversões de mérito, excessivo patrulhamento, cobranças policialescas, instruções insuficientes, promoções prematuras e assim vai. Em tais cenários, frustram-se os desejos de auto-estima, respeito, crescimento e autonomia, comprometendo a qualidade da relação entre chefes e subordinados, indispensável à viabilização, estabilidade e avanço dos objetivos organizacionais.

O caráter impessoal de alguns aspectos do ambiente de trabalho estimula líderes, ávidos por dominação e poder, a bitolarem seus subordinados, bloqueando-lhes a expressão de sentimentos de ansiedade, medo, injustiça, ameaça e cólera. Quanto mais rígida a estrutura hierárquica da organização, maior o bloqueio do fluxo e refluxo catártico dos sentimentos, de baixo para cima e entre os lados (vertical e horizontal), impondo aos empregados a camisa-de-força de se valerem do seu superior imediato, já agora, suspeito de conspiração, como intérprete dos seus sentimentos. A consequente baixa da auto-estima de muitos empregados compromete a qualidade do seu envolvimento com a organização, em cujo complexo ambiente, rico dos mais variados tipos de situações, tudo é passível de acontecer. Sentindo-se inseguros e despreparados para lidar com as contingências do ambiente de trabalho, onde nasce, cresce e morre um grande número de conflitos, ao longo de apenas um dia, esses empregados acabam por transformar quase tudo em fonte de ofensas, ameaças, frustrações, ansiedades e muita ira. É importante advertir para o caráter contagioso desse estado de espírito que pode se alastrar por todo o corpo organizacional, produzindo uma variada gama de reações individuais, todas prejudiciais ao esforço coesivo, em torno dos objetivos da organização.

A toda essa problemática de gênese laboral soma-se aquela trazida de casa. As frustrações, o medo, a ansiedade, as humilhações, injustiças e ódio, nascidos no ambiente doméstico, são transportados para o ambiente de trabalho e despejados sobre colegas, subordinados e superiores, de acordo com o padrão eleito para cada uma dessas relações. Por isso, não raro, o procedimento desses agentes causa incompreensão, surpresa, mal-estar e estupefação, sobretudo naqueles funcionários que têm no ambiente de trabalho, por um ou mais motivos, a mais estável e mais importante dimensão de sua vida.

Para ajudar a vencer essas dificuldades, o ambiente de trabalho deve ser desenvolvido a partir de conceitos o mais distanciados possível da raiz etimológica da palavra trabalho, oriunda do latim *tripalium*, instrumento de tortura, pelourinho. Muitos indivíduos, desavindos no lar, buscam no trabalho o gosto de viver que não encontram em casa. Para eles, as decepções sofridas no trabalho ferem em dobro sua sensibilidade, ampliando seus sentimentos de frustração, ansiedade e rancor. O oposto é, igualmente, verdadeiro. Um ambiente marcado por hostilidades tende a corromper a estabilidade emocional dos seus integrantes, expondo-os à ação invasiva das frustrações, ansiedade, medo e ódio, que se deslocam para o seio da família, comprometendo ou destruindo sua paz. É imperativo, portanto, que os ambientes de trabalho e familiar sejam compreendidos e desenvolvidos como se fossem as faces de uma mesma moeda. Enquanto do ponto de vista da hierarquia do poder e do exercício da autoridade o ambiente de trabalho semelha ao familiar, dele diverge por se apoiar no caráter impessoal das diferentes funções operacionais e no mando sobre elas exercido pelas recíprocas expectativas de desempenho voluntário entre as várias funções. A busca contínua da identificação das fontes geradoras do ódio, em qualquer ambiente, é o melhor começo dessa compensadora jornada pela integração dos dois mundos.

Na maioria dos casos, as pessoas ingressam numa organização nutridas da falsa expectativa de que seus superiores lhes deveriam dispensar cuidados paternais, eximindo-se de julgá-las, submetê-las ou puni-las. A essa expectativa irreal junta-se aquel'outra preconceituosa, segundo a qual todos os que se encontram em posição de comando são ruins: insensíveis uns, distantes outros e autoritários muitos. O ambiente familiar é a fonte original dessas expectativas que distorcem o padrão de relacionamento entre superiores e subordinados e encorajam iniciativas unilaterais de desvio de função, contribuindo para a formação dos sentimentos de frustração, ansiedade, insegurança e ódio, que, por sua vez, bloqueiam a participação desses indivíduos no esforço comum de fazer do trabalho uma extensão da própria casa. Acrescente-se a essas fontes de ódio o comportamento impessoal e, por vezes, abusivo, de colegas e superiores que, ao darem vazão a seus apetites, se sentem gratificados, corroborando a lição de Lord Acton, segundo quem "Todo poder tende a corromper, e o poder absoluto a corromper, absolutamente." Como essa dupla dinâmica envolve questões derivadas da hierarquia, do exercício do poder e da autoridade, é relevante compreender como esses agentes contribuem para a formação do ódio no ambiente de trabalho.

O ódio e a hierarquia

Desde cedo convivemos no bojo de estruturas hierarquizadas. O conhecimento informal de seus modos de funcionamento é inerente à vida em sociedade. Interessa-nos examinar as questões que interferem na formação e no desenvolvimento da ira no ambiente de trabalho.

Rigidez e impessoalidade. De toda organização caracterizada pela impessoalidade, indiferença e rigidez operacional, diz-se que é burocrática e hierarquizada em excesso. Aí, a forma tem primazia sobre o conteúdo, valendo mais o papelório, os carimbos e o empenho do burocrata em não realizar nada de meritório, se isso puder representar o mínimo de risco para a sua carreira. As exceções ficam por conta de atos que o locupletem, tratando-se de corrupto. Quase nada é tão desagradável quanto lidar com uma estrutura burocrática empedernida. O processo judicial é o exemplo máximo. O tema está exemplarmente abordado no famoso romance de Franz Kafka, *O Processo*. É difícil encontrar-se alguém que não tenha vivido um episódio burocrático sufocante, encolerizando-se só de recordá-lo. Essas estruturas são uma fonte permanente e abundante de frustração, insegurança, injustiça e ódio.

Desestímulo do mérito. Nas estruturas burocratizadas, a dinâmica operacional é induzida a preservar o que já existe, razão pela qual toda inovação é encarada com má vontade ou suspeição, porque vista como uma ameaça potencial aos detentores do poder, que atribuem sua ascensão às fórmulas e métodos operacionais rotineiros e tradicionais. Nessa seara, dominada pela mediocridade conformista, o mérito não tem vez. Apenas medra quando o produto de sua criação coincidir com as aspirações do chefe. Como regra, os talentos que aí aportam, quando não se demitem, apesar de tomados pela frustração de não serem reconhecidos e valorizados, terminam por renunciar ao exercício de seu potencial criativo, anulando-se no ritual do puxa-saquismo e na modorra do faz-de-conta generalizados. Essa situação cobra elevado preço à produtividade e à qualidade da convivência. Os talentos assim ignorados sentem-se vítimas de um massacre emocional que passa a constituir uma forja de sentimentos negativos, conducentes a um estado de ódio crônico.

Estímulo à submissão. O modelo da hierarquia familiar é muito influente sobre as estruturas burocratizadas, onde os superiores e seus chefes representariam os pais, sogros, tios e avós, e os funcionários figurariam como os irmãos, cunhados e primos. Nesse cenário, a noção de autonomia existencial, segundo a qual cada pessoa, pelo conjunto de suas características e valores, é única e insubstituível, perde força. Os chefes, independente de serem mais ou menos accessíveis ou disponíveis, têm em comum o propósito de submeterem os subordinados ao cumprimento acrítico de suas diretrizes e comando. Sentem-se bem com o exercício do poder incontrastável. Este processo castrador poda a auto-estima dos subordinados e promove insegurança, gerando, como consequência, sentimentos de ansiedade, medo, frustração e injustiça que levam ao ódio contra os chefes. A excessiva valorização dos instrumentos burocráticos conduz à subestimação das pessoas.

Sistema social defensivo. Não obstante as reconhecidas fragilidades das estruturas excessivamente hierarquizadas e burocratizadas, elas continuam atuantes na vida de todos os povos pelo que representam de segurança psicológica e social. Excessos condenáveis à parte, as estruturas hierárquicas e as práticas burocráticas que as implementam representam um fator de previsibilidade conveniente à segurança emocional e operacional dos indivíduos e da sociedade. O que contêm de negativo advém da incapacidade das pessoas em porem limites à satisfação dos seus desejos e apetites. Livre de peias, o ser humano comete excessos. Daí a hipertrofia dos defeitos que afetam os organismos hierarquizados, concebidos para ordenar o trabalho e proteger os indivíduos – trabalhadores, clientes, fornecedores e membros da comunidade em geral – contra a intolerância recíproca. A definição de funções, a impessoalidade das normas procedimentais, as políticas e os objetivos da organização, os diferentes níveis hierárquicos, tudo funciona como um universo capsular que protege os indivíduos contra terceiros e os libera do ônus, psicológico ou material, de assumir maiores responsabilidades. As manchetes dos meios de comunicação e o anedotário popular reportam inúmeros acontecimentos escabrosos, ofensivos à inteligência e ao bom-senso, justificados pelo estrito cumprimento da norma regulamentar.

O ódio derivado do poder e da autoridade

Poder e autoridade estão sempre presentes nas estruturas hierarquizadas. Não obstante sua indispensabilidade prática, são termos que despertam polêmicas ferozes, a começar pela conceituação e definição de poder, sendo a mais bem aceita aquela que ensina ser "a habilidade ou capacidade de agir, com legitimidade e eficácia, pelo exercício da liderança e da autoridade". Essa definição apenas informa o que é o poder, mas não responde a várias e inquietantes indagações, tais como: De onde emana o poder? Que tipo de capacidade eficaz lhe é inerente? Qual a índole da relação entre poder e autoridade? O poder gera controle?

O tipo de poder que nos interessa examinar, aqui, é o derivado da propriedade, e que os donos das organizações se outorgam, passando a exercê-lo. Nesse cenário, só são admitidos como empregados os indivíduos que aderirem aos objetivos do patrão. Os insubmissos são punidos ou demitidos. Em si mesmo, o poder é moralmente neutro. Da qualidade de seu uso é que procedem as avaliações positivas ou negativas.

Já o conceito de autoridade é menos polêmico, apesar de sua frequente confusão com o de poder. A definição mais bem aceita de autoridade informa que "é o direito e o poder de comandar, impor as leis, cobrar obediência, determinar, julgar e coordenar de acordo com um plano preestabelecido", conceito insuficiente para solucionar questões como: De onde vem esse direito? A autoridade inclui o poder de comandar? Quem permite a imposição das leis? E se o julgamento não for aceito? Por que os outros devem se submeter à coordenação? Autoridade é com frequência descrita como sendo uma forma de poder legítimo, nascida do consenso, formado por crenças partilhadas por todos. Os dirigentes são, de fato, autorizados a atuar em nome de terceiros, comandando-os, ensejando que seus atos sejam aceitos. Quando o consenso se desfaz, para que não haja desordem, processa-se a substituição do líder.

Poder e autoridade, portanto, não são a mesma coisa.

Poder, que resulta da propriedade, é imposto de cima para baixo. A história humana é rica de exemplos de bom e de mau uso do poder. Quando bem exercido, o poder orienta, dissolve conflitos, provê a organização de recursos materiais e tecnológicos, sem brutalizar os seus membros; antes, enseja sua prosperidade e felicidade. O contrário resulta em crises e infelicidade, traduzida em frustrações, medo, ansiedade, insegurança e ódio, sentimentos cuja frequência e intensidade variam em função do grau de dependência que tenhamos do emprego ou atividade que exercermos no contexto.

Autoridade, por outro lado, que deriva do consenso, flui de baixo para cima, na estrutura da organização, e depende, para prosperar, da aceitação dos liderados, merecendo, por isso, uma conceituação democrática.

O ódio e os estilos de liderança

Além das diferenças entre poder e autoridade, o seu exercício é influenciado pelo estilo de liderança peculiar a cada dirigente que traz consigo, para o ambiente de trabalho, o conjunto de suas vivências e características pessoais. Essa diversificada tipologia pode ser abrangida por três gêneros principais: os dominadores, que lideram pela força, os sedutores, que lideram pelo afeto, e os libertários, que lideram pela omissão ou *laissez-faire*.

Os *dominadores* têm vocação para controlar, comandar e submeter tudo e todos à sua vontade. Costumam ser persistentes, energéticos, manipuladores, agressivos e espertos. Seu modo produtivo e concentrador de liderar lhes cobra pesado ônus emocional. A fonte primária dessa postura remonta a experiências infantis de desapreço e desdém pelas fraquezas e sentimentos alheios. Quanto às ações, podem ser subdivididos em três categorias: o perfeccionista, o arrogante-vingativo e o narcisista.

O *perfeccionista* orienta-se pela observância de elevados padrões de desempenho para si e para os outros, o que eleva sua auto-estima. Para ele tudo importa, das grandes às pequeninas coisas, até os mínimos detalhes da higiene pessoal, modo de vestir e apresentar-se, pontualidade, maneira de expressar-se, postura ética e moral. Suas críticas e cobranças de resultado, a par de promoverem crescimento, são vistas como ameaças que geram insegurança, medo, ansiedade e ódio.

O *arrogante-vingativo* é possuído por excessivo amor-próprio. Além de arrogante e vingativo, é competitivo e indiferente aos sentimentos alheios, dominando, explorando e humilhando, se necessário for, atitude que mascara, em nome da civilidade. Para ele, competir para vencer é o que mais importa. Daí sua contínua perseguição a posições de comando e ojeriza a todo tipo de fraqueza, vacilação e dependência. E ai dos que ameaçarem seu amor-próprio! Mobilizado pelo propósito de persegui-los e batê-los, o arrogante-vingativo só limita a expansão do seu ódio aos ditames de autopreservação. Como o bem-estar dos outros não lhe interessa, viola as regras de convivência, desencadeando sentimentos de ansiedade, medo, injustiça e insegurança quanto à identidade, autonomia e, até mesmo, sobrevivência das pessoas. Essa conduta gera ódio, cuja expressão pode conduzir a atrocidades, ainda maiores, do arrogante-vingativo.

O *narcisista* quer ser elogiado, admirado, amado. Os recursos da organização são utilizados para esse fim. Empenha-se, ao máximo, para parecer competente e no comando de si mesmo e da situação, além de amável, atencioso e generoso para com os outros. A busca da atenção alheia funciona, nele, como compensação do autoconhecimento que lhe diz ser sua superioridade apenas superficial, quando não postiça. Como tem dificuldades para reconhecer suas limitações, não é raro que faça projetos faraônicos, sem atentar para as mínimas exigências de pessoal, espaço e fundos necessários.

Na prática, os líderes dominadores exercem, em maior ou menor grau, esses três estilos de liderança, distinguindo-se pela predominância de um deles, não havendo, portanto, um líder aderente a um único estilo. Une-os a busca de glória e o culto a tudo que conduza à dominação dos outros. Para alcançarem esse fim, não tergiversam em subjugar e manipular quem estiver no seu caminho. O desejo de grandeza leva-os a usurparem a paternidade de tudo de bom que acontece na organização, conduzindo os subordinados a se sentirem desprestigiados, incapazes, explorados e esvaziados de sua capacidade realizadora, o que gera um déficit emocional que conduz à redução da auto-estima, tornando-os presa fácil dos sentimentos de frustração e injustiça que levam ao ódio.

Os *sedutores* apelam para a afetividade quando buscam proteção. Não se sentem superiores nem aptos a exercer dominação. Evitam sentirem-se orgulhosos e importantes. Subordinam-se e humilham-se a terceiros, até à subserviência, para se verem protegidos. São excelentes seguidores e colaboradores dos seus superiores, bem como chefes sensíveis e dedicados a seus subordinados, a quem estimulam a crescer. Sem rebuços, recorrem ao amor para pedir a ajuda necessária para suprir sua alegada falta de competência e compensar sua sentida desvalia. Nada reivindicam para si, seus subordinados ou departamento. Não competem, mas permitem que os outros compitam. São modestos, discretos, e não gostam de chamar a atenção. Cultivam como os mais elevados valores a generosidade, o altruísmo, a humildade e a simpatia. Sua vulnerabilidade e irregular eficiência os levam à obsessiva busca de quem os proteja. Essa incapacidade de assumir responsabilidade produz frustração, pelo permanente vazio de liderança que se abre no ambiente de trabalho, impondo aos circunstantes encargos adicionais que geram sentimentos de frustração, injustiça e ódio.

Os libertários recorrem à omissão, como meio de racionalizar sua incapacidade de mediar conflitos e avaliar desempenho, no ambiente de trabalho. Quando o clima esquenta, o líder libertário desaparece. Segundo ele, quem pariu Mateus que o embale; quem criou problemas e atritos que os solucione, sem envolvê-lo em nada que provoque dor, stress ou ansiedade; em terra de Murici cada qual cuide de si. A falta de tesão, para realizar ou liderar, mesmo quando há boas ideias a serem implementadas, leva-o a afastar-se dos eventos, fomentando a prática do *laissez-faire*. Como nada difícil de alcançar o estimula, suas expectativas são quase nulas. Se não tem nada a ganhar, nada tem a perder. Por isso, ressente-se quando alguém, preenchendo o vazio deixado por sua omissão, toma uma iniciativa que, sem prejuízo do potencial para gerar bons resultados, traz implícito o risco de aumentar o trabalho e as dificuldades. À proporção que os subordinados percebem que o seu departamento, por inércia, poderá vir a desaparecer, deixando-os desempregados, a ansiedade, o estresse e o medo decorrentes levam ao ódio.

O ódio e a cultura organizacional

As organizações e seus dirigentes têm a possibilidade de fazer com que os empregados se sintam controlados, usados, manipulados, preteridos, explorados e castrados nos seus propósitos de realização pessoal e profissional. Essas práticas massacrantes constituem a base dos sentimentos de alienação, isolamento, exclusão, inferioridade, ressentimento e perda da autoconfiança. Essa necrose emocional, formada pelos indivíduos que se sentem excluídos, passa a integrar o tecido da organização, esgarçando-o. Quanto mais rígida a cultura da organização, e quanto mais for governada por indivíduos que se sujeitam, sem juízo crítico, a suas regras impessoais, como meio de crescimento na hierarquia do poder, maiores serão o desencanto e a alienação do seu corpo funcional, de todos os níveis hierárquicos, que passa a perceber que é mais conveniente aderir ao esquema dominante do que adverti-lo ou questioná-lo. Esse é o panorama prevalecente nas organizações públicas – municipais, estaduais e federais –, que, com raras exceções, violentam os seus servidores e o público que as sustenta, sobretudo pela desconsideração ou subestimação de suas opiniões e sentimentos, ignorando que todo indivíduo, mesmo o mais modesto, gostaria de ter a oportunidade de opinar sobre os modos de organização do trabalho e dos processos produtivos de que participa. Quanto mais rígida a estrutura organizacional, menos os indivíduos são chamados a opinar, prevalecendo o entendimento de que "você é pago para trabalhar e não para pensar", prática mais corrente do que se supõe. Nesse cenário, tempo e esforço nada mais são do que *commodities*, meros artigos de consumo. Hierática, a organização decide sobre tudo: o que, como, quando e quanto fazer. A impossibilidade de os servidores sentirem o mínimo orgulho pelo trabalho que efetuam leva à construção de uma agenda de intenções ocultas que passa a comandar o processo sorrateiro de erosão do espírito criativo da organização.

A percepção da cultura das organizações como fonte de ódio é facilitada pela sua conceituação. Os conhecimentos e valores que orientam a percepção, o pensamento e os sentimentos, adaptados, testados e partilhados compõem o que se denomina cultura organizacional. As organizações aprendem e selecionam o que lhes parece importante e o repassam aos seus servidores. Não é difícil imaginar a extensão desse cardápio, em que cada organização figura com uma cultura que lhe é peculiar. Há, porém, aspectos dessa cultura aos quais nem todos os indivíduos conseguem se adaptar. Essa inadaptação gera ansiedade, estresse, insegurança e ódio. Como esses sentimentos não são percebidos no momento de sua formação, tendem a crescer e a se intensificar, uma vez que, não sendo identificados, não há como serem considerados para serem superados. Essas disfunções culturais, presentes em todas as organizações, originam-se de posturas idiossincráticas dos líderes, e passam a compor o seu tecido cultural. As possibilidades de situações concretas tangenciam o infinito, e podem variar desde um chefe carola, que condiciona o funcionamento do seu departamento à sua ritualística, até o beberrão contumaz, cujo gabinete de trabalho mais semelha um bem-sortido bar. Além das produzidas pelos líderes, há disfunções que se originam das práticas rotineiras, podendo ser mencionado, entre as mais resistentes e castradoras, o excesso de controle burocrático que emperra a produtividade da organização e bloqueia a criatividade dos empregados. A surpresa, estupefação e inconformismo dos que chegam ou se convertem em aceitação passiva ou o novo funcionário acaba demitido ou demitindo-se. Qualquer dessas disfunções, incômodas e constrangedoras, impõe adaptações difíceis de alcançar, e ocasiona insegurança, ansiedade, estresse e frustração que resultam em ódio.

A priorização do trabalho individual sobre o trabalho em equipe, característica das organizações muito hierarquizadas e burocratizadas, além de comprometer as possibilidades sinérgicas da colaboração recíproca, estimula atitudes de indiferença por tudo que tenha caráter coletivo, prevalecendo a disputa por promoções e aumentos salariais. Aí, a regra tácita predominante é cada um por si e todos contra todos, bem nítida quando se batem em luta indômita para o preenchimento de uma vaga aberta num escalão superior. Prática antípoda ao famoso *slogan* que fazia a força dos três mosqueteiros: "Um por todos e todos por um."

O sentimento latente de que os líderes dessas organizações estereotipadas podem tudo funciona como estímulo dissuasor do questionamento de qualquer das normas vigorantes. A alienação geral resultante impede o desenvolvimento de um ambiente permissor e estimulador do apoio e do enriquecimento emocional e intelectual recíprocos. Nesses cenários, a percepção da crescente inutilidade dos seres humanos como agentes produtivos está levando à sua substituição por meios mecânicos. Da maturidade dos sindicatos, dos recentes grupos de trabalho e dos representantes dos trabalhadores, nos conselhos das organizações, dependem muito o avanço, a extensão e a intensidade desse processo.

Os empregados como fonte do ódio

Os empregados também contribuem com o seu quinhão para formar o caldeirão de ódio nas organizações. Além de não receberem treinamento para evitar e lidar com o ódio emergente das relações de trabalho, o próprio e o dos outros, muitos deles trazem-no, de casa, para as organizações. A maioria opta pelo ônus de irar-se a ter que realizar o esforço de prevenir ou abortar a ira. A ausência de conhecimento das técnicas que podem ser implementadas é, sem dúvida, a causa principal dessa opção. Dessa ignorância generalizada resultam os conhecidos males, nascidos da supressão da ira, do seu deslocamento e de sua conversão em agressão passiva, quando não se manifestam ostensivamente, chegando ao extremo de ferir e matar pessoas.

Como o caracol que leva a casa aonde for, os humanos estão condenados a carregar consigo os seus sentimentos. Não é razoável, pois, esperar-se que deixem em casa sua carga de ódio antes de se adentrarem pelo ambiente de trabalho. Como podemos querer que alguém mantenha, no trabalho, sua higidez emocional, quando o seu mundo doméstico ou afetivo está em chamas? É natural que desloque ou dê expressão sub-reptícia ou aberta à ira nascida desses contextos conflagrados. Isso explicaria não só certos estados crônicos e repentinos de mau humor e cólera, como de preocupação, isolamento, incomunicabilidade, mudez, rispidez e depressão que se apossam desses indivíduos que, na maioria das vezes, deles não demonstram ter qualquer noção. Quando isso acontece, importa conhecer e refletir sobre o que pode estar determinando essas condutas, de modo a resolvê-lo e prevenir sua repetição futura. Outra possibilidade determinante de condutas surpreendentes reside na ressurreição de ódios passados que passam a atuar sobre o presente, quando se verificam reações desproporcionais às causas aparentes de sua provocação, no fenômeno denominado transferência.

Por outro lado, o ódio nascido no ambiente de trabalho pode ser transportado para o doméstico, criando uma grave disfunção. Entre os inúmeros modos de sua manifestação, podemos mencionar, como os mais graves e conhecidos, ofensas morais e físicas aos familiares e empregados e maus-tratos aos animais domésticos. Os famigerados quebra-quebras vêm em seguida.

Essas questões só serão resolvidas ou minimizadas quando as organizações passarem a dedicar mais atenção aos aspectos psicológicos da convivência, com ênfase na lição que Sócrates colheu na casa do oráculo Delfos, retransmitindo-a à humanidade: "Conhece-te a ti mesmo."

Valor positivo e negativo do ódio e da agressão

Canalizados de modo construtivo, ódio e agressão podem desempenhar papel inovador e produtivo no ambiente de trabalho, do mesmo modo que atraso e prejuízo, quando mal geridos. A ira pode ser uma poderosa fonte de motivação do trabalho criativo, em todos os domínios da atividade humana: ciência, tecnologia, arte, esporte, empresa, política, religião. A recomendação do uso do reforço negativo como estímulo à produtividade baseia-se na possibilidade de a ira, oriunda das restrições ou punições, transformar-se em combustível a impulsionar os indivíduos para alcançarem ou se aproximarem de suas potencialidades na realização dos seus misteres, na medida em que:

1 – Aumenta a *concentração* sobre as necessidades e os interesses e a motivação para remover os obstáculos que ameaçam sua satisfação, ficando os interesses de terceiros em segundo plano;
2 – Aumenta a *autoconfiança* em razão da elevação da crença na capacidade de remover os obstáculos para realizar o que se deseja;
3 – Aumenta o sentimento de *correção* em face da crença na moralidade do que se faz;
4 – Reduz a *consciência* e a *influência* das outras emoções.

No lado oposto, temos o ódio conduzindo à apatia, improdutividade, desunião, sabotagem, destruição e morte.

O simples gesto de parar para pensar sobre essas diferentes possibilidades, por si só, constitui poderoso instrumento de avanço dos indivíduos e das organizações. E custa tão pouco; melhor dizendo: não custa nada. Tudo que requer é alguma disciplina.

Exemplifiquemos com um caso hipotético em que o mesmo contexto pode conduzir a resultados antagônicos, em função do modo como o ódio é gerido.

Segundo a primeira versão, Cláudio, engenheiro civil, fora colega de turma do presidente e controlador da empresa de construção onde trabalhava há cinco anos, como diretor de expansão. Operoso, criativo e muito conceituado dentro e fora da organização, Cláudio ainda não absorvera o duro golpe da inelegibilidade que lhe foi imposta pelo AI-5, em represália à sua participação nos movimentos de esquerda, no governo João Goulart. A vocação para a ação política, flagrante em sua vida, levou-o a dedicar muito de suas energias a cuidar de assuntos relacionados a esta área. O presidente da organização, seu superior imediato, por sua vez, amargava a *débâcle* recente de uma das organizações mais importantes do seu conglomerado, motivo por que, acreditava-se, vinha se comportando, desde então, com um mau humor destemperado. Nas reuniões que se seguiram à *débâcle*, o presidente deixou claro que a expansão do setor de construção seria a prioridade do grupo para neutralizar os efeitos daquele insucesso. Mais do que nunca, a área a cargo de Cláudio passou ao centro das atenções, o que, por si mesmo, explicaria uma mais intensa participação do presidente, como dos integrantes da organização, em geral, no exame das possibilidades de expansão do negócio.

Ao perceber que uma parte ponderável do trabalho de Cláudio era dedicada a articulações políticas, o presidente chamou-o para conversar, advertindo-o de que, se ele não interrompesse sua vertente política, seria substituído por quem pudesse dedicar-se, com exclusividade, à atividade expansionista da empresa. O tom distante e iroso que o presidente imprimiu à sua advertência, incompatível com a amizade fraterna que os unia, levou Cláudio, magoado, a reagir com perplexidade e em seguida com brusquidão, deixando a sala sem entender a razão do modo ríspido como o amigo de tantos anos o tratara. Inconformado com o tom ameaçador do diálogo, Cláudio, pela primeira vez, pensou em desligar-se, o que veio a fazer, passada uma semana.

O considerável conhecimento que Cláudio acumulara, naquela área chave, era, agora, mais do que nunca, necessário à expansão dos negócios. O executivo contratado para substituí-lo renunciou seis meses depois. Três meses transcorreram até que novo executivo fosse encontrado, o qual, por sua vez, um ano depois, não havia demonstrado maior aptidão para o posto. Ao invés de crescer, os negócios murcharam, passando a organização a vegetar num patamar de modesta operosidade, até encerrar as atividades. A todos pareceu claro, ao presidente inclusive, que o afastamento de Cláudio, provocado por um momento de ódio incontido, fora um grande erro.

Cláudio, por seu turno, conseguiu, com o apoio de amigos políticos, um emprego público, onde, auferindo, apenas, um terço dos rendimentos anteriores, tinha como vantagem a possibilidade de se dedicar à política, paixão de sua vida. Anos depois, candidatou-se a um cargo eletivo, sendo derrotado. Quatro anos mais tarde, nova tentativa, novo fracasso. Herdeiro de uma pequena propriedade rural, recolheu-se ao campo e converteu-se ao protestantismo, vindo a ser pastor.

No recesso do lar e dos amigos mais íntimos, com a maturidade dos anos e com o aprendizado que a leitura diária da Bíblia lhe ensejava, Cláudio, com frequência cada vez maior, reconhecia que se precipitara, porque aquela fora a única ocasião em que o amigo o tratara de modo grosseiro. Não soubera compreendê-lo, nem tivera a grandeza de indagar das razões ocultas daquele destempero, nem a paciência de esperar por um momento sereno, quando as coisas pudessem ser mais bem esclarecidas, para proveito mútuo. Percebia, com nitidez, que ambos saíram perdedores.

Pela segunda versão, o presidente, controlando seus maus-bofes, chamou Cláudio para mais um dos seus habituais almoços e lhe disse: "Agora, mais do que nunca, a organização precisa de você, uma vez que a expansão de negócios em sua área é a vertente que diviso para recuperarmos o grande revés que acabamos de sofrer." Cláudio respondeu: "Eu penso do mesmo modo, e a esse assunto venho dedicando o melhor dos meus pensamentos. Concluo, mesmo, que as relações que construí, a partir do exercício dessa minha inarredável e confessada paixão política, poderão representar grande base de apoio para a rápida deflagração do processo."

Numa variante dessa segunda versão, ao tom ameaçador e impositivo do presidente, Cláudio aguardou alguns instantes, enquanto procurava entender a causa da inédita e destemperada reação do amigo. Sereno, observou: "Acho que o momento está a exigir o máximo de cada um de nós. É natural que estejamos todos nervosos e irritados. Você pode contar comigo. Dentro de dois dias, submeterei um plano de ação à sua análise." Uma hora mais tarde, o presidente foi ao gabinete de Cláudio para desculpar-se: "Não me leve a mal, Cláudio. Eu, de fato, estou uma pilha!"

A partir de qualquer das variantes da segunda versão, ajustaram ideias, visões, planos e cronograma de ação e o programa deslanchou. As relações políticas de Cláudio, de fato, vieram a se revelar da maior valia. A partir delas, a organização chegou a todos os segmentos do mercado. Anos depois, já abastado, e tendo preparado o seu substituto, elegeu-se deputado federal, passo inicial para posterior eleição ao governo do seu estado. O presidente, por seu turno, liderava um dos maiores complexos empresariais do país.

Conto de fadas? A verdade é que a vivência de cada dia é cercada de cursos alternativos de ação que podem nos levar do céu ao inferno, porque todas as relações conduzem a um dos quatro possíveis desfechos seguintes: 1 – Eu ganho e você perde; 2 – Você ganha e eu perco; 3 – Ambos perdemos; 4 – Ambos ganhamos.

O modo de lidar com a ira interfere na formação desses resultados.

O processo de reconhecer e transformar a ira em trabalho produtivo, criatividade e crescimento pessoal é chamado, também, de sublimação. A aceitação da ira pode gerar disposição para criar, assumir riscos, trabalhar com afinco e encontrar novas e promissoras alternativas, capazes, também, de conduzir a uma sólida liderança. É difícil encontrar alguém que não haja experienciado, ao menos uma vez, o gosto de produzir, criar ou crescer em reação a uma ansiedade, frustração ou injustiça. Quando isso acontece, sentimo-nos valorizados, superiores, felizes. Quando, mesmo insultados, reagimos com placidez, levando o ofensor a recuar e até a desculpar-se, uma aura redentora se aninha em nosso peito e parecemos levitar de júbilo. Nessas ocasiões, aprendemos e crescemos, enquanto a fogueira do ódio, à nossa volta, se apaga por falta de combustível, e o ofensor, seduzido pela nossa serenidade, passa a integrar, com frequência, a coorte dos amigos e admiradores.

Como já tivemos a oportunidade de ressaltar, os estereótipos sociais limitam nossa capacidade de lidar com as experiências, sentimentos e valores, nossos e dos outros. As noções estereotipadas que nutrimos sobre temas da nossa vida psicológica ou social, como segurança, conduta racional, o papel da mulher e do homem, terminam por conduzir ao que se denomina profecia auto-realizável, isto é, os fatos acontecem mais como resultado do caráter impositivo que conferimos às nossas crenças do que em razão de sua intrínseca inevitabilidade.

A segurança emocional e o ódio

É indiscutível que alcançamos melhores resultados, em qualquer campo de atividade, quando nos sentimos seguros, mesmo quando lidamos com nossa ira.

A insegurança que se abate sobre a maioria das mulheres, em sua busca histórica de igualdade com os homens, resulta da crença em suas fraquezas e limitações. O homem, no pólo oposto, porque estimulado a assumir, sem culpa, seus sentimentos mais agressivos, ambiciona e ousa mais do que as mulheres, tendo, por isso, maiores possibilidades de realizar e de criar do que elas. Esse estereótipo condiciona o papel de ambos os sexos e é por eles alimentado, autoperpetuando-se.

Outra limitação ao processo criativo reside na crença exacerbada que depositamos no valor da racionalidade; ou melhor, em nossa incapacidade de reconhecer valor na irracionalidade, sobretudo no ambiente de trabalho, onde todo o sistema de avaliação de desempenho se baseia nas ações e procedimentos reputados racionais. Ao lado do caráter positivo dessa prática, convive o desperdício das ricas possibilidades que a irracionalidade criativa, imanente à ira, tem a oferecer, percepção que levou o já citado Bernard Shaw a dizer que todo progresso humano é obra dos insensatos.

Numa palavra: as pessoas mais receptivas a conviver com o ódio, administrando-o, acessam melhor o âmago dos seus sentimentos e emoções, deles se servindo para se afirmarem, no plano de suas ambições e possibilidades.

Quando a ira estiola

Pesquisas revelam que uma parcela ponderável da população ativa se sente mal no ambiente de trabalho, porque infeliz, solitária, acuada, prisioneira e sem saída.

Entre os modos destrutivos de expressão desses sentimentos, alinham-se os seguintes:

1 – Resistência em ser supervisionado e agressividade ativa ou passiva contra qualquer autoridade;
2 – Irritação, mutismo e ações imprevisíveis;
3 – Impermeabilidade à crítica;
4 – Demonstração de agressividade ativa ou passiva;
5 – Fruição de longos períodos de descanso para fugir ao trabalho;
6 – Absenteísmo crônico;
7 – Comparecimento atrasado;
8 – Chamadas telefônicas excessivas ou prolongadas;
9 – Furto;
10 – Repetidos problemas de saúde;
11 – Passividade, dependência e puxa-saquismo;
12 – Isolamento e inacessibilidade aos companheiros;
13 – Rigidez de princípios como meio de controlar o que os outros pensam, sentem e fazem;
14 – Perfeccionismo e espírito excessivamente crítico;
15 – Excessiva aderência a estereótipos;
16 – Transmissão de ordens humilhantes de cumprir;
17 – Desprezo no trato com as pessoas;
18 – Depreciação das pessoas;
19 – Troca de humilhações;
20 – Hostilidade recíproca;
21 – Competitividade excessiva;
22 – Agravamento do ciúme;
23 – Distorção das intenções dos outros;
24 – Excesso de desconfiança;
25 – Alimentação de fofocas;
26 – Excessiva mesquinhez;
27 – Sabotagem recíproca contra o crescimento;
28 – Recolhimento e inacessibilidade para inviabilizar a confiança recíproca;
29 – Interação insincera;
30 – Intencional trabalho de má qualidade.

A cólera dos líderes

Todos nós conhecemos líderes que são ou ficaram famosos pela sua iracúndia e, não raro, brutalidade. O que lhes terá possibilitado alcançar o patamar de liderança e mantê-lo? Não seria o êxito desses indivíduos um mau exemplo, perturbador do autodomínio, aqui apregoado como instrumento de crescimento pessoal e de aperfeiçoamento da convivência humana? Por que a mesma ira que interrompe ou anula a carreira de uns funciona como combustível para o sucesso de outros? A observação de muitos desses líderes avaliza a conclusão de que, guiados pela intuição, os mais bem-sucedidos se identificam pelo exercício da prática seriada de alguns procedimentos padrão, utilizados para dominar os outros, conforme as diferentes fases que dissecamos a seguir:

1 – Na primeira fase, o líder demonstra santa indignação contra alguma coisa ou atitude de alguém, de dentro ou de fora da organização; inconformado, estimula ou convoca a solidariedade dos seus pares ou subordinados; manipula o episódio, racionalizando-o como sendo ofensivo a todos à sua volta. Elaboram-se, a partir daí, planos de revide ao insulto coletivo.

2 – No segundo momento, o líder deixa de figurar como o ofendido original, passando a exibir sua inflamada ira como produto dos seus sagrados deveres de solidariedade para com sua grei, a cuja atenta passividade transfere os seus sentimentos de ódio.

3 – No terceiro estágio, o ódio do líder atinge o auge. Nesse ponto, o membro do grupo que vier a interceder com ponderações é massacrado, como medida dissuasória de novas dissensões. A amedrontada passividade do grupo reforça a confiança do líder no seu propósito retaliatório.

4 – Na quarta fase, começam a se desenhar os contornos do possível desfecho do confronto. Se os liderados perceberem que o grupo é favorito para ganhar o embate, suas atitudes tendem a ser cada vez mais participativas. Se, por outro lado, a tendência for de derrota, permanecem passivos ou evoluem para a deserção, como se verifica com grande visibilidade nas eleições majoritárias.

5 – Na quinta, que pode ser a fase final, se não for obtida uma rápida vitória ou, ao menos, uma posição de nítida predominância, hipóteses que confirmam o líder no comando do grupo, os liderados, assoberbados pela ansiedade, stress e

medo, afrouxam, ainda mais, o grau de sua coesão e participação, e o líder é substituído ou derrotado.

Essa é a história de todos os déspotas, de Napoleão Bonaparte aos chefóides e caudilhetes das regiões pobres do mundo, como o Nordeste brasileiro, cujos estilos de liderar são transportados para o interior das organizações, conduzindo, mais cedo do que tarde, à sua inevitável ruína.

O momento e o lugar como fatores abortivos da ira

Muitos caldeirões de ódio foram construídos em razão do momento, da ocasião ou do lugar errados para o tratamento de certas questões. Essa percepção elementar, que é do domínio do senso comum, no entanto, costuma ser ignorada por muitas pessoas, das menos intelectualizadas às mais cultas. Tal postura perniciosa, que tantos males acarreta à produtividade no trabalho, na escola e na família, deflui do viés de não sermos preparados, de modo sistemático, a partir dos primeiros anos, para compreender e lidar com os sentimentos. No particular, salvo uma ou outra iniciativa voluntária, de alguém criativo que se tenha aproximado de nós, somos todos entregues à incerteza de encontrarmos a nossa estrada.

O melhor momento para o tratamento de questões importantes ou delicadas é quando os interlocutores se encontram em boa disposição física e mental, como no início do dia e da semana.

A ocasião conveniente é a que menos gere constrangimentos, como é próprio dos encontros privados.

O local mais adequado é o que for eleito pelos interessados.

Uma vez iniciado o encontro, o sucesso dependerá da capacidade dos agentes em conflito de ouvirem com empatia o que o outro ou os outros têm a dizer, bem como do grau de compatibilidade entre suas linguagens oral e corporal. Esse procedimento ensejará, aos contendores, uma leitura e compreensão mais profundas das razões do outro, fator determinante na oferenda de um *feedback* dissuasor ou abortivo de um potencial clima de ódio e de agressão.

Lidando com a própria ira

Ficamos na defensiva e irosos quando somos atacados. É, no entanto, essencial evitarmos esses sentimentos se quisermos reagir, construtivamente, ao ódio. Como já vimos, há algumas técnicas que são cruciais para o êxito dessa recomendação, como ser objetivo – escutando e perscrutando com o propósito de recolher os fatos que estão influindo na conduta do interlocutor, de modo a permitir encará-los sem a interferência perturbadora da emoção – e ter, sempre, em mente que somos nós, e não os outros, os responsáveis por nossa ira.

O psicólogo norte-americano Albert Ellis sustenta que nosso ódio resulta do processo de transferência a que submetemos nossas crenças, subjetivas e irreais, sobre terceiros, e não do comportamento deles, por mais impróprio que seja. Por isso, quando começamos a nos irar, a primeira providência é buscarmos identificar o que nos ira, enquanto sofreamos o impulso de reagir, de modo a mantermos viva nossa sensibilidade, evitando emoções derrotistas, comprometedoras de nossa percepção, entendimento, flexibilidade, tolerância e abertura psicológica. O que é fácil de ser dito e até compreendido, mas difícil de ser praticado.

Sem que haja o desejo de mudar, mudanças não se processarão. O mero conhecimento dessas recomendações não é suficiente para passarmos a agir com a devida maturidade. É necessária a disposição de anotá-las, reuni-las e praticá-las. Seguem algumas consideradas úteis ao processo de mudança:

1 – Concentre-se no tema em questão. A incorporação de problemas passados ou de outra índole reduz a possibilidade de entendimento e aumenta a de ruptura e confusão;
2 – Evite tratamento paternalista;
3 – Esteja sempre alerta para a possibilidade de reexplorar aspectos já discutidos, se isso parecer relevante ao entendimento geral do assunto;
4 – Assegure a todos a legitimidade dos seus sentimentos, antes e depois da aparição do problema, enquanto analisa as origens e o modo de sua manifestação e busca identificar eventuais expectativas irrealistas dos envolvidos;

5 – Dê um passo de cada vez, começando por pisar em chão firme e bem-iluminado. Evolua das questões mais simples para as mais complexas, bem como das mais para as menos consensuais. Do mesmo modo que cada entendimento alcançado facilita o avanço, os impasses o dificultam. Ao diagnosticar a impossibilidade de um acordo, deixe claro que a discórdia é prejudicial a todos;
6 – Seja determinado ao implementar soluções, tendo em mente suas dificuldades, ampliadas pela morosidade das pessoas em processá-las e sustentá-las, e esteja preparado para reanimar os desistentes;
7 – A cada etapa do processo, reflita sobre como as relações vêm se processando, de modo a evitar os sentimentos negativos que podem surgir ao longo da jornada.

Para prevenir contra frustrações desnecessárias, é fundamental saber que há questões que têm que ser submetidas a consultoria especializada, tendo em vista o caráter psicopatológico de um ou mais sujeitos envolvidos.

Auto-avaliação

A reflexão sobre algumas indagações é de fundamental alcance para quem estiver empenhado em aprender, com o deliberado propósito de mudar de atitude, através da mudança de paradigma. Em caráter exemplificativo, seguem algumas sugestões:

1 – A discussão se processou de acordo com o tema agendado, ou mesclou-se com diferentes ou velhas questões?
2 – As partes foram objetivas e racionais na análise dos fatos e reciprocamente empáticas, ou se deixaram tomar pela embriaguez das emoções?
3 – Os atores agiram com genuína abertura e intercomplementaram suas visões do problema, ou guardaram suspeição recíproca e isolamento?
4 – Cada um dos interessados reconheceu sua parcela de responsabilidade na formação do imbróglio e teve reconhecido seu propósito de colaborar para desfazê-lo?

5 – Evitaram-se acusações, indiferença, mistificação, humor cáustico e desdém?
6 – Ficou clara a compreensão recíproca das opiniões externadas?

Repita-se, à saciedade: muito de nosso crescimento, profissional e emocional, depende do modo como lidamos com a ira, a nossa e a dos outros.

O ódio e a necessidade gregária

O homem sente a necessidade de ser reconhecido e valorizado pelo que é, e de pertencer a um grupo. Sem isso, o desenvolvimento da auto-estima, do amor-próprio e de um saudável narcisismo não se processa. A ameaça, potencial ou efetiva, contra esses atributos gera o ódio que nos mobiliza para defendê-los, a pau e pedra. Ocorre que o mesmo grupo social que é a fonte que os anima, é, também, hospedeiro de ameaças perturbadoras, indesejadas e geratrizes de ansiedades, stress, medo, injustiças e humilhações, matéria-prima com que se alimenta o ódio. Todos experimentamos, desde a mais tenra infância, o trauma das censuras, reprovações, castigos e vínculos desfeitos que nos abate o ânimo, causando-nos solidão, amargura, tristeza e infelicidade, a ponto de, algumas vezes, perdermos o gosto de viver. Nossa necessidade de pertencer a um grupo é tão marcante que preferimos uma atenção negativa, que nos mantenha emocionalmente vivos, à indiferença, que nos vulnera, deprime e anula. Por isso, nada afeta tanto nossa auto-estima e fomenta nossa ira contra os supostos responsáveis pela nossa desdita como o sentimento de exclusão, de não pertencer! O desejo de satisfazer a necessidade de pertencer funciona como poderoso estímulo para os indivíduos que já satisfizeram suas necessidades fisiológicas, de segurança e de afeto, como nos ensinou Abraham Maslow, ao hierarquizar as necessidades humanas, em seu conhecido livro de 1954, *Motivação e Personalidade*. O conservadorismo, que tantas vezes dificulta ou impede a aceitação de mudanças benéficas ao nosso desenvolvimento, como promoção profissional, mudança de trabalho, de endereço ou de parceria, societária ou afetiva, decorre, em grande medida, do receio de perdermos vínculos que tememos não poder substituir. A frequente e absurda subestimação ou ignorância desse fato, pelos responsáveis por essas mudanças, pode conduzir a reações destrutivas – ostensivas ou mascaradas. Importa, pois, dispensar cuidados especiais aos calouros, aos que estão chegando, na escola, no trabalho, no clube ou, até mesmo, numa recepção familiar com a qual não tenham muita intimidade. Esses neófitos, em seu silêncio ensurdecedor, clamam por proteção.

As organizações aptas a desenvolver uma atmosfera afetiva que valorize a qualidade da convivência podem realizar um crescimento auto-sustentável, num ambiente estável e prazeroso, mesmo em ocasiões difíceis, porque terão minimizado os níveis de ansiedade, frustração, medo e ódio que acompanham o traumático e doloroso sentimento de não ser amado, de não pertencer.

A crônica das organizações humanas é prenhe de casos de indivíduos que optam por funções menos remuneradas, porque se sentem compensados com a parcela invisível dos seus ganhos, representada pelo bem-estar que o sentimento de segurança afetiva lhes proporciona. As organizações que passam a perceber a expressão desse saudável clima psicológico para a motivação dos seus agentes, e o implantam, ganham em produtividade, prestígio e longevidade. Para que isso seja alcançado, todo empenho deve ser feito para disponibilizar adequada assistência psicológica, inclusive de cunho profissional, se necessário for.

A ira e o falso eu

O falso eu se manifesta quando desempenhamos, em regime de competição com nosso eu verdadeiro, um papel que não corresponde às nossas verdadeiras características e natural maneira de ser. Não estamos nos referindo àquela diversidade de conduta que, em maior ou menor grau, é requerida do homem civilizado, isto é, do homem urbano, a quem se impõe, como condição inelutável da vida moderna, o desempenho de múltiplos papéis. Em geral, essa multiplicidade de papéis temporários é exercida como decorrência do nosso crescimento e do cumprimento do contrato social a que todos somos convocados, como imperativo da convivência em sociedade. Os processos educacionais a que nos submetemos, formais e informais, dentro e fora da escola, da família, da igreja, do trabalho e do clube social, buscam preparar-nos para aceitar, sem traumas maiores, essa fratura consentida de nosso eu verdadeiro em pequenos e transitórios falsos eus, sem a perda da predominância, porém, da estrutura essencial de nosso eu verdadeiro. O fato de termos condutas distintas em cada um dos diferentes campos da vida, não nos expropria de nós mesmos; trata-se de uma concessão inelutável, o preço que temos que pagar, para conviver em sociedade. É essa diversidade de papéis que responde, em primeiro grau, pela crescente necessidade de apoio psicológico para que possamos vencer as dificuldades de ajustamento, oriundas da vida moderna, e mantermos o equilíbrio entre nosso eu verdadeiro e os falsos que o rodeiam.

O falso eu, a que aludimos aqui, é mais denso, competitivo, comprometedor, desfigurador e violador do nosso eu verdadeiro. Corresponde a um daqueles pequenos eus que cresceram e sobrepujaram os demais, acabando por se impor a eles. A ação continuada e persistente desse falso eu tende, em última análise, a nos transformar em quem não somos, relegando nosso eu verdadeiro ao banco de reserva, contra a nossa vontade. Os ambientes autoritários, sobretudo, na família e no trabalho, constituem o campo mais propício para essa traumatizante transfiguração, em que, para sobreviver, o indivíduo que não consegue reunir forças para reagir ou desertar submete-se, violentando-se, e transformando-se num caldeirão de ódio. Quem não conhece exemplos horripilantes de opressão doméstica ou de crueldade no trabalho, fonte de tanto desespero e desengano? Em sua feição extremada, temos a expropriação psicológica, imposta pelo sequestrador ao sequestrado, resultando na paradoxal admiração daquele por esse, segundo o já mencionado fenômeno da síndrome de Estocolmo. Pode dar-se, também, que o sofrimento leve o indivíduo a abrigar-se em realidades concebidas pela mente, e construídas em sonhos divorciados do seu passado e do seu presente real, como aconteceu com os opositores de Hitler, prisioneiros em campos de concentração alemães, pouco antes do início da Segunda Grande Guerra, segundo relato do psicanalista Bruno Bettelheim. Em seus devaneios oníricos, eles concebiam exércitos redentores invadindo a Alemanha, libertando-a do guante de Hitler e colocando-os no comando da nova situação. Sentimento análogo ao que tem alimentado o espírito de resistência à ação dos tiranos de todas as eras, de Nero a Saddam Hussein.

Apesar de se irarem todas, as reações das pessoas expropriadas do seu eu verdadeiro podem oscilar de uma completa, total e absoluta submissão passiva até uma explosão agressiva da cólera mais desabrida, com uma infinidade de gradações de permeio.

O ódio e a autonomia existencial

O desejo de ter autonomia existencial colide com o desejo de pertencer, de amar e ser amado. Enquanto o desejo por autonomia nasce do propósito de evitar a manipulação dos outros – pais, irmãos, cônjuges e superiores –, o indivíduo, em razão do seu desejo de pertencer, de amar e ser amado, não pode prescindir da convivência com os potenciais dominadores do seu modo de sentir, pensar e agir. Da adequação desse conflito depende o desenvolvimento de nossa auto-estima e saudável narcisismo. É importante destacar que o nível desejado de autonomia não é uniforme, variando de indivíduo para indivíduo, em função do conjunto de suas peculiaridades. Qualquer ameaça ou restrição de nossa autonomia constitui fonte de ansiedade, frustração, injustiça e medo, porque é percebida como um ataque ao nosso bem-estar e auto-estima, ação e reação que nos acompanham do berço ao túmulo. A negação continuada dos desejos ditados por nossa autonomia afeta a autoconfiança e gera ódio. Nas organizações humanas, como a família e o trabalho, é inevitável a presença controladora e limitadora do poder e da autoridade, em graus que dependem dos diferentes estilos de liderança predominantes, que podem variar do *laisser-faire* ao paternalista, autocrático, despótico. Quanto mais castrador o exercício desses instrumentos de manipulação, tanto mais intenso será o ódio sentido. Não é de estranhar, pois, que uma das possíveis definições da vida seja: uma luta constante para conquistar a autonomia desejada, ou reconquistar a autonomia perdida.

Quando ocorre uma perda substancial de autonomia, por prazo longo, o indivíduo tende a desenvolver uma preocupação obsessiva contra vir a ser controlado, bem como uma crescente dificuldade para lidar com questões relacionadas a poder e autoridade, fato que dificulta a manutenção de relacionamentos confiáveis, aumentando a sensação de vulnerabilidade e reduzindo a auto-estima. Para compensar essa sensação de perda, a pessoa passa a alimentar reservas mentais autodestrutivas, traduzidas em agendas secretas, concebidas como mecanismo de conquista e preservação da autonomia, nas relações interpessoais, como meio de sublimação ou pacificação do sentimento de ódio, por estar sendo dominada. As relações entre pais e filhos constituem campo ideal de estudos, por permitir uma análise do seu processo evolutivo, desde a mais tenra infância até à emancipação. Quando os pais não têm a competência para ajustar sua ação protetora a cada um dos diferentes estágios emocionais dos filhos, a crise de relacionamento entre eles é inevitável, podendo resultar em rompimento doloroso. Muitas vezes, o rompimento, pelo seu caráter redentor, é preferível a um estado de submissão e conformismo que paralisa o indivíduo, anulando-o.

Quando reconhecido pelo valor dos seus atributos – inteligência, criatividade, honradez, capacidade de trabalho, coragem física e moral –, o indivíduo é tomado por uma benfazeja elevação de sua auto-estima, que sofre redução quando perde parcela de sua desejada autonomia. A reação passiva ou aberta a mudanças, no ambiente de trabalho ou em outros espaços da vida, emana do receio de que a nova situação possa implicar perda desse importante ativo psicológico. Quanto mais inseguro o indivíduo, mais intenso será o ódio oriundo da sua perda, porque maior é sua sensação de incapacidade de reconquistá-lo.

O reconhecimento da autonomia alheia, portanto, é meio eficaz de prevenção do ódio nas relações humanas.

Quanto mais cedo compreendermos a emoção do ódio, melhor, de modo a nos capacitarmos a reagir construtivamente a esse sentimento, ao invés de cedermos ao guante da frustração, apenas porque não estamos conseguindo o que desejamos. Só não nos deixaremos assaltar pelo ódio quando compreendermos como se processa e o que é estar por ele dominado. Na contramão da crença comum, é possível ser, ao mesmo tempo, afirmativo e sereno, o que não equivale a sentar-se sobre a tampa da panela de pressão do ódio latente que, mais cedo ou mais tarde, arrebentará com força, fato que poderia ser minimizado se o ódio "não estivesse comprimido como a pólvora no fuzil, um ódio longamente nutrido em segredo, incubado no íntimo", como queria Schopenhauer.

Como ilustração, consideremos alguns exemplos de reações e reflexões construtivas, extraídos da vida das pessoas:

1 – "Quando meu marido chegava em casa, tarde da noite e bêbado, eu me alucinava. No início, ficava nos protestos, depois evoluí para os xingamentos, a que ele reagia com crescente indiferença e cinismo. Quando passei para a agressão, esmurrando-o e atirando-lhe o que me caísse às mãos, ele passou a revidar no mesmo nível. Nossa vida se transformou num inferno, com reflexo perturbador sobre nossos dois filhos menores. Quando ele perdeu o emprego, às desavenças veio somar-se a falta de recursos para o atendimento de nossas necessidades básicas: atraso do aluguel e da escola dos meninos, ameaças constantes de corte de luz, água e telefone. Um clima de desespero se apossou de todos nós. Foi quando, num estalo, passei a pensar sobre o que estava acontecendo, procurando entender o que levava meu marido, antes tão responsável e terno, a se comportar daquela maneira. Sem dinheiro para contratar um psicanalista, recorri às orações e ao padre de nossa paróquia, em busca de orientação e conselho. Como resultado, percebi que nunca me interessara pelo tipo de trabalho que meu marido realizava, preocupada, apenas, com o valor dos proventos. Mais, ainda: insistia sempre em querer saber quando ele teria um aumento, comparando a nossa prosperidade com a dos vizinhos. A partir dessa visão autocrítica, passei a ser mais solidária, compreensiva e companheira do meu marido, atitude que produziu efeitos imediatos sobre sua auto-estima, modificando sua atitude. Não demorou muito, e ele conseguiu novo emprego, e nossa vida, que parecia destruída, voltou ao normal. Ao preço de muita dor, compreendi que a minha sensação de bem-estar, ao ralhar ou explodir com ele, era sucedida por um crescendo da deterioração de nossas relações. Mais grave ainda, em vez de melhorar, piorava; como meio, talvez, de revidar aos meus ataques, vistos por ele como injustos e destemperados. O inferno em que quase sucumbimos foi construído por nossos erros conjuntos, evitáveis pelo exercício do mínimo de solidariedade."

2 – O ódio é, apenas, uma reação a uma frustração, nunca uma solução. A solução passa pelo racional diagnóstico da causa do ódio, e pela utilização de meios terapêuticos eficazes. Quando cedemos aos assomos do ódio, e nos entregamos, com certo sadomasoquismo, à concepção dos mecanismos com que faremos nosso ajuste de contas, a consequência mais provável é o agravamento da causa que desejamos suprimir ou contornar. Obtemos o que se denomina efeito bumerangue, ou seja, alcançamos um resultado oposto ao desejado. É como tentar apagar um fogo com gasolina. Em lugar de querermos, pela retaliação, mudar nosso suposto ofensor, seria mais eficaz buscarmos compreender as causas motivadoras de suas ofensas, e explicar-lhas. Reconheça-se, de logo, que se trata de uma missão difícil, exigente de muita força de vontade, imaginação e superior formação moral. A grande dificuldade para dar o primeiro e decisivo passo reside no bloqueio de nossa capacidade de raciocinar que o ódio protagoniza. Além disso, é oportuno lembrar que a punição, quando eficaz, ensina o que não deve ser feito, mas não instrui sobre o que deve ser feito.

3 – O modo como reagimos ao ódio pode exercer grande influência sobre a maneira como as pessoas que gravitam em nossa volta passarão a reagir, sobretudo na família e no trabalho. Ainda que não o percebamos, o fato é que somos influenciados pela conduta dos outros de modo, às vezes, intenso. Quanto maior for o nível de conscientização dessa verdade palmar, tanto maior tende a ser sua incorporação à nossa prática existencial. O conhecimento da conduta, no particular do ódio, de personalidades emblemáticas da dignidade humana, como Jesus Cristo, Gandhi, Mandela e Rondon, é de grande valia para o desenvolvimento dessa difícil e valiosa postura. Vale acrescentar, ainda, que o ódio é uma das emoções mais contagiantes. Os quebra-quebras, saques e pilhagens exibidos nos jornais televisivos, apontando o envolvimento, também, de pessoas decentes, são um bom exemplo dessa inquestionável assertiva. Um líder civil, na família ou no trabalho, pode fazer do aperfeiçoamento do modo de sua reação à cólera um instrumento do seu crescimento pessoal e de todos os seus liderados.

4 – O ódio é a principal causa do desfazimento de sociedades conjugais e empresariais. Não são os problemas oriundos do ciúme, infidelidade, dinheiro, sexo, família, confiança, *status*, trabalho e muito mais a causa dessas separações, mas o ódio nascido delas. Uma vez sob controle, o ódio não impedirá o fluxo e refluxo dos entendimentos necessários para abortar as crises, e restaurar a concórdia. Uma vez, porém, transformado em agressão, o ódio bloqueia o diálogo e dá o tom das tropelias que tendem a degenerar em conflito belicoso. Tudo isso porque as pessoas, em geral, não receberam o mínimo treinamento, que melhor seria ter sido ministrado na infância, para lidar com as frustrações que são inerentes e inseparáveis da vida em sociedade.

5 – O sentimento do ódio é fonte segura de distúrbios psicossomáticos e de infelicidade individual e coletiva. Enquanto um fisiologista nos dirá das alterações processadas em nosso organismo pelo sentimento da ira – como pressão arterial, indigestão, colite, redução da visão, taquicardia, dores de cabeça e estomacal –, um psicanalista nos advertirá das perturbações psicológicas produzidas pelo ódio, inclusive neuroses e psicoses graves. Milhões aderem ao vício, como derivação do ódio causado por suas frustrações. Casamentos esbarrondam-se pela incontinência verbal de um ou ambos os cônjuges. Os lares deixariam de ser o lugar mais inseguro para as crianças, vítimas da ira dos pais e de outros que têm o dever de protegê-las, como o demonstram as estatísticas, não fosse pela incapacidade deles de lidar com o ódio. O paranóico deixaria de sê-lo, se pudesse perdoar as faltas e as transgressões dos outros. As prisões não estariam tão apinhadas, não fosse a matriz do ódio.

QUARTA PARTE

A FORÇA DOS MITOS

Algumas das crenças que vamos construindo ao longo de nossas vidas culminam por ganhar um sentido de verdade absoluta, dispensada de submeter-se ao teste da comprovação, atingindo o prestigioso estágio de mito. Dentre as crenças mais influentes para a emergência dos mitos, destacam-se as seguintes:

1 – A cólera é uma reação instintiva à ameaça ou frustração de nossos objetivos ou desejos;
2 – Ódio e agressão estão indissolúvel e biologicamente ligados, sendo o ódio o sentimento, e a agressão seu modo de expressão, e, ambos, aspectos do instinto agressivo;
3 – A energia emocional representa uma quantidade fixa que, se não for reprimida, pode transbordar e inundar todo o sistema;
4 – Se o extravasamento da ira for bloqueado, ela se volta para dentro, convertendo-se em sentimentos como os de culpa, letargia, ansiedade, frustração, vergonha, depressão;
5 – Homens e mulheres reagem de modo diferente às causas do ódio, tendo em vista seus diferentes modos de pensar;
6 – A prática do esporte libera o ódio, assim como a bebida libera o ódio recalcado;
7 – Toda frustração e toda injustiça se convertem em ódio;
8 – A expressão da cólera é tão boa para o odiento, como é ruim a supressão;
9 – As penas aplicadas aos crimes praticados sob violenta emoção devem ser atenuadas;

10 – As emoções, em geral, e o ódio, em particular, obliteram a capacidade humana de controlar suas ações e de fazer opções lúcidas e consistentes.

Como é fácil depreender, não é pequena a influência dos mitos sobre os modos de ver o ódio e suas consequências, contribuindo para o revigoramento da crença em uma inevitabilidade superior à verdadeira. E mitos há de todos os matizes: biológicos, psicológicos, antropológicos, sociológicos, culturais, passando por uma combinação dos nascidos da ação conjunta de duas ou mais dessas causas. São muito ativos os efeitos perversos oriundos da exacerbação da crença na força dos mitos, como veremos a seguir.

O mito biológico se desdobra em duas vertentes: o determinismo bioquímico e o instintivo.

1 – Os defensores do *determinismo bioquímico* partem da associação do hormônio da prolactina, responsável pelo estímulo da produção do leite materno, com elevados níveis de ódio. R. M. T. Buckman, Kellner e outros, em pesquisa de 1984, concluíram que mulheres portadoras de amenorreia hiper-prolactinêmica – estado caracterizado pela elevação dos níveis de prolactina no sangue e ausência de menstruação – mostram-se mais agressivas do que as portadoras de níveis normais de prolactina. Quando as hiper-prolactinêmicas ingeriram redutores de prolactina, baixou o nível de sua hostilidade. Idêntico resultado foi obtido em outro estudo no pós-parto de dois diferentes grupos de mulheres. Também a testosterona é associada à hostilidade. Em estudo realizado em 1962, M. Konner observou que os prisioneiros com os mais elevados níveis de testosterona eram os que registravam o mais precoce encarceramento. O mesmo Konner constatou a influência do meio ambiente sobre os níveis de testosterona. Um macaco colocado numa jaula dominada por outros macacos teve reduzido seu nível de testosterona. Todavia, quando enjaulado com fêmeas no cio, a taxa do hormônio se elevou de modo expressivo. A noradrenalina ou norepinefrina vem sendo, há muito, associada à agressividade. Uma equipe de pesquisadores, liderada por Myer Friedman e Ray H.

Rosenman, concluiu, em 1960, que pessoas agressivas excretam mais noradrenalina do que as passivas ou as ansiosas. O estudo não esclareceu, porém, a velha questão sobre quem surgiu primeiro: o ovo ou a galinha; isso porque não deixou claro se era o ódio o responsável pela maior produção de noradrenalina ou se o excesso hormonal no sistema fisiológico ocasionava o ódio. Embora se saiba que os hormônios estão associados às emoções, inclusive o ódio, fazendo com que a excitação fisiológica seja conatural delas, não se pode concluir que sempre a ele conduzam. A cognição do evento e a interpretação que lhe é dada compõem o segundo elemento definidor da natureza das emoções, conforme os mencionados estudos de Stanley Schachter e Jerome Singer, corroborados pelo especialista em ódio Ray Rosenman, cujas pesquisas realizadas em 1985 levaram-no a concluir que "em primeiro lugar, é a percepção do fato que determina a reação emocional e, a partir dela, os desdobramentos psicofisiológicos. O ódio é uma reação cognitiva associada à interpretação e à avaliação individual". No mesmo diapasão Carol Tavris sustenta que a excitação fisiológica induzida pelo hormônio não é suficiente para provocar as emoções: "Antes que a excitação fisiológica se transforme em hostilidade, a incerteza em medo, a apatia geral em depressão ou ódio, é necessária a presença do componente psicológico." Integra a vertente do determinismo bioquímico a vinculação do ódio ao sistema límbico, apontado pelos neurologistas como responsável pela hostilidade, programado para executar as exigências evolucionárias associadas à reprodução e sobrevivência. O sistema límbico situa-se na região mais antiga do cérebro, e é composto, dentre outros, pelo hipotálamo, o septo e a amígdala, sendo a última a *bête noire* do comportamento agressivo. A amígdala compõe as estruturas límbicas responsáveis por identificar o ódio e as oportunidades de ação. As áreas mais antigas do cérebro, inclusive o sistema límbico, são também denominadas, no seu conjunto, sistema neural primitivo, em oposição ao sistema neural avançado, de formação mais recente, entre cem e duzentos mil anos, dominado pelo neocórtex, responsável por nossas reações conscientes. Enfatize-se, porém, que a divergência entre os estudiosos sobre o surgimento da consciência é de milhões de anos. Não obstante, as primeiras manifestações artísticas são consideradas como o divisor entre a mente primitiva de nossos avoengos e a moderna presente nos Cro-Magnons, comunidade que viveu na Europa continental há pelo menos cem mil anos. Nesse estágio, o homem ainda guardava muitos pontos de semelhança com os animais, características que o processo civilizatório foi aos poucos embotando como reação rápida, visão, olfato e audição acurados, grande resistência física, conhecimento preciso dos animais de caça, destreza no uso dos instrumentos disponíveis. As doenças cerebrais que afetam o sistema límbico podem desembocar no que F. Elliot denomina "síndrome do descontrole". Ele acredita que essa seja a causa de inúmeras ofensas gratuitas, como espancamento de cônjuges e filhos, explosões súbitas, homicídios por razões irrelevantes, auto-agressões, conduta perigosa ao volante, divórcios inconsequentes, infelicidade doméstica e muito mais. Apesar da existência de uma farta casuística que corrobora a crença na vinculação do sistema límbico, em geral, e da amígdala, em particular, com a agressividade, tal entendimento não é unânime entre os estudiosos. Ray Rosenman, por exemplo, observa que "a existência da amígdala não implica, necessariamente, uma instintiva programação do cérebro para a violência, eis que sua estimulação em animais não os torna violentos, a menos que tenham aprendido a sê-lo. Além disso, seu estímulo em humanos pode resultar em diversas reações, como ansiedade, depressão, ódio, horror e medo pânico". Outros pesquisadores seguem idêntica linha de conclusão. J. P. Deschner, em livro de 1984, destaca que a amígdala enquadra os novos estímulos, avaliando-os em função do seu potencial benéfico ou prejudicial. Diz ele: "Essas avaliações primitivas dos bons e dos maus estímulos novos parecem controlar o acesso aos programas do ódio no hipotálamo. Felizmente, os novos estímulos são inicialmente recebidos e decodificados pelas áreas apropriadas nos hemisférios cerebrais, especializadas em lidar com sons, imagens, etc. Por isso, a amígdala transmite julgamento sobre os estímulos que já tenham sido filtrados através das porções conscientes da mente, onde tudo que chega é registrado e comparado com memórias, crenças e expectativas do passado e, em seguida, interpretado. Essa simples ocorrência anatômica serve para destacar o mesencéfalo do mundo, operando como o suporte embutido para a regulagem cognitiva das reações odientas."

2 – O mito do ódio *instintivo* alcançou credibilidade quase científica com os estudos do paleoantropologista e anatomista australiano Raymond Dart, a partir da descoberta que fez, em 1924, do Australopithecus Africanus, nas proximidades do Deserto Kalahari, no Sudoeste da África, contribuindo de modo sensível para consolidar o continente negro como berço da humanidade, conforme a visão de Charles Darwin, corroborada por estudos posteriores. Segundo Dart, "os ancestrais do homem difeririam dos macacos de hoje, por serem matadores contumazes, carnívoros violentos que esquartejavam suas vítimas, para implacavelmente devorá-las e beber o seu sangue ainda quente". Ao aprofundar os estudos em fósseis do Australopithecus Africanus, Dart encontrou marcas profundas da violência contra ele também praticada, levando-o a concluir, em 1953, que "os arquivos de sangue e truculência da história humana, desde os registros sumérios até as atrocidades mais recentes da Segunda Guerra Mundial, associam o homem ao canibalismo universal primevo. Esse hábito predatório, essa marca de Caim, distingue-o, do ponto de vista dietético, dos seus parentes antropóides e filia-o aos mais mortais carnívoros". As conclusões de Raymond Dart foram ainda mais elaboradas pelo seu discípulo Robert Ardrey, robustecendo a crença de que o homem não tem como escapar à sua agressividade instintiva, por ser um predador dotado do instinto de matar com o uso de instrumentos.

Estudos recentes, conduzidos por Bob Brian, a partir da África do Sul, contestam as conclusões de Dart e Ardrey. Brian deduziu que as marcas de contusão nos fósseis de hominídeos encontrados por Dart resultaram da ação de objetos pontiagudos, como ossos de animais, pressionados pelo peso da espessa camada de terra sob a qual estavam soterrados.

O mais popular proponente da teoria da agressividade instintiva do homem é, sem dúvida, o prêmio Nobel Konrad Lorenz, que a expôs em seu conhecido livro *On Aggression*. Lorenz associa a agressividade humana à territorialidade universal instintiva em todo o campo biológico. Para ele, o mundo animal estabelece e mantém espaços territoriais através de demonstrações ritualísticas de agressão. Nossos ancestrais, mediante a utilização de instrumentos cada vez mais eficazes, desenvolveram a capacidade de caçar, fato que contribuiu para o superpovoamento de seu território. Os antigos rituais de guerra se transformaram em combates sangrentos, cada vez mais acentuados pelas disputas territoriais e facilitados pela possibilidade de matar à distância, sem o constrangimento emocional da luta física. De caçador eficiente, o homem passou a ser um destruidor de sua própria espécie. A agressividade, um "impulso" natural, seria, assim, um componente essencial do mecanismo territorial de sobrevivência animal que é alimentado pela contínua necessidade de ser expresso ou manifestado. A agressividade é deflagrada quando surgem indícios convincentes de ameaça, a exemplo da aparição de um animal temível. Quando um lapso considerável de tempo decorre, sem a aparição de uma ameaça, a pressão interna tende a atingir um ponto de ebulição, provocando uma "descarga" espontânea da agressividade. A partir dessa teoria, toda hostilidade seria explicada, das mais simples disputas interindividuais às explosões nucleares.

Robert Ardrey, aprofundando a teoria territorial de Lorenz, entendeu que a agressão individual passou a ser grupal como consequência da comprovada eficácia superior da caça coletiva sobre a individual, fato que se tornou a base da organização social. A partir dessa tese, os etólogos Robin Fox e Lionel Tiger concluíram que aos machos cabe a liderança social, porque os bandos de caça precisavam ser constituídos de indivíduos fortes, atributo em que os homens superam as mulheres, além do fato de a presença feminina representar uma distração biológica prejudicial aos objetivos de provisão do grupo. Dessa liderança originária da força e da agressividade teria resultado o *ethos* de todas as formas de organização social.

Essas teorias, não obstante apoiadas nas ciências dedicadas ao estudo do comportamento animal e humano, não foram bem recebidas pelos cultores da Antropologia, a mais antiga das ciências sociais, nascida da extensão da etnografia descritiva.

A principal condenação partiu, em 1981, do paleoantropólogo Richard Leakey, para quem a territorialidade animal tem o propósito de proteger recursos, como alimentos ou abrigo, as fêmeas e suas crias. A movimentação e o alarido intensos de inúmeros animais, a exemplo de algumas famílias de macacos, sobretudo ao alvorecer, integram os confrontos ritualísticos pela disputa territorial, dos quais os mais aptos saem vencedores, sem a necessidade de ofensas físicas, na grande maioria das vezes. Para Leakey, esses modos de agressão pantomímica constituem alternativa eficaz às disputas envolvendo violência física. As vantagens desse procedimento são óbvias, na medida em que poupa os indivíduos do desgaste de uma energia valiosa na luta constante pela sobrevivência, da qual depende o êxito do processo evolucionário. O animal que não dosar seus ímpetos agressivos coloca em risco a si próprio e a espécie a que pertence.

Os ancestrais do homem viviam, imagina-se, em pequenos grupos íntimos, nas proximidades de grupos vizinhos com os quais mantinham relações em graus variados de camaradagem. Leakey avalia que os primeiros assassinatos ocorreram dentro do próprio grupo, envolvendo, portanto, pessoas próximas. Como o sucesso evolucionário depende, em última análise, da maior ou menor capacidade da espécie de gerar e assegurar a sobrevivência do maior número de descendentes, uma agressividade inata descontrolada teria extinguido a humanidade em seu nascedouro. Cooperação e não conflito seria o principal fator determinante do sucesso evolucionista. Os proto-hominídeos que não se ajustaram a essa lei desapareceram, ao contrário dos primatas que realizam a maior porção de suas disputas de modo ritualístico, sem a necessidade do recurso à violência. O *Homo sapiens*, não obstante os conflitos diários de todo gênero, também resolve a maioria de suas disputas mediante processos ritualísticos, sem o recurso à violência física.

A opinião de Leakey é que a territorialidade e a agressão não correspondem a um instinto universal. A territorialidade só ocorreria na hipótese de escassez, de alimentos ou de fêmeas para acasalamento, sendo lei da sobrevivência que os menos aptos a competir fiquem sem alimento e sem parceiras.

Em maio de 1986, a maioria de um grupo de vinte cientistas, notáveis no campo comportamental – psicólogos, neurofisiólogos e etólogos –, concluiu que não há suficiente comprovação científica para garantir que os humanos sejam agressivos e belicosos natos. Os cientistas, oriundos de doze diferentes países, reuniram-se em Sevilha, na Espanha, e suas conclusões foram acolhidas pela Associação Americana de Psicologia e pela Associação Americana de Antropologia, dentre outras entidades científicas. As conclusões, publicadas na revista *Psychology Today*, 1988, podem ser assim resumidas:

1 – É cientificamente incorreta a suposição de que herdamos a tendência de guerrear de nossos ancestrais animais, porque essa é uma aptidão humana, inobservada nos outros animais, e evitável pelos homens;
2 – É cientificamente incorreta a crença de que os conflitos que envolvem violência são geneticamente programados em nossa natureza humana. À exceção de raros casos patológicos, os genes não produzem indivíduos predispostos à violência;
3 – É cientificamente incorreto concluir-se que no curso da evolução humana tem havido uma preferência seletiva pela agressão. Em todas as espécies bem estudadas, a ascendência no grupo é conseguida, em primeiro lugar, pela habilidade cooperativa;
4 – É cientificamente incorreta a tese de que os seres humanos possuem um "cérebro violento". Ainda que detenhamos o aparato neurológico para agir com violência, não há nada em nosso sistema neurofisiológico compelindo-nos a agir desse modo.
5 – É cientificamente incorreta a conclusão de que a guerra tem origem instintiva ou que seja provocada por outra qualquer motivação isolada. "A biologia não condena a humanidade à guerra. Cabe à humanidade libertar-se do jugo do pessimismo biológico. A violência não é parte do nosso legado evolucionário, nem do nosso genes", conclui o documento de Sevilha.

Um terceiro grande mito sustenta que a frustração leva, sempre, ao ódio. Novos achados em psicologia desmitificam a crença na impositiva relação de causa e efeito, entre frustração e sentimentos que levam ao ódio, defendida por John Dollard e outros psicólogos, em livro publicado em 1939, onde desdobram a opinião de Freud segundo a qual, quando o instinto agressivo nato é bloqueado ou "frustrado", o ser humano ataca. Se perceber que a materialização do ataque contra o objeto do ódio o colocará em posição de risco, processa-se o deslocamento da ira. Em síntese: "A ocorrência da agressão pressupõe, sempre, a existência de frustração, do mesmo modo que a presença da frustração conduz, sempre, a um modo de agressão". Os inúmeros testes levados a efeito para testar a assertiva de Dollard e seu grupo demonstram que, embora, na maioria das vezes, essa relação causal seja verdadeira, ela não é inevitável, porque não é sempre que a frustração tem o poder de nos perturbar, do mesmo modo que não é sempre que a agressão é precedida de frustração. Há frustrações que, em lugar de ódio, despertam os mais diferentes sentimentos e desejos, como o arrependimento, a vontade de tomar um bom vinho e, até mesmo, a elevação de nossa auto-estima, como nos casos que poderíamos denominar de frustração administrada ou auto-imposta, característica dos que sacrificam seus prazeres, no curto prazo, em nome de um objetivo maior, só alcançável em longo prazo, como a encontrada nos atletas olímpicos, nos pesquisadores, nos ascetas e nos religiosos. Os últimos chegam a comprometer o bem-estar terreal em troca das delícias da vida eterna. Os membros da tribo kwoma, da Nova Guiné, costumam reagir à frustração com uma atitude de submissão, dependência ou cautela, na mesma proporção com que reagem com ódio, como demonstrou J. W. M. Whitting, em 1941. Também os balineses, conforme os estudos de G. Bateson, reagem à frustração recolhendo-se em isolamento, dias seguidos, sem comer e sem beber, com mais frequência do que reagem com agressão. Os nativos da tribo semai, da Malásia Ocidental, são conhecidos pelo culto e a prática da não-violência. As discórdias são resolvidas com palavras, em lugar dos punhos ou armas. Um ancião decide a contenda, depois de ouvir todas as pessoas que foram convidadas a opinar. As crianças, que nunca apanham dos pais, são educadas para usar os sonhos como mecanismos alternativos para lidar com a frustração, como atesta Robert Knox Dentan, em livro de 1968. A segunda parte da conclusão de Dollard, que sustenta haver, sempre, uma frustração antecedendo uma agressão, é, também, sujeita a contestações. O exemplo dos mercenários que matam por dinheiro é emblemático. Para ocorrer frustração, é necessário que uma expectativa não se realize. A decepção não se processa sem a avaliação cognitiva integrada pela memória e pela imaginação. Além disso, para que da frustração resulte uma agressão, é indispensável que a avaliação do cenário recomende o ato hostil. Por isso Neal Miller reformulou, em 1941, a hipótese da frustração-agressão, sustentando que a "frustração provoca diferentes reações, uma das quais é a agressão".

Sem o desenvolvimento da capacidade de encontrar meios alternativos à agressão, para lidar com a frustração, a própria civilização ocidental não teria alcançado o progresso que alcançou. A pessoa educada recorre aos mecanismos institucionais, em lugar da agressão, para reagir a inúmeras formas de frustração. Se não deixarmos de pensar com clareza, quando frustrados, não nos perturbaremos. É importante destacar que entre a frustração e o ódio, como entre o ódio e a agressão, existem nossa mente e a cultura na qual estamos imersos. Como as pessoas nos ensinaram a lidar com a frustração? Qual é a nossa visão do mundo? Como se encontra nossa auto-estima? A agressão curará nossa frustração? Nossa frustração foi produzida por um ato legítimo ou ilegítimo? Que valor ou importância atribuímos à potencial causa da frustração?

Essa nossa especificidade de julgar explica as limitações dos testes com ratos, para estudar o comportamento das pessoas, não obstante a enorme semelhança fisiológica que esses roedores guardam com os humanos. Só quando estamos vulneráveis, susceptíveis de ceder a pensamentos neuróticos, é que deixamos que as frustrações se transformem em sentimentos como o medo, a depressão, o ódio. Isso explicaria a existência de pessoas insatisfeitas e infelizes, apesar de terem tudo o que desejam, em contraposição a pessoas felizes, não obstante os reveses da vida. O escritor inglês Rudyard Kipling, Nobel de literatura de 1907, é mais conhecido pelo poema *If (Se)*, que versa sobre o tema da imperturbabilidade como fator de crescimento emocional, do que pelo conjunto de sua vasta e aplaudida obra literária. Por outro lado, vale enfatizar que há vários fatos que antecedem a frustração na frequência com que ocasionam o ódio, como insultos, maus-tratos, ataques à auto-estima, à elegância, beleza, personalidade e inteligência. A verdade é que, na maioria dos casos, as pessoas, por irracional comodidade, aderem ao mito da inelutável evolução da frustração em hostilidade, como meio de justificar o desgoverno da própria iracúndia.

> Um quarto mito defende que ventilar o ódio é saudável. Será isso verdade?

Uma corrente – composta também pela variante bioenergética de Alexander Lowen, que continua conquistando adeptos – defende a mais ampla e intensa discussão, expressão e questionamento do sentimento do ódio, como meio de liberá-lo, por entender que, se superarmos nossas inibições e exibirmos nossas emoções, eliminaremos tensões perturbadoras, venceremos dores físicas e morais e desenvolveremos relações mais profundas, porque teremos mantido contato direto com nossos sentimentos mais íntimos. A repressão do sentimento, ao contrário – segundo essa corrente –, conduziria à acumulação de um "fundo bilioso", gerador de todo tipo de perturbações físicas e mentais, como pressão arterial, ansiedade, depressão, alcoolismo e problemas sexuais. A inexistência de meios para medir a intensidade e a extensão desses alegados efeitos não impede os defensores da superioridade da "ventilação" de recomendá-la como poderoso instrumento de conquista de bem-estar físico e moral. Um deles, Theodor Isaac Rubin, chega a conclamar: "Você já experimentou o sentimento bom e limpo que sucede a expressão da ira, ao lado do aumento da auto-estima e da sensação de paz verdadeira consigo e com os outros"? Comentário: contrariando essa assertiva, sabe-se de muita gente que foi tomada de sentimento oposto ao bem-estar apregoado depois de haver dado livre curso à expressão da ira, o que evidencia a importância do tipo da ira sentida, e da situação em que ela se desenvolve, como determinantes do procedimento mais recomendável. Rubin continua: "Você tem consciência de que a razão da cálida e saudável ira é a de transmitir uma mensagem emocional, destinada a purificar o ambiente, e fazer reparos e correções necessários?" Comentário: a experiência tem demonstrado que essas correções podem ser feitas sem ódio. "Na última vez em que você exprimiu sua ira, o mundo veio abaixo?" Comentário: a prática revela que não há um padrão consistente de resultados quando se dá vazão à ira; podem variar de muito positivos a desastrosos. Fazer beicinho, manifestar mágoa, xingar e dar um tiro são reações muito distintas. "Você já observou como sua ira não mata ninguém, do mesmo modo que a ira de ninguém o matará?" Comentário: será? Para um grupo de indivíduos isso pode ser verdadeiro. Não é isso, porém, o que atesta a crônica humana de desentendimentos graves, como se lê na imprensa do mundo, desenvolvido ou não. "Você já observou como há pessoas que se sentem tocadas pelo amor, felizes, depois de um conflito, como se tivessem saído de um congestionamento de tráfego?" Comentário: como regra, as pessoas precisam de um tempo para se recomporem, voltarem a ser afetuosas, ou mesmo terem interesse sexual, na sequência de um conflito. Os que se estimulam com o conflito são a exceção, a exemplo dos sadomasoquistas. "Se não for capaz de libertar-se do pântano do ódio, você procurará ajuda junto aos profissionais da mente, como os psicólogos, psicanalistas e psiquiatras, acreditados e autorizados pelas suas respectivas entidades de classe?" Comentário: acredita-se que as terapias comportamentais, e de sistemas familiares, são mais eficazes do que a psicanálise para ajudar as pessoas a controlar e gerir seus sentimentos odientos, e para aprender e desenvolver novos hábitos derivados do ódio.

A confiança na "ventilação", como poderoso instrumento catártico do ódio, é disseminada, tanto no seio do povo como entre psicanalistas, psiquiatras e alguns cientistas sociais. O diretor do Instituto de Biopsicoterapia de Nova York, Nolan Saltzman, como exemplo, sustenta categórico: "Quando o ódio é adequadamente ventilado e considerado na psicoterapia, os benefícios experimentados incluem a elisão de sintomas psicossomáticos, de sintomas da hostilidade e da depressão que é produzida pela ira reprimida ou voltada contra a pessoa." Um desses cientistas chegou a sustentar que o excesso de treino, para exercer o autodomínio, para ele típico da classe média norte-americana, privaria as crianças de canais adequados à manifestação do instinto da violência, bloqueando-lhes o aprendizado de como lidar com sentimentos que a ela conduzem. Pesquisas de campo, no entanto, concluem que, ao invés de excesso de autocontrole, a prática predominante na classe média americana é a da "ventilação", que vai da aberta troca de insultos entre familiares até o espancamento, segundo o entendimento de que o "desabafo", verbal ou físico, restaura o bem-estar do ofensor, independente dos eventuais danos sofridos pelo ofendido, e de não haver melhora na situação que ocasionou a ira.

Muitos analistas observam que, em contraponto ao bem-estar imediato à ventilação do ódio – além dos riscos de uma retaliação mais prejudicial do que os potenciais danos decorrentes de sua supressão –, existe o predominante efeito colateral de agitarmos e conflagrarmos, ainda mais, as nossas vidas, em vez de reduzirmos nossas aflições. A prática de "desabafar" ou "explodir", em lugar de nos acalmar, tende a aumentar nossa ira, e a nos habituar a um padrão pernicioso, denominado "pavio curto", denunciador do primarismo com que controlamos nossas emoções. Quando o falecido presidente João Figueiredo blasonava ter pavio curto, mal sabia que estava reconhecendo sua elementar civilidade, ao invés da virtude heróica que, supunha, o inspirasse. A crônica dos espancamentos familiares que culminam com o encadeamento de crescentes "ventilações" de ódio é o exemplo maior dessa tendência nefasta. Há sinais evidenciando que a maneira como expressamos o ódio afeta o próprio sentimento do ódio. O modo pelo qual reagimos está condicionado à nossa percepção da possibilidade de alcançarmos ou não um determinado objetivo. Na prática, porém, o que se observa é que, com grande frequência, nossa reação irada, além de agravar a situação que nos molesta, nos impele a reagir de modo cada vez mais violento, em situações análogas, como o psicólogo Seymour Feshbach, já citado, demonstrou, em 1956, num dos primeiros estudos que contrariaram a eficácia da teoria da ventilação preconizada por Freud. Ele reuniu um grupo de crianças calmas e bem-comportadas e as estimulou a participar de todo tipo de brincadeira violenta, e bagunçar à vontade. O resultado prático foi a redução da resistência que alimentavam contra a violência e o aumento de sua agressividade, o oposto do sugerido pela teoria da ventilação catártica. Num outro estudo, a cada um dos três grupos de crianças de oito a dez anos, molestadas por um colega da mesma idade, foi dada uma das seguintes opções: 1– Queixar-se do ofensor; 2 – Utilizar armas de brinquedo à guisa de retaliar o ofensor, e 3 – Obter informações que explicassem o procedimento inconveniente do colega. Dos três grupos, o único que teve o sentimento do ódio reduzido foi o último, porque informado das causas geradoras da atitude do colega ofensor, sendo que o grupo que usou brinquedos violentos, a título catártico, em lugar de reduzido, teve aumentado o sentimento. Esse resultado indica que a compreensão de nossa fonte de ódio é o melhor remédio para evitá-lo.

Murray Straus, especialista em violência na família, constatou que quanto mais os casais brigam, mais aumenta o nível de agressão entre eles, havendo uma acentuada tendência para a transformação da agressão verbal em agressão física. Straus, no entanto, reconhece o valor catártico de uma conversa civilizada entre os casais para aplainar o terreno afetivo. O problema, diz ele, reside na incapacitação das pessoas para conduzir essas conversas de modo construtivo. Uma coisa é o cônjuge dizer ao outro: "Eu detesto ficar sozinho(a) numa festa"; outra é dizer: "Você me deixa só, para sair flertando por aí, não é canalha?" No mesmo diapasão, Leonard Berkowitz, pesquisador das causas sociais da agressão e autor do neologismo "ventilacionista", sustenta que explosões verbais não reduzem o sentimento do ódio, antes aumentam-no, podendo elevar as tensões a ponto de se transformarem em agressões físicas, de consequências, às vezes, letais. Mesmo não sendo referendada pelas pesquisas, é universal a crença na função catártica de contar as mágoas a um amigo disposto a ouvir com simpatia e empatia, como o fazem psicanalistas e os mais competentes *barmen*, cabeleireiros e manicures. Se em lugar da agressão a pessoa incomodada fizer saber à fonte do seu incômodo como se sente, há uma grande probabilidade de o molestador cessar ou melhorar sua conduta.

Por outro lado, o psicólogo Jack Hokanson, notório estudioso da teoria da "ventilação", concluiu que os benefícios catárticos só se produzem quando o ódio é dirigido contra iguais ou subalternos. Quando externado contra superiores ou inocentes, há aumento da ansiedade, no primeiro caso, e sentimento de culpa, no segundo, consequências que eliminam qualquer benefício emocional. Hokanson também observou que o desempenho catártico da agressão se restringe aos homens, enquanto a catarse feminina do ódio se opera, com maior frequência, através de tentativas amigáveis de pacificação dos ânimos. Para as mulheres, a expressão do ódio, mesmo contra iguais, é tão estressante quanto, para os homens, é a ventilação da ira contra superiores. Essa diferença de postura entre homens e mulheres levou Hokanson a concluir que os modos de expressão do ódio não são instintuais, mas socialmente desenvolvidos, em função dos valores cultivados por cada qual. A atitude amigável das mulheres decorre do seu milenar papel como troféu das lutas entre os homens e como coadjuvante do processo social, dos quais resultou o culto da sedução como instrumento da construção de sua presença e valor. A resultante desse processo histórico é que a mesma sociedade que aplaude a reação violenta dos homens, e a amigável nas mulheres, condena a reação amigável dos homens, aplaudindo-a nas mulheres, consoante o estereótipo que considera que força e violência ficam bem nos homens, e que sensibilidade e carinho são atributos de mulheres ou de maricas. O que cada vez mais se evidencia é que a agressão é uma estratégia aprendida e desenvolvida para lidar com o ódio, e não fruto de um determinismo biológico, como Hokanson observou numa pesquisa que prenunciou a adoção, pelas mulheres, de padrões de conduta agressivos, tipicamente masculinos.

O estudo de Hokanson obedeceu ao seguinte esquema: uma pessoa, tendo sob o seu comando, destacando-se de um grande painel, um botão de comando para emissão de choques elétricos (punição), ou de maviosos acordes musicais (prêmio), está sentada numa posição de onde vê uma outra pessoa do mesmo sexo, em situação análoga. O testado foi informado(a) de que o teste a que está se submetendo consiste em reagir, de modo espontâneo, às mensagens de punição ou prêmio que lhe forem enviadas pela outra pessoa. Quando tudo transcorre bem e parece aproximar-se o fim do teste, o testado é surpreendido com um choque elétrico: se for homem, sua reação se dá dente por dente, e ele sente escorrer por suas veias uma confortadora sensação de alívio, proporcionada por aquela máquina que se incorporou à sua vida: "Viu, canalha!"; se for mulher, sua primeira reação será indagar o porquê daquela agressão: "Não terá ela apertado o botão errado, ou não estará ela perturbada pelo mau desempenho nos outros exames? É melhor maneirar do que reagir na mesma moeda!", e o testado aperta o botão "premiar" em retorno, gesto generoso que provoca uma sensação de bem-estar escorrendo em suas veias, proporcionada pela parafernália eletrônica à sua volta. O teste se processa ao longo de trinta e dois *rounds* em que a outra pessoa reage, alternativamente, com um prêmio e uma punição, observando a proporção de 50% para cada estímulo. Enquanto os homens basearam suas reações nas punições recebidas (porque este fdp insiste em me atacar!), as mulheres basearam-nas nos prêmios (afinal de contas, ela também está me premiando!). Ainda que reagindo de modo diferente a situações idênticas, as alterações psicofisiológicas de homens e mulheres foram as mesmas.

É evidente que as pessoas envolvidas no teste ignoravam que eram os pesquisadores quem movia os cordéis. A partir desse ponto, inicia-se nova série de sessenta *rounds*, com novas regras. Se for do sexo masculino, seu parceiro reagirá de modo amigável sempre que você reagir amigavelmente à punição ou choque que ele lhe enviar. Se for mulher, sua parceira reagirá de modo amigável toda vez que você retaliar as punições que ela lhe impuser. Em síntese: sendo homem, você passará a receber carinho sempre que reagir carinhosamente às punições. Sendo mulher, você passará a ser bem tratada sempre que reagir agressivamente aos choques recebidos.

Desse experimento, o grupo de trabalho colheu duas importantes lições: 1. As mulheres tornaram-se agressivas ao perceberem o valor da agressividade, enquanto os homens tornaram-se dóceis ao aprenderem que a cordialidade compensa; 2. Verificou-se uma reversão do processo fisiológico, em função da reversão dos modelos catárticos: a pressão arterial antes produzida nos homens pela reação agressiva passou a ser obtida pela atitude cordial, ao passo que, nas mulheres, a pressão que antes era produzida pela camaradagem passou a ser produzida pela reação agressiva.

Como se esses achados não bastassem, Hokanson concebeu um teste ainda mais audacioso: os participantes foram informados de que, se se auto-infligissem um choque de determinada voltagem, evitariam um choque de voltagem ainda maior. Dos males, eles preferiram o menor, auto-infligindo-se o choque, o que leva à conclusão de que o sofrimento, a derrota e até o masoquismo podem ter papel catártico, na medida em que sejam percebidos como a menos dolorosa das opções. As reações catárticas, portanto, são aprendidas e desenvolvidas em função da prática, o que não quer dizer que o ódio sentido não será outras vezes experimentado. Cada odiento desenvolverá seus modos peculiares de reação, seja assobiando, cofiando o bigode, tamborilando, xingando, caminhando em passadas largas, chutando lata ou arrancando os cabelos, em função de sua personalidade, vivências e valores. Essa gama de possíveis maneiras de reação catártica varia tanto para homens quanto para mulheres. Ainda que minoria, há homens e mulheres que adotam um padrão de conduta típico do sexo oposto.

Não é demais repetir: a generalizada crença no valor catártico de expressar o ódio contra nosso ofensor, ou mesmo desabafando com um amigo, não tem respaldo nos estudos conduzidos no particular. Funciona, apenas, como ensaio sobre o modo como será manifestado adiante. Quando expressado contra o ofensor, além dos riscos da retaliação, ao invés de baixar, o ódio aumenta. O desabafo com um amigo ajuda a definir se é de ódio ou de mágoa, de tristeza, ciúme ou inveja que se trata. Além disso, a crença no papel catártico da confissão apoia-se na equivocada suposição de que as emoções são autônomas e podem ser liberadas isoladamente, o que pouco acontece. Em geral, as emoções atuam em conjunto de duas ou mais, refletindo a complexidade da vida. A ventilação, portanto, terá, quase sempre, papel catártico parcial, como ficou demonstrado numa pesquisa de campo levada a efeito na Califórnia pelos psicólogos Ebbe Ebbesen, Birt Duncan e Vladimir Konecni.

Cem engenheiros e técnicos, indignados por terem sido despedidos de uma indústria aeroespacial muito antes de findar o prazo contratual, foram entrevistados, ao mesmo tempo, com quarenta e oito empregados que deixaram a empresa de moto próprio. As perguntas e as manifestações de hostilidade dos entrevistados foram canalizadas em três direções: na direção da empresa (Em que medida a companhia não foi legal com você? O que há nela que lhe desagrada?); na direção dos superiores (Que providências seu chefe poderia ter adotado para evitar sua demissão? O que você não gosta nele?); na direção do próprio entrevistado (Há alguma coisa em você que possa ter levado seu chefe a não o promover? O que você poderia ter feito de melhor?).

A alguns dos entrevistados foram formuladas perguntas impessoais, como sobre a qualidade da decoração e da comida do restaurante. É digno de nota que as perguntas não tivessem caráter hipotético, sobre se havia ou não o sentimento de ódio, mas conclusivo, como se o ódio decorrente daquela crise fossem favas contadas. Ao fim da entrevista, os participantes preencheram um relatório, no qual externaram suas impressões sobre a companhia, o supervisor e seu próprio papel no episódio, ficando evidente o agravamento do ódio dos que se mostraram mais raivosos na entrevista. Mais ainda, as manifestações espontâneas de ódio recaíram nos aspectos sobre os quais haviam sido questionados, à exceção dos que falaram sobre a própria responsabilidade no processo de demissão. Ou seja: a) O extravasamento verbal em vez de diminuir, aumentou o ódio; b) O aumento do ódio recaiu precisamente sobre a questão, objeto da perquirição.

Diante desse resultado, o trio de psicólogos concluiu que a ventilação nos faz reviver, com toda a intensidade, o ódio original, como que o congelando e aumentando nossa predisposição negativa contra a fonte que o gerou. Falar mal de alguém só faz agravar, ainda mais, os sentimentos desfavoráveis que nutrimos por ele ou por ela, como ficou demonstrado em vários outros estudos com idêntico propósito. Ao nos inquirirem, de modo inocente ou intencional, sobre alguns aspectos dos sentimentos que nos assoberbam, amigos e psicanalistas desempenhariam papel semelhante ao desses pesquisadores.

Por outro lado, os indivíduos que não atribuem desempenho catártico à agressão sentem-se culpados quando expressam hostilidade, receosos de perder a aprovação dos outros por considerá-la de sumo valor para o seu bem-estar emocional. Por isso, quando deparados com o estresse preferem negá-lo a enfrentá-lo. A julgar por sua ancianidade, a discussão sobre se devemos ou não extravasar o ódio sentido parece não ter fim. Enquanto Platão condenava, em sua República ideal, a encenação de dramas e tragédias, temendo que pudesse contaminar o espírito maleável do povo, seu discípulo Aristóteles a recomendava, exaltando seu efeito catártico e purgativo de compaixões e medos. Entre as emoções purgadas, Aristóteles não incluía o ódio nem a vingança, diferente de muitos psicanalistas que recomendam encenações e filmes violentos, pelo peso catártico do ódio que lhes atribuem. Como Aristóteles valorizava as posições equidistantes dos extremos – *in medio virtus* –, é de se supor que aconselhasse dramas e tragédias de mediana intensidade emocional.

O que a vida ensina é que não há um modelo apriorístico a ser observado em matéria de eficácia na manifestação do ódio. Nossa contínua ambivalência interior, a respeito de como agir ou reagir diante do ódio, resulta, em grande medida, das incertezas sobre os resultados por ele alcançados, que podem variar de benéficos a trágicos, a depender do modo como é utilizado e da situação concreta sobre a qual está atuando. Plutarco já ensinava, no início da cristandade: "Fogo que não é alimentado se apaga, do mesmo modo que se extingue a ira que não alimentamos desde o seu início, impedindo-a de se apossar de nós." Na dúvida, é preferível seguir a velha lição: contar até dez, ou vinte. O imperador romano Augusto César foi aconselhado por um filósofo amigo a percorrer as vinte e quatro letras do abecedário grego antes de agir, quando irado. Inspirado, talvez, nesse conselho, Sêneca elegeu a hesitação como virtude no combate à ira, ao ensinar: "A hesitação é o melhor remédio contra o ódio... Os primeiros golpes da ira doem muito. É só esperar, porém, que a dor logo passa."

Quando o ódio era muito grande, Thomas Jefferson aconselhava contar até cem. Povos primitivos recomendam respirar fundo sete vezes, antes de reagir a uma fonte odienta. A menos que se prefira a recomendação de Mark Twain: quando a ira for grande, o jeito é orar.

PEQUENOS MITOS

Ao lado dos grandes, há os pequenos mitos, cumprindo o papel deletério de solidificar a crença na inevitabilidade da expressão do ódio, o que leva à inércia de movimentos redentores de uma das dimensões mais problemáticas da alma humana. Vamos a alguns deles:

1 – *Só aprendemos com a prática.* O aforismo que ensina que as pessoas só aprendem com a experiência é parcialmente verdadeiro. Sem que haja reflexão, a repetição de uma mesma experiência, ao invés de ensinar lições novas, consolida equívocos.

2 – *Os odientos são doentes mentais, carentes de tratamento.* Ao não estabelecer limites entre o ódio normal e o patológico, o enunciado exerce um papel deseducativo, levando as pessoas a crerem no determinismo inelutável de sua constituição psicossomática. Instruídos sobre o que é possível fazer para dominar seus sentimentos de ódio, os indivíduos podem alcançar resultados implementadores do seu bem-estar geral.

3 – *Sem a identificação das raízes primárias das emoções, gestadas na infância, o indivíduo não consegue alterar sua atitude diante das pessoas e das coisas.* Na realidade, na maioria das situações, não é indispensável mergulhar no passado das pessoas para capacitá-las a operar mudanças de peso em suas vidas. Em muitos casos, essas mudanças podem se processar sem que haja o menor conhecimento desse passado. Sem subesti-

mar a importância das primeiras emoções na formação de nossa personalidade, na maioria esmagadora das situações nossas reações dependem das emoções do presente.

4 – *Não se pode prevenir a ira, apenas, suprimi-la.* Do mesmo modo que nos deixamos irar, podemos nos prevenir contra o ódio. Em qualquer hipótese, temos a possibilidade de compreender e tolerar a fonte de nosso ódio, sem nos deixarmos irar, filtrando, através da análise racional e objetiva, os eflúvios de nossas odientas emoções, e sem confundirmos a cólera boa ou cólera santa – a que alimenta nossa saudável e construtiva indignação diária, contra os que integram nosso universo afetivo –, com o desejo de retaliar, destruindo coisas e, até, ferindo ou eliminando pessoas.

5 – *Dente por dente, olho por olho.* A regra de talião, compreensível e eficaz, em determinadas situações, como elemento dissuasor de ações anti-sociais, revela-se desastrosa no dia-a-dia existencial. Esse é, aliás, o combustível que alimenta, quando não perpetua, a continuidade dos desentendimentos e conflagrações, desde as querelas familiares até os mais fragorosos conflitos bélicos. A escritora austríaca Bertha von Suttner, ganhadora do Nobel da Paz, em 1905, observa que "não passa pela cabeça de ninguém apagar com tinta uma mancha de tinta, ou com azeite uma mancha de azeite. Para apagar as manchas de sangue, porém, parece não haver nada melhor do que o próprio sangue."

6 – *Cada um de nós tem um ponto de ruptura.* Diferente da dor física, em relação à qual cada pessoa tem um limite de tolerância, a sensibilidade moral comporta níveis variáveis, em função do trato psicológico que o indivíduo dispense a si mesmo. As crenças, os valores e a decisão de mudar exercem influência espantosa na fixação e flutuação desses limites, como sabem as pessoas que refletem sobre a questão. Não fosse assim, não seria possível a realização de mudanças que, não raro, correspondem à evolução da personalidade mesma. Temperamentais e explosivos jogadores de tênis que conseguiram evoluir para um plano de normal serenidade, e, por isso, deixaram de ser perdedores, tornando-se vencedores, são um exemplo conspícuo da possibilidade de êxito dessa mudança.

7 – *Um conflito grave deve ser mediado por terceiros.* Quando há acordo, a mediação tende a ser muito útil, o que não equivale a ser indispensável. Basta ver que a percentagem dos conflitos resolvidos por mediação é muito pequena, enquanto a grande maioria é resolvida pelos contendores. Quando, porém, se acredita que só a mediação resolverá, o problema se perpetua em razão de mais essa profecia auto-realizável.

8 – *Só o tempo é capaz de mudar hábitos.* O decurso do tempo, em si mesmo, não contribui, em nada, para mudar velhos hábitos. A mudança de hábitos depende da conscientização de sua necessidade, da substituição, por novos, de velhos paradigmas, e da nossa disposição de processá-la. Sem isso, assiste-se ao vai-e-vem pendular das tentativas, êxitos transitórios e fracassos, cuja exaustiva repetição conduz ao desânimo e à desistência. A incompreensão desse fato, por muitos profissionais da mente, responde, em grande medida, pela crise de confiança por que passam as técnicas psicoterápicas.

9 – *Não é possível manter-se a calma num ambiente perturbado.* As pessoas alimentam a equivocada crença de que seus sentimentos são ocasionados pelos outros, ignorando o quanto de possibilidades de contribuição pessoal existe para a construção de uma paz interior, resistente às influências e pressões externas destrutivas.

Como o sentimento do ódio faz mal, ao corpo e ao espírito, melhor seria que pudéssemos evitá-lo, para que a felicidade, que é nosso anelo supremo, não viesse a ser ameaçada pela dor física ou moral que provoca. Sempre que somos dominados pelo ódio, pagamos, no mínimo, um preço psicossomático por isso.

Condições que favorecem a ventilação

É muito difícil, para não dizer impossível, uma eficaz recomendação prévia, em abstrato – sem levar em conta as peculiaridades dos indivíduos, ofendidos e ofensores, e/ou das situações –, sobre se a ventilação é ou não preferível à repressão do ódio. A prática tem demonstrado que, em face de um mesmo cenário, diferentes indivíduos encontram sua área de conforto reagindo de modo distinto, porque em sintonia com suas próprias características emocionais, necessidades e circunstâncias. Assim, uma mesma ventilação explosiva poderia provocar em dois indivíduos os seguintes resultados emocionais:

Indivíduo 1.	*Indivíduo 2.*
Melhoria de comunicação.	Piora de comunicação.
Aumento da intimidade.	Diminuição da intimidade.
Alívio catártico fisiológico.	Aumento da pressão arterial.
Elevação da auto-estima.	Baixa da auto-estima.
Solução do problema.	Agravamento do problema.
Aumento da felicidade.	Treinamento da agressividade.
Libertação do ódio.	Aumento do ódio.
Obtenção de vantagens.	Interiorização do ódio.

Como exemplo de experiência do indivíduo 1, podemos mencionar o seguinte episódio real:

Um juiz do Tribunal de Justiça da Bahia, quebrando os princípios mais elementares dos seus deveres de magistrado, tomou partido, do modo mais escancarado, em favor de um dos litigantes, em um processo sob seu julgamento. Tratava-se de uma ação de despejo, por falta de pagamento, de um hotel à beira-mar, alugado a antigos funcionários. Além de avocar para si uma competência que a lei não lhe conferia, para julgar o feito, o juiz engavetou a ação de despejo, e condenou os autores a pagar uma indenização milionária aos arrendatários inadimplentes, sobre o inacreditável fundamento de que a propositura da ação de despejo, pendente de julgamento por sua própria desídia, afetara a idoneidade econômica dos devedores impontuais! A parte prejudicada, através dos seus advogados e de outros magistrados, tudo fez para convencer o juiz faltoso a retomar os trilhos da perdida decência. Em vão. À boca pequena, o juiz delinquente justificava sua venalidade como resultado do propósito de agradar influente chefe político, inimigo da parte defraudada de seus direitos, como meio de assegurar e precipitar sua ascensão, por antiguidade, ao quadro de desembargadores. Os três advogados da parte beneficiária – sendo um servidor do IPRAJ, órgão da magistratura, e, por isso, impedido de advogar, uma outra, prima do chefe político e um terceiro, secretário de estado, sócio oculto da operação –, por seu turno, encaminhavam extorsivas propostas de acordo, alegando que as vítimas esbulhadas nada poderiam opor ao curso do processo, porquanto o juiz era sócio da operação. Ficou claro, portanto, que mais uma quadrilha se organizara na Bahia para rapinar, em nome do grupo político dominante, valendo-se de magistrados corruptos que justificavam a famosa avaliação de um grande juiz baiano, o desembargador Leitão Guerra, que, em pronunciamento solene, afirmou: "Se a justiça brasileira é uma vergonha, a justiça baiana é o rebotalho da justiça brasileira." O curso do processo, de tão afrontoso a qualquer princípio de moralidade, vinha causando crescente indignação e infelicidade às vítimas da corja, a ponto de um dos seus membros, chamemo-lo Joaquim, haver considerado a possibilidade de surrar o juiz venal, imolando sua liberdade em favor da restauração da dignidade do judiciário baiano.

Depois de madura reflexão, Joaquim, acompanhado de dois advogados, decidiu ir ao encontro do juiz prevaricador, lançando-lhe em rosto a seguinte diatribe: "Eu só apertei a sua mão porque prefiro acreditar que as nefandas decisões tomadas neste processo o foram pela sua assessoria, certamente corrompida pelos três quadrilheiros que desonram a profissão do advogado. Porque se eu estivesse certo de que foi o senhor quem, conscientemente, as proferiu, eu não me atreveria a tocá-lo por temor de não haver no mundo nada que me pudesse limpar da sujeira que, então, promanaria do seu interior putrefacto, uma vez que não se pode atribuir à mera ignorância as barbaridades nesses autos perpetradas. Devo lhe dizer que estou em condições de provar que os advogados quadrilheiros, a quem vou processar na OAB, insistem em propor acordos inaceitáveis, sob o argumento de ser o senhor sócio deles nessa tramoia. Estou aqui num derradeiro e desesperado apelo para que o senhor restaure a dignidade da toga, a quem a sociedade confere poderes quase divinais. Se não há nada mais sublime do que um juiz honrado – (Vós sois maiores do que a coroa dos reis), como invocou Rui Barbosa –, nada há mais abjeto do que um juiz covarde e desertor da honra." Enquanto dizia essas palavras, e muitas outras do mesmo tom, Joaquim olhava para os lados, pronto para ouvir a ordem de prisão que ali fora com o deliberado propósito de receber, que um juiz com um mínimo de autoridade moral expediria. Nada, porém, aconteceu porque se tratava, de fato, de um meliante desservindo a justiça.

Ao deixar aquele ambiente miasmático, mesmo sabendo que o juiz poltrão não arredaria pé de sua militante disposição de participar do butim, Joaquim foi tomado de uma sensação de inefável alívio, porque desabafara, transigindo de modo satisfatório com o ódio que lhe inundava o espírito. Em lugar de surrar o juiz vendido, atitude que lhe traria transitória sensação de bem-estar, acompanhada de consequências graves, preferiu o sábio meio-termo de escrachá-lo, a modo de fazer justiça. Quando, um mês mais tarde, o juiz foi promovido a desembargador, com o maior número de restrições conhecidas do judiciário baiano, ocorreu, em paralelo, um acontecimento histórico: uma plêiade de magistrados honrados se rebelou, impondo acachapante derrota à súcia que vinha dominando a justiça estadual. Era o fim da intolerável subordinação dos superiores deveres da justiça às ambições de mando de um político decadente e inescrupuloso, no estilo do personagem central d´*A Festa do Bode*, de Mario Vargas Llosa.

Não demorou muito, o tribunal anulou todos os atos praticados pelo juiz peitado. Acompanhando o voto do relator, o desembargador revisor, Paulo Furtado, sentenciou: "Trata-se do maior desvio de justiça de que tenho conhecimento nos meus vinte anos como juiz neste Tribunal. A reparação que ora se realiza só estaria completa se os advogados e os juízes neste caso envolvidos fossem parar na cadeia." Acoelhados, os advogados flibusteiros afastaram-se do processo, deixando seus constituintes, logo despejados, entregues à própria sorte da aventura insensata em que, por má-fé, ingressaram.

Fechado o pano dessa cena, verificou-se que a ventilação do ódio produziu os seguintes resultados: obtenção de vantagens (fez-se justiça), libertação do sentimento do ódio, aumento da felicidade, solução do problema, elevação da auto-estima e alívio catártico-fisiológico. Sobre aumento da intimidade e melhoria da comunicação não há o que falar, uma vez que nenhum desses dois resultados era desejado.

A experiência do indivíduo 2 pode ser expressa no caso a seguir:

Paulo Roberto, gerente de vendas de uma fábrica de sapatos, ganhou fama pelo desempenho conquistado à frente de cada uma das oito unidades que compunham o complexo empresarial a que servia. O sentimento geral era o de que seu próximo passo seria ocupar a diretoria de *marketing* da organização, tão logo aberta a vaga pela aposentadoria do atual titular, Ribeiro Júnior, um dos sócios fundadores do grupo, prevista para o ano seguinte. Até porque, na prática, Paulo Roberto já vinha exercendo essas funções. Para surpresa geral, o agrônomo Ricardo Fontes, que há pouco desposara a filha do presidente, foi indicado para o posto, apesar de não possuir qualquer antecedente como empresário, menos ainda no comércio de sapatos. A muito custo, Paulo Roberto saiu do estado de prostração em que, decepcionado e enraivecido, mergulhara, mesmo tendo sido promovido a assessor do novo titular. Em lugar de demitir-se – tendo em vista as tentadoras ofertas de trabalho oriundas da concorrência, e uma vez que a juventude de Ribeiro Júnior, segundo pensava, fechava as portas à sua ascensão –, resolveu vingar-se da afronta, valendo-se do seu conhecimento para sabotar a eficiência de todo o departamento de *marketing*. Cada uma das sugestões que apresentava trazia embutido um mecanismo redutor da produtividade geral. Ora era a substituição de um grupo de vendedores testados por outro novato, em nome da renovação das abordagens mercadológicas; ora era a introdução de novas linhas de produtos, rejeitados pelo mercado; outras vezes era a abertura de novos canais de distribuição incompatíveis com as especificações do produto. Em poucos meses, as vendas despencaram e a empresa, antes próspera, passou a operar no vermelho. Num seminário organizado para reverter o quadro, o ódio oculto que Paulo Roberto votava aos dirigentes da organização, em geral, e a Ricardo Fontes, em particular, veio à tona de modo irreprimível e visível, resultando em sua demissão sumária. A notícia da sabotagem circulou nos corredores estreitos do comércio de sapatos, e Paulo Roberto, até então disputado a peso de ouro, não encontrou emprego num mercado onde começava a figurar como estrela de primeira grandeza.

Nesse episódio, a ventilação mascarada do ódio agravou, em lugar de melhorar, a qualidade da comunicação; diminuiu a intimidade, a sensação de pertencer a um grupo; elevou a pressão arterial, em razão da prática de uma ação continuada, contrária à normalidade procedimental; reduziu a auto-estima de Paulo Roberto, por saber-se assuntivo de uma atitude condenável; agravou o problema, a ponto de inviabilizar sua solução; em lugar de aumentar a felicidade, serviu, apenas, como exercício da agressividade, num dos seus modos mais degenerados; ao invés de libertar-se do ódio, aumentou-o; ao revés de produzir vantagens, o ódio lançou-o contra si próprio.

Apresentadas, assim, de modo esquemático e estereotipado, fica muito fácil fazer a melhor opção. No dia-a-dia, porém, as coisas não se apresentam tão simplificadas, podendo se dar o caso em que um dos dois caminhos possa ser o mais conveniente. Na dinâmica dos acontecimentos, pode ocorrer, também, que, alternadamente, ambas as linhas de ação devam ser percorridas. Como guia orientador da escolha, alguns princípios devem ser observados.

Em primeiro lugar, a ventilação deve ser dirigida contra a fonte causadora do ódio. Seu estado de espírito não vai melhorar se você falar ao vizinho, à sua direita, do ódio que lhe causou o vizinho da esquerda, a menos que o vizinho da direita lhe forneça esclarecimentos suficientes para modificar sua percepção da conduta do vizinho da esquerda. Essas confidências feitas à guisa de desabafo, em lugar de esvaziar o ódio sentido, funcionam como fator de sua consolidação ou aumento. O mesmo acontece se você sai chutando tudo que encontrar à sua frente, inclusive filhos e cônjuges. Essa conduta destemperada, além de comprometer a qualidade do seu relacionamento com pessoas de crucial importância no seu universo afetivo, não esvazia o ódio que o atormenta porque permanece imutável a causa que o gerou.

Em segundo lugar, para ser eficaz, a ventilação do ódio deve ter o propósito de mudar o comportamento do suposto ofensor, ou alterar a compreensão de suas motivações. A manifestação de nosso desconforto ou desagrado leva as fontes a mudarem sua atitude ou esclarecer suas causas, de um modo que reduz ou nos liberta do sentimento do ódio que a elas dedicamos. O fracasso da cura de inúmeros pacientes que recorrem à psicanálise deriva do fato de que a sucessiva e interminável repetição de mágoas não produz nenhuma mudança nas causas que as geraram, nem em sua percepção.

Em terceiro, a ventilação do ódio deve satisfazer nosso desejo de justiça, e restaurar nosso sentimento de domínio sobre a situação, além de punir o agente causador. Denunciar um funcionário corrupto; colocar atrás das grades alguém que violou o recesso de nossos lares; derrotar um político ladrão ou expulsar do judiciário um juiz venal são acontecimentos, socialmente úteis, que nos enchem de genuína felicidade, porque restauram nosso senso de justiça. Não é de outra índole o sentimento que inspirou a velha tradição do "dente por dente, olho por olho". No caso do corrupto juiz baiano, que tão logo promovido continuou vendendo sentenças, o contentamento de Joaquim seria pleno se o visse aposentado antes de atingir a idade compulsória, uma vez que a merecida pena de prisão seria, em termos práticos, pouco provável.

Em quarto lugar, é necessário que a ventilação agressiva do ódio não resulte em retaliação pelo alvo. Caso contrário, as coisas podem se agravar ainda mais, conduzindo a um círculo vicioso em que a ventilação gera mais ódio, que requer nova ventilação, que provoca nova onda de ódio e assim por diante. Um dos grandes estímulos para as mensagens anônimas, cartas ou *e-mails* repousa na ausência de risco de o autor vir a ser retaliado. O papel catártico dos rituais é proporcional à fé neles depositada. A confissão religiosa, o desabafo diante do Muro das lamentações, em Jerusalém, o xamanismo, as práticas vodu e o candomblé são meios eficazes de esvaziamento do ódio, sem o contrapeso do risco de retaliações pelo alvo de nossos ataques.

Em quinto e último lugar, odiento e odiado devem manter sintonia de linguagem, em matéria de ódio. Ainda que, em tese, a via mais eficaz para expressá-lo seja a racional e diplomática, essa regra sofre exceções. Casos há em que só ameaças e gritos produzem sobre determinados alvos os resultados desejados. A observação prática e o desejo de aprender são os instrumentos de que nos podemos valer para aguçar nossa capacidade seletiva do método mais adequado para enfrentar situações concretas.

Uma análise criteriosa dos cinco pontos aqui mencionados nos levará a perceber a importante distinção existente entre confissão e obsessão. Enquanto a confissão tem o poder catártico de nos libertar do ódio, a obsessão serve, apenas, como ensaio e treinamento para que continuemos prisioneiros de um sentimento que nos consome e escraviza.

Num outro extremo, a síndrome da gentileza pusilânime, em função da qual o indivíduo não se permite a exteriorização do mínimo desacordo, desconforto ou desagrado, explica, segundo alguns, a origem de várias patologias psicossomáticas, inclusive o câncer.

Ódio e firmeza

Reagir com ódio ou com firmeza de atitude são coisas diferentes, em geral vistas como sendo uma coisa só. Quando reagimos com ódio, somos mobilizados para interromper ou mudar uma ação que nos incomoda, ao preço, se necessário for, de atacar a pessoa que consideramos responsável. Quando reagimos com firmeza, nosso propósito de interromper ou mudar o que nos incomoda não se apoia no ódio, e não inclui o recurso à agressão irracional. Isso quer dizer que toda ira é de caráter neurótico, porque alguém sai ferido: o odiento, o odiado, os dois, quando não terceiros estranhos à lide. Embora a abrangência dessa avaliação inclua um sem número de pequenos ódios que energizam nosso dia-a-dia, não é deles que estamos falando; nem daquelas situações limites em que a ira exerce o papel redentor de nos mobilizar na defesa de nossa vida, de entes queridos, e da nossa cidadela ou pátria.

A ira que nos interessa examinar é aquela cujo exercício vitima agressor, agredido e terceiros, comprometendo, desse modo, a felicidade individual e a paz coletiva. Esse conceito não exclui o uso racional da violência como o meio mais eficaz para resolver determinadas situações, como ataques dissuasores a terroristas, assaltantes ou a potenciais inimigos. O que se deseja enfatizar é que pode haver agressão sem ódio, o que contribui para a racionalização do uso da violência, missão funcional e constitucional, por exemplo, dos órgãos de repressão, nas sociedades organizadas. Uma coisa é um policial, com serenidade, multar ou prender um infrator, no estrito cumprimento da lei. Outra é fazê-lo com os olhos esfuzilando. Uma coisa é os pais punirem os filhos quando estão enraivecidos, outra é quando os punem, com lágrimas nos olhos, por imposição racional da necessidade de educá-los. Nos primeiros casos – quando os pais estão enraivecidos –, o ódio oblitera a noção da justa medida, prejudicando a eficácia da punição, porque os filhos infratores se sentem vítimas de uma agressão injusta, odienta e odiosa, fonte de futuros desentendimentos. Nos últimos – com lágrimas nos olhos –, os pais recorrem ao *quantum satis* requerido, e a punição é absorvida pelos filhos, sem prejuízo do bom desenvolvimento das relações futuras. Os regimes políticos despóticos e as organizações criminosas, como a Máfia, ainda que sujeitos aos caprichos e ódios dos seus chefes, têm no exercício da violência racional, entendida a expressão do prisma da preservação dos seus privilégios, um dos componentes básicos de sua ideologia. Assim, segundo esses princípios, entes queridos são sacrificados, sem ódio, em nome de um valor maior, que é a preservação do contexto existente. Por isso, Michael Corleone eliminou seu amado irmão, e Saddam Hussein fuzilou os queridos esposos de suas idolatradas filhas, que, ao que parece, o perdoaram, conforme depoimento televisivo, a partir do exílio na Jordânia, depois da queda do truculento ditador iraquiano!

O que propugnamos é a superioridade da firmeza de atitudes, eleitas pela razão, sobre a ação apoiada no ódio, embora reconheçamos que é preferível ser odiento do que passivo e abúlico diante de práticas abusivas reiteradas. Muitos casamentos não sobrevivem porque o cônjuge, vítima de abusos rotineiros, não reage, mesmo com destempero. Há situações em que o destempero fingido constitui o meio mais convincente, como medida dissuasória: agir, com fingido ódio, para pôr fim ao abuso; sem recorrer a essa prática, porém, com habitualidade, para não a desacreditar, hipótese em que tenderíamos a nos irar, de verdade.

Do exposto, fica claro que a grande alternativa consiste em ser afirmativo, com ou sem destempero, mas sem ódio.

Desejo, frustração e ódio

Os desejos humanos não têm limites. Tão logo satisfeitos, novos são desenvolvidos ou criados por nossa insaciável ambição. Ocorre que só uma pequena fração dos nossos desejos é atendida. A cada desejo insatisfeito corresponde uma frustração diante da qual cada pessoa tem um modo particular de reagir.

Os sábios, aqueles que perscrutam seu mundo interior, contentam-se com o quinhão que lhes cabe, e encaram, com resignada filosofia, o que a vida lhes nega. A grande maioria, porém, transforma suas frustrações em sentimentos como ansiedade, depressão, medo, inveja e ódio.

A inveja, aliás, é, em si mesma, um tipo de ódio contínuo, secreto, ardendo em banho-maria.

A frustração transforma-se em depressão quando (a) passamos a achar que não temos valor; (b) quando sofremos pelo nosso fracasso; (c) quando nos compadecemos de alguém. Esse é um dos três itinerários que percorremos antes de chegar à depressão, conduzidos pelo sentimento de frustração.

Para transformar-se em medo, a frustração deve levar-nos (a) a crer que pessoas e fatos têm o poder de nos perturbar e ferir, e (b) a pensar continuamente em situações difíceis e perigosas.

Várias fobias e modalidades de ansiedade e medo, como timidez, acanhamento, misantropia, advêm dessas matrizes neurotizantes, a da depressão e do medo.

O ódio, finalmente, é o estuário onde desembocam todas essas emoções, nascidas da frustração.

Numa síntese apertada, o processo evolutivo dessas emoções se realiza no seguinte eixo: a) eu mereço e quero satisfazer este desejo, e se eu não o satisfizer, vou me sentir frustrado; b) você é ruim, e merece ser punido, porque impediu a satisfação do meu desejo.

Como se pode depreender desse ciclo evolutivo, nada há de aferível nessas reações, tudo se processando no plano subjetivo. Ao invés de reorientarmos nossas ações, ajustando-as às peculiaridades do terreno desconhecido, como o fazemos quando seguimos o curso de uma estrada sinuosa, atribuímos aos outros a responsabilidade pela inexistência de um percurso reto que nos facilitaria trilhar a rota desejada. Em termos objetivos, os obstáculos com que nos defrontamos não são, em si mesmos, frustrantes. O modo de pensar neles é que causa frustração. Os sentimentos de medo, depressão e ódio com que impregnamos nosso pensamento sobre cada uma dessas situações concretas são o que condiciona sua percepção como fonte de si próprios. Em outras palavras: pensamentos depressivos geram sentimentos depressivos, pensamentos medrosos conduzem a sentimentos de medo, pensamentos rancorosos ou violentos ocasionam sentimentos de ódio, vingança ou agressão.

Neutralização do condicionamento do ódio

A transformação dessas emoções neuróticas em sentimentos saudáveis e indolores passa pelo desfazimento da crença que temos nas ideias que formam o medo, a depressão e o ódio. Só os que acreditam em fantasmas já os viram. A importância de uma conquista não reside, intrinsecamente, nela, mas no valor que a ela atribuímos. Mesmo em situações vitais para nossa sobrevivência, a serenidade, que não exclui o uso pantomímico da cólera, é um estado de ânimo mais apto a resolver o problema que nos aflige do que o estado colérico. O espantalho do ódio, portanto, é a análise racional dos fatos que o provocam.

Um bom começo seria a formação do hábito de refletir sobre cada uma dessas pequenas doses de ódio com que lidamos em nosso dia-a-dia, procurando dissecá-las e compreendê-las, para pô-las a serviço de nosso projeto de mudança. A bagunça protagonizada no ambiente doméstico por cônjuges e filhos; a impontualidade crônica de familiares e amigos; os engarrafamentos do trânsito; o atraso dos meios de transporte; o desaparecimento temporário, dos seus lugares habituais, de pequenas coisas; cada uma dessas situações que, em graus variados, tende a nos irar deve ser tomada como exercício prático de nosso projeto de mudança. Afinal de contas, ainda que indesejáveis, sua ocorrência e repetição não são o anúncio do fim do mundo, e como, até agora, a ira que vêm levantando não foi capaz de modificá-las, conforme nosso intento, submetamolas, então, ao escrutínio da razão.

O indivíduo que interioriza a compreensão de que não é possível, a si nem a ninguém, ter tudo o que deseja tende a aceitar, sem frustrações maiores, os reveses da vida; ou melhor: passa a reduzir o número de ocorrências consideradas como reveses, ou a minimizar a força do seu impacto.

Os indivíduos e suas ações

A tendência natural da maioria das pessoas é a de confundir os indivíduos com suas ações, avaliação que está longe de ser verdadeira. Disso sabem, muito bem os pais quando advertem ou castigam um filho por uma falta cometida, sem que isso implique considerá-lo mau. A Bíblia já nos ensina que devemos condenar o pecado, amando o pecador. Nada impede que uma pessoa, considerada boa, pelo conjunto de sua biografia, pratique, vez por outra, um ato condenável, nem que um indivíduo ruim pratique um ato louvável. Ainda que os atos digam mais sobre uma pessoa do que suas posses materiais, ou mesmo do que as diferentes partes do seu corpo, com ela não se confundem. À exceção daqueles casos patológicos, de indivíduos essencialmente maus, todos, em princípio, somos bons, sujeitos, todavia, ao cometimento de erros. Desse amplíssimo universo de potenciais faltosos excluem-se os estúpidos, os ignorantes e os mentalmente enfermos, por não serem responsáveis pelos seus atos. Não é por ser incapaz, não ser um bom profissional ou ser mentalmente enfermo, que o indivíduo deixa de ser bom. O caráter, apenas o caráter, define se uma pessoa é boa ou má. O resto são características que interessam como fator de avaliação das aptidões e do nível de operosidade de cada um.

Uma pessoa normal, psicológica, moral e juridicamente responsável, ao cometer atos insanos, não o faz por deliberada intenção. Fá-lo por não ter podido superar o estado emocional que a dominou, ou porque suas crenças e valores estimularam-na a fazê-lo. Só a conscientização da necessidade de mudança poderá promover a alteração de paradigmas, base fundamental de nossa conduta social. A grande maioria dos casos geradores do ódio que sentimos provém dos paradigmas que são formados por nossas crenças, valores e por experiências pessoais, particularmente as vividas na primeira infância. Como exemplo, enquanto os esquimós se sentem honrados em oferecer aos hóspedes seu leito nupcial e a mulher, sem grilos, a mera abordagem galante da esposa, por terceiros, é motivo de reações ferozes para os homens de vastas regiões do mundo. Nas sociedades matrilineares, a relação do filho com o tio materno prepondera sobre sua relação com o pai, sem que o pai se sinta enciumado por isso. Nessas sociedades, é o tio quem fica enciumado se vir que o sobrinho se relaciona melhor com o pai do que com ele. Em ambos os cenários, ficam evidenciados o caráter cultural do ciúme e a possibilidade de sua superação pela via da análise racional, não se tratando, portanto, como se imagina, de uma reação natural, *instintiva*, invencível, originária de nosso psiquismo congênito.

Uma das mais lamentáveis tendências do ser humano consiste em transformar pequenos incidentes em problemas momentosos, viés que a sabedoria popular consagrou na expressão "fazer tempestade em copo d'água". Num fenômeno denominado alienação, passamos a viver o pânico da situação criada por nossa imaginação. Daí dizer-se, com propriedade, que as realidades imaginárias, em face da possibilidade de produzir consequências reaisconcretas, condicionam mais o proceder humano do que as realidades reais, porque o mito é a exteriorização do que já se realizou no íntimo das pessoas. Casos há de pacientes que só encontram a paz depois de submetidos a um tratamento ou cirurgia imaginários destinados a remover um mal criado por suas mentes. Montaigne conta a história de uma mulher que sofria com a certeza de haver ingerido uma agulha; fê-la vomitar e, às escondidas, pôs uma agulha em seu vômito, curando-a. Nos dias que correm, é grande a pletora de livros dedicados à questão. Só os indivíduos que acreditam na ação mortal dos feitiços morrem de feitiçaria, assim como certos pacientes ao perderem a esperança, ao desistirem da decisão de triunfar num momento de infortúnio.

O medo crônico tende a se transformar em ódio. Para evitá-lo, sugere-se a formação do hábito de conferir a cada ocorrência da vida a sua verdadeira dimensão e peso, o que, por si mesmo, nos poupará de muito sofrimento inútil. O momento oportuno para iniciar essa nova fase existencial é agora, com o próximo evento que nos trouxer algum tipo de decepção, frustração, irritação, amargura, ou outro sentimento qualquer de desagrado. Dissequemo-lo e avaliemos se ele tem a importância que lhe estamos conferindo, a ponto de afastar-nos do eixo de nossa vida emocional, comprometendo nossa higidez psicossomática. Na maioria esmagadora das situações, veremos que são os pensamentos sobre o fato, e não o fato em si, o que o magnifica, aborrece ou perturba. Mesmo quando o fato é grave, deixar-se enraivecer por ele só fará agravá-lo, nunca suprimi-lo ou modificá-lo.

Culpa e ódio

"Não julgueis, para não serdes julgados!"

Somos tentados a culpar alguém por tudo de ruim que nos acontece. Quando não podemos identificar um culpado, temos a tendência de buscar um bode expiatório. Alguns indivíduos culpam-se, e se deprimem. Uma vez identificado o culpado, nasce o ódio. O governo do ódio, portanto, passa pela vigilância que devemos manter sobre nossa tendência de atribuir culpas, e de rotular as pessoas, em função da malevolência que a elas atribuímos, em lugar de analisarmos os seus atos como algo apartado delas, como fazemos em relação aos erros praticados por nossos filhos, não os esquecendo, mas os perdoando. Não confundir perdoar com esquecer. Perdoa-se tudo, não se esquece nada. O perdão protege o corpo e o espírito. O perdão, sem esquecer, e sem excluir os corretivos necessários, varre nossa alma das impurezas que a atormentam e contaminam o corpo. A lembrança, sem ódio, nos possibilita resolver o problema, mediante, inclusive, a punição dos responsáveis, independente da formulação de juízos de valor sobre o seu caráter. Condena-se o pecado, amando-se o pecador. A capacidade de perdoar sem esquecer é a marca mais distinta das personalidades superiores, porque exigente de uma força espiritual inaudita. O Mahatma Gandhi e Nelson Mandela são duas figuras emblemáticas dessa postura superior, inspirada no exemplo maior do Cristo, morrendo na cruz: "Perdoai-os, Senhor. Eles não sabem o que fazem."

Os indivíduos que se orientam para identificar as causas dos problemas, como meio de compreendê-los para superá-los, são mais felizes e mais produtivos do que os que vivem a procurar culpados. É importante salientar que responsabilidade e culpa, a toda hora confundidas, não são a mesma coisa. O próprio direito reconhece a existência de situações em que há responsabilidade sem culpa, de acordo com o princípio da responsabilidade objetiva. Quando batemos na traseira de um carro, depois de derraparmos numa mancha de óleo, respondemos pelo prejuízo ocasionado ao proprietário do veículo danificado, apesar de não termos qualquer culpa, caracterizando-se um caso típico de responsabilidade objetiva. Se envolver gente educada, o acidente poderá representar, até, o início de uma frutuosa amizade, em lugar da troca inútil de impropérios, como sói acontecer no tráfego urbano entre pessoas iradas.

Além de tudo isso, culpar os outros ou culpar-se é uma prática perniciosa de efeitos desastrosos. Os indivíduos, emocionalmente aterrados, são expropriados de sua auto-estima pelo massacre de rotineira inculpação. Quem recebe, em rosto, sucessivas imprecações de culpa termina por desenvolver acaçapante complexo de inferioridade, que passa a funcionar como uma profecia auto-realizável. Como se sente inferior, cada fracasso pessoal, ocasionado, em grande medida pelo sentimento de inferioridade, contribui para consolidar essa impressão. Estudos de campo revelam, à saciedade, o efeito devastador, sobre a formação dos indivíduos, do sofrimento produzido pela repetição de enxovalhos e depreciações. Abre-se, então, uma larga avenida, onde desfilam, com funérea pompa, o ódio, a violência e o crime. "Bem-aventurados sejam os pobres de espírito, pois deles será o reino dos céus!" Será?

No outro extremo, militam os afortunados, os, desde cedo, bem-tratados, amados e valorizados. Deles, com certeza, é o reino da terra.

Cada um de nós, portanto, tem um papel a desempenhar de obreiro da concórdia ou da discórdia do mundo, em razão do modo como tratamos as pessoas, na medida em que elas tendem a se comportar de acordo com o julgamento que fazemos delas. Até os irracionais se comportam, diante de nós, em função do tratamento que lhes dispensamos.

Um grupo de psicólogos reuniu alguns estudantes primários, da mesma idade, mesmo QI e rendimento escolar equivalente nas várias disciplinas consideradas. O grupo foi dividido em duas turmas, com igual número de alunos. A turma A foi apresentada ao novo professor, com a informação de que se tratava de um grupo seleto, dotado de enorme capacitação e vocação acadêmica, enquanto da B foi dito tratar-se de um grupo abaixo de medíocre, a escória intelectual do colégio.

Quando, meses depois, foram submetidas a teste, o resultado revelou sensível superioridade no rendimento da turma A sobre a B. A diferença residiu no modo como os professores trataram as turmas. Enquanto o professor de A tratou os alunos como se quase gênios fossem, o de B tratou-os como se fossem abestalhados. A diferença dos níveis de aprendizagem, como ficou provado, originou-se do tipo de tratamento dispensado aos grupos.

Animados com o resultado, os psicólogos resolveram aplicar o teste em ratos. Um grupo de ratos que percorria um labirinto, com a mesma velocidade, foi dividido em dois. De um grupo foi dito que era inteligente, veloz e alerta; do outro, que era burro, lento e desatento. O resultado revelou uma crescente superioridade do primeiro grupo de ratos sobre o segundo. A diferença residiu na cabeça dos pesquisadores. Enquanto os do primeiro grupo dispensaram aos ratos tratamento compatível com sua presumida genialidade, os do segundo trataram os seus como ratos de monturo.

Em harmonia com os resultados desses testes, sabe-se que as equipes que nutrem baixas expectativas de vitória se empenham menos nas competições do que as que acreditam poderem vencer. A razão é que a expectativa de derrota compromete e erode, por falta de hábito, a disposição de assumir responsabilidades.

Só Deus sabe quanto desvio de conduta, quanto desperdício de talento, quanta miséria emocional, a ira, traduzida em tratamento depreciativo, não produz, sobretudo, nos ambientes familiar e de trabalho! Não será produtivo o professor que não praticar na sala de aula o que se denomina pedagogia afetiva.

Quem não pode controlar o ódio

Indivíduos que sofreram danos cerebrais, provocados por acidente ou doença, e outros tantos que desenvolveram desequilíbrio emocional, de caráter patológico, possuem pouca ou nenhuma capacidade de controlar a ira. A maioria das pessoas, no entanto, se situa fora dessas limitações, e dispõe de todos os recursos necessários para exercer mando eficaz sobre os seus sentimentos, inclusive o ódio. Para isso, basta a decisão de alcançá-lo, mediante a prática obsedante da vigilância sobre os pequenos ódios que compõem nosso dia-a-dia, advertidos de que o êxito se constrói na sucessão e superação de repetidos fracassos, no ritmo peculiar a cada pessoa, decidida a processar a anatomia do ódio. Controlar o ódio é simples, mas não é fácil.

Auto-ódio

As pessoas podem direcionar o ódio contra si mesmas, na medida em que, como em relação a terceiros, confundam seu eu definitivo com atos insanos que tenham praticado. Culpam-se e sofrem com isso. Deprimem-se. Os masoquistas – todos o somos, pelo menos, um pouco – usufruem essa dor. Em nível patológico, autoflagelam-se, queimam-se, mutilam-se, desposam vermes humanos, deprimem-se, como meio de assegurar a continuidade do desejado sofrimento. Quem está em paz consigo aceita-se, e não pode ser masoquista, porque não se odeia. Quando culpamos os outros, nossa ira é extravasada. Quando nos culpamos, interiorizamos a ira, dirigindo-a contra nós, deprimindo-nos e sentindo-nos inferiores.

O ódio e a guerra

> *"Os homens podem se cansar de dormir, de amar, de cantar e de dançar. Jamais se cansarão de guerrear".*
> Homero

Do homem se diz ser muita coisa. Ao lado dos clássicos conceitos de que "O homem é um animal político" e "O homem é um animal racional", temos mais recentes opiniões, defendendo que "O homem é um animal religioso"; "O homem é um inventor de instrumentos"; "O homem é um animal mercenário"; "O homem é um animal produtivo"; "O homem é um animal histórico"; "O homem é um animal lúdico". Larga bibliografia acadêmica tem sido produzida para sustentar a veracidade de cada uma dessas diferentes ideologias, de Aristóteles a R. G. Collingwood, passando por Adam Smith, Edmund Burke, Benjamin Franklin, Karl Marx e Johan Huizinga. A vocação multiforme do homem demonstra que todos esses conceitos são verdadeiros, para definir as diferentes vertentes de que se compõe, em sua poliédrica dimensão. Cada uma dessas ideologias peca pelo caráter parcial de sua abrangência, coincidindo o seu nascimento com a inclinação intelectual do autor e com a ênfase que, na ocasião, a sociedade confira ao tema definidor do seu conteúdo. Michel Foucault sustenta que os valores (*epistemos*) dominantes no pensamento de um determinado momento histórico consolidam-se e desaparecem por surtos epistemológicos sem qualquer razão aparente (*Les Mots et les Choses*). Foi assim com Aristóteles, quando em Atenas era generalizado o interesse pela política; com Adam Smith, absorvido pela Revolução Industrial e pelo liberalismo econômico; com Burke, assoberbado pela Revolução Francesa e pela questão religiosa; com Benjamin Franklin, mergulhado na Revolução Industrial e nas invenções; com Marx, dominado pelas aspirações socialistas e pela predominância do fator econômico nas relações sociais.

Cedendo a idêntico viés, o professor W. B. Gallie, da Universidade de Cambridge, sustenta que "O homem é um animal guerreiro", na contramão do pensamento de John Keegan, reputado o maior historiador moderno das guerras, para quem essas são uma atividade cultural e não algo inerente à condição humana. Acrescente-se, de plano, que a expressão "animal guerreiro" não se aplica aos seres humanos em geral, restringindo-se ao macho humano, uma vez que só como exceção registra-se a participação de mulheres nas guerras de todos os tempos. Pode-se dizer, portanto, que as guerras constituem um campo de ação exclusivamente masculino.

Desde Homero, com a *Ilíada* e a *Odisseia*, passando pela Bíblia com seus heróis guerreiros como Sansão, Moisés, Davi, Josué, seguindo-se a *Eneida* de Virgílio, *Orlando Furioso*, *El Cid* e tantas outras obras, a humanidade sempre valorizou os feitos guerreiros.

Não obstante as diferentes visões, sobrepondo-se à antiga tradição guerreira dos homens, é inegável que vivemos desde o início da guerra fria com a espada de Dâmocles de ameaças constantes, de ataques terroristas ou de guerras, nucleares ou não, impendendo sobre nossas cabeças. Só que, agora, o poder de destruição dessas ameaças pode ser total, capaz de pulverizar a civilização e eliminar da face da terra todo tipo de manifestação superior de vida. Gallie conclui que, na medida em que essa possibilidade possa vir a ser concretizada, fica evidenciada, como predominante, a faceta do homem guerreiro sobre todas as outras aqui mencionadas.

O atentado de 11 de setembro de 2001 contra as torres gêmeas do World Trade Center bem como o de 09 de março de 2004 nas estações de metrô de Madri são a prova irrefutável da possibilidade iminente de uma conflagração que não deixe pedra sobre pedra. De um lado, evidenciado está que não há sistema, a toda prova, imune a ataques; do outro, que há gente insana, a ponto de levar seus desígnios macabros às últimas consequências. Só a história dirá se a invasão do Iraque pelos Estados Unidos terá ou não o condão de operar como fator dissuasório de novos e ousados atentados. A julgar pelo imediato pós-guerra, a resposta é negativa.

Apesar de sua importância, já agora para a própria sobrevivência geral, pouco ou quase nada é feito, de modo eficaz e em escala planetária, como se impõe, para desarmar os espíritos que alimentam a chama de tão fatal belicosidade, conclamando-os para o exercício da paz fraterna e fecunda. A dura realidade é que a humanidade nunca levou a sério a tarefa de construir uma cultura da paz que correspondesse a uma expressão, mínima que fosse, da cultura da violência presente na história de praticamente todos os povos. Para que se tenha uma ideia do tamanho da omissão da sociedade, no particular, basta destacar que, nem como mera disciplina, salvo raras exceções, o estudo das medidas que levam à paz e à discórdia figura no ementário acadêmico das universidades. O que há de iniciativas que crescem, no particular, vem de grupos religiosos, ONGS e pensadores isolados, todos agindo desarticuladamente. Uma conspícua exceção nasceu em Feira de Santana, a segunda maior cidade do estado da Bahia, como veremos adiante.

Bem diverso é o tratamento dispensado à guerra, objeto, hoje, de uma nova ciência, denominada Polemologia. Os estados continuam defendendo os conflitos que lhes interessam, como sendo um necessário vestibular da paz, quando, na prática, têm representado a incubação de um próximo conflito. O principal resultado da Primeira Grande Guerra foi a Segunda, que, por sua vez, levou à corrida atômica que ameaça destruir o mundo. Dessa crua realidade emerge o conceito definitivo de guerra como sendo um meio de resolver divergências e conflitos intercomunitários, através de processos cada vez mais violentos que conduzem à autodestruição. Como, muita vez, não se pode ter certeza sobre o resultado da guerra, nem sobre o ritmo e as consequências do seu desdobramento, a vitória final perseguida dependerá, sempre, da capacidade de um dos contendores de ir além do ponto máximo de resistência do oponente, seu *breaking-point*. A impossibilidade de determinar, com razoável precisão, a localização desse ponto limite é que pode levar à destruição os litigantes, mobilizados para, indo além de suas forças, perseguirem a miragem da vitória. É essa incerteza que imprime aos conflitos bélicos a arritmia que os caracteriza, indo de súbitos arrancos à estagnação ou recuo, voltando a recrudescer, sob a inspiração de novos métodos ofensivos, de caráter tecnológico, estratégico ou psicológico. A guerra sem quartel entre judeus e palestinos é um conspícuo exemplo dessa conclusão. A guerra da "coalizão" contra o Iraque é exceção à regra, pela previsibilidade do seu resultado e do seu tempo de duração.

O que se observa das guerras é o empenho dos melhores recursos da sociedade, na busca do apogeu do poder de destruição bélico, mesmo com o sacrifício das causas que concorreram para consolidar a força do estado, como saúde e educação, conforme tem sido destacado por influentes pensadores, o último dos quais, Paul Kennedy, produziu o conhecido livro *Ascensão e Queda das Grandes Potências*, onde analisa a mudança do poder de uma nação para outra, desde o início do século XVI.

Na base de tudo, a ira, fingida ou verdadeira, de mãos dadas com a agressão e a inveja, espreita, entre arrogante e amedrontada, a imensa tarefa que a insensatez humana a convoca a cumprir. Elie Wiesel, prêmio Nobel da Paz, o grande memorialista do Holocausto que assistiu a toda sua família ser consumida nos fornos crematórios de Auschwitz, explicou o 11 de setembro com as seguintes palavras: "O ódio está na origem de todos os males, em toda parte: o ódio racial, o étnico, o político, o religioso. Tudo parece ser permitido em seu nome. Para quem o glorifica, como os terroristas, os fins justificam os meios, inclusive os mais abjetos." Antes ele já havia sustentado que "a história ensina que quem odeia, odeia a todos. Aquele que odeia os judeus acabará odiando os negros, os hispanos, os muçulmanos, os ciganos, os turcos, os árabes e, por último, a si mesmo".

Embora seja, por sua magnitude, a expressão mais grave da agressão, a guerra quase nunca se origina do ódio. Em muitas situações, e cada vez mais, suas origens deitam raízes em razões materiais, de caráter econômico-financeiro, militar ou estratégico, sua motivação assumindo caráter racional, em oposição ao emocionalismo de grupos primitivos, de ontem e de hoje. Como exemplo máximo de agressão sem ódio, podemos mencionar o lançamento da bomba atômica sobre as cidades japonesas de Hiroshima e Nagasaki, em agosto de 1945. O argumento apresentado pelo governo americano, de chocante racionalidade, foi o de que o espetáculo de milhares de inocentes queimando vivos dissuadiria os nipônicos de sua disposição de dar continuidade a uma contenda que poderia provocar um número muito maior de perdas humanas. A invasão para depor o regime totalitário de Saddam Hussein teve motivação exclusivamente racional. Nenhum ódio contra o povo iraquiano a animou. Bastaria que Saddam tivesse renunciado para que não existisse.

Ainda que não seja possível determinar, com precisão, quando se travaram as primeiras guerras, estudiosos apontam o período compreendido entre o oitavo e o quarto milênio antes de Cristo, coincidindo com o fim do neolítico, como sendo o período final de sua pré-história. John Keegan considera que a fase histórica das guerras se inicia com a escrita, três milênios antes de Cristo: "É dos sumérios (tratava-se da planície aluvional dos rios Tigre e Eufrates, conhecida, por isso, como Mesopotâmia, região que compreende o Iraque de nossos dias) que temos as primeiras provas seguras da natureza da guerra na aurora da história escrita e que podemos começar a perceber os traços da guerra "civilizada"", diz ele. Se isso é verdadeiro, conclui-se que a humanidade viveu dezenas de milhares de anos, a partir de sua fase inicial, caçando e colhendo os frutos silvestres, num nomadismo pacífico que não conheceu os horrores da guerra, apenas conflitos localizados. A falta de organização, de disciplina, de tecnologia, de meios de transporte, de suprimentos e a escassez populacional retardaram o início das guerras, embora sobrassem escaramuças. A agressividade natural e instintiva do animal homem, mobilizada para assegurar sua sobrevivência, foi ampliada para satisfazer seu desejo de vingança e sua incipiente, mas crescente, aspiração de conforto e mando. Como os chipanzés de hoje, os homens primitivos – supõe-se –, atacavam e massacravam os inimigos, em surtos de ferocidade coletiva. Naquele matar ou morrer, presente em nossas origens mais remotas, o ódio era o combustível que alimentava a agressão redentora. Não havia, porém, o propósito de dominação política, requisito essencial, ainda que em fração mínima, para tipificar o conceito de guerra, na acepção em que estamos usando o termo. Para a construção desse cenário, em nada contribuiu a idílica fantasia, há pouco mais de dois séculos cultivada, a respeito do homem primitivo, bom e puro. Se soubessem como fazê-lo, é mais que provável que nossos primeiros avós se houvessem destruído, abortando a possibilidade de edificar o que hoje denominamos civilização.

Carl von Clausewitz, para quem "a guerra é a continuação da diplomacia e das relações políticas por outros meios", em seu famoso livro póstumo *Sobre a Guerra*, cuja capa vem ilustrada com o desenho de dois homens em posição de luta, especula que a primeira de todas as guerras teve lugar quando um grupo mais fraco refletiu sobre a necessidade de racionalizar a utilização de seus recursos para vencer um inimigo mais forte. Ter-se-ia agregado, pela primeira vez, à força bruta tradicional o fator inteligência, sob a forma de disciplina. A disciplina teria sido, assim, uma criação da guerra, tese partilhada por Ortega y Gasset. Montesquieu, por seu turno, observou, com argúcia, que "uma vez integrando uma sociedade política, os homens se libertam do seu sentimento de fraqueza, levando ao fim da igualdade reinante entre eles, e, a partir daí, à criação do estado de guerra". A tese enseja duas conclusões: a primeira é a de que as guerras nascem com o estado, e a segunda é que o cidadão, em troca da segurança que o estado promete lhe oferecer, e à sua família, autoriza-o a guerrear as nações inimigas. O indivíduo passa, então, a ser um soldado a serviço do estado, nas lutas contra os estrangeiros. Para alcançar a vitória, o estado se outorga o direito de inobservar quaisquer limites, materiais ou morais, humilhando, matando e arrasando em nome dos seus deificados propósitos, como aconteceu com inúmeras guerras promovidas pela religião, como, a título de exemplo, as Cruzadas, a Noite de São Bartolomeu, o extermínio de grande porção das populações nativas do continente americano e a escravização de negros africanos. A depender de sua força, o estado ignora tratados e convenções internacionais, como o fizeram a França contra a Argélia, na década de 1950, a União Soviética, em 1968, no episódio conhecido como a "Primavera de Praga", e os Estados Unidos, ao invadir o Iraque, em 2003. Percebendo essa inclinação humana, Maquiavel inferiu que "o príncipe não deve se preocupar em adquirir qualquer habilidade que não seja voltada para a guerra", enquanto Thomas Hobbes advertia que "o homem, em estado natural, vive uma guerra de todos contra todos." Spinoza, por sua vez, ensinou que "aquele que odeia alguém esforçar-se-á por fazer-lhe mal, a menos que disso resulte para si um mal maior." Um autor contemporâneo, Martin Wight, com ênfase ainda mais acentuada, sustenta que "um poder se transforma num grande poder quando vence outro grande poder, do mesmo modo que os jovens guerreiros de Bornéu só ingressam na maturidade quando cortam a primeira cabeça." É por isso que o fim de todo grande poder, explica Wight, é o de vir a ser vencido por outro poder superior, determinismo que conduz ao aumento de poder das grandes potências, em paralelo à redução do seu número.

Ou seja: as grandes potências, em número cada vez menor, são cada vez mais poderosas, entendimento que conduz ao corolário de que "diplomacia é guerra potencial."

Quando Charles de Gaulle assumiu a presidência da França em 1958 estabeleceu como uma das prioridades nacionais para resgatar a auto-estima do povo francês, abalada com o vexame vivido durante a ocupação alemã, a fabricação da bomba atômica a partir dos seus próprios meios, renunciando à potencial parceria com a Inglaterra e os Estados Unidos, já detentores do mortífero artefato. Essa percepção, impositiva de tremendo ônus material, ignorava o emergente papel do mercado como regulador das relações internacionais, conforme enfatizado pela pregação consistente dos liberais, que advogam a supremacia do livre comércio como instrumento superior à força bruta na disputa pelo poder. A dissolução e queda da União Soviética são uma prova disso. Enquanto uma percentagem cada vez maior do seu orçamento era aplicada na manutenção do aparato militar, aquele bloco de nações perdia competitividade nos fundamentos básicos que propulsionam as economias modernas: tecnologia e ciência, voltadas para o mercado. Quem se lembra de algum produto soviético, além da vodca e do caviar, já que a recordação do automóvel Lada seria tecnologicamente obscena? No outro extremo, a Alemanha e o Japão desarmados e impedidos de se armarem, porque sob tutela militar, em pouco tempo saíram da mais completa ruína material para a construção de uma invejável prosperidade.

John Keegan sustenta em seu conhecido livro *Uma história da guerra* que "há motivos para acreditar que, por fim, depois de cinco mil anos de guerras registradas, as mudanças culturais e materiais podem estar trabalhando para inibir a inclinação do homem para pegar em armas." A letalidade das armas termonucleares e seu sistema de mísseis balísticos intercontinentais cada vez mais difundidos operariam como poderosa força dissuasora do recurso à guerra como meio para dirimir conflitos. Tanto é que armas nucleares nunca mais foram usadas desde o lançamento das bombas atômicas sobre Hiroshima e Nagasaki, em agosto de 1945. "Os 50 milhões que morreram em guerras desde aquela data foram em sua maioria mortos por armas baratas, produzidas em massa, e por munição de baixo calibre, custando pouco mais que os rádios transistorizados e as pilhas secas que invadiram o mundo no mesmo período. Tendo em vista que as armas baratas interferiram pouco na vida do mundo avançado, exceto nos locais restritos onde as drogas e o terrorismo florescem, as populações dos países ricos têm demorado a reconhecer o horror que essa poluição trouxe consigo. Pouco a pouco, no entanto, o reconhecimento desse horror está ganhando terreno". Keegan escrevia em 1993, oito anos antes do ataque terrorista às torres gêmeas de Nova York. Segundo ele, a crescente exposição televisisva das atrocidades da guerra vem contribuindo para aumentar a resistência geral à sua justificação como "uma continuação eficaz da política por outros meios" como queria Clausevitz. Precisamente o contrário, a falência da política, é o conceito que melhor exprime a generalizada percepção do verdadeiro sentido das guerras. Apesar do multilateral pipocar de conflitos, pode-se "vislumbrar a silhueta emergente de um mundo sem guerras." Sente-se no ar "uma mudança profunda na atitude da civilização em relação à guerra." Pela primeira vez na história, o humanitarismo figura como um princípio básico da política externa de grandes nações que se sensibilizaram para criar um organismo supranacional como a ONU, com o objetivo de promover a paz. Do mesmo modo que a escravidão, os duelos e os sacrifícios humanos em rituais religiosos foram extintos, apesar da crença em sua eternidade, também a guerra será banida da face da terra. Estaria chegando ao fim a compreensão milenária de que os benefícios auferidos pela guerra superam as dores e os custos. É cada vez maior o entendimento de que guerrear não vale a pena. (John Keegan, ob. cit.).

Ganha força a compreensão de que "a paz é um tempo em que os filhos enterram seus pais", enquanto "a guerra é um tempo em que os pais enterram seus filhos." Nascido nos Estados Unidos, espraia-se por todo o mundo o irônico cartaz: A GUERRA É UM BOM NEGÓCIO: INVISTA NELE SEU FILHO.

Em sintonia com essa crença, é digno de menção e louvor o movimento nascido em Feira de Santana, na Bahia, onde um grupo de idealistas, reunidos numa ONG denominada MOVPAZ – Movimento Internacional pela Paz e Não-Violência, deu início a uma caminhada pela paz que a cada ano, desde 1992, reúne uma multidão crescente, já alcançando centenas de milhares de participantes, constituindo-se na maior mobilização do gênero na América Latina. O conteúdo ideológico se restringe à paz pela paz, esvaziado de qualquer conotação religiosa, política, étnica, etária, regional, sexual ou de outra natureza qualquer que possa partidarizá-lo ou limitar sua destinação universalista. Artistas, escritores, políticos e líderes espirituais de todos os credos vêm aderindo ao movimento em sintonia com o mais estrito ecumenismo, que se apoia na percepção de que as diferentes religiões têm mais motivos para convergirem do que para divergirem, uma vez que diversidade não significa divergência. "As religiões são diferentes modos de encontrar a verdade", ensinava Gandhi. Ao bispo católico Dom Itamar Vian, ao médium espírita Divaldo P. Franco e ao lama budista Padma Santem coube o mérito do pioneirismo de vincularem suas religiões a esta importante iniciativa. Vários estados e centenas de municípios brasileiros já se incorporaram ao movimento, criando o Dia da Paz, celebrado, sempre, com uma concorrida caminhada. O princípio da resistência pacífica ou não-violência ativa inspira-se na lição de líderes espirituais, como o Buda, Jesus, Maomé, Gandhi, Martin Luther King, Teresa de Calcutá, Chico Xavier e o Dalai Lama, que fazem do verbo pazear, jamais ensinado nas escolas, a razão de ser das suas vidas. São poucas as pessoas, aliás, aí incluídas as ditas cultas, que sabem da existência desse verbo, quanto mais conjugá-lo.

O ódio e o trânsito

Acidentes de trânsito são a primeira causa de morte violenta em todo o mundo. O Brasil responde pela aterradora porcentagem de dez por cento dos óbitos mundiais do setor, e por um número ainda maior de sobreviventes com sequelas graves, fonte de muita dor e de grandes gastos.

O professor Luís Alberto Passos Presa, da Universidade Federal do Rio Grande do Sul, sustentou tese de mestrado para demonstrar a relação existente entre o ódio e os acidentes de trânsito, no Brasil, a partir da aplicação do método STAXI (State/Trait Anger Expression Inventory), de Charles Spielberger, concebido com dois propósitos: a) avaliar, em detalhes, os componentes do ódio de personalidades normais e anormais; b) avaliar a influência do ódio na evolução do estado de saúde das pessoas, e seu desdobramento em doenças como hipertensão, cardiopatias e câncer.

Passos Presa entrevistou 180 motoristas, com idade entre 20 e 63 anos, distribuídos em três grupos, sendo o primeiro composto de 71 motoristas de ônibus, o segundo, de 60 motoristas de caminhão, e o terceiro, de 49 condutores de automóvel. Do ponto de vista da escolaridade, os entrevistados se subdividiam em sete grupos:

0 – Até a 3ª série do primeiro grau;
1 – Da 4ª à 6ª série;
2 – Da 7ª à 8ª série;
3 – 2º grau incompleto;
4 – 2º grau completo;
5 – Superior incompleto;
6 – Superior completo.

No grupo de 71, havia, apenas, três mulheres; no de 60, só homens, e no de 49, a maioria era do sexo feminino, com 26 mulheres. A pesquisa contemplou 79 infratores, dos quais 26 eram mulheres, e 101 não infratores, todos homens.

Os resultados obtidos, entre outros, indicaram que:

1 – Os motoristas infratores revelaram índices de ódio mais elevados do que os não-infratores;
2 – Os motoristas de automóvel, amadores, expressaram mais ódio, ao volante, do que os motoristas profissionais, de ônibus e caminhão, contrariando as expectativas originais da pesquisa;
3 – Num quadro de sete níveis de escolaridade, os detentores do terceiro grau incompleto apareceram como os mais raivosos, seguidos dos concluintes do segundo grau, vindo em terceiro os que não concluíram o segundo grau. As três categorias de mais baixa escolaridade apareceram como portadoras do menor índice de ódio, abaixo até dos detentores de escolaridade universitária, numa demonstração a mais de que o comando dos nervos não depende do conhecimento tradicional, transmitido nas escolas, fato que representa um argumento adicional em favor do primado da inteligência emocional sobre a racional;
4 – Os motoristas mais jovens apresentaram índice de ódio superior aos mais velhos, corroborando as estatísticas inter-

nacionais e a percepção popular que ensina que "o fogo da vida se reduz com o passar dos anos". Os motoristas com idade entre 20 e 25 anos revelaram-se os mais sujeitos a acidentes;

5 – Contrariando as expectativas iniciais, as mulheres apresentaram níveis mais elevados de ódio do que os homens.

O autor observa que o maior estado raivoso presente nos motoristas infratores, autores das infrações mais graves, coincide com as conclusões de importantes pesquisadores de outros países.

A maior agressividade encontrada nos motoristas de automóvel é explicada pelo fato de serem eles, na sua grande maioria, os proprietários do veículo, em oposição aos condutores de ônibus e caminhão, profissionais a serviço de terceiros contratantes, a quem devem obediência, cujos cuidados decorreriam do receio de serem punidos, inclusive com a perda do emprego.

Como o álcool e o sono, o ódio não combina com a atividade de dirigir automóvel.

Ódio fingido

Por outro lado, somos capazes de convencer os outros de que estamos possuídos por emoções que não sentimos. Em graus variados, somos todos atores. Os advogados, nas sessões do júri, as carpideiras profissionais, as prostitutas, todos vivem de demonstrar uma indignação, uma dor ou um prazer que não sentem. O ódio exibido por Cassius Clay, o Mohamed Ali, contra seus adversários, nos dias que antecediam as lutas, era fingido, com fins promocionais. O mesmo se passava com o tenista John McEnroe, consciente do quanto lhe era vantajoso bancar o iracundo atrevido. Segundo Stephen E. Ambrose, biógrafo de Dwight D. Eisenhower, o ex-presidente norte-americano nunca atuava em função de sua ira, embora fosse capaz de exibir um ódio que não sentia, com o propósito de obter o que desejava, sem o risco de perder o controle emocional. É verdade que os avanços nos estudos da linguagem corporal permitem, cada vez mais, a percepção do fosso existente entre a pantomima e a autenticidade emocional das pessoas.

Não há unanimidade, entre os estudiosos do comportamento animal – os sociobiólogos e os etólogos –, sobre ser a capacidade de demonstrar sentimentos uma característica exclusiva do homem. Enquanto os adeptos da identidade comum sustentam que as estruturas cerebrais primitivas, como o hipotálamo e o sistema límbico, órgãos que o homem partilha com outros animais inferiores, são responsáveis pela maioria das emoções, como o ódio, o medo e o desejo sexual, os opositores contra-argumentam, sustentando que o processo evolutivo desses órgãos, responsáveis pela razão e pelas emoções, atingiu o auge apenas nos humanos. Não há dúvidas, porém, entre os corifeus de ambas as correntes, sobre ser o autocontrole um recurso humano, ausente nos animais.

A crença de alguns autores modernos de que as emoções não podem ser controladas, por serem instintivas, não foi partilhada por Darwin. Segundo ele, "A livre exteriorização de um sentimento intensifica-o, enquanto sua repressão, na medida do possível, ameniza-o. A gesticulação violenta aumenta o ódio; a falta de governo sobre a exteriorização do medo eleva."

Sêneca – Lucius Annaeus Sêneca –, o filósofo romano, sustentou que "Nenhum animal, exceto o homem, sente ódio, porque, embora inimigo da razão, o ódio só nasce onde houver razão". Sêneca quis dizer que o sentimento do ódio exige um julgamento de valor, consciente, portanto, da reação que devemos desenvolver, contra quem levantou um obstáculo aos nossos anseios. James Averill explica por que, também, pensa assim. Para ele, só os humanos têm a capacidade de julgar as ações dos outros, pela suas intenções, justificativas ou desídia, e cada manifestação de ódio contém uma pequena, sucessiva e rápida série de perguntas e decisões. "O que ele disse a meu respeito foi um elogio ou uma ironia? Seu atraso é uma manifestação de desapreço a mim, ou independeu de sua vontade? Seu riso é de mofa ou de simpatia? Como devo reagir a isso?" Averill desfruta de majoritário apoio sobre acreditar que a agressão humana está para a agressão animal assim como a fala está para as inúmeras formas de comunicação entre os animais. Do mesmo modo que a comunicação humana, o ódio – humano, portanto – é muito mais complexo do que a causa que leva os animais à agressão. Para ele, o conceito de animal irado é equivocado, e só pode ser usado em caráter metafórico. O homem não tem por que negar suas origens primatas e mamíferas, nem, tampouco, por que reduzir-se a elas. A capacidade de escolher e de julgar, que distingue o homem dos outros animais, é, também, a pedra de toque do ódio. Tanto é que nós só abdicamos de nossa responsabilidade pelas ações consideradas negativas. Enquanto reivindicamos crédito pelas boas ações – cuja fonte, a nosso ver, é nossa grandeza d'alma –, rogamos tolerância e compreensão pelas más, atribuídas a uma incursão momentânea, solerte, oportunista e sorrateira do espírito do mal. O ódio serve, então, aos nossos fins particulares, e opera como desculpa social.

Algumas pessoas se equivocam ao supor que o reconhecimento do papel da razão, na manifestação do ódio, esvazia-o de sua passionalidade e poder. O contrário é que é verdadeiro. O reconhecimento de que as emoções são produzidas pelos nossos pensamentos e julgamentos não reduz a intensidade de sua força, nem elimina as dificuldades de mantê-las sob vigília. Afinal de contas, são nossas ideias, valores e intenções que geram nossas maiores e mais duradouras paixões, como o atestam os campeões da justiça, os apóstolos da liberdade, os amantes e os revolucionários.

O ódio dos psicopatas

O psiquiatra Robert Hare, de Vancouver, Canadá, desenvolveu um método para medir o grau de sanidade emocional e psicopático das pessoas (psicopatômetro?), segundo uma escala de 0 a 40, iniciando-se a psicopatia a partir do nível 26, até o máximo de 40. Enquanto no Canadá as estatísticas indicam a existência de um psicopata em cada grupo de duzentos indivíduos, esse número dobra nos Estados Unidos, discrepância que sugere algum tipo de erro de avaliação, porque não é crível que haja tamanha diferença, no particular, entre as populações de duas comunidades geográfica, cultural e economicamente tão próximas, apesar da superior qualidade de vida do Canadá, em confronto com os Estados Unidos, propiciar uma maior higidez emocional e existencial.

A crescente quantidade de estudos sobre psicopatas é justificada pela sua enorme participação no global da taxa da criminalidade violenta, contribuição estimada, em ambos os países, em 20%.

Nesses indivíduos, a ausência de valores morais, a frieza e o cálculo superam sua capacidade de amar ou odiar, tornando-os marginais convictos. Tudo para eles se restringe à satisfação plena dos seus apetites. Sua proverbial capacidade de assumir papéis, em sintonia com seus propósitos egoísticos patológicos, faz deles atores privilegiados, capazes de enganar, até, os mais argutos psicanalistas. O esforço para conhecer a estrutura do seu mundo interior atende mais a programas acadêmicos e preventivos do que ao propósito de convertê-los a uma difícil senão improvável normalidade comportamental, embora estudos recentes projetem um raio de esperança sobre tão questionável recuperação. Uma característica comum encontrada num grupo de psicopatas condenados por crimes cruéis foi sua excessiva concentração sobre o objeto do desejo, a ponto de perderem a capacidade de avaliar as consequências decorrentes dos meios impróprios utilizados para consegui-lo. Verificou-se, porém, que, se forem treinados para refletir sobre as consequências de seu insano voluntarismo, poderão apresentar progresso substancial. Trata-se, no entanto, da possibilidade de um ponto remoto de luz no fim do túnel, insuficiente para autorizar o retorno desses indivíduos ao convívio social, onde, com toda a probabilidade, voltariam a delinquir. Inspirado neles, Arthur Schopenhauer lecionou: "O egoísmo pode levar a todas as formas de crimes e delitos, mas os prejuízos e as dores causados a outrem são para si um mero meio e não um fim, aí entrando de modo apenas acidental. Em contrapartida, para a maldade e a crueldade, o sofrimento e a dor de outrem são fins em si mesmos; alcançá-los é o que dá prazer."

Freud e o ódio

Freud viu o homem como um prisioneiro da luta entre os seus instintos, o conflito inato entre o amor e o ódio, a vida e a morte, a atração e a repulsão, com a balança da vitória pendendo, sempre, para o lado ruim. Como Darwin, via a agressão como algo inerente à herança biológica humana. Na famosa correspondência que manteve com Einstein em 1932, resultante da iniciativa da Liga das Nações que conclamou o mundo intelectual a refletir sobre o flagelo da guerra, publicada sob o título *Por que guerra?*, Freud sustenta que "este é um tema de discussão imperativa, uma vez que, pelo que se tem visto, constitui a questão mais séria da civilização." Apesar do frágil poder de mediação até então exercido pela Liga das Nações, Freud sugeriu a "criação, de acordo com o consenso internacional, de um organismo legislativo e judicial para dirimir os conflitos entre nações." Sobre essa proposta, Einstein, que era 23 anos mais jovem do que seu interlocutor, observou que, "por ser uma instituição humana, todo tribunal está sujeito a desviar-se de sua rota, em razão de pressões estranhas aos seus objetivos." Como o direito e o poder são duas faces de uma mesma moeda, é improvável que uma organização supranacional possa se impor ao voluntarismo dos países membros apoiados em seu poder de fogo, porque "o pequeno e agressivo grupo, atuante em cada nação, indiferente aos apelos da paz social, vê na produção e venda de armamentos que a guerra enseja uma afortunada ocasião para satisfazer seus interesses". Segundo ele, essa minoria se impunha à maioria por ter sob seu controle as escolas e a imprensa, "estando fadado ao fracasso o esforço de erradicar as inclinações agressivas dos humanos." Os fatos não cessam de demonstrar o quanto Einstein estava certo. Por sua vez, Freud sustentava que "o homem traz dentro de si uma ânsia de ódio e destruição que permanece latente durante os períodos normais, emergindo sob a forma de psicose coletiva nos períodos anormais", sendo o desenvolvimento "do pavor bem fundado da forma que as futuras guerras assumirão" a única esperança de neutralizá-la. "Como a guerra é o transbordamento da pulsão destrutiva, o remédio é recorrer ao seu contrário, Eros. Tudo que expressa sentimentos de afetividade produzirá efeitos contrários à guerra." Nesse momento, Einstein pergunta se haveria a possibilidade de controlarmos nossa evolução mental, salvando-nos do ódio e da destruição, ao que Freud, galante e ousadamente, respondeu: "Você mesmo já disse quase tudo em seus comentários; apontou-me a direção do vento; de muito bom grado, seguirei na sua esteira. Comecemos pela relação entre direito e poder, ponto de partida certamente correto. Peço-lhe permissão para substituir a palavra poder por violência, por ser mais contundente. Na acepção de nossos dias, direito e violência são termos antônimos. É fácil, porém, demonstrar que um se originou da outra, bastando apenas remontar às nossas origens para constatar como isso ocorreu pela vez primeira... ...Comete-se erro de avaliação se não se compreende que o direito nasceu da força bruta e que continua a não prescindir da violência para afirmar-se." Como os conflitos de interesse em todo o reino animal se processam pela violência, o mesmo ocorre com o animal-homem. No início a violência se impunha pela força muscular. Com a invenção das armas, a superioridade intelectual foi se impondo à força bruta, continuando a prevalecer a violência como mecanismo de solução dos conflitos de interesse. A originária vontade pulsional de matar o adversário foi controlada a partir de quando um gênio percebeu que melhor seria utilizá-lo como escravo. "Data de então o início do respeito pela vida do inimigo, tendo o vitorioso que conviver com o incessante desejo de vingança do vencido e aceitar a perda de parte de sua segurança." Com essa visão, Freud se junta a vários outros pensadores que vêem no surgimento da escravidão um expressivo avanço nas relações humanas, por mais estranho que possa parecer ao olhar de hoje.

Antes da troca dessa correspondência, esses dois monstros sagrados só haviam se encontrado uma única vez e na casa do filho caçula do fundador da psicanálise. Sobre o encontro Freud comentou com um dos seus discípulos mais próximos, o húngaro Sándor Ferenczi, que pouco tempo depois viria a falecer: "Minha conversa com Einstein foi muito agradável, porque ele entende tanto de psicologia quanto eu de física."

Em *Totem e tabu* (1913), uma obra da imaginação, em comparação com estudos antropológicos e etológicos posteriores mais rigorosos, Freud defende que a família patriarcal era a unidade social primitiva, cuja ramificação decorrera das tensões sexuais desenvolvidas em seu interior. A exclusividade sexual desfrutada pelo pai patriarca sobre as mulheres do grupo levou os filhos a matá-lo e comê-lo. Assaltados pelo sentimento de culpa, proibiram, tornando tabu, a prática do incesto, e instituíram a exogamia – o casamento fora do círculo familiar –, fato indutor do roubo de mulheres, estupros e toda sorte de disputas entre famílias e tribos. A diferença é que, enquanto para Darwin a agressão é uma autodefesa a serviço do processo adaptativo, para Freud é um instrumento de violência e destruição. Ambos também atribuíram pouca importância ao ódio, visto como uma subcategoria ou débil expressão do instinto agressivo, mesmo estando o mundo do inconsciente freudiano povoado tanto de ódio quanto de agressão desde a mais tenra infância: o bebê vivendo, em relação ao peito materno, a ambiguidade da inveja e da gratidão, como defendeu Melanie Klein; o infante, ao ser reprimido, pelo seu complexo edipiano; os adolescentes, pela imposição da disciplina que os obriga a adiar o prazer; os adultos, pela imposição do dever do trabalho, em paralelo à repressão de suas instintivas emoções.

É verdade que de Freud diz-se que, como uma pudica num *show* erótico, costumava ver mais com os olhos de sua moral vitoriana do que a realidade lhe mostrava. Por isso, muitos dos discípulos que o popularizaram divergem dos seus argumentos originais. Vale a pena ressaltar alguns:

1 – *Modelo hidráulico*. Inspirado no princípio da conservação da energia, de Hermann von Helmholtz, Freud viu a libido como uma quantidade limitada de energia que propele nossas lutas interiores. Do mesmo modo que a energia, quando é bloqueada, a libido eclode adiante. A parcela da libido retida é desviada para o id, que é a região mais profunda da psique e receptáculo dos impulsos instintivos, que são dominados pelo princípio do prazer e pelo desejo impulsivo, a exemplo do sexual e do agressivo. Quando o nível desse reservatório atinge o ponto crítico, temos, como resultante, a agressão. Para dar maior clareza à exposição de suas ideias, até que a verdade substantiva pudesse vir a ser exibida de modo irrefutável, Freud recorria, com frequência, a construções metafóricas. Muito da confusão existente sobre sua obra se deve à tomada das metáforas, ao pé da letra, por alguns dos seus discípulos. Ainda que o modelo hidráulico esteja desacreditado, há quem continue expandindo o reservatório para abrigar outros sentimentos, como o ciúme, a mágoa, o ressentimento e o ódio. Também a inveja, poderíamos acrescentar, mas essa é uma dimensão humana ignorada pelos psicanalistas, que continuam advertindo sobre os perigos de inundação decorrentes do transbordamento desses sentimentos reprimidos.

2 – *Catarse*. Em parceria com seu inicialmente mestre e depois discípulo Josef Breuer, Freud sustentou que é graças à catarse psicológica do sentimento agressivo que os homens não estão, mais ainda, nas goelas uns dos outros, o que ocorre

como exceção, já que são governados por instintos violentos. Disseram que a catarse esvazia o reservatório emocional, reduzindo ou anulando sua pressão. Definiram a catarse como "todo tipo de reflexos, voluntários ou não, desde as lágrimas aos atos de vingança, através dos quais, como a experiência o demonstra, as emoções são liberadas". Mais tarde, Breuer e Freud reconheceram a inconsistência do processo e evoluíram para o método interativo oral da psicanálise e da conscientização.

Assiste-se ao retorno do método catártico, com a mesma roupagem e dificuldades originais, porque sem condições de responder às mesmas inquietantes questões: Que elementos catárticos são essenciais, e estranhos ao tratamento psicanalítico? Quais são os prejudiciais? Há quem sustente que toda catarse tem função psicoterápica, na medida em que libere a emoção. O ódio, por exemplo, poderia ser liberado pela sua expressão verbal, pela prática do esporte ou pela punição mental de nosso ofensor. A crença predominante é a de que a confissão de ódios secretos, como qualquer confissão, faz bem à saúde, sem acarretar os riscos envolvidos em outras formas de catarse ativa.

3 – *Repressão, sublimação e culpa.* Esses conceitos, cunhados por Freud, passaram à posteridade com uma abrangência imprevista pelo fundador da psicanálise. No princípio, repressão significava o processo pelo qual as coisas indesejáveis eram mantidas fora da consciência. Hoje corresponde a manter a tampa sobre a panela de pressão. Com Freud, sublimação significava, apenas, o deslocamento da energia sexual para o trabalho produtivo; hoje, corresponde ao deslocamento, para outra área, de qualquer impulso ou estímulo biológico. Freud descreveu a repressão como sendo o processo patogênico que produz sintomas neuróticos. A psicanálise foi concebida para neutralizar esses sintomas, trazendo à tona o material reprimido. Ele nunca sustentou, porém, que a supressão dos instintos fosse indesejável. Da capacidade de suprimir e redirecionar esses instintos depende a sobrevivência do sistema social. Sem repressão, não haveria disciplina, de importância fundamental para o progresso

material e espiritual. Como seria a vida em sociedade se o hedonismo e a luxúria não fossem limitados em sua manifestação? E se não houvesse o sentimento de culpa pelos erros cometidos? A psicanálise teria o destino final de conciliar essas tendências conflitantes, como entre a satisfação e a repressão sexual, a sensualidade e o ascetismo. Os conflitos existenciais não se resolvem, diz Freud, com a vitória de uma tendência, ao preço do sacrifício da outra, como queriam, e ainda querem, vários dos seus sucessores, que vêem a repressão, a sublimação e o sentimento de culpa como meros artifícios vitorianos que não devem ser levados em conta. Isso explica a amplitude do cardápio terapêutico prescrito aos que sofrem, de modo agudo ou crônico, dos males do ódio.

Confissão catártica e doenças

O esforço de suprimir ocorrências que traumatizaram nossas vidas submete-nos a um nível de estresse intenso. Em si mesmos, os traumas existenciais enfraquecem nossas resistências psicossomáticas, expondo-nos à possibilidade de contrair doenças. Em contraposição, os indivíduos que não conheceram traumas em suas vidas são os mais saudáveis. Em segundo lugar, vêm os que tiveram a oportunidade de falar dos seus traumas, e, por último, os que silenciaram suas dores emocionais.

O psicólogo James Pennebaker estudou, a fundo, a questão dos segredos e da confissão, trazendo à tona resultados interessantes. Depois de entrevistar sobreviventes do Holocausto e centenas de vítimas de todo tipo de trauma, ele concluiu que muitas dessas violências são facilmente confessáveis, outras não. Uma coisa é confessar a dor da perda de um ente querido ou de um emprego, outra é falar de certo tipo de crueldade sofrida, como abusos sexuais, humilhações, espancamentos e abandono. Nesses casos, o silêncio auto-imposto pode resultar mais lesivo à saúde do que o próprio trauma. A razão disso derivaria do aumento da reação fisiológica, associada a doenças vinculadas ao estresse, produzida pela retenção, por prazo longo, de um segredo incômodo. Pennebaker dividiu em dois um grupo homogêneo e lhes deu as seguintes atribuições distintas: um grupo diria, ao máximo, de suas dores íntimas, escrevendo, gravando ou falando a um hipotético ou anônimo ouvinte; o segundo grupo discorreria sobre as trivialidades do dia-a-dia. O resultado revelou que quanto mais o indivíduo falar dos seus problemas profundos, melhor será sua saúde, menor o número de visitas a médicos, bem como mais reduzido o recurso a drogas. Esse fenômeno se deveria ao fato de que discorrer sobre um problema obriga a organização do pensamento, dando-lhe foco, estrutura e forma, enquanto a simples ruminação obsessiva tende a ser incompleta, caótica e estressante, porque é fugidia, vaga e de fácil conversão em fragmentos de imagem que se apresentam sob a forma de pesadelos. Em síntese: a superioridade da confissão reside na possibilidade de reestruturação e/ou nova interpretação do acontecido, identificando seu sentido como condição para superá-lo. Enquanto não for encarado de modo consistente, o trauma permanecerá em nosso espírito, atanazando-o, sob a forma de vergonha ou de sentimento de culpa, sempre como um assunto mal resolvido. É a esse propósito, aliás, que serve a boa psicanálise.

O papel da catártica e redentora confissão, porém, não pode ser confundido com a lengalenga inconsistente e interminável que, com ou sem motivo, vive a encher os ouvidos de quem queira escutar seus males, atolado no ódio, não indo além do sentimento depressivo e ultrajante de humilhação do qual parece extrair certa dose de prazer, na medida em que se percebe fonte da piedade alheia.

Na ausência de um receituário preciso, o que de melhor se pode dizer sobre a ventilação do ódio é que há hora para falar e hora para calar. Reagir de modo agressivo aos múltiplos e pequenos dissabores da vida só faz aumentar nossa capacidade de odiar, sem a contrapartida de qualquer vantagem para nossa saúde física e emocional. Por outro lado, há situações em que a expressão do ódio é indispensável, como observou Cícero na mais importante das catilinárias: "Embora esse ódio me estivesse reservado, eu o suportaria como uma glória, posto que o rancor que se ateia na virtude resulta em honra, não em desdouro." A eleição do melhor roteiro depende de uma capacitação que pode ser aprendida e desenvolvida, com atenção, vontade, reflexão, integridade e bom senso. A cólera santa, preconizada por Rui Barbosa, é um bom começo.

A ventilação como fator de cura do ódio infantil

O modo como os pais devem reagir diante das lacrimosas, iradas, barulhentas e, por vezes, escandalosas reivindicações infantis constitui antigo objeto de divergência entre leigos como nos círculos especializados da psicanálise. Alguns psicanalistas acreditam que as explosões das crianças representam indícios de neurose infantil causada pela repressão do ódio. A cura consistiria no provimento de oportunidades para que o infante pudesse liberar, mediante extravasamento ou ventilação, o ódio que inunda seu espírito. A mudança de comportamento de crianças explosivas, um ou dois anos depois do início de sessões de psicanálise, tem robustecido a crença na eficácia do método catártico, embora, no outro extremo, milite grande número de psicólogos e antropólogos que consideram essa mudança como um fato natural, a ocorrer com o processo de desenvolvimento físico e emocional do infante, independente dessa faxina interior, no divã do psicanalista. As pesquisas revelam que:

a – As explosões surgem no segundo ano de vida da criança, atingem o clímax entre os dois e os três anos, desaparecendo um ano depois;

b – À exceção dos casos oriundos de perturbações orgânicas, a grande maioria dos destemperos resulta da queima de muita energia e pequeno autodomínio, e ocorre quando o infante está desenvolvendo a percepção do "eu", ao começar a perceber-se como ser autônomo, distinto do mundo que o cerca, e detentor de necessidades próprias, sem saber, contudo, como satisfazê-las;

c – De um modo geral, a maioria das crianças que explodem o faz num determinado contexto: na escola, na casa dos avós, na companhia do pai ou da mãe; excepcionalmente em dois ou mais cenários. Trata-se de uma conduta social, pública, uma reação que cessa tão logo a demanda seja satisfeita;

d – A tese segundo a qual as explosões representam um redirecionamento do rancor sentido pelo infante contra sua fonte primária de atenções – a mãe, sobretudo – é considerada de difícil sustentação porque, em idade tão tenra, os circuitos neurológicos da memória de longo prazo ainda não concluíram sua formação, o que só ocorre entre os dois e os três anos de idade. Esse diagnóstico parece resultar da transferência para os infantes do conhecimento que os adultos têm do modo como eles mesmos se comportaram no início da vida e de como deveriam ter sido tratados pelas mães.

A vida diária, no Brasil como na China, chancela a lição que Sêneca nos legou no início da era cristã: "Não se deve atender ao que as crianças reivindicam em estado de ódio explosivo. Só quando se acalmarem é que se lhes deve dar o que pediram." O pensador romano excluía de sua receita, como o fazemos agora, os casos patológicos, que representam uma reduzida minoria, objeto de cuidados especiais, de que cuidamos em outro trecho do nosso estudo. De fato, nada leva mais uma criança a uma nova crise de destempero do que o atendimento anterior de um pleito, formulado de modo descontrolado. Trata-se, portanto, de uma prática aprendida e desenvolvida. Como as diferentes culturas e gerações se orientam por padrões distintos sobre o que seja normal e desejável em matéria de conduta infantil e, por isso, preconizam modos diferentes de tratar as crianças explosivas, compreende-se a perplexidade, preocupação e insegurança dos pais sobre como agir e reagir em face das atitudes destemperadas dos filhos. Enquanto alguns pais temem pôr os filhos a perder, se os mimar em demasia, outros mimam-nos em excesso, por receio de torná-los neuróticos.

A relativa tolerância ocidental aos excessos dos pequeninos é quase nada diante do encorajamento que a tribo siriono, da Bolívia, dá aos seus, conforme depoimento do antropólogo Allan Holmberg, que viveu entre eles nos anos de 1941 e 42: "Normalmente, os pais acolhem de modo divertido o espancamento que sofrem de seus infantes irados. Quando se sentem desprezados ou arreliados pelos pais, os pequeninos os agridem, a pau e pedra, com a força que tiverem, sem que sofram a mínima punição. Cheguei mesmo a ouvir pais estimulando os filhos a agredirem suas mães. Um chefe siriono me disse que tais expressões de ódio numa criança eram bons sinais de que seriam adultos valorosos." Também os esquimós revelam-se tolerantes diante das explosões infantis por entendê-las fruto da irracionalidade das crianças, até os quatro anos, e pelo equívoco de supor que elas não influirão na formação do caráter adulto, que deve ser isento, segundo eles, de reações iradas, próprias dos idiotas, dos doentes e dos homens brancos.

A abundante diversidade da casuística, no particular, deriva, portanto, dos peculiares modos de reação dos pais. Aqueles que por conhecimento ou intuição seguem o bom alvitre de não alimentar as primeiras demandas turbulentas dos seus infantes têm pouco ou nada do que falar no particular, de tal maneira eficiente abortaram o problema no seu nascedoiro. Os que, no entanto, acostumaram os pequeninos a serem satisfeitos, mediante reivindicações escandalosas, devem fazer o difícil mas necessário percurso de volta, reduzindo, até zerar, a eficácia do processo lacrimoso e vociferante de pedir dos filhos.

Essa recomendação de ordem geral não elimina a importância de se levar em conta as características peculiares a cada contexto em que os fatos se desenvolvem. A explosão do infante quando se lhe nega um brinquedo é de formação e origem diferentes daquela oriunda da sensação de abandono, como quando se vê separado dos pais, no primeiro dia de escola, ou quando os pais retornam de uma ausência prolongada. Enquanto na primeira hipótese configura-se um caso típico de voluntarismo pavloviano, nos dois últimos a causa motivadora da reação odienta é a sensação de perda de vínculo afetivo, sem o qual não sobreviveríamos. A primeira de todas as emoções humanas é o medo – de perda e do desconhecido –, raiz das sensações de ódio, ansiedade e angústia. O ódio saudável e instintual que resulta da sensação de abandono tem dupla função: a) liberar a adrenalina necessária para equipar o pequenino da disposição de vencer o desencontro, reunindo-se às pessoas amadas; e b) dissuadir os protetores de repetirem o abandono. Por isso é chamado pelo psicólogo John Bowlby de "ódio da esperança", em contraste com o conceito de "ódio do desespero", que se processa em situações extremas, quando a criança é vítima de um processo real ou potencial de separações prolongadas e repetidas, resultando em toda sorte de abusos crónicos. Os protestos iniciais da criança evoluem para o estado de desespero e daí para o isolamento emocional, imposto pelo doloroso sentimento de não pertencer. A importância de conhecer o contexto em que o extravasamento se realiza põe em relevo a distinção entre forma e conteúdo do ódio infantil. Como os adultos, as crianças estão sujeitas a todo tipo de sentimento. Os modos iniciais de expressá-los, que compõem o processo de aprendizado, condicionam, em grande medida, os padrões a serem observados na vida adulta. Pelo equivocado temor de frustrar os filhos, os pais se omitem da tarefa de desestimulá-los a "agir agressivamente", conduta, em tese, negativa, quando poderiam treiná-los na seleção dos meios adequados à "expressão do ódio", de modo construtivo, conduta, em princípio superior, porque promotora da paz individual e coletiva. Repita-se: as pesquisas revelam que a permissão para que a criança se comporte de modo desabrido – chutando, xingando, batendo, quebrando, gritando e arremessando coisas – não reduz o ódio infantil; representa um hábito, momentaneamente, catártico que realimenta e assegura reações futuras semelhantes ou mais odientas, à proporção que o infante veja no destempero um instrumento de satisfação de suas necessidades e desejos. Num outro extremo, os pais repressores, despreparados para interagir com os filhos na busca de meios adequados de "expressão do ódio", podem recalcá-los, tornando-os ressentidos e reclusos, e inaptos a lidar com a ira.

Há, porém, situações em que a reação irada do infante é uma imposição inelutável do modo desastrado como é tratado pelos pais ou responsáveis, como demonstrou a psicóloga Florence Goodenough, em pesquisa conduzida com quarenta e cinco mães, em 1931. Nesse estudo ficou claro que há situações em que a explosão é a única saída que pode preservar a integridade emocional da criança, agredida e ultrajada pela ignorância ou perversidade dos pais. A partir da idade núbil, as pessoas se unem para constituir família, despreparadas para viver a mais complexa das sociedades que é o casamento, seguido da paternidade. Atenta a esse fato, a antropóloga Margaret Mead questionou o paradoxo de exigirmos carteira de motorista para que se possa guiar, enquanto nada é exigido de quem queira casar. Como as emoções se sujeitam aos diferentes modos de aprendizado, como outra experiência qualquer, os padrões emocionais cultivados na primeira infância tendem a se consolidar na vida adulta.

Aos adeptos da teoria que recomenda total liberdade de expressão do ódio através da agressão, a lição colhida na "Cidade dos Garotos", nos Estados Unidos, pode ser de grande utilidade. Quatrocentos adolescentes, órfãos ou em estado de abandono, foram confinados num vilarejo para serem educados e reintegrados à sociedade. Ao chegarem, esses jovens mostraram-se odientos, indisciplinados e incivis. O primeiro período de gestão foi caracterizado pela permissividade: as lutas corporais eram compreendidas como uma necessidade de extravasar o ódio reprimido; a impontualidade nas atividades escolares ou de trabalho era tolerada como ocasionada por algo alheio à vontade do faltoso, e assim por diante. Em 1975 iniciou-se uma nova administração, conduzida por uma equipe de psicólogos sob a liderança de Dean Fixsen e Ellery Phillips, a partir de quando importantes alterações foram introduzidas: reduziram-se as camadas administrativas; os grupos passaram a ser definidos por famílias, em lugar dos anteriores dormitórios, e cada um passou a ser responsável pelos seus atos, como acontece no mundo real, onde quem entra em desforço físico pode ir parar na cadeia, ou quem chega atrasado no trabalho pode perder o emprego. Numa palavra: o bom comportamento seria premiado, e o mau, punido. Os psicólogos decidiram premiar o bom procedimento por entenderem que a punição do que é errado não ensina, necessariamente, o que é certo e desejável.

O resultado revelou que sob a nova orientação, quando passaram a ser responsabilizados pelos seus atos, os jovens tiveram reduzidos seus níveis de ódio e violência, e passaram a se sentir mais felizes do que na fase anterior, marcada pela licenciosidade. Com a decorrente elevação da auto-estima, iniciaram o aprendizado de saber que a concórdia e os bons modos valem a pena.

A prática tem demonstrado que um trabalho psicológico destinado a recuperar crianças mal-comportadas, para ser eficaz, precisa incluir, no tratamento, os pais e/ou as pessoas que lidam com elas. Caso contrário, essas pessoas, ainda que bem/intencionadas, por falta de conhecimento, anulam todas as conquistas alcançadas pelos profissionais da mente. Os exemplos são tão abundantes que o leitor pode recorrer à sua própria vivência para recordar-se de vários, no âmbito de sua família ou de amigos.

Condicionamento social do ódio

Todas as pessoas se iram. O modo como o fazem, porém, está condicionado às regras e valores sociais do meio, que podem ser escritos, e de fácil conhecimento geral, ou consuetudinários – consagrados pela prática social. Quando nos iramos, supomos poder influir sobre o objeto de nossa ira, modificando-o, para ajustá-lo aos nossos desejos. De modo consciente ou não, achamos que a fonte externa de nossa ira "deveria" ou "não deveria" fazer ou deixar de fazer alguma coisa. Operamos como substitutos instantâneos de um poder de polícia ausente, que falhou no seu mister de proteger nosso direito esbulhado.

Se usássemos em público, em qualquer sociedade moderna, do mesmo tom irado que usamos em casa, para reclamar nossos direitos, seríamos tratados como loucos, ou, no mínimo, desequilibrados. Em algumas sociedades primitivas da África, caracterizadas por elevado grau de cooperativismo social, como os ! kung-san (o ! se expressa pelo estalar da língua), observa-se que as reações à ira são mais de cunho cultural do que instintual, à diferença do que costumamos acreditar. Toda prática social, entre eles, é voltada para fazer da ira um instrumento a serviço dos valores culturais, e não dos destemperos individuais. Os !kung, bosquímanos, são nômades, e têm na busca diária de alimentos sua maior razão de ser. Como não é possível a estocagem de muitos gêneros, os períodos de anomalia climática, como as secas, são críticos. A sobrevivência individual, isolada, por período prolongado, é impossível no Kalahari, onde habitam. Uma eventual expressão agressiva do ódio contra um membro do grupo é impensável, porque colocaria em sério risco toda a comunidade. Durante prolongados estudos de campo dos !kung, poucos casos de discórdia foram observados. Um antropólogo, em um ano e meio entre os !kung, anotou três casos: uma disputa sobre um animal abatido, um desentendimento conjugal e a irresignabilidade de uma mãe diante de um curandeiro que não salvou o seu filho. Quem não puder controlar a própria ira é colocado sob observação, e acompanhado por toda a tribo, empenhada em reeducá-lo. A manutenção do seu precário equilíbrio depende, portanto, da prática de uma inquebrantável solidariedade coletiva, caracterizada por um comunismo indispensável. Por seu proverbial comando sobre a agressividade, os !kung são conhecidos como "povo inofensivo". É verdade que a contiguidade entre eles, excessiva para os padrões ocidentais, exclui o que denominamos privacidade, permitindo que todos participem de tudo que acontece. A antropóloga Patrícia Draper interpretou assim este aspecto da vida dos !Kung: "Quando uma pessoa ataca uma outra, é vista como se fosse uma mosca, atacando um inseto, já aprisionado na teia de aranha. Ambas ficam aprisionadas. Os combatentes, no calor da refrega, ignoram o perigo da pegajosa teia de aranha, mas os circunstantes ficam muito atentos a ela. O ódio atemoriza e adoece os !Kung, por ser destrutivo de sua rede de relações."

Apesar de não serem agressivos, os !kung são reivindicantes, de um modo que seria intolerável para os padrões ocidentais, concentrando-se o seu assédio em pedir, em tom lamurioso e mendicante, tudo que disser respeito a víveres, viés apontado por alguns como o exercício da ira deslocada. Vale a pena acompanhar o modo ensinado a Patrícia Draper e por ela utilizado para se livrar do sufocante cerco: "Então, você espera que eu, uma pobre e solitária europeia, no seu país, distante dos meus entes queridos, sem ter sequer uma lança, uma flecha ou uma picareta, ignorante dos segredos da floresta,... você espera que uma pessoa assim despossuída lhe dê algo para comer? A você, cuja cabana se encontra abarrotada de bons gêneros – como grãos, carne-seca e deliciosas raízes-, até o teto, e, ainda, vem me dizer que está com fome?" Uma resposta como essa, além de encantar e satisfazer o importuno assediante, abre espaço para a discussão de diferentes assuntos, sem prejuízo do retorno, intermitente, ao obsedante tema da comida, como a lembrar a imperativa necessidade de fazê-la circular, partilhando-a com os que não a têm, e lembrando aos seus afortunados possuidores que sua abundância é temporária.

Vários estudos antropológicos constatam o cuidado observado por pequenas tribos, no sentido de submeter a expressão do ódio de seus membros a regras e limites que previnam contra excessos destrutivos, como a já citada tribo siriono da Bolívia oriental. A tribo vivia na mais extrema penúria, em grupos de quinze a vinte e cinco pessoas. Conseguir o que comer, carne, acima de tudo, era o seu objetivo supremo. Uma refeição partilhada com um membro da família – seria impensável dividi-la com um estranho – era vista como um empréstimo que deveria ser pago, sem a necessidade de cobrança. Não obstante se constituir numa prática condenável, todos escondiam seus alimentos, cuja denúncia de furto era frequente, e os consumiam a portas fechadas, sob a proteção das brenhas, ou na escuridão da noite. As mulheres chegavam ao ponto de esconderem seus nacos de carne no interior da vagina. De tempos em tempos, os siriono realizavam um festival de bebidas, destinado a ensejar a ventilação de queixas, frustrações e amarguras. Em contraste com a prática ocidental, em que o álcool constitui mecanismo vestibular da violência, o máximo admitido entre os Siriono era a luta romana. O contendor que usasse os punhos seria acusado de "agir como o homem branco", e desclassificado.

Quando irado, o siriono vai à caça; se bem-sucedido, terá motivos para esquecer a ira; se voltar de mãos vazias, estará muito cansado para cuidar do objeto do seu ódio.

A tribo kapauku, da Papua, Nova Guiné, desenvolveu um ritual peculiar para o exercício eficiente e pacífico do ódio. O casamento, entre eles, obedece a um ritual que demonstra, de modo ostensivo, o caráter econômico da união conjugal de pessoas que já coabitavam. Na grande data, os parentes dos noivos reúnem-se para a cerimônia do pagamento do preço da noiva. Enquanto os parentes mais próximos do noivo depõem as oferendas, constitutivas do dote, a família da noiva inspeciona, uma a uma, as peças ofertadas, entre frouxos e mofas de riso irônico, e comentários depreciativos da quantidade e qualidade dos bens oferecidos, bem como da generosidade dos doadores. Nesse ponto, os parentes mais distantes do noivo são convocados a contribuir com o seu quinhão, para elevar o dote, de modo a aplacar a crescente irritação da família da noiva. Ignorando esse reforço adicional, o pai da moça mostra-se inconformado e irritado. É quando os líderes locais interferem, pressionando a família do noivo para fazer um acréscimo que possa pôr fim ao descontentamento do clã da noiva. Se a pressão não produzir resultado satisfatório, os líderes locais dão início à "dança louca", o *wainai*, em que os dançarinos, aos berros, reivindicam o acréscimo do dote, enquanto batem os pés, num ritmo frenético, e as mãos simulam o arremesso de flechas. Se isso não puser fim à magna pendenga, alguns parentes da noiva, do sexo masculino, reconhecendo que o núcleo familiar mais próximo do noivo já chegou ao limite, exprobram a sovinice dos seus parentes distantes, concitando-os a um gesto final de generosidade. Se também, isso não resolver o imbróglio, toda a família da noiva engrossa a dança, fazendo-se uma barulheira infernal que prenuncia o fim das negociações e, por consequência, os esponsais. Diante do iminente colapso da festejada união, o pai do noivo cede, alguns colares e porcos são incorporados ao dote, e todos celebram, felizes.

Se tudo não passa de uma grande pantomima, qual a utilidade desse cansativo ritual? Trata-se, na realidade, de um poderoso instrumento de coesão familiar e tribal. A mãe da noiva, beneficiária da maior porção do dote, sobe de *status* e poder, em razão de sua nova capacitação financeira. Os irmãos da noiva que receberem porções do dote são promovidos a bons partidos. O pai da noiva, que mediou o conflito, tem reconhecida sua liderança familiar e importância social. Os parentes do noivo, sem cuja generosa contribuição não teria havido as esponsálias, ganham enorme prestígio social, além de sua imorredoura gratidão. Para expressar gratidão, o noivo passa a chamar de pai os parentes varões, assumindo o compromisso de cuidar deles, no infortúnio e na velhice. Alguma semelhança com os casamentos de conveniência, no Ocidente?

Na substância, pouca ou nenhuma diferença há entre esses ritos tribais ostensivos e muitas de nossas práticas sociais que não são percebidas com a mesma nitidez, porque estamos imersos nelas. Vide o casamento de Jacqueline Kennedy com Aristóteles Onassis. Todas essas práticas, no entanto, participam da evolução de um processo, desenvolvido para dirimir disputas que possam colocar em perigo o equilíbrio social. Do mesmo modo que entre os kapauku, em muitas de nossas práticas ocidentais há pessoas que, de fato, sentem ódio, enquanto outras, apenas, fingem senti-lo. Estariam, verdadeiramente, irados os dançarinos kapauku, o advogado no tribunal do júri e o orador na tribuna ou púlpito? E o que dizer da sinceridade da mãe que ordena ao filho: "Desapareça de diante dos meus olhos!" Comuns a todas essas situações, há normas, escritas ou consuetudinárias, que regulam e definem quando, como, por que razão e contra quem o ódio pode ou deve ser expresso, conforme a advertência de Aristóteles: "Zangar-se é fácil. Difícil é zangar-se com a pessoa certa, na hora certa, na medida certa, pelo motivo certo e da maneira certa."

A observação de como as pessoas agem e reagem, em pequenos grupos sociais, seja uma tribo, um clube, uma corporação, ou mesmo uma família, nos dá uma acurada visão do poder de polícia exercido pelo ódio, muito mais completo do que o oferecido pela sociedade, tomada no todo de sua complexidade multifária, porque, enquanto membros de pequenos grupos, os indivíduos sabem que, a toda hora, estão dando as caras, acotovelando-se. Por isso, necessitam maneirar para conviverem em paz. Um dos mecanismos desenvolvidos para policiar os excessos do ódio reside no controle social exercido pelo mexerico, ridiculização, bruxaria, vergonha e, até, o ostracismo, como faziam os gregos.

    A vergonha de decepcionar o grupo a que se pertence funciona como controle eficaz do extravasamento do ódio, em tribos localizadas em diferentes regiões do globo, como os temiar estudados por Marina Roseman, os semai, na Malásia Ocidental, os arapesh, da Papua, Nova Guiné, estudados por Margaret Mead, e os uktu esquimós, estudados por Jean Briggs. Esta última antropóloga relatou um episódio que provocou sua discriminação, durante três meses, pelos uktu esquimós, seus anfitriões, por haver se deixado irar contra um pescador que abalroou uma canoa de sua tribo. Pelos padrões ocidentais, Briggs seria vista como detentora de uma "cólera santa", honrosa, portanto. Os uktu esquimós, no entanto, viram apenas sua cólera, não viram a causa. Por isso a discriminaram como alguém inconfiável. Os temiar da Malásia demonstram que estão com muita raiva, mediante uma arenga renitente. Na escuridão da noite do seu quarto o odiento dirige vitupérios contra a pessoa alvo do ódio, referindo-se a ela na terceira pessoa, "ele" ou "ela", como meio de aliviar o confronto, que o uso de "você" aumentaria. Se o alvo, ao invés de silenciar, responder, fá-lo-á do mesmo modo indireto. Não obstante todas essas precauções, os temiar consideram perigoso esse modo de expressar o ódio, a ponto de levar muitas testemunhas, chocadas, a correrem em fuga. Do mesmo modo, os toraja da Indonésia temem e repudiam as manifestações de ódio e sua ruminação, consideradas por eles, próprias dos animais inferiores e indignas dos seres humanos. Tal noção está tão enraizada, que são raras as exteriorizações do ódio. A generalizada crença de que cada um já nasce com um destino, que só os deuses podem alterar, contribui para a redução e eliminação do ódio. Quando alguém se ira, todos saem de sua frente, até que se acalme. Confrontar uma pessoa irada só faz aumentar o seu ódio. A prática dos caçadores mbuti, do Zaire, para acalmar os ânimos, é, deveras, original. Entre eles, o humor é a grande arma. Quando se inicia uma discussão qualquer, mesmo de caráter racional, todos os presentes, inclusive os partícipes originais, começam a se ridicularizarem, reciprocamente, sufocando o objeto da disputa, até explodirem numa gargalhada geral. A técnica é desenvolvida a partir da infância. Quando uma criança chateia outra, às lágrimas, o chorão, e não o seu algoz, é objeto da galhofa fraterna das demais crianças, à exceção do algoz, que é punido com sua exclusão da brincadeira que, então, se desenrola.

Várias outras pequenas sociedades recorrem ao humor para neutralizar o ódio. A fim de não repetirem os condenáveis métodos violentos de disputa do "homem branco", algumas tribos esquimós recorrem ao duelo verbal, e à disputa para apurar quem canta ou bate melhor o tambor. Inicia-se a contenda com a troca de duros e crescentes insultos verbais que, aos poucos, se transformam em piadas obscenas. A audiência, dividida entre os contendores, define o vencedor pela intensidade dos risos e dos aplausos, e o confronto termina em festa e em paz. Tudo isso evidencia a importância das necessidades e dos valores culturais como moldes da raiva que sentimos, bem como das diferentes formas de sua expressão. A grande lição que podemos extrair desses povos pacifistas é a de que, apesar de sentirem ódio, como todo mundo, não o valorizam, como é comum na cultura ocidental.

As culturas que perquirem as razões pelas quais as pessoas se iram, atitude que lhes permite não confundir, como é regra geral, os atos com a formação moral dos seus autores, desenvolvem um ambiente protegido contra os excessos do ódio, fato que representa uma prova adicional de que o ódio é um tema tanto biológico quanto político. Se nos dedicarmos a fazer a anatomia do ódio, veremos que ele expressa uma mensagem com vários possíveis significados: "Perigo!"; "Não me abandonem!"; "Saiam do meu caminho!"; "Quero justiça!"; "Devolvam minha auto-estima!" Em qualquer hipótese, o ódio sinaliza uma promessa de explosão iminente.

Ódio e insanidade

Quando Horácio declarou, no início da cristandade, que o ódio é uma loucura momentânea, estava proferindo mais do que uma frase de efeito; anunciava uma crença que continuaria arraigada na memória de muitos povos, embora hoje se saiba que sentir e expressar raiva de um modo saudável nada tenha de loucura, podendo ser considerado, até, o seu oposto.

A identidade conceitual – idiomática e psicológica – entre ódio e loucura leva à aceitação da irresponsabilidade moral e da consequente impunidade penal do agressor, acometido de violenta emoção, loucura temporária e outras tantas denominações, todas elas expressivas do conceito de "ódio insano". Culturas há, no entanto, como já vimos, que não aceitam tal confusão. Para os esquimós, por exemplo, a irresponsabilidade de uma pessoa portadora de insanidade permanente, pelos atos praticados sob o comando do ódio, não pode ser estendida a alguém que cede a surtos ocasionais de cólera, quando seu estado normal é o de plena sanidade, segundo o entendimento que, de um louco, não é razoável esperar-se que governe suas ações, mas de uma pessoa sã, sim. De um modo geral, esses povos acreditam que, enquanto os insanos continuam como tais, depois da prática de um ato violento, os sãos retornam ao seu estado normal em seguida ao ato praticado sob o estado de ódio. Os psicopatas, representativos de um percentual que não passa de um por cento da população, conquanto mantenham uma atitude pública de ilusória sanidade, são, de fato, insanos da maior periculosidade, como vemos das estatísticas carcerárias que lhes conferem uma propensão à criminalidade violenta vinte vezes superior à dos demais condenados por crimes violentos. Para esses – prisioneiros de loucura moral, portadores de um transtorno de personalidade inato e permanente, destituídos do que se denomina ressonância afetiva, incapazes de se tocarem pelos problemas dos outros, de sentirem remorso ou arrependimento – a reclusão definitiva é uma imposição da segurança social. O psiquiatra forense José Roberto Paiva, citando o colega J. Alves Garcia no livro *Dias de ira*, em que o jornalista Roldão Arruda denuncia o assassínio em série de homossexuais na Grande São Paulo, assim os definiu: "São indivíduos insensíveis, anti-sociais ou perversos, destituídos de compaixão, de vergonha, de sentimentos de honra e conceitos éticos; não sentem simpatias pelas pessoas de seu grupo social e têm conduta lesiva ao bem-estar, à ordem social estabelecida. As personalidades desse tipo mostram-se precocemente voluntariosas, cruéis, insinceras, cometem faltas, não se adaptam aos colégios e, já na maturidade, tornam-se insensíveis, impiedosas, brutais e impulsivas; são frias, pérfidas e arrogantes. Seu campo de ação anti-social é o das ofensas físicas contra pessoas e propriedades, reincidindo frequentemente nos delitos contra a vida." Terá sido, talvez, por pensarem assim que os psiquiatras Guido Palomba e José Américo dos Santos, também citados pelo mesmo jornalista, tenham declarado, no laudo pericial sobre a sanidade mental do principal suspeito, que "o réu é portador do mais alto grau de periculosidade social. O mal de que padece deriva de uma usura orgânica, irremovível, incurável, sendo certo que indivíduos desse tipo, em liberdade, fatalmente irão delinquir. Devem ficar para sempre afastados da coletividade livre ou talvez possam voltar a ela, mas só no dia em que a limitadora velhice se fizer presente, e assim mesmo com muita cautela".

Outros indivíduos, por seu turno, como os terroristas, praticam atos violentos sob o comando de convicções políticas, morais ou religiosas, podendo, só em caráter metafórico, ser designados de insanos, uma vez que agem conscientes, e desejosos das consequências destruidoras dos atos que praticam. Estudos de campo revelam que a maioria das violências praticadas sob estados justificados como de insanidade, o foi do modo mais racional e consciente, numa demonstração de que o ódio, arguido como atenuante de responsabilidade, operou racional, deliberada e seletivamente, segundo rituais destinados a induzir à conveniente crença de insanidade temporária. Tanto que esses criminosos, que se autoproclamam loucos, reagem como cordeiros diante de uma metralhadora, não rasgam dinheiro, nem se jogam sob as rodas dos automóveis. Como observaram J. Groebel e R. Hinde, "todos os animais que mostram comportamento agressivo possuem genes que modificam seu nível de expressão", de modo que os impulsos agressivos são contrabalançados por cálculos de risco ou pelo confronto da ameaça com a possibilidade de escapar, de acordo com a equação do comportamento maniqueísta "lutar ou fugir", sendo essa capacidade de alterar a expressão da agressão sensivelmente acentuada entre os humanos.

Sêneca, o filósofo romano, explicou nossa resistência, em aceitar que podemos controlar nosso ódio, com o seguinte raciocínio: "Como amamos nossos vícios, nós os defendemos, preferindo desculpá-los a nos livrarmos deles."

Nós e os nossos vícios nos desculpamos.

Anatomia do Ódio

O ódio e os costumes

O poder de polícia exercido pelo ódio deriva da necessidade de manter a coesão coletiva que se exprime, acima de tudo, pela observância das regras que asseguram a ordem social. Toda vez que há uma quebra de expectativa, individual ou social, do dever ser consagrado, uma medida coercitiva se impõe, para abortar a ameaça de ruptura do *status quo* ou restaurar o equilíbrio perturbado. A impossibilidade dos agentes de controle social de agir em tempo real para evitar a quebra de expectativa permite que o ódio preencha o vazio. É esse componente sociológico do ódio que potencializa o risco de colisão, entre atores de culturas diferentes. Os cursos de língua nacional para estrangeiros, ministrados nas principais cidades do mundo, oferecem, a cada passo, o espetáculo de desentendimentos entre os nativos de diferentes nações, pela simples razão de se interpretar, em sintonia com as regras de uns países, o que foi dito ou feito, de acordo com os valores de uma sociedade diferente. Bem perto de nós, pululam desencontros, advindos de necessidades e valores distintos dos agentes interativos, como se cada um integrasse uma pequena tribo, em razão das diferenças de etnia, raça, *status*, sexo, religião, beleza, inteligência, dinheiro e muito mais. Esse conjunto de características, se de um lado nos confere identidade e segurança psicossocial, por outro bitola nossa capacidade de compreender e valorizar o próximo: "é impossível compreender as mulheres"; "estes gringos são cretinos"; "argentino não presta"; "todo francês é arrogante e malcheiroso"; "todo português é burro"; "se é judeu, é ladrão"; "se é árabe, é treiteiro"; "todo carioca é malandro"; "se é baiano, é preguiçoso"; "todo mineiro é invejoso" e assim por diante. Esse tribalismo fragmentário é a causa, por excelência, da emergência do ódio cultural ou sociológico.

No plano mais largo das nações, é mais fácil a percepção dos modos peculiares com que a população de cada país, tomada como um todo, tende a expressar o ódio. O antropólogo Edward Hall explica que enquanto os anglo-americanos, por exemplo, costumam graduar a manifestação do ódio, evoluindo de um pedido para uma advertência e, assim, num crescendo, até a ruptura explosiva que sinaliza o fracasso de um acordo, os latinos e os povos do Oriente Médio aguentam calados, o quanto puderem, até explodirem de vez, quando, então, se iniciam as negociações. O que representa o fim das negociações para uns é o princípio para outros. Dentro de uma mesma cultura, as regras para lidar com o ódio evoluem com o tempo, e com as mudanças estruturais. O Japão, disso, é emblemático. Sua cultura de repressão e equilíbrio emocional recua fundo na história, indo além dos samurais, quando tudo ligado ao gestual era regulado: a expressão facial, o modo de andar, falar, sentar, levantar, olhar, sorrir. Além de serem obrigados a suprimir, diante de um superior, todas as emoções, como a dor, a mágoa, o ódio, o amor e uma grande felicidade, os japoneses deveriam se submeter à ordem estabelecida, gostassem ou não, com um sorriso no rosto, e um tom de voz destinado a revelar convincente ainda que fingida satisfação. A observância dessas regras era de vital importância para a sobrevivência das pessoas, à época dos samurais que, senhores de baraço e cutelo, podiam eliminar quem não se mostrasse reverente. Remanescentes dessa tradição são a polidez e a expressão facial com que o japonês de hoje reage, quando irado. Enquanto um japonês que der expressão ao ódio, à maneira ocidental, será censurado e perderá credibilidade, um ocidental que, em certas ocasiões, não der pública demonstração de cólera santa será condenado. A etiqueta, considerada por setores rudes da sociedade como uma superfluidade efeminada, tem como propósito maior prevenir os conflitos oriundos do desconhecimento dessas normas peculiares a cada grupo social. Uma companhia aérea norte-americana deu-se mal ao publicar anúncio dos seus vôos na mídia japonesa, utilizando-se da foto de uma jovem nipônica, com os olhos fechados, numa poltrona reclinada. De acordo com os valores japoneses, aquela seria uma pose típica de uma prostituta, ofensiva, portanto, à dignidade das mulheres do país. Além de substituir o anúncio, a empresa publicou um pedido de desculpa. Sem as regras da etiqueta, a vida social regrediria à barbárie, tornando impossível o convívio pacífico, o funcionamento da diplomacia e dos parlamentos, onde, com grande frequência, conforme ensina Talleyrand, as palavras escondem o pensamento, em lugar de transmiti-lo, não por hipocrisia, como se pensa, no mundo ocidental, mas como meio de preservar a auto-estima dos concorrentes. A diferença de prioridade, nos dois hemisférios, entre a pessoa e a relação reflete as condutas dos seus povos: enquanto no Oriente prioriza-se a preservação da relação sobre o interesse individual, no Ocidente verifica-se o contrário. Daí o contraste entre as maneiras delicadas dos orientais e o estilo arrogante e impositivo do Ocidente.

Em toda sociedade, há os pacifistas e os belicosos contumazes que militam nos pólos extremos da crença no amor e na violência como meio de dirimir conflitos.

Ambientes geradores de ódio: ruído, multidões, tráfego

Do ruído. São Paulo é uma das cidades, mais barulhentas, mais populosas e de tráfego mais congestionado do mundo. Nem por isso deixa de ter um percentual elevado de gente educada, tranquila e de bem com a vida. Apesar de poder afetar nossa saúde física e mental, não são a intensidade do som, do tráfego ou o tamanho das multidões, em si mesmos, fontes de ódio, mas o que representam como expressão emocional. Enquanto para o meliante o som estridente da sirene policial simboliza uma ameaça à sua impunidade, o cidadão ordeiro o acolhe como sinal de sua segurança, patrocinada por um policiamento presente, ostensivo e vigilante. O amante da música clássica que se expõe a elevados decibéis para ouvir seus autores preferidos arrepia-se com o som do trio elétrico. Uma relação amorosa entre um apreciador da música brega e um cultor da clássica só sobrevive enquanto houver muita atração física. Sobretudo se partilharem um espaço reduzido. O pessoal que trabalha na área externa dos aeroportos, a mais exposta ao ruído das aeronaves, não se apresenta mais odiento do que quem trabalha nos campos de golfe ou nas estações de esqui, porque associa a estridência à sua sobrevivência material. Muita gente prefere o bulício das cidades grandes à paz bucólica, na medida em que associa o agito urbano às possibilidades de ascensão econômica, social, política ou intelectual.

Das multidões. O mesmo raciocínio pode ser desenvolvido para estabelecer a relação entre densidade populacional e ódio. Se essa relação fosse linear, como querem alguns, Tóquio, um formigueiro humano, seria uma cidade muito mais violenta do que Los Angeles, a mais espraiada de todas as grandes metrópoles. E o que dizer das medinas árabes, em meio a cujo bulício, os ocidentais, entre perplexos e encantados, se sentem tão perdidos, como cegos em tiroteio? A crença nessa falsa correlação resultou de experimentos feitos com ratos em ambientes superpovoados. Confinados em espaços congestionados, os ratos tornam-se agressivos, o que não ocorre, necessariamente, com os humanos. Basta dar como exemplo as grandes aglomerações esportivas, musicais, religiosas ou políticas, buscadas como fonte de satisfação, de motivação múltipla. Também aqui, é a carga de sentido emocional que define o conteúdo da influência das multidões sobre as pessoas. Num outro extremo, a ausência de transeuntes numa via urbana pode despertar calafrios num pedestre solitário de uma cidade violenta. Muitas vezes, é mais fácil encontrar liberdade e paz existencial numa cidade grande do que nos caldeirões do diabo de preconceituosas cidades pequenas. Há mais paz para a leitura e a reflexão em salas de espera apinhadas de gente dos aeroportos do que nos salões de leitura das bibliotecas escolares, onde a intimidade dos seus frequentadores é um permanente convite à desconcentração. Importa, também, saber o modo como as grandes aglomerações se estabeleceram em nossa imaginação, se como experiências positivas ou desagradáveis. O costume de dormirem seis, oito e até dez pessoas num mesmo cômodo é normal para um chinês e impensável para um norte-americano. Não é a multidão, em si mesma, o que causa medo, mas as dúvidas sobre como geri-la e as emoções a ela associadas.

Do tráfego. O tráfego urbano é a causa mais constante da manifestação da intolerância difusa, de todos contra todos, um modo subliminar de manifestação do ódio acumulado, e produzido pelas vicissitudes da vida moderna. Quem dirige, se já não foi assaltado por um sentimento, ainda que leve e fugaz, de rancor contra um transeunte ou um motorista desatento ou imprudente, certamente terá sido alvo, vezes sem conta, de reações impacientes ou destemperadas. Sem contar os acidentes, responsáveis por tantos danos materiais e, sobretudo, humanos, as estatísticas apontam números crescentes que vão de muxoxos à eliminação de vidas. A conduta humana, de tão característica, no particular, já é objeto de um campo de estudo específico, denominado psicologia do trânsito, sendo de observar que a riqueza material, a inteligência e o conhecimento não conferem qualquer distinção às pessoas no que respeita ao modo como reagem num ambiente tão identificado com o progresso material dos povos. Um indivíduo sofrido e pobre pode manter no tráfego uma atitude muito mais cortês e civilizada do que um milionário, um príncipe ou um festejado autor de livros, novelas ou músicas. Por outro lado, uma pessoa atenciosa e gentil com familiares e amigos pode assumir atitudes incivis quando ao volante de um automóvel. Dentre as várias razões apresentadas para explicar o fenômeno, os estudiosos destacam as seguintes:

1 – Aumento da pressão arterial e dos batimentos cardíacos, sinalizando tensões, provocado pela excitação fisiológica oriunda do crescente congestionamento do trânsito, causando uma sensação de aprisionamento e impotência;
2 – Interação dos nativos de uma cidade com motoristas de fora que praticam estilos diferentes de dirigir. Quanto ao ritmo e ao modo de guiar, cada lugar obedece a um código consuetudinário que é violado, involuntariamente, pelos visitantes "invasores". Comparem-se, como exemplo extremado, os estilos praticados no Rio de Janeiro e em Porto Seguro. Além disso, há o choque entre as gerações, sendo os jovens mais adeptos de um estilo afoito de guiar, e os mais velhos, mais cautelosos. As etnias, os hábitos e a própria personalidade das pessoas, independente da idade, atuam como fator conflituoso. É inevitável, por isso, que haja tanta possibilidade de conflito quando muitos, ao disputarem um mesmo espaço exíguo, alimentam percepções subjetivas quanto às intenções recíprocas;
3 – Intencionalidade do incômodo atribuída ao motorista molestador. Não é o fato, em si, que nos incomoda, mas a intenção que a ele atribuímos. Se, ao sermos brusca e imprudentemente ultrapassados, soubéssemos que o motorista ameaçador tentava, num hercúleo e desesperado esforço, chegar a um hospital para socorrer-se de um ferimento a bala, em lugar de nos irritarmos, nos apiedaríamos dele;
4 – A impessoalidade da relação entre os motoristas. Se conhecêssemos as pessoas, reagiríamos de modo diverso da impaciência habitual, a menos que fossem inimigos com quem não desejássemos nos conciliar. Ao contrário da tendência de chegar à frente dos concorrentes, verificada nas cidades grandes, nas pequenas os motoristas costumam ceder vez aos outros, como meio de construir uma imagem positiva, e

por receio de serem considerados brutamontes, julgamento que poderia vir a ser prejudicial ao seu prestígio social.

Dirigir automóvel é uma prática, em si mesma, estimulante e, por isso, geradora de adrenalina, sobretudo quando o trânsito é difícil, requerendo atenção constante, decisões rápidas e sucessivas negociações tácitas com os que concorrem ao mesmo espaço viário. A capacitação para avançar em novos territórios em alta velocidade agrega um componente de risco que a torna ainda mais excitante.

As bicicletas, os *skates* e os carrinhos destinados à venda de guloseimas e artigos de camelô somam-se aos meios de transporte convencionais para agravar a síndrome do ódio atribuído ao trânsito, nas cidades grandes, onde o estresse abunda. Nesse cenário, a tentação e os apelos para que percamos as estribeiras são muito grandes. O problema é que esse tipo de reação não libera nosso ódio. Antes, piora-o, seja pelo aumento de nossa pressão sanguínea, seja pela possível reação do motorista ofensor, realimentando-o.

O ódio e o alcoolismo

Em contraste com o universo romântico construído em torno das possibilidades do álcool, a realidade produzida pela sua influência é prosaica e grave. Sob o seu efeito, afrouxam-se as amarras sociais que condicionam nossa conduta, e sentimo-nos livres para agir de modo mais próximo ao nosso eu verdadeiro, estado emocional consagrado na famosa expressão latina, cunhada pela sabedoria romana: *in vino veritas*, (a verdade está no vinho). Sob os eflúvios etílicos, perdemos a timidez, ganhamos coragem, corremos riscos, liberamos nossa agressividade e libido, embora, referindo-se ao álcool, Shakespeare tenha adverdtido: *"It increases the desire but takes away the performance"* (Aumenta o desejo mas compromete o desempenho). A crônica policial, de fato, vincula uma quantidade enorme de atos violentos à influência do álcool. Agressões verbais e físicas entre familiares, amigos e estranhos, não raro conduzindo à própria morte, estão presentes no noticiário da mídia diária de todo o mundo, cuja causa é atribuída ao destempero emocional proporcionado pelo álcool. A verdade parcial contida nessa conclusão, porém, prejudica a compreensão da ampla gama de comportamentos que o álcool pode deflagrar, variando desde o mais leve estímulo até o estado de dopagem total, com perda de consciência.

Todos percebemos que, variando de indivíduo para indivíduo, a partir de determinada quantidade, a ingestão de álcool deixa de operar como estimulante e passa a exercer papel depressivo. Com as primeiras doses, nós nos animamos e se aceleram os batimentos cardíacos. À proporção que aumenta a concentração de álcool no sangue, o ritmo cardíaco diminui e começa a se instalar um estado de sonolência. O modo e a velocidade como esse processo fisiológico se desenvolve variam de acordo com nossas motivações e o nosso estado geral de bem-estar social e de saúde psicossomática. A idade, o nível de repouso ou de cansaço, o estágio em que se encontram nossas relações afetivas, na família e no trabalho, nossa situação econômica e social, o quanto estamos alimentados, o quanto bebemos, tudo isso influi para dificultar a definição de fórmulas precisas e quantificáveis de referência às reações produzidas pela ingestão de álcool. Algumas vezes, poucas doses são suficientes para mudar nosso comportamento; em outras, mesmo quando bebemos acima do habitual, mantemo-nos senhores absolutos de nossas ações. De influência decisiva é o caráter de nossa intenção, consciente ou não, ao bebermos. Bebe-se para todos os fins. Há os que bebem para liberar o amor e a fraternidade; outros para esquecer as mágoas, inclusive o ódio que os consome; alguns para ofender, agredir e matar. É por isso que alguns indivíduos se tornam violentos, enquanto outros ficam ainda mais cordatos que o habitual.

A relação existente entre álcool e ódio é mais psicossocial do que fisiológica: as pessoas bebem para fazer o que desejam, mas se sentem impedidas quando em estado de sobriedade. Grupos que ingeriram uma mistura à base de soda e limão, supondo tratar-se de vodca, passaram a ficar mais desinibidos do que outros que ingeriram vodca, pensando tratar-se de mera limonada. Ficou claro que as expectativas criadas pela ocasião, bem como a imagem associada ao local onde se bebe, exercem uma influência mais acentuada do que a produzida pela ingestão etílica. Por outro lado, a relação entre beber e violência desaparece quando as pessoas sabem que serão responsabilizadas pelos atos que praticarem quando embriagadas. Os abusos contra esposa e filhos praticados por ébrios contumazes em quase cem por cento dos casos permanecem nos limites da impunidade, quando os agressores evitam o extremo de matá-los, não por piedade, mas pelo temor que têm de serem responsabilizados. É por isso que se aconselha a denúncia policial desses abusos, como meio de interrompê-los, em razão da comprovada eficácia dissuasória da ameaça de prisão: "Se reincidir, será preso." Muitos indivíduos bebem como meio de desculpar o que gostariam de fazer. Daí o engano de atribuir-se à bebida a responsabilidade pelo nascimento do ódio. O ódio que é liberado em estado de embriaguez já estava lá antes de iniciar-se a bebezaina.

Em contraste com a tendência hoje observada de aceitar-se o argumento do estado de embriaguez, como atenuante do cometimento de crimes, várias sociedades, em épocas distintas, acreditavam que são as tendências dos indivíduos, e não o álcool, o fator responsável pelos seus atos delinquentes.

O ódio e o valor catártico dos esportes

A prática esportiva, em geral, é apontada como meio de liberação catártica do ódio. O esforço físico, a natação ou a corrida, o chute ou a raquetada na bola, o golpe no rosto ou no corpo do adversário, tudo é considerado mecanismo substitutivo da agressão física, susceptível de promover o esvaziamento do ódio. A verdade, porém, é que essa visão do esporte como instrumento catártico da ira pode ser tão romântica quanto científica, a depender de um conjunto de fatores, atuando em concorrência ou isolados. Basta recordar o estilo "animal" de certos atletas, a toda hora expulsos das competições e envolvidos com episódios de violência, dentro e fora das quadras esportivas.

A noradrenalina – que aumenta quando nos exercitamos – integra o sistema cardiovascular reativo que regula as reações da atividade muscular. Na medida em que a atividade física se torna laboriosa e difícil, aumenta, também, a presença da adrenalina, fato que parece indicar que, enquanto a adrenalina se relaciona à qualidade do esforço, a noradrenalina resultaria da sua intensidade. Os testes realizados para conhecer os vínculos existentes entre esses hormônios e as emoções revelaram que não basta a excitação física para que haja uma predisposição natural à emergência do ódio. É necessário existir uma causa imediata – como uma provocação – ou latente – como uma rivalidade antiga. Em qualquer hipótese, mais importante do que a causa, em si mesma, é a interpretação a ela dada. Irritamo-nos mais com o autor de uma pequena cotovelada provocadora do que com um encontrão involuntário que nos fraturou a perna, apesar de sairmos ilesos da cotovelada e hospitalizados do esbarrão. De grande relevância na definição do grau de receptividade da atividade física à instalação de sentimentos odientos é o condicionamento físico dos indivíduos. Os mais bem condicionados perturbam-se menos, quando em atividade física, além de retornarem ao ritmo cardíaco normal mais rapidamente. Como as emoções também influem no ritmo cardíaco, nem sempre é possível determinar em que medida a atividade e a emoção participam do processo de excitação. O que se sabe é que a excitação produzida pela emoção depende do tipo de interpretação que se dá à causa que a gerou. É por esse conjunto de causas que as emoções sentidas e desenvolvidas pelos atletas dependem das circunstâncias situacionais e das características do esporte praticado. Uma coisa é a maratona de Nova York em que a maioria esmagadora participa, apenas, pelo prazer da corrida e de poder chegar ao fim, não importando em que lugar; outra é uma luta de boxe para definir o campeão da categoria. Enquanto na maratona o espírito lúdico predominante faz com que os vencedores se contem aos milhares, na luta de boxe há, apenas, um vencedor, glorificado, não importa à custa de quantos traumas, como os sofridos por Cassius Clay, e um vencido, estropiado e humilhado. Uma coisa é o tênis praticado em caráter amadorístico, por crianças, homens e mulheres de todas as idades, outra é o tênis profissional, maniqueísta, em que uma derrota corresponde à eliminação de torneios milionários e à perda de posição no *ranking*. Esporte praticado por mero prazer é muito diverso do praticado por dever profissional.

 Os mesmos autores que popularizaram a crença no papel catártico da prática dos esportes competitivos, sobretudo os mais violentos, estenderam o suposto benefício aos espectadores. Alguns chegaram a ponto de sustentar a tese de que praticar ou assistir a esses esportes reduziria a hostilidade que conduz à agressão: "A rivalidade no esporte, entre nações, promove a boa convivência humana." Desgraçadamente para a humanidade, as guerras não se originam de simples impulsos hostis, mas de causas políticas e econômicas, de que são prova os Estados Unidos e a União Soviética, as nações mais belicosas da segunda metade do século XX, e as mais ativas na prática de esportes competitivos. O mais provável é que o espírito de belicosidade já existente seja exercitado através do esporte, sem que se reduza o nível de violência potencial, gestado e alimentado por fatores psicossociais. Nos esportes, como na educação infantil ou nas relações interpessoais, aplicam-se as mesmas regras do aprendizado: quando são encorajadas e valorizadas, ao invés de se dissiparem, as emoções se perpetuam. Espectadores e atletas submetidos a teste, antes e depois de assistirem ou praticarem esportes competitivos, mostraram-se mais agressivos depois do que antes, mesmo quando os seus times saíram vencedores. Quando os seus times perderam, o aumento da agressividade resultou em elevados índices de violência. E, quando há violência entre os atletas, multiplica-se por três a possibilidade de desforço físico entre os torcedores. Que o digam os apaixonados torcedores de Palmeiras, Coríntians e São Paulo, e os torcedores alemães e ingleses de má fama. Os atletas que participam de esportes violentos, tenham ou não vencido, revelam-se mais agressivos antes, durante e depois da prática do esporte do que os praticantes de esportes não-violentos. O mesmo não ocorre com atletas ou torcedores de competições de esqui no gelo, de natação ou de corridas longas, para ficarmos em apenas três exemplos de modalidades esportivas não-violentas.

Jeffrey Goldstein, um respeitado estudioso do ódio e da violência nos esportes, concluiu que "não é verdadeira a ideia prevalecente de que os esportes atléticos são a expressão construtiva e saudável da energia, inclusive a agressiva; nem que constróem o caráter, o respeito pela autoridade, a disciplina e a perseverança. Esta é uma imagem desenvolvida por treinadores, patrocinadores, equipes amadoras e pelos próprios atletas, agindo sob a inspiração de vantagens pessoais". Goldstein não é contra o esporte, nem sustenta que assistir às modalidades agressivas seja causa de violência. A causa se encontra no ânimo do espectador ou do atleta. Quando o atleta avalia que uma falta foi praticada intencionalmente, seu estado de beligerância aumenta, mesmo que não tenha havido lesão. Se julgasse que essa falta fora casual, continuaria imperturbável, apesar da contusão sofrida. Não é, portanto, a intensidade da agressão sofrida, em si mesma, o que desperta ódio, mas o suposto espírito ofensivo que presidiu sua prática.

Não há dúvida de que há muita gente que gosta de assistir a espetáculos violentos, seja pela violência em si mesma, seja pela excitação nascida da oscilação das tensões emocionais. A dúvida reside no poder que tenha essa assistência de reduzir, de modo duradouro, a agressividade dos assistentes. Nas grandes concentrações urbanas, o esporte preenche o vazio aberto pela ausência de eventos ricos de genuína excitação emocional, distraindo as pessoas de seus problemas sem, no entanto, esvaziá-las de sua agressividade. Por outro lado, gritos, xingamentos e outras formas de exteriorização de descontentamento nos estádios são mais ritualísticos do que expressivos de ódio verdadeiro. Os repetidos e inúteis protestos dos jogadores e impropérios da torcida, quando da marcação de uma penalidade máxima considerada inexistente, da validação de um gol feito em impedimento ou da expulsão de um atleta, são a prova disso. É verdade que esse "ódio ritualístico" vem, com frequência cada vez maior, se convertendo em perigoso vandalismo, dentro e fora dos estádios.

A discussão posta sobre o que é mais saudável para os indivíduos e a sociedade, se extravasar ou reprimir os impulsos agressivos, no esporte como em outra atividade qualquer, peca pela estreiteza de visão, ao restringir a métodos violentos a expressão da agressividade. Os treinadores mais competentes tiram legítimo proveito de saberem que a energia dos atletas pode ser controlada e canalizada, positiva ou negativamente, em várias direções, em função dos paradigmas que introjetarem. Nessa mesma linha, a legislação que regula o esporte, diante da equivocada tendência permissiva de exculpar as violências praticadas em nome de uma arguida "reação incontrolável dos instintos", começa a cobrar maior responsabilidade dos autores porque a expectativa de impunidade é um estímulo à agressão. As pesquisas revelam que em todos os esportes o padrão e a intensidade da ventilação do ódio correspondem a essas expectativas. No xadrez, boliche e golfe é mínimo o extravasamento da agressividade. Tem sido observado que, nesses esportes, quando um jogador manifesta irritação por uma jogada malfeita, é quase certo que errará a seguinte.

O caso do tenista sueco Bjorn Borg é emblemático. A fria serenidade com que se comportava nas situações mais difíceis valeu-lhe a alcunha de Ice Borg. Ouçamos o seu depoimento: "Quando comecei, eu era como o John McEnroe (famoso pela qualidade do jogo, como pelos destemperos). Talvez, pior. Xingar e quebrar raquetes era comigo mesmo. Eu era insuportável. Perguntem a quem me conheceu quando comecei a jogar. Aos treze anos, a direção do clube me puniu com uma suspensão de seis meses, e os meus pais trancaram minhas raquetes. Ficar sem poder jogar por seis meses foi terrível para mim, mas me serviu como uma grande lição. A partir de então, nunca mais abri minha boca nas quadras, apesar de continuar a sentir as mesmas iradas emoções. Aprendi a me controlar." O exemplo de Borg comprova que o autodomínio é aprendido e que a prática de controlar a ira colabora para diminuí-la, e não para aumentá-la, como querem tantos.

O próprio McEnroe deixou claro, em muitas ocasiões, o mando que exercia sobre seus aparentes destemperos, como neste depoimento: "Contra Borg eu tenho que me controlar, não apenas pelo respeito que nutro por ele, mas, também, por saber que não posso me dar ao luxo de desperdiçar um mínimo de minhas energias se quiser vencê-lo. Minha mente não permite que eu perca o controle sobre nada."

Jim Loehr, chefe do departamento de psicologia da Academia de Tênis Nick Bollettieri, sustenta que nas competições esportivas os atletas reagem de quatro modos: a – Desistindo; b – Lutando com muita energia negativa, o que os torna raivosos e ineficazes; c – Ficando nervosos, como meio de obtenção da energia necessária para continuar lutando; d – Reagindo com o espírito focado no caráter desafiador da porfia, que é a atitude mais produtiva.

Os valores culturais são o caldo de cultura do modo como reagimos nos esportes. No Ocidente, como regra geral, valorizamos mais os indivíduos do que as equipes; a exteriorização da emoção do que a sua retenção; a quebra da norma do que sua observância; a competição acima da colaboração. O oposto do que se observa no mundo oriental.

O melhor é nos habituarmos a contar até quando nos tenhamos acalmado, e a definir os momentos adequados, em função dos temas a serem abordados, de modo a nos dar a pausa necessária para refletir sobre o que conhecemos dos mecanismos que acionam a agressividade nascida do que nos incomoda. A adesão a esse princípio de responsabilidade nos granjeia reputação e respeito, fonte segura de elevação de nossa auto-estima. Como Borg, aprenderemos a colher os frutos do nosso autodomínio.

QUINTA PARTE

HISTÓRIA DOS ESTUDOS SOBRE O ÓDIO

O psicólogo norte-americano Granville Stanley Hall (1844-1924), considerado o fundador da psicologia infantil, da psicologia educacional e da psicologia científica em geral, realizou, em 1884, o primeiro esforço, de inspiração científica, para estudar a ira, através da aplicação de um minudente questionário, em 2.184 pessoas. Ele queria saber sobre os seus momentos de mais intenso ódio, as causas, como reagiram, como se sentiram e quais foram as mudanças físicas e mentais percebidas. Uma das informações mais interessantes reveladas pela pesquisa reside na diversidade de sensações experienciadas pelas pessoas, variando de muito boas a muito desagradáveis e, até, dolorosas. Alguns, a depender das circunstâncias, eram tomados por várias sensações, boas e ruins; dentre as últimas, "alterações cardiológicas, dores de cabeça, sangramento nasal, pigmentação facial, tonturas, resmungos, lacrimação e perda de voz".

A cada uma dessas reações correspondia uma causa específica. Uma delas, por exemplo, seria a dos objetos inanimados, a quem atribuímos responsabilidades que não solicitaram, resultando em episódios hilários, como os de lápis, pratos, cinzeiros e espelhos quebrados, e tantas outras coisas destruídas, numa irracionalidade infantil. Tudo, do mesmo modo, como acontece hoje, em qualquer lugar do mundo.

Uma segunda causa, de natureza intelectual, se refere a certas manias e aversões particulares que têm o pendor de nos irritar. Mais de cem mulheres revelaram sua repulsa a homens que usassem brincos, o que prova a popularidade desse adereço, junto à população masculina dos Estados Unidos, no fim do século XIX. Homens e mulheres revelaram irritação contra "o uso de anéis no polegar, ruídos repetidos, cabelo permanente, cabelo cortado rente em mulher, chapéu de lado, calvície, trajes à dândi ou perua, uso de monóculo, gravatas berrantes, correntes de relógio, muitos anéis". Alguma semelhança com os dias de hoje?

Foi a terceira causa, derivada do tratamento que as pessoas se dispensam, que ocasionou os mais apaixonados e o maior número de casos de ódio, como os produzidos por injustiça, estupidez, provocação, puxa-saquismo, insulto, desprezo. As reações físicas resultantes dessas diferentes causas apresentaram padrão consistente.

Desde Hall, as pesquisas para conhecer mais sobre as origens do ódio recrudesceram e se aperfeiçoaram, mercê da disponibilidade de um aparato tecnológico em condições de produzir resultados mais precisos. Enquanto alguns pesquisadores buscam conhecer sobre a origem genética do temperamento, outros procuram localizar o circuito neurológico que estimula o ódio e a violência, bem como a chave mestra da agressão. Outros, ainda, realizam inventivos experimentos, na tentativa de reproduzir, em laboratório, as emoções da vida real, a partir de testes confiáveis, para medir a pressão arterial, o ritmo cardíaco, a sudorese, as contrações labiais, as atitudes, os componentes do sangue.

O grande apelo que as explicações biológicas exercem sobre as pessoas decorre da segurança objetiva que oferecem, como é próprio das ciências exatas, em oposição ao caráter subjetivo e mutável das ciências do espírito, humanas ou sociais. As explicações psicológicas ou sociológicas são de difícil compreensão, em comparação com a simplicidade do enunciado da herança genética, por exemplo. Equivocamo-nos ao acreditarmos que bastaria controlar os neurônios responsáveis pela formação do ódio, para acabarmos com os conflitos individuais e com as guerras, instaurando a paz definitiva no mundo. Acontece que novos achados científicos concluem que o ódio, além da origem biológica, resulta da situação e da interpretação que damos aos fatos, o que dá às suas fontes dimensão, também, situacional ou sociológica e psicológica.

Anatomia do Ódio

O cérebro e as emoções odientas

O cérebro humano divide-se em três regiões. Duas delas compreendem o cérebro primitivo. A mais antiga, o hipotálamo, ou parte de réptil, regula os hormônios e a ação reflexa. O sistema límbico ou paleocórtex governa as emoções e o comportamento que são compartilhados apenas pelos mamíferos. Imagina-se que essas funções primitivas e ancestrais do cérebro se situem, preponderantemente, no hemisfério direito. Segundo o entendimento geral, essas funções intuitivas do hemisfério direito, ou sentimentos, representam as funções femininas. As partes ancestrais e mais antigas, que representam dois terços do cérebro, respondem pela sobrevivência dos animais, graças ao instinto que oscila entre a luta e a fuga. O choro, nas crianças, corresponderia a esse reflexo de sobrevivência. Nossas emoções, inclusive o amor e o ódio, são governadas por esse cérebro primitivo. É por isso que as questões relacionadas a esses dois sentimentos têm o gosto de vida ou de morte.

O processo evolutivo do homem levou-o a desenvolver, além dos sentimentos, a capacidade de pensar, para cujo processamento o neocórtex veio agregar-se ao cérebro primitivo, ensejando o entendimento, o raciocínio, a formulação de conceitos, a comunicação e todo o instrumental que faz do homem um animal apto a percorrer os diferentes degraus do bem e do mal. Essa porção do cérebro, localizada no hemisfério esquerdo, é chamada de função masculina, numa prova adicional da imensurável presunção dos homens.

A relação das ofensas cerebrais que, se acredita, podem provocar ódio inclui: concussão cerebral, hipertireoidismo, tumores, demência pré-senil, abscesso cerebral, epilepsia do lobo temporal, encefalite virótica, congestão ou derrame cerebral. A inconsistência dessas conclusões decorre do fato de as exceções concorrerem, em número de casos, com a regra, o que leva à dúvida sobre o que é a causa e o que é o efeito: à exceção das concussões, são essas doenças que causam o ódio, ou é o ódio que causa as doenças? Um estudo de campo realizado pela psicóloga Dorothy Otnow Lewis com delinquentes jovens, condenados por roubo, homicídio ou estupro, concluiu que, embora seja marcante a influência exercida sobre sua agressividade pelos traumas físicos que sofreram, sua ação criminosa não resultou de uma causa única, mas do concurso de várias, como, dentre outras, abuso infantil, privação social e trauma do sistema nervoso central.

Parece não haver dúvidas de que fatos fisiológicos, como ingredientes alimentares, doenças e ferimentos, interferem na formação do ódio. A partir do estudo desses elementos causais, os pesquisadores podem identificar as regiões do cérebro envolvidas com o ódio e a agressão, como as amígdalas e o hipotálamo, este último responsável pelo regulamento dos processos autônomos da respiração, dos batimentos cardíacos, dos hormônios e de outras reações emocionais. Amídalas e hipotálamo participam do processo evolucionário do primitivo sistema límbico. Graças a esses estudos, sabe-se que, num cérebro normal, há mecanismos inibitórios que regulam o ódio e a agressão, enquanto num cérebro disturbado a doença ou lesão podem estimular os circuitos do ódio de modo inconveniente. Na psiquiatria moderna há uma classificação denominada distúrbio explosivo intermitente ou descontrole episódico, para designar pessoas altamente violentas, a partir de duas origens: uma seria proveniente de uma lesão na região do cérebro responsável pelo governo das emoções, e outra de caráter genético. Sem desconhecer todos esses avanços no conhecimento das funções cerebrais, questões básicas sobre o ódio continuam sem respostas satisfatórias.

O ódio patológico. Do mesmo modo que nem toda explosão de ódio decorre de lesão cerebral, nem toda lesão cerebral ocasiona ódio explosivo. Num estudo de dois mil casos de lesão craniana, apenas dez indivíduos tornaram-se sujeitos a espontâneas explosões de ódio. A maioria dos estudos de casos de epilepsia do lóbulo temporal revela que não mais que quinze a vinte por cento dos portadores da doença se sujeitam a tais ataques. Algumas pesquisas concluem que os epilépticos, que, graças a modernos medicamentos, hoje, levam uma vida normal, em nada diferem dos não-epilépticos, no que respeita às explosões de ódio. Tumores cerebrais podem ser a causa da emergência de atitudes carregadas de ódio contra si e terceiros, casos em que de nada adianta o tratamento psicoterápico, impondo-se medicação ou cirurgia.

Hipoglicemia. Vários sintomas do ódio, como irritação, fadiga, taquicardia e sudorese, atribuídos à hipoglicemia, são sentidos pelas pessoas em inúmeras situações que nada têm a ver com o ódio, como às vésperas de um concurso, esportivo ou intelectual, ou quando se aguarda o nascimento de um filho, o momento da festa nupcial, ou quando nosso time participa da final de um torneio. Como doença, e não como sintoma, a hipoglicemia é muito rara. Segundo dados coligidos pela Organização Mundial de Saúde – OMS – apenas uma entre vinte a cem mil pessoas é portadora de hipoglicemia. Confunde-se hipoglicemia, como patologia, com o conceito de nível baixo de açúcar no sangue, situação observada, em graus variados, em dois terços da população. Como considerar anormal uma condição que atinge tanta gente?

Ódio patológico e ódio normal. Há quem pense que o conhecimento da ira patológica conduz à identificação da ira normal, e vice-versa. Essa suposição que labora em equívoco decorre, em grande extensão, da semelhança aparente entre os dois tipos de manifestação odienta. A maioria das pessoas, as normais, precisa de uma causa tópica, concreta, para sentir raiva, enquanto os odientos patológicos se iram em razão do seu estado de enfermidade permanente, não necessitando, para isso, de um motivo especial. Numa simplificação de cunho, apenas, didático, pode-se dizer que o ódio normal seria provocado de fora para dentro, e o ódio patológico teria origem dentro do próprio indivíduo. Os sofrimentos da vida seriam a causa do primeiro – o ódio normal – e as doenças, as causas do último – o patológico. Se observarmos com atenção, vamos encontrar três situações distintas: odientos patológicos, caracterizados pelo seu estado de ódio permanente; odientos normais, sujeitos a reações consideradas comuns a todos; e os intermediários que nos levam sempre a indagar se seriam normais ou não.

Ódio fisiológico-situacional. O sistema límbico não goza da exclusividade de sediar a origem do ódio e da agressão. O córtex cerebral, o centro do pensamento simbólico, da lógica e da razão, sedia a origem de nossa capacidade de articular vingança, invejar, praticar violência e de reagir às injustiças e conceber projetos. Essas funções exercidas pelo cérebro, como fonte e disciplina do ódio, não são suficientes, por si mesmas, para explicar a manifestação do sentimento, sob a forma de agressão, porque não há um circuito isolado do ódio, destinado a operar independente da situação social concreta, e da interpretação que é dada a ela, pelo irado. Cada amídala responde de um modo peculiar às provocações externas, em função das pessoas e do meio social em que vivem. A vida social influi sobre nosso sistema fisiológico, porque nosso cérebro, a partir da formação do neocórtex, como a natureza em geral, não conhece o maniqueísmo do tudo ou nada, comum aos sistemas mecânicos binários. Atentos a essa premissa, os pesquisadores modernos querem ir além dos "circuitos do ódio" ou dos "centros de prazer", buscando identificar as possíveis interações, nas diferentes regiões do cérebro, entre as emoções e o conhecimento dos indivíduos. Como não poderia ser diferente, quando se trata de avançar em terreno tão resvaladiço, os pesquisadores divergem sobre o caráter e a extensão dessas interações, divergência que encontra amparo em resultados contraditórios obtidos dos dois hemisférios cerebrais. Vamos a um exemplo. Enquanto algumas áreas do hemisfério esquerdo processam as boas emoções, produtoras de alegria, outras, do hemisfério direito, respondem pelas ruins, como a depressão. Chegou-se a essa conclusão pela associação entre a perda da capacidade de experimentar certos sentimentos e as lesões cerebrais sofridas. Lesões no hemisfério esquerdo tendem a resultar em choro, pessimismo e muita hostilidade. Por outro lado, lesões no hemisfério direito podem resultar em humor, risos e mostras de grande felicidade. É por essa razão que a maioria dos estudiosos deixou de lado a busca de "circuitos do ódio", ou dos "centros de prazer", para se concentrar na identificação das interações existentes entre as emoções e o conhecimento, nas diferentes regiões do cérebro. As divergências entre os estudiosos da matéria dão conta do quanto ainda estamos distantes da obtenção de resultados satisfatórios. Sem minimizar o quanto tem avançado, a neurociência está, apenas, engatinhando. Importa, por enquanto, separar o ódio patológico, proveniente de um estado de doença permanente, do ódio saudável, ou normal, originário das dores inerentes à vida. Repita-se: o primeiro prescinde de uma ocorrência externa para se manifestar. O segundo a torna indispensável.

Numa tentativa de sistematizar essas observações, alguns psicólogos acham que o cérebro é dotado de dois sistemas paralelos de informação, sendo um responsável pelos esclarecimentos cognitivo-interpretativos, e o outro, pelos sentimentos. Essa dupla função explicaria o paradoxo de dizermos, como D. Quixote: *"Yo non creo en brujerías, pero que las hay, las hay"*, ou "quero e não quero". Razão e sentimento, lado a lado. Outros psicólogos, porém, divergem desta visão, sustentando que conhecimento e emoção se processam de modo intricado. Os sucessivos achados, em vez de esclarecer, aumentam as dúvidas. Exemplo disso é o fato de o feixe muscular que exprime ódio se formar aos quatro meses de idade, bem antes do desenvolvimento de habilidades mentais. Até essa idade, a criança exprimiria uma angústia generalizada. Há quem sustente que a exibição facial do ódio não depende da existência do sentimento. Para esses, uma criança só pode sentir ódio verdadeiro quando atinge um ano de idade, quando já terá desenvolvido a capacidade de perceber que os sentimentos pertencem ao indivíduo, como uma entidade distinta do mundo em que está imerso. Além disso, quando assume, como na representação teatral, a expressão facial do ódio ou da felicidade, o indivíduo passaria a sentir ódio ou alegria, consoante o dito popular ao ensinar que "quem canta seus males espanta". O psicólogo Daniel Weinberg acredita que o conflito entre o que sabemos e o que sentimos tem origem nas diferentes funções dos hemisférios cerebrais. Quanto ao modo de lidar com o próprio ódio, Weinberg divide os indivíduos entre supressores e repressores. *Supressores* são aqueles que decidem adiar o momento para refletirem sobre os conflitos e as emoções negativas. *Repressores* são os inconscientes de que estão possuídos por emoções ruins. Enquanto os *supressores* concluem que é melhor não pensar sobre o assunto, os *repressores* acham que não há sobre o que pensar. É por isso que os indivíduos dotados de uma personalidade reprimida falam duas linguagens: a verbal e artificial, comandada pela razão, e a corporal, espontânea e autêntica, ditada pela verdade irreprimível que se expressa à revelia da vontade da pessoa. Segundo Weinberg, os repressores não são capazes de transferir informações sentimentais do hemisfério direito para o esquerdo, além de terem sido criados por pais repressores que não lhes permitiam, sequer, reconhecer que sentiam emoções negativas, quanto mais exibi-las.

O que fica claro, da pletora de trabalhos produzidos para conhecer a mente humana, é que as emoções, antes de se traduzirem em ódio, alegria, sofrimento ou medo, percorrem várias regiões do cérebro. A dinâmica das emoções – sua origem, consequências, expressão física e intensidade – depende de uma complexa interação entre o corpo, o cérebro e o meio ambiente.

Ódio genético

Segundo o entendimento dos pais, a personalidade dos filhos se define desde o primeiro dia de vida. Enquanto alguns bebês exibem um ar de completo bem-estar, sorrindo, mamando e dormindo, numa boa, outros, irritadiços, chorões e imprevisíveis, reagem como se não se sentissem bem no ambiente novo.

O psicólogo Daniel G. Freedman, nascido de família caucasiana, resolveu aprofundar o exame das diferenças entre sua etnia e a de sua mulher, chinesa, a partir da observação de recém-nascidos de ambos os grupos, com o propósito de saber se as diferenças de comportamento eram devidas, ou não, a causas hereditárias. O inquérito buscou responder, entre outras, às seguintes indagações: O bebê é sociável, ajustando-se, sem problemas, aos adultos, ou é desconfiado e arisco? É ativo, mudando sempre de lugar, ou acomodado, permanecendo onde o colocam? O que mais o atrai, vozes ou coisas? Rosto ou voz? Acalma-se por si ou com a ajuda de pessoas? Os dois grupos estudados, nascidos num hospital de S. Francisco, eram compostos de vinte e quatro bebês cada, com a idade de trinta e seis horas. Observou-se, ao máximo, a homogeneidade de características dentro de cada grupo: região de nascimento dos pais (os chineses eram todos do Cantão, e os caucasianos do Norte da Europa), mães com a mesma idade, submetidas aos mesmos cuidados pré-natais e ao mesmo número de partos. Os pais de cada grupo tinham a mesma renda e escolaridade. Freedman observou que os caucasianos choravam com mais facilidade e consolavam-se com mais dificuldade do que os bebês chineses. Além disso, os bebês chineses eram muito mais maleáveis e adaptáveis do que os caucasianos: colocados de barriga para baixo, no berço, permaneciam nessa posição mais tempo do que os caucasianos, que se viravam, sem demora; quando submetidos a um teste denominado reação defensiva – constante de uma ligeira pressão de um pano sobre o nariz –, os caucasianos, conforme a prática testemunhada por inúmeros pediatras, empenharam-se em afastar o pano, enquanto os chineses continuaram acomodados a respirar pela boca. Após estudar crianças de países dos cinco continentes, Freedman concluiu que cada grupo obedece a um padrão específico. Se os australianos reagem à pressão do nariz, como os caucasianos, consolamse, porém, com a facilidade dos chineses. O forte pescoço dos africanos e dos australianos permite-lhes levantar a cabeça mais cedo do que os caucasianos. Enquanto as crianças da tribo navajo, com raras exceções, aceitavam, sem resistência, o confinamento de um berço até os seis meses de idade, as caucasianas estrilavam até conquistarem a liberdade.

Pesquisadores como Andrew Sostek, que investigam o mesmo assunto sem levar em conta, porém, diferenças étnicas, sustentam que há uma enzima, a monoamina oxidase, presente nos indivíduos desde a mais tenra idade, que é responsável pelo comportamento. As crianças com baixo nível dessa enzima são mais excitáveis e irritáveis do que as portadoras de nível elevado. Os níveis de monoamina parecem ser biologicamente determinados, e variam do mesmo modo em adultos e crianças, não tendo, porém, qualquer relação com o tipo do parto, medicação pré-natal, raça, sexo ou peso ao nascer. Os psicólogos Arnold Buss e Robert Plomin acreditam que haja, pelo menos, quatro traços de temperamento, com um forte componente hereditário, que dão estabilidade à personalidade: 1 – A *emotividade* ou intensidade da reação, às vezes tomada como sinônima de "temperamento forte", timorata, sujeita a violentas alterações de humor, isolada ou em conjunto; 2 – A *sociabilidade*, marcada por um forte desejo de convivência social; 3 – A *operosidade*, nível de atividade, ou total de energia liberada; 4 – A *impulsividade*, caracterizada pela tendência a reagir aos fatos em sintonia com as emoções. Constata-se a presença bastante similar dessas características em gêmeos idênticos, que partilham da mesma constituição genética, o que fortalece a tese da hereditariedade. Essa presença, no entanto, não se repete nos casos de gêmeos fraternos, que não partilham de uma constituição genética mais homogênea do que um par de irmãos qualquer.

Epinefrina ou adrenalina, o hormônio do ódio

Sabe-se que um fluxo de epinefrina ou adrenalina prepara o corpo para lutar ou fugir em reação ao perigo, situação relacionada aos sentimentos de medo e ódio. Na década de quarenta do século XX, descobriu-se que a medula supra-renal produz, também, um segundo hormônio, denominado norepinefrina ou noradrenalina. Supôs-se, de pronto, que cada um desses hormônios cumpria uma função emocional específica, um respondendo pelo medo, e o outro, pelo ódio. Os experimentos pioneiros para conhecer a ação desses hormônios na fisiologia do ódio foram realizados nos anos 1950, por Albert F. Ax, no Hospital Psiquiátrico de Boston, nos Estados Unidos. Esses estudos, que tiveram grande influência nas pesquisas clínicas e psicossomáticas desde então realizadas, apontavam a epinefrina ou adrenalina como a responsável pelo medo, e a ação combinada da adrenalina com a noradrenalina respondendo pelo ódio. Os críticos dessa opinião consideram que houve confusão entre tipos e intensidades das emoções. Como exemplo, dizem que as alterações fisiológicas produzidas por uma perigosa ameaça não são da mesma natureza das de uma irritação provocada por um aborrecimento qualquer, o que conduz à indagação sobre se as emoções são diferentes, ou se não passam de meras gradações de intensidade de um mesmo sentimento. Em abono desse raciocínio, as diferenças entre o medo e o ódio, que o próprio Ax diz haver encontrado nas sete medidas que fez de cada emoção, são mínimas, variando, apenas, também, em graus de intensidade. Além disso, alguns dos sintomas medidos por Ax não dizem respeito, apenas, às emoções. Os batimentos cardíacos, que ele pensou se reduziriam com o sentimento do ódio, refletem, antes de tudo, a atenção que dispensamos a um assunto qualquer. Sem levar em conta a interferência de outros fatos, o número dos batimentos diminui em função da intensidade de nossa reação diante de algo que desejamos. O teste feito com crianças confirmou o mesmo padrão. Quando, porém, somos perturbados em nossa concentração, os batimentos aumentam de ritmo. Na prática, Ax confirmou o que G. Stanley Hall havia percebido, em fins do século XIX: não há uniformidade perceptível nas causas e reações fisiológicas ao ódio, nos diferentes indivíduos, à exceção de um ponto: quando se trata de ódio, verifica-se o aumento da temperatura da pele e da pulsação, o que nos aborrece e faz "ferver"; quando o sentimento é de tristeza ou medo, cai a nossa temperatura, e nos sentimos "frios" e "pegajosos". Em todas as línguas e culturas, é comum a utilização de expressões metafóricas, inspiradas na combustão, calor e explosão, para definir o ódio, e na paralisia, arrepios e frialdade, para caracterizar a tristeza e o medo. Testes de urina, incontroversos em seus resultados, demonstram que a adrenalina é combustível presente em múltiplas reações, como alegria, ciúme, ansiedade, excitação, medo e ódio. A ocorrência de qualquer fato que possa criar uma situação nova, exigente de atenção, cuidados e eventual reação, estimula a produção de adrenalina e, às vezes, também, de noradrenalina. Entre as causas que estimulam a produção desses dois hormônios, contam-se as sensações de calor, frio e dor, as ocorrências de hemorragia, queimadura, hipoglicemia verdadeira, hipotensão e exercícios físicos, a ingestão de drogas como nicotina, cafeína e álcool e os estímulos psicológicos provenientes de ofensas físicas ou verbais. A adrenalina sobe não apenas quando há estímulos fortes; pode ocorrer, também, em face de estímulos fracos, a exemplo de quando realizamos uma tarefa rotineira ou tediosa. A ação conjunta de ambos os hormônios é o que nos leva a conhecer sensações como de vitalidade, formigamento e excitação nervosa ou sexual. Os hormônios supra-renais atuam sobre todos os órgãos do corpo, ao alcance do sistema nervoso simpático, estimulando o coração, dilatando os vasos coronários, contraindo os vasos sanguíneos intestinais e bloqueando a digestão. Este bloqueio da digestão é que explica a falta de apetite quando estamos apaixonados, furiosos, amedrontados ou excitados. A elevação, até certo ponto, dos níveis desses hormônios estimula nossa memória, concentração e desempenho, melhorando nossa capacidade de aprender. "Quando estou irado, escrevo, rezo e prego muito bem, porque todo o meu ser é mobilizado, minha compreensão aguçada, e me sinto liberto de todas as aflições e tentações mundanas", sentenciou Martin Luther King. Diante de uma situação nova, uma certa produção de adrenalina opera como grande estímulo para que a enfrentemos e a superemos, com energia, equilíbrio e brilho. Se houver, porém, transbordamento da adrenalina, haverá excesso de excitação, e consequente redução de nossa capacidade de concentração e de desempenho. Tornamo-nos um fiasco. Pior, ainda: não aprendemos com a desastrosa experiência, porque mal conseguimos nos lembrar do que aconteceu.

É importante destacar que os efeitos excitantes provocados pela adrenalina não são suficientes para produzir uma emoção. Na verdade, as pessoas podem sentir grandes emoções sem o mínimo de excitação. A excitação pode se manifestar por várias formas, cada uma podendo resultar da ação isolada ou conjunta de diferentes hormônios e regiões do cérebro. Mais ainda: o estado de excitação não se distingue das emoções, em geral, nem uma emoção de outra. Além disso, a adrenalina não se vincula à intensidade das emoções.

Pesquisas com pessoas portadoras de lesões na coluna vertebral, pessoas com lesões em outras áreas do corpo e pessoas sem lesões, realizadas para investigar a relação existente entre a excitação do sistema nervoso autônomo e as emoções, revelaram que os primeiros, os portadores de lesões na espinha dorsal, experienciavam intensas emoções, sendo que alguns testemunharam haver sentido emoções mais fortes do que antes do acidente que as vitimou. Um homem portador de uma extensa lesão cervical declarou haver sentido tanta raiva de um seu instrutor que pensou em atropelá-lo com sua cadeira de rodas. Uma mulher, destituída de sensibilidade do pescoço para baixo, em razão de uma lesão medular, exibiu padrões normais de alegria, tédio e mágoa. Quando a reação de "fugir" ou "lutar" se manifesta de modo intenso resulta a sensação de que perdemos o governo sobre nossas emoções, porque não podemos alterar os batimentos cardíacos, a pressão arterial, nem o distúrbio do aparelho digestivo ou das funções pulmonares. Essa ocorrência não implica sermos comandados por nossas emoções. As excitações fisiológicas se associam a boas e más emoções, em diferentes indivíduos, em razão de suas atitudes, valores e experiências particulares. Sem a interação com as percepções psicológicas dos fatos, a adrenalina é vazia de expressão. As reações fisiológicas produzidas pela apreensão, ódio, doenças e amor só ganham identidade e autonomia quando assim interpretadas pelo agente portador. Se recebermos um leve tapa nas costas, no meio de uma multidão, é natural que viremos o rosto para conhecer o seu autor. Se não identificamos ninguém, prosseguimos, atribuindo o ocorrido a um pequeno esbarrão casual, próprio dos grandes aglomerados humanos. Se o tapa se repete, uma, duas, três vezes, com o coração aos pulos, somos tomados de impetuosa indignação contra o suposto invasor de nossa privacidade e incolumidade física. Prestes a explodir de raiva, percebemos que o autor da brincadeira é um ente querido – filho, mãe, amante, amigo –, e o ódio, então, se transforma em edificante hilaridade. A maioria dos fatos que nos ocorrem é de natureza ambígua, e sua influência sobre nossas emoções depende da interpretação valorativa que a eles damos. Freud não tem razão ao minimizar o papel da ideia como uma força emocional, considerando-a uma quantidade definida de energia, porque as ideias condicionam a interpretação que damos às nossas vivências do passado e do presente, levando-nos a modificar nossas associações emocionais. Não é sempre, portanto, que estamos ao sabor de nossas emoções inconscientes. Nossa capacidade de pensar e de criar símbolos, e de optar pela interpretação a dar aos acontecimentos, condiciona a natureza de nossas emoções. Tudo isso é dito para demonstrar que não há, como se supõe, uma relação linear entre os níveis de adrenalina e as emoções.

 É essa ampla variedade de processos cognitivos atuando sobre as experiências emocionais dos indivíduos que dificulta o conhecimento da fisiologia das emoções. Estudos feitos com estudantes de psicologia, para saber, entre algumas listadas, que tipo de emoção sentiam, revelaram que, ao invés de apenas uma, eles sentiam duas ou mais emoções: ódio, ansiedade e depressão, de uma só vez, bem como medo, hostilidade e depressão. O achado levantou a seguinte questão: seria esse resultado representativo das reações humanas, em geral, ou estaria contaminado do vício de haver sido obtido em laboratório? Aplicado o teste fora do ambiente laboratorial, os resultados se repetiram. Haveria uma aliança natural entre o ódio e esses sentimentos, ou o resultado refletiria as repressões sociais à exteriorização do ódio? Mas, não é verdade, também, que, do mesmo modo que reprime determinados modos de manifestação do ódio, a sociedade apoia outros? A utilização da mesma palavra, em algumas línguas africanas, para expressar, como sinônimos, ódio e tristeza, poderia ser tomada como indício da identidade antropológica profunda entre esses sentimentos? O fato é que, em matéria de sentir as emoções, em suas múltiplas combinações e intensidades, as exceções, de tão numerosas, competem com as precárias regras que se busca estabelecer. Causas fisiológicas interagem, sem cessar, com nossas experiências e valores, desde a imediata compreensão dos fatos até nossa filosofia de vida, para moldar nossas emoções. Essa complexidade explicaria o envolvimento antigo e crescente de vários domínios do conhecimento – da filosofia à fisiologia –, com o estudo do enigma representado pela entidade corpo-mente. A divisão do cérebro em hemisférios (o direito cuidando das paixões e da intuição, e o esquerdo, da razão e do intelecto), ou em seções (o sistema límbico respondendo pelos instintos primitivos e pelas emoções, e o córtex cerebral, pelo pensamento e racionalidade), representa, apenas, um passo inicial de estudos mais avançados que ainda estão por serem realizados. Já se chegou, no entanto, ao entendimento de que não será através de minuciosas divisões anatômicas do cérebro, apenas, que chegaremos a compreender o funcionamento das emoções, em geral, e do ódio em particular, porque seu desenvolvimento e expressão resultam da ação conjunta de causas biológicas e culturais atuando sobre o corpo e a mente.

O determinismo do ódio

O entendimento crescente, nos meios científicos da sociedade ocidental, de que o sentimento do ódio e sua expressão resultam da ação conjunta de condicionadores biológicos e culturais tem conduzido a uma generalizada tendência a inocentar autores de crimes os mais hediondos, com apoio na tese de que assim agem compelidos por forças incontroláveis. Os casos, alardeados pelos meios de comunicação, se multiplicam. Em contraponto, eminentes pensadores sociais vêem essa onda de exculpação como uma nova e inaceitável obscenidade social, uma ofensa ao conceito central do que seja humanidade, resultante da confusão feita entre os conceitos de "não controlar" e "não poder controlar". O comportamento humano, em geral, resulta da variada interação de complexos fatores genéticos, psicológicos e culturais, como os genes, a anatomia do cérebro e sua composição química, a educação doméstica, a convivência social, seus êxitos e fracassos. Indivíduos que estupram e matam são inocentados sobre o fundamento de que "não controlaram suas emoções", o que não é o mesmo que "não puderam controlá-las", como o fazem milhões de pessoas, tocadas pelo desejo de estuprar e matar que, não obstante, sofreiam seus impulsos perversos. Quando inocentamos um estuprador sob a alegação de que o crime foi ocasionado pelo seu elevado nível de testosterona, não levamos em conta que a maioria esmagadora dos homens, na mesma situação, não estupra. O mesmo pode ser dito de mulheres que matam filhos e maridos, com a desculpa de que agiram em estado depressivo, bem como de casais irados, a maioria dos quais não se destrói. O perigo da aceitação desse mais do que questionável determinismo biológico-cultural reside na erosão da crença na capacidade humana de escolher, e na quebra do seu compromisso moral de resistir às tentações, reconhecidas como contrárias à sobrevivência e aos interesses da sociedade. Ademais, muitos indivíduos, ao perceberem que as desculpas, em geral, minimizam o peso e a responsabilidade de más ações, passam a fundir o ato, em si, o seu "fazer" ou "praticar", com o estado permanente do seu autor. Se um ato ruim praticado por uma pessoa boa pode ser desculpado, mais conveniente será que o autor seja visto como sujeito a mecanismos biológico-culturais que o condicionam a "agir mal", porque, assim, seus atos já estarão desculpados, em face do seu estado anômalo, permanente, sabido, como é, que a severidade de nossos julgamentos está condicionada às nossas expectativas. O que se pode esperar de uma pessoa má? O trabalho mais importante da psicoterapia é levar as pessoas a compreenderem e aceitarem que os seus atos não se confundem com elas próprias, mas são o resultado de eleições, mais ou menos conscientes. Nunca é demais evocar a distinção bíblica: "Devemos condenar o pecado, amando o pecador."

Toda essa discussão não exclui situações em que a responsabilidade do agressor é atenuada ou excluída. Tais são as hipóteses de legítima defesa, do autor ou de terceiros, estrito cumprimento do dever legal, estado de necessidade, ou, ainda, os casos em que o autor sofre de uma desordem cerebral orgânica. O que se condena é a tendência, em curso, da psicologia e dos intérpretes da lei de confundir princípios morais com princípios científicos, hábitos adquiridos com deficiências orgânicas. Tal confusão é facilitada e aumentada pela ampla cobertura que os meios de comunicação, sobretudo a televisão, dão a temas de saúde e medicina, como genética e hormônios. Há até o comentário irônico de que as verdades médicas se alteram na compreensão popular, em função dos programas de TV exibidos nos fins de semana, que, com o olho nos índices de audiência, apresentam, de modo espalhafatoso, como fatos científicos abordagens carentes de comprovação. Como exemplo, podemos mencionar a tese que sustenta que a "síndrome do descontrole" decorre de uma doença no sistema límbico. Essa síndrome tem sido apontada como uma causa importante no espancamento da mulher e filhos, fúria repentina, homicídios gratuitos, autoflagelação, condução temerária de veículos, infelicidade doméstica, divórcio e dificuldades sociais e educacionais nas crianças. A genética, a fisiologia e os instintos fornecem desculpas para todo tipo de desatino: "Eu o esmurrei, em razão de meu baixo teor de açúcar", ou, "Esta minha maldita impaciência é provocada pela umidade" e assim por diante. Há também a vertente nutricional que atribui aos alimentos, aos aditivos e às alergias que provocam o mesmo tipo de consequências nefastas. Para os defensores dessa visão, a hiperatividade infantil, o desequilíbrio adulto, a belicosidade conjugal e as psicoses decorreriam de erros alimentícios. Alguns chegam a concluir que as alergias alimentares respondem por um terço das doenças mentais, aduzindo exemplos de pacientes que se curaram depois que deixaram de tomar café, comer tomate, carne vermelha, etc. Forte resistência é oposta, porém, à verificação da hipótese de que os regimes dietéticos podem produzir semelhantes reações em crianças e adultos. Essas tendências divergentes levam à reflexão sobre o quanto a humanidade não ganharia se se voltasse para a boa nutrição, em lugar da prática de dietas neurotizantes. Outros, mesmo reconhecendo que são as condições existenciais que nos tornam felizes, deprimidos ou irados, vêem desequilíbrios bioquímicos a cada passo, e nas drogas de última geração, a panaceia de todos os males. O grande apelo dessas propostas reside na relação linear de causa e efeito, entre motivo e doença, o que torna as coisas mais fáceis de serem compreendidas e aceitas pelo grande público: se o problema é alergia alimentar, a solução está na dieta; se se trata de uma desordem cerebral, a cirurgia é o procedimento recomendado; desequilíbrio bioquímico resolve-se com a infusão de drogas; conflito social, com negociação. Não faz muito que se pensava ser a cirurgia meio eficaz para curar ou reduzir o ódio, mediante a introdução de um eletrodo na área afetada do cérebro. Uma vez operados, os indivíduos voltariam à normalidade, supunha-se. Alguns passavam a sorrir pela primeira vez em suas vidas. As histórias mais mirabolantes circulavam de boca em boca. Uma delas narrava o sofrimento dantesco do portador de um câncer no cérebro que lhe causava dor de cabeça crônica, náuseas e vômitos frequentes. O neurocirurgião responsável afirmou que o excessivo retardamento do ato cirúrgico se deveu ao diagnóstico do psicanalista, que sustentava serem as reações do paciente sintomas do "ódio que ele votava à mãe, e da falta de consideração para com o pai".

A prática cirúrgica cerebral vem avançando, mas ainda não produziu resultados tão consistentes quanto é necessário, apesar do exagerado sucesso apontado por seus entusiasmados pregoeiros. Um grupo de vinte e cinco indivíduos, raivosos e violentos, submetido a intervenção cirúrgica, revelou resultados díspares: quatro passaram a ser calmos, oito melhoraram e treze permaneceram como antes. O diagnóstico prévio sobre quem e de que modo reagiria melhor à cirurgia não tem sido possível, até o momento, o que contribui para aumentar o grau de imprevisibilidade do resultado. Não se sabe, também, se a eventual diminuição cirúrgica da ira não implica a redução da criatividade, inteligência, ambição ou da capacidade de reagir às injustiças. Um paciente lesionado no lobo temporal perdeu, a contragosto, a capacidade de odiar. A fase experimental da busca do conhecimento parece confirmar o provérbio inglês que ensina: "Com facilidade, acreditamos no que desejamos." É por essa razão que os valores e os objetivos de cada pesquisador tendem a influir na formulação do diagnóstico, tanto quanto os critérios científicos, caracterizando o *"wishful thinking"*, ou diagnóstico condicionado pelo desejo, circunstância que leva alguns estudiosos a enquadrarem o problema do diagnóstico no campo da política biológica.

Cada vez fica mais evidente que nossas emoções são a síntese de fatores biológicos, transformados pela cultura e pela nossa percepção. Essa é a razão pela qual se frustram as tentativas de situar a origem do ódio ora no sistema cardiovascular, nos centros cerebrais, no rosto, ora nos músculos, nos intestinos ou em outra parte qualquer do corpo. A inegável utilidade da pesquisa biológica como instrumento do avanço nesse campo não pode elidir o reconhecimento de que os indivíduos, por sua maioria esmagadora, têm plena capacidade de serem sujeitos ativos, conscientes e responsáveis pelos seus atos, sem prejuízo da preservação do autodomínio e autodeterminação.

A verdade e os mitos sobre a supressão da ira

Segundo um grande número de autores, muitas das técnicas que ensinam como sopitar o ódio podem resultar em frustração, sentimento de culpa, hipertensão, úlcera, depressão e doenças coronárias. Podem, além disso, destruir nossa capacidade de lidar com os problemas e com as pessoas queridas. Alguns desses autores acreditam que os processos ulcerosos derivam de uma opção inconsciente que fazemos pela paz, em lugar de catárticas reações físicas e/ou verbais, odientas. Os fatos negam a validade dessa crença, uma vez que há tantos ulcerados tranquilos quanto estabanados, do mesmo modo que, na mesma proporção, calmos e destemperados seguem em frente, livres da ameaça das úlceras. Os processos ulcerosos não atacam suas vítimas em razão de *status* nem de atividade: recaem, na mesma proporção, sobre indivíduos de todos os níveis administrativos e hierárquicos, e das mais diferentes profissões. Pacíficos camponeses igualam-se, no particular, aos controladores de tráfego aéreo, uma das atividades mais estressantes. A crença que descreve o trabalho sorrateiro e erosivo da cólera reprimida carece de comprovação científica, embora seduza a imaginação popular. Em lugar dos estados emocionais, o fator mais importante na instalação dos processos ulcerosos é o nível de presença do soro pepsina I – uma marca bioquímica genética –, na corrente sanguínea, conforme constatado em estudos realizados com gêmeos. Em função do nível dessa enzima, os indivíduos são, geneticamente, mais ou menos sujeitos à formação de úlceras, apesar de estudos revelarem que um terço dos portadores de úlcera duodenal dispunha de níveis normais do soro pepsina I, exceção que, também aqui, desautoriza conclusões absolutas. Gordos e magros, contidos e destemperados, todos estamos sujeitos às mesmas consequências fisiológicas do modo como reagimos à ira.

Uma das seguidoras dessa tendência, a psicóloga e professora Mary Biaggio, conduziu um trabalho de campo com cento e cinquenta alunos para provar a tese de que o extravasamento do ódio é melhor para a saúde mental do que a supressão do sentimento. Para sua surpresa, os alunos que com mais facilidade expressaram seus sentimentos revelaram-se menos tolerantes, menos flexíveis e com menor autodisciplina do que os que se contiveram. Ao externarem seus sentimentos, os estudantes agiam como se estivessem revivendo os fatos que lhes ocasionaram rancor. Os contidos, contrariando o pressuposto da pesquisadora, reagiram com tranquilidade, sem qualquer sinal de constrangimento pela sua anterior contenção, demonstrando mesmo certa satisfação pela sua postura de autodomínio. Agindo sob a inspiração do propósito de despertar uma boa impressão sobre os seus circunstantes, esses contidos criavam um ciclo virtuoso de admiração e respeito que realimenta sua conduta urbana.

Na mesma linha, o conhecido pesquisador do ódio Edward Murray, depois de muitos trabalhos de pesquisa, concluiu que "expressar os sentimentos de hostilidade não contribui para reduzir o sentimento do ódio". Segundo ele, a expressão aumenta o ódio de modo "surpreendente e consistente". Tamanha e tão generalizada é a crença no valor catártico do extravasamento ou ventilação, que a prova do contrário leva à estupefação os psicólogos que a defendem.

Esses resultados não conduzem a que, em lugar da explosão, se deva manter uma atitude passiva e abúlica diante dos acontecimentos que atormentam nosso espírito. Nem tanto ao mar, nem tanto à terra. Entre esses dois extremos, existe um grande espaço receptivo a condutas intermediárias, adequadas e eficazes, no melhor estilo aristotélico do *in medio virtus*, a virtude está no meio termo. A melhor alternativa a seguir depende do momento, das fontes que nos molestam, das peculiaridades do meio e de nossa posição como persona em relação a todas essas causas. A mais disso, trata-se de uma decisão solitária que integra o elenco de nossas intransferíveis responsabilidades existenciais. Na dúvida, o melhor é fazer uma pausa para permitir que o ódio se dissipe. Como já vimos, explodir ou ruminar o ódio é um meio certo de assegurar seu prolongamento e continuidade.

A ira, a gula, a obesidade e as úlceras

"Quando eu me empanturro, uso os alimentos como um instrumento de meu ódio contra tudo e contra todos, inclusive meus entes mais queridos."

É antiga a inquietação de psicólogos e psicanalistas para identificar as causas emocionais da obesidade. As tentativas até agora realizadas nessa direção pouco avançaram. Na década de 1950, o pensamento psicanalítico predominante explicava a gula como sendo: a) Um meio de redução da ansiedade, insegurança, tensão, preocupação e indecisão; b) Um meio de sentir prazer, sucesso e gratificação; c) Um meio de exprimir hostilidade consciente, inconsciente, negada ou reprimida; d) Um meio de auto-recompensa; e) Um meio de diminuição do sentimento de culpa, inclusive da culpa de comer muito.

Na prática, porém, o que se via eram inconciliáveis contradições, presentes em qualquer conjunto de abordagens, trazido à colação. Para cada pessoa que explicava sua glutoneria como o resultado de carência afetiva, existia uma outra que atribuía seu apetite feroz ao excessivo zelo amoroso dos seus familiares. Uns alegam que comem muito quando sentem raiva; outros, quando estão eufóricos. Obesidade e magreza são explicadas, ora pela falta, ora pelo excesso de carinho paterno ou materno. Regra e exceção, então, se confundem. É essa falta de consistência entre as causas e os efeitos arguidos que levou a Associação Médica Americana a descartar a obesidade do rol das doenças emocionais, por não existir qualquer síndrome psicológica ou comportamental associada a ela. A diferença psicológica entre gordos e magros deriva do estigma social imputado aos primeiros. A raiva sentida pelos gordos não é a causa de sua obesidade, mas a resultante do desdém preconceituoso com que são tratados. O estresse que padecem, por outro lado, nasce mais das dietas a que se submetem do que de possíveis conflitos emocionais. Na maioria dos casos, a obesidade tem origem biológica, como a calvície ou a cor dos olhos. Só, como exceção, pode ser atribuída a problemas psicológicos ou a desregrados hábitos de alimentação. A sociedade contemporânea, ao entronizar a elegância e a beleza física, condenou os que vivem de dieta a cultivar um ódio surdo e permanente, ora dirigido aos pais e aos entes mais próximos, ora contra tudo e todos.

Até a década de 1960 o número de homens com úlcera chegava a ser vinte vezes superior ao das mulheres, nas regiões mais desenvolvidas do globo. Essa estatística vem se alterando de modo tão dramático que, hoje, a relação não chega a dois para um, com visível tendência à igualdade. A explicação que salta aos olhos é que a crescente exposição das mulheres à ulceração é uma parcela do preço que pagam pela equiparação de sua liberdade e responsabilidades às dos homens.

Ódio e estresse

A antiga crença de que a sufocação da ira provoca consequências psicossomáticas ganhou vigor redobrado em 1957, com o lançamento do livro *Mastery of Stress*, de autoria dos psicanalistas norte-americanos Daniel Funkenstein, Stanley King e Margaret Drolette. O que animou os autores foi o propósito de estabelecer nexo entre o modo de lidar com o ódio e os níveis de estresse. Eles queriam saber se quando estamos submetidos a frustrações e inquietações sentimos mais ódio, ou se somos assaltados pela ansiedade e outras emoções. E o que acontece quando sufocamos ou expressamos o ódio sentido? Nossa adaptação ao estresse depende de quê? A pesquisa contou com a participação voluntária de 125 estudantes da Universidade de Harvard, do sexo masculino, submetidos a um teste semanal, ao longo de três semanas. Os testes foram reprisados um ano mais tarde, para conhecer a influência do tempo, no curto e no longo prazo, sobre as pessoas, no modo de "dominar" o estresse. Por "domínio do estresse" entendeu-se a adaptação fisiológica do corpo, evoluindo de um estado de tensão, aferível por sinais exteriores, como a elevação da pressão sanguínea, para a normalidade. Os testes foram considerados conclusivos porque reproduziram situações muito próximas às da vida real. Os participantes defrontaram-se com obstáculos que dificultaram e retardaram a execução das tarefas a eles cometidas, o que seria suficiente para gerar ódio em alguns e estresse em muitos, sem, no entanto, impedir a conclusão dos trabalhos. Como acontece no mundo real, os participantes se dividiram entre os que se atribuíram a responsabilidade pelos fracassos incorridos na solução dos testes e os que a transferiram para o pesquisador, cuja conduta foi concebida para ser interpretada, pelos participantes, como colaboração ou estorvo à realização das tarefas. Ao fim de cada sessão de estresse, os participantes foram entrevistados, quando tiveram plena liberdade de reagir do modo mais espontâneo possível, gritando, imprecando, xingando, ironizando, fazendo piada e assim por diante, o que permitiu qualificar e quantificar os vários tipos de reações e identificar suas diferentes direções, para dentro – contra o próprio participante –, para fora – contra o pesquisador –, ou uma combinação de ambos.

Na esteira da publicação dessa pesquisa, médicos e psicólogos dedicaram-se à realização de testes, para identificar os males psicossomáticos oriundos das diferentes direções tomadas pela ira. A interiorização da ira ajustou-se, como a mão à luva, à teoria freudiana da "hostilidade suprimida", logo identificada como a origem de várias doenças, sendo a depressão a vilã mor.

Uma reflexão amadurecida sobre esse entusiasmo novo e precipitado revelou sua fragilidade diante de certas questões referentes à relação entre ódio e estresse que continuaram sem resposta, tais como:

a – Apenas uma pequena maioria de 68 dos 125 estudantes testados apresentou um quadro em que estresse e ódio se apresentaram imbricados;

b – Os modos como o ódio se manifestou, no primeiro momento, quase sempre sofreram modificações ao longo da pesquisa. Alguns alunos que começaram odiando o pesquisador passaram a direcionar o ódio contra si, em oposição a outros que começaram se odiando e terminaram odiando o pesquisador, por diferentes razões, pertinentes à sensibilidade emocional de cada um. Outros foram tomados de ansiedade por haverem expressado ódio. Outros tantos, apesar de terem expressado ódio, passaram a ver a situação de um ponto de vista lúdico, tendo em vista a conscientização de que tudo não passava de um experimento. Já um grupo ficou mais irritado ainda por essa mesma razão, porque se sentiu manipulado e tratado como cobaia;

c – A direção do ódio, como resultante da habilidade dos indivíduos de lidar com o estresse, em função dos seus estilos emocionais, não ficou comprovada. O que ficou patente foi o nivelamento das possibilidades de os indivíduos se adaptarem ao stress fisiológico, independente da direção tomada pelo ódio sentido, se para dentro, para fora, ou gerando ansiedade;

d – O estudo evidenciou que a expressão situacional do ódio predomina sobre o estilo fixo de sua expressão. Alguém pode ser contido em casa, diante de uma situação adversa (ódio interiorizado), e agressivo com os companheiros de trabalho, em situação idêntica, (ódio direcionado para fora), ou vice-versa. Ainda que possamos, em tese, avaliar a tendência dos indivíduos para um determinado estilo de expressão do ódio, sua manifestação dependerá, sempre, da interpretação que derem aos cenários que se desenrolam na vida real e dos limites que se tenham imposto, via disciplina, reflexão e prática, sobre os modos como devem lidar com o sentimento. É por isso que os indivíduos reagem de modo tão peculiar diante de uma mesma situação, como quando insultados no trânsito, discriminados no trabalho ou no clube. O mesmo indivíduo poderá ter reações distintas, diante de uma provocação da mesma natureza, em momentos diferentes, em razão de mudanças sofridas pelo seu estado emocional e por seus critérios interpretativos.

As reações fisiológicas contribuem de modo importante para essa oscilação de procedimentos. Uma pesquisa aleatória, com homens e mulheres, da classe média e da classe trabalhadora, da região de Detroit, revelou que a maioria dos trabalhadores do sexo masculino denunciaria ao sindicato ou a um nível hierárquico superior os abusos praticados pelo seu chefe. Esses indivíduos briosos, oriundos de áreas marcadas pelo desemprego e pela violência, apresentaram um nível de pressão arterial superior aos que ignorariam as ofensas e seguiriam em frente, ou deixariam passar a tormenta para, então, argumentarem com o seu ofensor. Preocupado em evitar interpretações maliciosas, o coordenador da pesquisa, professor Ernest Harburg, da Universidade de Michigan, teve o cuidado de valorizar a atitude dos que se rebelaram contra os excessos patronais, sem deixar de destacar os riscos psicossomáticos envolvidos na ansiedade produzida pela materialização do inconformismo.

Diante de situações, porém, em que a reação irada é reconhecida como legítima, e moralmente devida, os omissos e os que se sentiram culpados por havê-la expressado foram os que apresentaram os níveis mais altos de pressão sanguínea. Numa prova a mais de que não há, no particular, relações de causa e efeito inelutáveis, a observação desse quadro se restringiu aos trabalhadores negros e aos membros da classe média, ambos os grupos do sexo masculino, em razão dos valores machistas associados a suas vivências socioculturais.

O mais importante resultado observado em todas as etapas dessa pesquisa foi o modo de lidar com o ódio menos sujeito à elevação da pressão sanguínea, equidistante da omissão e da pronta reação: em lugar de reagirmos ou de omitirmo-nos, o melhor é deixarmos a tempestade amainar, tanto para o ofensor quanto para nós mesmos, para então, acalmados os ânimos, refletirmos sobre o mal-estar transcorrido. Essa postura, característica predominante no modo feminino de lidar com o ódio, produz resultados mais eficazes e mais saudáveis.

Não é demais repetir: o ódio não surge, nem se expressa no vazio. Nossa interpretação dos fatos desempenha um papel fundamental em sua emergência e expressão. Suprimi-lo ou expressá-lo irrefletidamente podem ser danosos às nossas motivações existenciais, como ao nosso bem-estar psicossocial.

Ódio e hipertensão

Um dos campos de mais concentrado estudo na busca dos vínculos existentes entre a ira, o estresse e certas doenças encontra-se nas tentativas de identificação dos traços característicos da "personalidade hipertensa". Pressão arterial é a ação exercida pelo sangue sobre os vasos sanguíneos, expressando-se por dois números, como, por exemplo, 120/70 ou 130/80, representativos, na verdade, de dois tipos de pressão, sendo que o número mais alto representa a pressão sistólica e o mais baixo a diastólica. Percebe-se a pressão sistólica por cada uma das batidas do coração, sensível, também, quando pressionamos o pulso. Afere-se a pressão diastólica pela medição da pressão sanguínea sobre as artérias, entre uma e outra batida do coração.

É antiga a suposição que associa o ódio à hipertensão. Por outro lado, muitos acreditam que a hostilidade reprimida é a causa essencial dos hipertensos. Uma vez liberada a hostilidade, reduz-se a pressão arterial, acreditam. As conclusões nesse campo estão longe de se harmonizarem, dividindo-se, sobretudo, entre os que sustentam que o ódio produz hipertensão e os que pensam que a hipertensão é fonte do ódio. Enquanto um estudo com 332 hipertensos e 335 normais revelou que os hipertensos se sentiam mais hostis, ficavam irados mais tempo e acalmavam-se mais lentamente, um outro, envolvendo milhares de homens, entre trinta e cinquenta e nove anos, não encontrou qualquer diferença entre os dois grupos, nos mesmos requisitos investigados. A opinião predominante é a de que não é sustentável a pretendida conexão entre ódio e hipertensão. Até porque a relação da hipertensão com a ansiedade é maior do que a verificada com o ódio. A presença constante da ansiedade, fazendo contraponto com o ódio, ora como parceiros (onde um estiver, o outro estará), ora como oponentes (onde um estiver, o outro não estará), ora, ainda, como independentes entre si (um não toma conhecimento do outro), sugere um desfecho desconcertante: não são o ódio e a ansiedade que geram a hipertensão; é a hipertensão que gera a ansiedade e o ódio.

Ainda que hipertensão, ansiedade e ódio partilhem alguns sintomas de excitação fisiológica, o ódio é o único dos três que goza de especificidade: encolerizamo-nos por alguma razão específica, enquanto a ansiedade e a hipertensão podem se instalar sem qualquer motivação especial, concreta, tangível. Diante de uma provocação, o hipertenso sente ódio; na ausência de motivação, pode sentir ansiedade. Nenhum desses processos se desenrola de modo consciente, embora algumas pessoas suponham, por equívoco, como os testes revelam, que sabem quando estão ou não estão hipertensas. Não sabem. Registre-se, porém, que certos estados de espírito podem conduzir, de modo previsível, a determinadas reações fisiológicas, sem qualquer participação consciente da pessoa. As reações fisiológicas dos hipertensos ao estresse são mais rápidas, e eles requerem mais tempo do que os normais para se acalmarem, porque sua excitação é superior ao normal, e não porque, como se costuma dizer, eles permanecem irados mais tempo do que os normais.

Uma pesquisa com ratos, na Universidade Rockefeller, nos Estados Unidos, conduzida pelo professor Barry Dworkin, revelou uma pequena vantagem para os hipertensos. Os ratos portadores de elevada pressão arterial, transmitida por via artificial, reagiram com mais lentidão à dor produzida por choques elétricos do que os ratos normais. Dworkin sugere que a hipertensão pode ser um mecanismo de defesa psicossomático contra dores que não podemos controlar. Para fundamentar suas conclusões, Dworkin explicou a maior presença da hipertensão e seus males, inclusive a morte, entre os negros americanos por constituírem o seguimento populacional mais exposto a condições estressantes, como educação precária, desemprego, discriminação, crime, violência e divórcio.

Ainda que não haja uma resposta conclusiva e precisa para essas questões, é inegável a contribuição de fatores socioambientais e genéticos na formação e desenvolvimento da hipertensão. Contribuição relativa, porque enquanto as tribos da Nova Guiné, que levam vida primitiva, apresentam um percentual de dezesseis por cento de hipertensos, as populações de agitados centros urbanos têm esse percentual elevado para vinte por cento, números que implicam a competitividade econômica e o estresse social em, apenas, quatro por cento como geratrizes da hipertensão.

Embora a hipertensão essencial (elevada pressão sanguínea sem provas que evidenciem outra doença) esteja associada, na literatura psicossomática, à cólera ou hostilidade reprimidas, um padrão de ansiedade é identificado, subjacente aos sentimentos agressivos. Casos há de hipertensão, citados por psicanalistas, que servem para ilustrar como a cólera e a hostilidade podem ser reações a situações de conflito por pessoas que se encontram vulneráveis à ansiedade em razão de excessiva dependência dos pais, aos quais são submissas.

O ódio e as doenças do coração

Como qualquer área do corpo, o músculo do coração necessita de oxigênio e nutrientes, conduzidos através das artérias coronarianas, para manter vivas suas células. Entre uma batida e outra, essas artérias aportam sangue rico em oxigênio para alimentar as células cardíacas. Não é de estranhar, pois, que tudo que comprometa o funcionamento das artérias coronárias represente uma ameaça potencial ou efetiva à vida, como os espasmos e o infarto do miocárdio.

Em prestigiado livro publicado em 1974, Myer Friedman e Ray Rosenman – os mesmos autores que em 1960 constataram a propensão a sofrer ataques cardíacos de hipertensos, de portadores de altos níveis de colesterol no sangue, de fumantes e sedentários – descobriram haver uma correlação mais estreita entre os diferentes tipos de personalidade e as doenças do coração do que as causas antes consideradas. Segundo eles, a personalidade do tipo A, competitiva, pressionada por prazos, ativa, intolerante com atrasos, irritável às menores interrupções, é o protótipo vulnerável, por excelência, às doenças do coração, sendo a ira seu principal agente causador. Os portadores de personalidade tipo A não se bastam com a vitória, apenas. Querem, também, dominar. A hostilidade sempre presente em seu ânimo não perde ocasião de se manifestar. É por isso que fracassam com maior frequência do que triunfam. "O comportamento A, longe de lograr êxito nos ambientes de trabalho – fábricas, escritórios, laboratórios ou mercados –, responde por sucessivos desastres, acabando carreiras e vidas, ameaçando de destruição negócios e organizações". Na convivência social e familiar, os resultados não são diferentes: defesa, contra-ataque, retraimento. Em estudo realizado em 1986, as psicólogas Debra Weaver e Darlene Shaw constataram que mulheres tipo A tinham casamentos muito menos estáveis do que os das detentoras de personalidade do tipo B. As personalidades tipo A "simplesmente são consumidas por lutas e intolerâncias raiventas". O ódio não apenas interrompe os vínculos – matrimoniais, familiares, em geral, societários e de convivência social –, deteriora-os, também, fazendo da convivência das pessoas, nele envolvidas, uma fonte de sofrimento contínuo.

Em estudos posteriores, Friedman e Rosenman verificaram que a redução do fluxo de sangue para o fígado, provocado pela ira crônica, prejudica a função hepática de remover o colesterol.

Vários outros estudos corroboraram a associação entre as personalidades tipo A e as doenças cardíacas. Dentre esses, um gigantesco projeto de pesquisa, levado a efeito na costa Oeste dos Estados Unidos, denominado *Western Collaborative Group Study*, acompanhou, entre 1960 e 1969, 3.154 homens, com idades entre trinta e nove e cinquenta e nove anos, para saber quem desenvolveria doenças coronarianas. Testes psicológicos foram aplicados para identificar, no universo pesquisado, os indivíduos portadores de personalidade tipo A. Duas das características dos tipos A, a impaciência e a alta competitividade, foram priorizadas, com o propósito de estabelecer o grau de relação existente entre elas e o eventual surgimento de doenças do coração. Os indivíduos considerados em situação de risco revelaram-se propensos a externar o ódio e a ficar coléricos com mais frequência do que os julgados saudáveis. A pesquisa concluiu que o voluntarismo, associado à impaciência e hostilidade, é característico da personalidade tipo A, sempre empenhada em realizar suas ambições e dominar o mundo em seu redor. As personalidades tipo A se expõem duas vezes mais do que as do tipo B a contrair doenças do coração.

Um outro estudo, liderado por R. B. Shekelle, em 1983, envolvendo 1.877 homens da *Western Electric Company*, de Chicago, revelou que os mais odientos se expunham uma vez e meia mais a sofrer um ataque do coração do que os menos odientos. O acompanhamento que J. C. Barefoot e outros fizeram de 255 médicos, ao longo de 25 anos, a partir da graduação, revelou um resultado ainda mais surpreendente: aqueles cuja odiosidade se situava da média para baixo apresentaram, apenas, um sexto da incidência de doenças do coração quando comparados com os mais odientos.

Enquanto isso, outro amplo estudo, realizado em Massachusetts, chegou a conclusões distintas. Aqui os indivíduos de personalidade tipo A que desenvolveram doenças cardiovasculares suprimiram o ódio com maior frequência do que aqueles que não sofreram de cardiopatias.

Como se vê, não é impunemente que se sente ódio. O risco potencial, inerente ao ódio, de comprometer a saúde, inclui desde uma crise alérgica até um ataque cardíaco fulminante, passando por situações intermediárias, como úlceras no aparelho digestivo. A pesquisadora Janice Williams, depois de observar, durante seis anos, 13.000 homens e mulheres, entre 45 e 64 anos, concluiu que as pessoas mais irritadiças têm até três vezes mais probabilidades de sofrer um ataque cardíaco do que as que enfrentam os reveses com *fair-play*. Essa dramática elevação estatística de risco decorreria de uma maior quantidade de adrenalina lançada na corrente sanguínea, ocasionando a intensificação dos batimentos cardíacos, que, por sua vez, estreitam os vasos circulatórios e aumentam a pressão arterial. A repetida injeção de grande quantidade de adrenalina pode conduzir a dois problemas associados ao infarto: arritmia – alteração do ritmo cardíaco –, seguida do aumento da pressão arterial, e uma brusca dilatação das placas de gordura depositadas nas artérias. O ódio como fator de risco coronário tem sido mencionado, com destaque crescente, ao lado de outras causas, como o tabagismo, a obesidade e o sedentarismo, o que leva à conclusão de que a condenação social do ódio não se processa, apenas, por questões de ordem moral, mas, sobretudo, por razões médicas.

Um estudo com 213 meninas com idades entre 9 e 19 anos, para identificar os agentes que precipitam o ódio, revelou que as 54 meninas classificadas como violentas constituíram-se em presa mais fácil do ódio diante de situações adversas do que as outras 159, mais estáveis ou normais. No ambiente escolar, a adaptação e o rendimento intelectual do grupo violento foram menores do que os do grupo normal.

Outro estudo com 89 adolescentes, sendo 31 considerados raivosos e 58 não-raivosos, revelou algumas diferenças importantes entre os dois grupos. Os raivosos relataram menor intimidade com os pais, dos quais recebiam menor apoio; tinham mais amigos do sexo oposto; namoravam e faziam uso da maconha com maior frequência; apresentaram rendimento escolar inferior; sentiam-se mais oprimidos.

Como se pode ver, a julgar por esses estudos empreendidos à borda dos oceanos Atlântico e Pacífico, as dúvidas se equiparam às certezas, no particular. A aparente maldição patogênica que recai sobre as personalidades tipo A depende menos da direção que imprimam ao ódio sentido, interiorizando-o ou externando-o, e mais de um conjunto de variáveis, tais como: a. Residir em ambientes estressantes; b. Assumir responsabilidades superiores ao razoável; c. Irritar-se com os menores contratempos; d. Viver sob a pressão de prazos.

Apesar do reconhecimento de que esses elementos concorrem para a formação de doenças do coração, a maioria dos portadores de personalidade tipo A não apresentou problemas cardiovasculares mais frequentes ou mais intensos. Por outro lado, ser portador de personalidade tipo B – relaxado, conformado, tranquilo – não garante contra a ocorrência dessas patologias. Pesquisa realizada com os maiores empresários listados pela *Fortune* revelou que os executivos que operam no topo das organizações apresentaram um índice de mortalidade 40% inferior ao dos subalternos. Além de afrodisíaco, como quer Kissinger, o poder é, também, fonte de longevidade. Combinando com esse achado, as pesquisas demonstram que um grande número de empregados coloca o bom relacionamento com o chefe em igualdade ou mesmo acima do salário, como fonte de satisfação no trabalho. Como desdobramento disso, os efeitos do estresse sobre a saúde são minimizados em função do grau de controle que se exerça sobre o estresse, como é o caso dos indivíduos que se sentem em posições de comando ou estão em harmonia com o chefe. Aqui também, a percepção de estar numa posição de comando importa mais para a saúde emocional do que exercer uma função de liderança ou autoridade.

É por essa flutuação de tendências que muitos cientistas preferem o conceito de "comportamento associado a cardiopatias" ao rótulo de "personalidade tipo A".

Reconheça-se, porém, que tem havido sensível progresso na identificação das condutas e emoções que mais contribuem para a formação e o desenvolvimento das cardiopatias, a partir das seguintes indagações: 1– Quais as características da personalidade tipo A que são prejudiciais à saúde? – O que é que protege as personalidades tipo A contra a instalação de cardiopatias?

À proporção que respostas convincentes são produzidas, surgem novas indagações, aumentando o desafio, como se pode depreender das formulações a seguir:

- A – As razões pelas quais o número de óbitos, em ambos os sexos, tem diminuído, em muitos países, desde seu auge nos anos sessenta, não são conhecidas com precisão, são apenas suspeitadas. Maior qualidade e maior frequência dos exames preventivos e aumento da atividade física, sim. Redução de fatores de risco, como o colesterol, tabagismo e qualidade da dieta, não, porque não houve mudanças expressivas, no particular: o número de homens que deixou de fumar foi compensado pelo aumento do número de mulheres fumantes; o aumento da disciplina dietética, em alguns, foi neutralizado pelo desregramento gastronômico de outros.
- B – O que protege as mulheres idosas de males cardíacos, mesmo tendo níveis de colesterol e de pressão arterial superiores aos dos homens, mais expostos às doenças?
- C – O que, de fato, protege as populações rurais de problemas cardiovasculares, em comparação com as de sociedades urbanas e industrializadas, mesmo quando não há diferenças nos níveis de estresse a que se expõem?

D – Por que um elevado ritmo de atividade, típico das personalidades A, associado à perseguição de objetivos, muitas vezes com grande envolvimento emocional, não apresenta maior propensão à formação e ao desenvolvimento de doenças do coração do que os portadores de personalidade tipo B, em tudo mais maneiros?

E – Por que os imigrantes que preservam as tradições e os costumes do país de origem apresentam um menor número de cardiopatias do que os que adotam as práticas do país hospedeiro, como se constatou com os japoneses residentes nos Estados Unidos?

F – Por que os imigrantes que chegam a Israel estão menos sujeitos a doenças coronarianas do que os seus filhos, ali nascidos? E por que os filhos dos filhos, ou seja, os netos dos imigrantes são, das três gerações, a que menos problemas cardíacos apresenta, a exemplo do que ocorre com os netos dos imigrantes japoneses? O que os protege?

Não há como negar que emoções negativas, de um modo geral, tendem a se constituir em fontes de doenças, razão pela qual são definidas por respeitados acadêmicos como prejudiciais aos seus portadores e a terceiros. Dezenas de pesquisas revelam que estados de ânimo relacionados com ansiedade, introspecção, hostilidade, depressão e ódio podem conduzir a doenças como enxaqueca, artrite, asma, úlcera e cardiopatias, sendo a depressão a mais presente das causas. Essas mesmas pesquisas negam evidência a diagnósticos especulativos sobre a existência de indivíduos que, uma vez tomados por essas emoções, se converteriam em artríticos, ulcerados ou doentes das coronárias, dentre outras razões porque se comprovou do maior peso o papel desempenhado pela estabilidade emocional como fator modificativo da ação desses sentimentos invasivos e perturbadores da paz pessoal. Hábitos profiláticos, relacionados à alimentação, à atividade física e à pureza ambiental, somam-se ao estado de espírito para prevenir contra a instalação de quadros patológicos que se aproveitam da vulnerabilidade psicossomática dos indivíduos.

Alguns estudiosos defendem que quanto maior a estabilidade dos laços sociais e familiares, maior será o sentimento de pertencer e de segurança afetiva. O núcleo familiar, o ambiente de trabalho, o clube social, a igreja e a comunidade, em geral, representam uma vigorosa proteção contra o estresse, sobretudo o produzido pelas alterações no ambiente social, de que são vítimas dramáticas os imigrantes.

Os novos imigrantes se apegam às suas tradições como meio de suportar e enfrentar o estresse do novo meio social, enquanto os seus filhos vivem o dilema de decidirem-se entre as tradições e os valores dos países de onde provieram os seus pais e os do país onde nasceram. Os netos revelam-se menos estressados do que os pais porque aderem, sem conflitos maiores, aos valores do país de nascimento.

Não há como correlacionar as características de independência, individualismo e ambição das personalidades tipo A com as doenças do coração, se o indivíduo não for explosível e portador dos sentimentos de hostilidade, forte competitividade, impaciência, intransigência e irritabilidade. É a presença do ódio, portanto, no coração das pessoas que deve ser vinculada aos males do coração, independente da direção que tome, para dentro ou para fora, e de serem personalidades do tipo A, B ou outro qualquer que se venha acrescentar ao elenco. Ódio que compreende uma gama de sentimentos que podem oscilar de uma simples irritação até a exteriorização da mais indomável e tresloucada fúria, passando por formas intermediárias como a ironia, o cinismo, o ressentimento, o antagonismo, a hostilidade, a agressão moderada.

Estudos revelam que a presença constante e crônica desses sentimentos aumenta em até cinco vezes o risco de aterosclerose e de doenças coronarianas. Num desses estudos, duzentos e cinquenta e cinco formandos em medicina foram avaliados, merecendo ênfase especial o grau de hostilidade de cada um contra terceiros. Vinte e cinco anos depois verificou-se que 15% dos médicos hostis sofreram ou morreram de doenças cardíacas, contra apenas 3% dos considerados normais. Noutro estudo, 1.887 homens, livres de qualquer doença do coração, foram acompanhados, de 1957 a 1977. Constatou-se que os que se encolerizavam com mais facilidade compuseram o maior índice de doentes e de óbitos do coração. Os pesquisadores têm observado que as consequências lesivas ao coração variam em função do tipo de ódio dominante, sendo o mais grave o antagonismo hostil e sistemático, inflamado e agressivo que se manifesta a cada passo em indivíduos intolerantes, que consideram os outros desonestos, mesquinhos, imorais e inconfiáveis, até prova em contrário. O caráter maléfico desse tipo de reação irada decorre de duas causas essenciais: uma fisiológica e outra psicossocial. Na fisiológica, a explosão rápida aumenta a pressão sanguínea e a mantém elevada. Na psicossocial, o antagonismo leva à solidão, fato que alimenta e revigora a atitude preconceituosa do irado, bloqueando-lhe o acesso às vitaminas emocionais fornecidas pela intimidade afetiva que protege contra o estresse e as doenças. É interessante mencionar que a hostilidade neurótica, própria dos indivíduos exigentes, egocêntricos e insaciáveis – portadores de uma personalidade desagradável –, não conduz a doenças do coração, como se imagina.

Resumindo: não há mal em se trabalhar, mesmo sujeitando-se à pressão de prazos fatais, desde que não se perca de vista a ludicidade inerente ao esforço de crescimento pessoal desenvolvido. Irritar-se com as ocorrências diárias que nos desagradam é normal e saudável. O que prejudica a convivência social e a saúde é perder a tramontana e desabrir-se, postura que passa a servir de retroalimentação do ódio, num círculo vicioso que pode trazer consequências letais. A dedicação de muita energia física e mental para a conquista das ambições, como meio de realização interior, é saudável. Quem assim age exerce pleno comando sobre o que realiza, sem prejuízo dos vínculos afetivos, indispensáveis ao desenvolvimento equilibrado da personalidade. O que mata é o mercenarismo emocional dos que se movem para satisfazer expectativas externas, divorciadas dos anseios mais profundos do espírito. Esses indivíduos não controlam, antes são controlados pelo que realizam; como tendem a ser emocionalmente isolados, frustram-se, cedem ao ódio e disseminam discórdia. A indispensabilidade do aparelho judiciário e policial tem tudo a ver com eles. Por marcantes que sejam as influências genéticas, psicológicas e ambientais na formação da personalidade, importa rechaçar a perniciosa aceitação de que os seres humanos estão sujeitos a esses falsos determinismos. Ainda que as pesquisas médicas não chancelem a pretendida relação causal entre a supressão do ódio e certas doenças, é inegável o potencial maléfico de uma prolongada inibição de pensamentos e emoções, em razão do estressante esforço físico e mental que essa persistente omissão requer. Os estudos comprovam que, em longo prazo, as pessoas que sofreiam suas emoções adoecem mais do que aquelas que têm ocasião de externá-las ou ventilá-las. O grau de malignidade da supressão, porém, depende da natureza do ódio suprimido e da interpretação que a ele damos, em função de nosso bem-estar, educação e valores. A supressão ou expressão do ódio momentâneo que sentimos de um amigo produz resultados diferentes da supressão ou expressão diante de um inimigo. É preciso não esquecer que a convivência humana seria difícil e às vezes impossível se a supressão sistemática de uma grande parcela do ódio não fosse um componente de nossa conduta civilizada, inspirada na razão, religiosidade e valores morais. Pior do que as maléficas consequências originárias da supressão do ódio seria, numa hipótese extrema, sucumbirmos vítimas da reação do alvo de nossa ira externada.

Nossa cômoda tendência para simplificar as coisas costuma atribuir a determinismos de natureza vária – genético, psicológico e ambiental – a responsabilidade causal por todo nosso modo de ser. A verdade, entretanto, é que o uso orquestrado do conhecimento, da vontade e da disciplina pode produzir resultados transformadores em nossos hábitos, atitudes e mecanismos interiores que comandam nossa vida.

Sugestões para dissipar a ira

Vários autores têm proposto um número considerável de medidas que podem contribuir para o esvaziamento do sentimento do ódio, poupando o odiento do ônus emocional de reprimir a emoção, e/ou de exprimi-la sob a forma de agressão. Mencionemos algumas:

1 – Perdoar e esquecer;
2 – Negociar;
3 – Buscar orientação profissional;
4 – Fixar limites e consequências para o comportamento de terceiros;
5 – Confrontar a fonte da ira;
6 – Avaliar a legitimidade da ira;

7 – Identificar a causa verdadeira do ódio;
8 – Orar;
9 – Deixar de culpar os outros pela sua raiva;
10 – Distinguir entre os desejos e as demandas;
11 – Identificar as origens filosóficas do ódio;
12 – Aceitar-se;
13 – Assumir responsabilidade pelos sentimentos;
14 – Pedir ajuda;
15 – Chorar;
16 – Reconhecer o ódio, a partir do fato de que não gostamos de admitir que o sentimos;
17 – Renunciar ao ódio; o modo mais eficaz de fazê-lo é reconstruindo a situação que o gerou;
18 – Conceber rituais de cura que restaurem a justiça cuja quebra gerou ódio;
19 – Confessar os mais íntimos temores e pensamentos de modo a poder examiná-los à distância;
20 – Filiar-se a um grupo de auto-ajuda;
21 – Colaborar com terceiros para colocar suas dores e ódios em perspectiva;
22 – Conceber meios de romper com suas habituais avaliações;
23 – Desenvolver atividades físicas;
24 – Parar de falar de seus ódios, já que isso não muda a situação nem reduz o sentimento de ansiedade que se deseja evitar;
25 – Desenvolver a crença de que as pessoas podem controlar a própria raiva, a ponto de deixar de senti-la;
26 – Distinguir entre ofensas físicas e morais, consoante o velho e sábio brocardo que ensina: "Paus e pedras podem quebrar meus ossos, mas as palavras nunca me ofenderão";
27 – Transmitir aos outros o que aprender sobre os meios e modos de lidar com o ódio.

Técnicas de relaxamento, como exercícios de respiração profunda, meditação, relaxamento dos músculos faciais e do corpo e massagens, integram o elenco de medidas que contribuem para manter sob disciplina o estresse e a excitação psicofisiológica inerentes ao ódio.

O ódio e as drogas

Os medicamentos são de uso corrente e crescente no tratamento psiquiátrico. Em inúmeras situações sua aplicação é a melhor quando não a única saída possível, e sua eficácia é inquestionável. A compreensão do que seja sua correta prescrição, no entanto, está longe de ser uniforme em razão dos potenciais efeitos colaterais oriundos de sua equivocada ou excessiva utilização, que podem resultar mais danosos à saúde do paciente do que o próprio mal a cujo combate se destinam. Mesmo quando eficazes, os medicamentos não resolvem, em definitivo, os problemas, não promovem a mudança consistente de atitudes, nem o crescimento emocional dos pacientes. Antes podem contribuir para seu agravamento e perpetuação. Em todos os casos que se deseja curar ou minorar, o ódio está presente. A casuística psicanalítica revela que muitos indivíduos que consomem barbitúricos para dormir deixam de fazê-lo ao se conscientizarem de que a causa da insônia é o ódio inconsciente contra alguém de sua família, um colega de trabalho ou um amigo. Descobertos em meados do século XX, os antidepressivos e os tranquilizantes de efeito hipnótico, ansiolítico e tensiolítico dão ao paciente conforto momentâneo, mas não elidem a causa do mal, que pode ser o ódio em uma ou mais de suas múltiplas modalidades. Seu efeito é autístico, ou seja: desliga o paciente do mundo exterior, e cria a fantasia mental de um mundo independente. Quando o ódio responsável pela ansiedade ou depressão é ocasionado pela incapacidade de amar, a restauração do sentimento do amor nunca será promovida pelo consumo de drogas, incluídos os narcóticos, psicotrópicos e alucinógenos de todo gênero, porque essa restauração depende de trocas afetivas. Muitos psicanalistas atestam que os usuários de drogas, como cocaína, heroína e assemelhadas, são pessoas encharcadas de ódio que lutam para se aceitarem. Esforço vão, porque o abafamento anestésico dos sentimentos fortes não é meio adequado para a manutenção da paz interior, da fraternidade e do desejo de alcançar objetivos elevados. Os sentimentos precisam ser percebidos, aceitos e expressos de modo construtivo, como condição prévia para as trocas emocionais bem-sucedidas. Usadas sem acompanhamento médico especializado, as drogas comprometem a possibilidade de crescimento existencial. Não há felicidade consistente nas realidades ficcionais.

A integração com a realidade real é o preço a pagar pela conquista da liberdade emocional. É comum, entre usuários inexpertos, a crença de que a droga proporciona e desenvolve uma certa capacidade criativa de viver num ambiente fantasioso, onde se pode ganhar a luta contra a ansiedade e a angústia com entusiasmo e brilho. As drogas podem ser importantes no combate às enfermidades, mas só um profissional empático será capaz de curar os portadores de males ocasionados por emoções distorcidas, conceito afim do antigo brocardo segundo o qual não há doenças; há doentes.

PARTE FINAL

TAREFA DE UMA VIDA INTEIRA

Aprender a lidar com o ódio é uma responsabilidade de toda a vida. O êxito de hoje ajuda, mas não assegura o êxito de amanhã. Daí a necessidade da vigília constante, alerta, interessada, participativa, empática. O desenvolvimento do hábito de formular perguntas pertinentes e respondê-las é de grande importância na gestão do ódio, o próprio e o dos outros. Sem prejuízo das que podem nascer das situações concretas, listamos abaixo um vasto elenco de questões de ordem geral, cujo exercício de resposta serve como treinamento e reflexão sobre os modos de lidar com este gigante da alma que nos assedia:

1 – Você tem consciência de que sente raiva?
2 – Você expressa a sua raiva ou a silencia?
3 – Você faz a distinção entre raiva ocasional ou momentânea e ódio constante e duradouro?
4 – Você distingue entre a raiva que nasce do amor da que é produto do ódio destrutivo?
5 – Você faz a distinção entre auto-afirmação e agressividade?
6 – Você tem constrangimento em reconhecer que sente ódio?
7 – Você foi educado(a) na crença de que só gente ruim sente ódio?
8 – Havia liberdade de expressar emoções na casa dos seus pais, ou onde você cresceu?
9 – O receio de perder o afeto das pessoas bloqueia sua capacidade de expressar ódio?

10 – Você identifica meios saudáveis de expressar o sentimento do ódio?
11 – Você acha que pode evoluir em seus modos de expressar ódio?
12 – Você evita a discussão de assuntos polêmicos por receio da emergência de reações raivosas?
13 – Você se lembra de situações quando valeu e quando não valeu a pena expressar ódio?
14 – Você identifica *a priori* situações que condicionam os seus modos de expressão do ódio?
15 – Com que frequência você se dá conta do modo correto de reagir quando já é tarde demais para fazê-lo?
16 – Quando isso acontece você se mortifica em horas seguidas de amuo ou noites de insônia, ou, ao contrário, se abate e se abriga no sono profundo?
17 – Você tem meios de identificar situações em que a expressão do ódio produz resultados positivos e negativos?
18 – Você se lembra da última vez que sentiu uma grande raiva, uma raiva média, uma pequena?
19 – Você tem consciência da frequência e da intensidade dos seus ódios?
20 – Em relação às pessoas à sua volta, você se considera acima, abaixo ou na média do ódio dominante?
21 – Em suas relações sociais e afetivas, cultiva-se a prática de expressar, sem traumas, as raivas ocasionais, aquelas destituídas de rancor?
22 – Você dá vazão integral a toda raiva que sente, ou você a ajusta às diferentes situações?
23 – Você explode mais facilmente com os subalternos do que com os seus pares ou superiores?
24 – Você é do tipo que acumula os pequenos ódios até que um dia explode de vez?
25 – Você assume responsabilidade pelos seus sentimentos, inclusive o ódio, ou você os credita ou debita a terceiros?
26 – Você explode mais facilmente com estranhos ou com as pessoas que ama?
27 – Com os amigos ou com os inimigos?
28 – Você sabe que é natural sentir ódio das pessoas mais queridas?

29 – Você conhece pessoas que de tudo fazem para aparentar a posse exclusiva de sentimentos corretos?
30 – Você acha que é possível uma pessoa não perceber o ódio que a consome?
31 – Você acha que só sente raiva quando está certo(a)?
32 – Se perceber que explodiu contra a pessoa errada, ou pela razão errada, você pede desculpas?
33 – Você se intimida com tipos grosseiros e reivindicantes?
34 – Você já refletiu sobre como o ódio é sempre prejudicial a quem o sente, podendo ou não o ser a quem o inspira?
35 – Você tem o hábito de olhar para dentro de si, buscando compreender as raízes dos seus sentimentos, inclusive o ódio?
36 – Você costuma dar-se algum tempo entre o sentimento do ódio e sua expressão?
37 – Quando alguém explode, você espera passar a tempestade, antes de reagir?
38 – Você acha que há modos de expressão do ódio capazes de consolidar os laços afetivos?
39 – Você sabe que a incapacidade de sentir ódio é sinal de doença?
40 – Você já percebeu como certas pessoas que insistem em dizer que não sentem ódio são forjas ambulantes de mexerico e discórdia?
41 – Você já observou os diferentes modos como as pessoas expressam ódio?
42 – Você já teve o cuidado de catalogar os seus?
43 – Você associa certos estados de espírito negativos, como ansiedade, frustração, inveja e depressão, ao ódio latente do qual não se dá conta?
44 – Você tem o hábito de avaliar o grau de adequação do modo como expressa seu ódio em cada situação?
45 – Você é atento à conveniência de permitir ao seu interlocutor extravasar o ódio?
46 – Você se dá conta de alterações psicossomáticas quando está com ódio? Como dor de cabeça, boca seca, ranger de dentes?
47 – Você tem o hábito de fazer a leitura corporal das pessoas, a fim de detectar suas emoções, inclusive o ódio?
48 – Você sabia que a propensão de certas pessoas a se acidentarem ou ferirem pode estar associada a um estado de ódio crônico?

49 – Você sabia que o ódio existente, mas negado, pode se manifestar por modos indiretos e sutis, muitas vezes pelo oposto de si mesmo, como uma excessiva demonstração de carinho a quem se odeia?
50 – Você acha que procurar ajuda psicológica especializada é sinal de fraqueza ou de coragem moral?
51 – Você sabia que os psicanalistas, psiquiatras e psicólogos, como qualquer mortal, sentem ódio, inclusive de pacientes grosseiros, antipáticos e chatos?
52 – Você sabia que o ódio crônico é fonte de inapetência sexual e de anomalias comportamentais, como o estupro?
53 – Você sabia que, mais do que o ódio, a indiferença destrói as relações?
54 – Você sabia que os odientos crônicos podem se ajudar, como os alcoólicos e os que sofreram grandes perdas?
55 – Com que frequência você fala de seu amor e de seu ódio com as pessoas queridas? Cônjuges, irmãos, pais, filhos, amigos próximos?
56 – Você tem algum meio preferencial de expressar seu descontentamento? Pessoalmente, por carta, por telefone?
57 – Você acha que está melhorando, piorando ou na mesma em seu modo de lidar com o ódio?

Por outro lado, os mais importantes mecanismos para a purgação do ódio incluem os seguintes:

1 – Refletir sobre meios compensatórios das injustiças sofridas ou percebidas como tais, de modo a enfraquecer, no nascedouro, o ódio gerado, ensejando uma análise objetiva da situação de fato;
2 – Identificar, *a priori*, as situações ou emoções que mais nos perturbam a razão, de modo a acautelar-nos contra elas e a poder examiná-las e julgá-las com a máxima objetividade;
3 – Buscar orientação e conselho com quem possa ser considerado padrão de conduta diante de situações geradoras de ódio. Essas pessoas têm sensibilidade e conhecimento para ajudar na identificação de mecanismos ajustáveis às situações concretas, ao invés de se entregarem a pregações genéricas e, por isso, insubsistentes. Como em tantas outras ins-

tâncias da vida, a convivência com quem doma a besta do ódio produz resultados positivos;

4 – Tomar e manter a iniciativa de ajudar os outros a vencer o próprio ódio. Essa atitude de solidariedade, consentânea com o "é dando que se recebe", de São Francisco de Assis, termina refluindo de modo benéfico, no sentido de elidir o nosso ódio;

5 – Submeter os fatos que nos ocasionam ódio às perspectivas de outras pessoas, de modo a percebermos o quanto de interpretação subjetiva compõe os nossos sentimentos. Essa providência constitui fonte saudável do desenvolvimento de nossa capacidade empática e de eventual modificação de nossos paradigmas.

Cada pessoa terá acréscimos e sugestões a fazer a essa abordagem de medidas eficazes no combate ao ódio desgovernado. Até porque todos temos fantasmas escondidos ou guardados no armário de nosso inconsciente. A ira que nos espreita a cada passo corresponde a um instrumento tático para a solução de problemas, ainda que, na maioria das vezes, de modo desastrado. O que se pode concluir, sem o receio da prédica de charlatanismo, é que o domínio das emoções é desejável e possível. Afinal de contas, é graças a esse domínio que, aos trancos e barrancos, a humanidade continua viva, na busca de materializar a ambição extrema de ser considerada a melhor imagem e semelhança com Deus.

No *Fedro*, Platão compara a mente humana ao condutor de uma carruagem puxada por dois cavalos: Espírito e Apetite. Espírito é descrito como um belo cavalo branco, olhos negros, obediente, árdego e nobre, enquanto Apetite é uma massa atarracada e disforme, desagradável aos olhos, difícil de controlar, mesmo quando sujeito à brida, ao chicote e ao esporão. A função da mente, na visão platônica, consiste em manter o equilíbrio entre essas duas forças que buscam objetivos divergentes e opostos. Com essa tripartição de nosso mundo interior, Platão antecipou-se à divisão do inconsciente de Freud, em vinte e quatro séculos. Em 1923, em *O Ego e o Id*, Freud dividiu nosso inconsciente em ego, id e superego. Como em Platão, na visão de Freud, a função do ego, que representa a razão e a sanidade, é a de controlar os impulsos da paixão, representada pelo id. Disse ele: "Em relação ao id, o ego é como se fosse o cavaleiro a quem cabe controlar os impulsos irracionais do cavalo;... Frequentemente, o cavaleiro (ego), se desejar continuar cavalgando, tem que impor a rota do seu desejo, do mesmo modo que, algumas vezes, aceita a trilha seguida pelo cavalo (id), como se fosse sua a escolha."

Shakespeare, na *História do Rei Henrique VIII*, Ato I, Cena I, coloca na boca do Duque de Norfolk, dirigindo-se ao Duque de Buckingham, esta advertência: "Parai, milorde, e que vossa razão com vossa cólera se ponha a discutir sobre esse intento. Quem altos montes galga, de começo progride lentamente. A raiva é como um árdego ginete que, podendo seguir por onde queira, o próprio fogo logo o deixa cansado."

Auto-afirmação e conquistas

A auto-afirmação, a ira e a agressão são ingredientes, em proporções variáveis, presentes em qualquer ação humana. Já tivemos a oportunidade de ressaltar o relevante papel que a expressão consequente da ira desempenha nas ações orientadas por objetivos. De fato, a raiva pode ser um poderoso estímulo para a assunção de riscos, dedicação integral a uma causa e, até mesmo, para a construção de pensamento inovador. Já vimos as dificuldades adicionais que a mulher enfrenta para vencer o medo do risco de isolamento e abandono potenciais, pela ruptura de seus vínculos de afetividade ou de dependência produzida pela sua auto-afirmação, embora, de um modo geral, a conquista de um lugar distinto na sociedade constitua, sempre, um processo solitário. As mulheres dominadas pelo propósito de serem bacanas e fonte inexaurível de abastecimento emocional dos outros condenam-se a perder as vantagens que a cólera oferece, como estímulo e motivação, do que é prova a generalizada ainda que equivocada crença de que bem-sucedidas são as que, como os homens, aprenderam a usar a cólera de modo competente. Não é de estranhar, portanto, que ainda seja minoria o número de mulheres dispostas a conquistar sucesso e reconhecimento no trabalho, ao preço de arrostar a competição, a inveja e a agressão de homens e mulheres, potencialmente conducentes à solidão e perdas afetivas.

As pessoas quase nunca têm noção do efeito ondulação da raiva, que consiste no fato de que o alvo de nosso ódio pode repassá-lo adiante, de modo a contribuir para a construção de uma verdadeira corrente de antagonismos.

Ansiedade

A ansiedade é considerada por alguns como a característica mais marcante da civilização ocidental, co-responsável pela elevação do número de suicídios, distúrbios mentais e divórcios. É também uma das marcas distintivas da criatividade: os indivíduos mais criativos são, quase sempre, os mais ansiosos, por serem audazes, imaginosos e aventurosos; concebem as possibilidades e se consomem por realizá-las. É verdade que a ansiedade tanto pode facilitar quanto inibir o desempenho, em função de sua força e da criatividade dos indivíduos. A mesma criatividade ou inteligência que predispõe à ansiedade pode ser também o instrumento de sua neutralização. Toda vez, porém, que a ansiedade se apresentar superior à capacidade do indivíduo de superá-la, o resultado é a inércia e a estupefação. Por isso, alguns consideram ser mais próprio falar-se de uma ansiedade potencial, que, nem por isso, deixa de continuar a ser ansiedade.

O reconhecimento da influência dos fatos culturais sobre a ansiedade é, na atualidade, ponto incontroverso. A ansiedade constitui uma ponte entre a reação instintiva, sob a forma de sobressalto, e o alvorecer dos diferentes modos de pensar. Para Howard Liddell, "A capacidade de sentir ansiedade e a capacidade de planejar são duas faces de uma mesma moeda", e "A ansiedade acompanha a atividade intelectual como uma sombra, e quanto mais soubermos sobre sua natureza, mais saberemos sobre o intelecto", porque "tanto o intelecto quanto a sua sombra – a ansiedade – são produtos do intercâmbio social do homem", cuja efetivação depende das potencialidades dos indivíduos. Não é diferente o enunciado formulado por Kubie: "A ansiedade precede o desenvolvimento do pensamento."

Acrescente-se, também, que ansiedade e hostilidade se inter-relacionam, uma levando à outra. A ansiedade, ocorrendo concomitantemente com os sentimentos de conflito, isolamento e impotência, constitui uma situação dolorosa. Por isso o ansioso tende a manifestar cólera e ressentimento contra aqueles que julga responsáveis pelo seu estado de dor, embora a hostilidade em pessoas ansiosas seja fonte de mais ansiedade. Uma vez aceita a inter-relação da ansiedade com a hostilidade, ainda quando a hostilidade seja o sentimento de presença ostensiva, acredita-se que a ansiedade esteja a ela subjacente, sobretudo nos casos de hostilidade reprimida.

A ansiedade é um sentimento irracional, embora exclusivamente humano, que se alimenta da dúvida produzida pela esperança e pelo medo. A vigilância é o correspondente animal da ansiedade para os humanos. O medo é uma dúvida destrutiva, que produz uma dor espiritual originada da percepção de que algo ruim está na iminência de acontecer, enquanto a esperança é uma dúvida benfazeja, que provoca um prazer emocional que nasce da percepção de que algo que desejamos está prestes a ocorrer. Daí por que os sentimentos de esperança e medo serem interdependentes. Ambos resultam de uma fraqueza do espírito, porque não se apoiam na razão, embora nada haja tão temível quanto sentir medo. Franklin Delano Roosevelt dizia que a única coisa que temos que temer é o próprio medo. Quando o homem não encontra uma resposta, teme.

A ansiedade pode levar à depressão, obsessão (preocupações irracionais, ideias fixas ou irracionais), compulsões irracionais (a necessidade de refazer as mesmas coisas, sem razão de ser), fobias (medos excessivos e irracionais, como de lugares, de altura, de espaços, fechados ou abertos), insônia crônica, apetite exagerado ou inapetência. A obsessão, as fantasias e a compulsão são sintomas emocionais complexos associados à ansiedade e, algumas vezes, às emoções distorcidas; representam alçapões emocionais dos quais é quase impossível sair sem ajuda especializada. Nesse repertório, despontam crenças e ideias irracionais persistentes.

Quase todos pensam ser a ansiedade o combustível que alimenta o motor da neurose, uma reação à ameaça de não-ser, à ausência de significado da existência psicológica e espiritual. A raiva distorcida, porém, é uma força maior que além de produzir sustenta a ansiedade. Onde há ansiedade, há depressão e vice-versa. Santo Tomás de Aquino, o Doutor Angélico, ao sugerir, no século XIII, que o medo está para a tristeza assim como a esperança está para o prazer, concluiu que a ansiedade é o estágio precursor da depressão. Em nossa era, Theodore Rubin afirma que nunca se deparou com um quadro depressivo sem um fundo concomitante de ansiedade, enquanto Robert Burton descreve estados de espírito comuns ao ansioso e ao deprimido, como a suspeição, o medo, a cautela, o sofrimento, a angústia, a vergonha, a insatisfação, descritos como cavalos selvagens que não conseguem se aquietar por um instante sequer. Andrew Solomon, por seu turno, sustenta que a ansiedade é desalento pelo que ainda vai acontecer, e a melancolia depressiva é desalento pelo que já aconteceu. Já Karl Abraham considerou que a ansiedade ocorre quando se quer algo que se sabe não se poder ter, e por isso não se tenta obter, enquanto a depressão ocorre quando se quer algo, tenta-se obtê-lo e não se consegue. Por todas essas razões Wilhelm Stekel concluiu que "a ansiedade é conflito psíquico".

Há provas irrefutáveis de que vivemos hoje, mais do que nunca, uma era em que todas as atividades humanas estão impregnadas de ansiedade. Quando penetramos a análise das grandes tensões sociais, políticas, econômicas, estéticas e existenciais de nosso momento, produzidas, em grande medida, pela crescente celeridade das mudanças, a partir de meados do século XX, deparamo-nos com a ansiedade borbulhando na base, como tem sido reconhecido por filósofos, psicólogos, historiadores e cientistas sociais de toda procedência. Freud, o primeiro a tratar do tema na tradição científica, e fora do domínio da filosofia, da ética e da religião, assim se exprimiu: "Não há dúvida de que o problema da ansiedade é um ponto nodal para o qual convergem as mais diversas e importantes questões, um enigma cuja solução estaria fadada a lançar um jorro de luz sobre toda a nossa existência mental". ..."A ansiedade é o fenômeno fundamental e o problema central da neurose." Apesar de ter a idade do homem, o que confere singularidade à ansiedade de nossos dias é o seu caráter manifesto, explícito. Albert Camus, ao classificar o XX como o século do medo, classificou-o como o século da psicanálise, em comparação com os anteriores, considerados, o XVII, como da matemática, que entronizou a razão como meio de espancar os sentimentos irracionais da ansiedade e do medo, o XVIII, das ciências físicas, e o XIX, da biologia, que foi, também, o século da repressão das emoções, fato que explica o repúdio generalizado que dispensou à expressão do sexo e da hostilidade.

Segundo Sören Kierkegaard, a ansiedade "é a vertigem da liberdade", é um desejo daquilo que se teme, uma agradável antipatia, um poder estranho que se apossa da pessoa que não consegue, nem tem vontade de dele libertar-se, porque percebe que o que teme é o que mais deseja, sentimento que o torna impotente; é o estado do ser humano quando se defronta com a liberdade; é o medo do nada. Só depois de se ter passado pela angústia do possível é que se está educado para não ser presa dela, superando suas constrições mesquinhas e finitas, e habilitando-se à realização das possibilidades ilimitadas da personalidade. O finito é o que bloqueia o exercício da liberdade, e o ilimitado é o que se abre para as possibilidades infinitas proporcionadas pela liberdade. Em estado de inocência, como é o caso dos bebês, quando não há distinção entre o indivíduo e o meio, a ansiedade é ambígua. No estado de autoconhecimento, quando o indivíduo passa a se perceber destacado do meio, e capacitado a gerir, no todo ou em parte, o seu próprio desenvolvimento, a natureza de sua ansiedade é reflexiva, confiante, não implicando a confiança na remoção da dúvida e da ansiedade, mas a possibilidade de avançar, preservando a liberdade, convivendo com a existência de ambas. Essa ansiedade é normal, substantiva, diferente da neurótica que anula o poder de iniciativa e sacrifica a liberdade. Só os educados na escola da ansiedade, os que vivenciaram e superaram sentimentos anteriores de ansiedade, estão aptos a enfrentar novas experiências sem serem por elas derrotados. O exemplo oferecido por Kurt Goldstein dos bebês que, apesar de caírem, não desistem do empenho de aprender a caminhar é bem ilustrativo. A distinção essencial entre medo e ansiedade reside no desejo de afastamento do indivíduo do objeto temido quando o sentimento é de medo, ao passo que, quando se trata de ansiedade, a relação ambígua de atração e repulsão não impede a ação contida, gerida, racional. Onde não há a possibilidade de ação não pode haver ansiedade, haverá desespero ou prostração. "Correr riscos causa ansiedade; não correr corresponde a sacrificar o próprio eu."

Uma disponibilidade, sem precedentes, da liberdade, acompanhada do dever intransferível de realizar um número crescente de escolhas difíceis, seria uma das fontes mais abundantes da ansiedade e da depressão. O ônus emocional decorrente desse "excesso" de liberdade seria uma das principais causas a levar os indivíduos a desenvolverem uma alta tolerância pelos regimes de força, por trazerem, implícita, a redução dos encargos inerentes a tantas decisões pessoais. A fé no destino ou na necessidade, como a crença na superstição, é um modo de evitar ou reduzir a responsabilidade pelos conflitos pessoais, ensejando a superação da ansiedade com o comprometimento da criatividade. A fonte da simpatia ou da tolerância, que desfrutaram certos regimes totalitários, como o comunismo, o nazismo e o fascismo, residia na segurança que ofereciam de casa, alimentação, escola e hospital aos indivíduos, porque "abalado, por um lado, pela inquietação da situação presente e pela ansiedade sobre sua existência; iludido, por outro lado, pelo arremedo de um brilhante futuro, tal como descrito por um demagogo político, um povo pode renunciar à liberdade e aceitar a escravidão virtual. E pode agir desse modo motivado pela esperança de livrar-se da ansiedade", argumenta Kurt Goldstein. Segundo Arthur M. Schlesinger Jr., o comunismo preencheu o vazio de fé causado pelo declínio da religião estabelecida, ao prover um sentimento de propósito que cura a agonia interna da ansiedade e da dúvida.

Se a construção delirante, fantasista, mental, pode conduzir à cura, a superação de uma angústia ou de um trauma, através da criação cultural, literária, pictórica, musical ou de outra índole qualquer, produz efeito libertário.

Segundo Freud, uma emoção recalcada pode se transformar em angústia, estado de espírito por ele denominado "inquietante estranheza", presente na realidade psíquica, mas inexistente na realidade material, embora a distinção entre essas duas realidades tenha se constituído num enigma indecifrável que o acompanhou por toda a vida.

A interpretação biológica da ansiedade não tem produzido resultados consensuais, não obstante o anúncio bombástico, a regulares intervalos, de descobertas logo desacreditadas pela falta de confirmação científica. Continua sem resposta a indagação básica: Que necessidades está o organismo tentando preencher em seu processo de adaptação ao meio físico, psicológico e comportamental, quando anseia? Felix Deutsch responde que "toda doença é uma doença de ansiedade", na medida em que a ansiedade seja o componente psíquico de toda doença, avaliação que se afina com a de Freud quando disse que "o sintoma é a ansiedade contida". Se Freud estiver certo, fica evidenciada a inconveniência de eliminar os sintomas de pacientes ansiosos, antes de diagnosticada a causa que os gerou. Até porque, quando se instala uma doença de caráter orgânico, a ansiedade pode atenuar-se ou desaparecer, como tão bem ilustrou Rollo May, invocando observações de si próprio e de outros pacientes vitimados pela tuberculose. Paradoxalmente, quando a doença é vencida, a ansiedade pode reaparecer. Rollo May, pioneiro, ao lado de outros, no estudo da ansiedade, propõe a seguinte definição: "Ansiedade é a apreensão deflagrada por uma ameaça a algum valor que o indivíduo considera essencial para a sua existência como personalidade", podendo a ameaça recair sobre a vida física ou psicológica, ou sobre bens existenciais valorizados como o patriotismo, o amor por outra pessoa, o sucesso etc.

Kurt Goldstein definiu ansiedade como "a experiência subjetiva do organismo numa condição catastrófica", impeditiva de reações ordenadas, incapazes de fazer face às exigências do meio, levando-o a sentir-se ameaçado nos fundamentos responsáveis por sua existência, embora desconhecendo a origem do perigo. Para que a ansiedade se instale não seria necessária a ocorrência de uma emoção intensa. Bastaria um pensamento informando de uma ameaça, por pequena que seja, porque a ansiedade deve ser considerada uma emoção sem objeto específico. A quantidade não importa, por tratar-se de uma sensação qualitativa. Essa ausência de objeto, característica da ansiedade, como concordam Kierkegaard e Freud, entre outros, é o que a torna penosa e desconcertante. Quando o sentimento é de medo, não se perde a noção de si próprio, do objeto que o provoca e de sua situação espacial, fato que nos habilita a articular algum tipo de reação, fugindo ou mesmo interagindo, para superá-lo ou neutralizá-lo. Quando avaliamos que podemos atacar a fonte do perigo é porque o sentimento dominante é a cólera. Em ambos os casos, de medo e de cólera, instala-se uma expressão corporal defensiva, caracterizada pela atenção e tensão derivadas da coisa temida ou odiada. A ansiedade, por outro lado, se manifesta como um frenesi destituído de sentido, porque à inconsciência de nós mesmos segue-se a inconsciência do objeto que a ocasiona, porque se desintegra a consciência da relação entre o eu e o mundo, colocando o organismo numa situação de impotência que impede a fuga ou a luta. Enquanto o medo e o ódio aguçam os sentidos, convocando-os à ação, fugindo ou lutando, a ansiedade paralisa-os, por se tratar de um fenômeno sem objeto. A ansiedade corresponderia a um estágio primevo, original, anterior, portanto, ao medo e ao ódio, como o demonstram as primeiras reações, difusas e indiferenciadas, dos bebês ao que tomam como ameaças. Só posteriormente, com a maturação neurológica e psicológica, capacitando o indivíduo a identificar os objetos que poderiam deflagrar processos catastróficos, a exemplo da própria ansiedade, é que surgem os medos e os ódios específicos, bem como a elaboração das estratégias para sua superação. Quanto mais infantil for o organismo humano, mais indiferenciadas e instintivas serão suas reações.

A matriz primária da cultura residiria, então, na superação da ansiedade, primeira fase de ajustamento do ser humano ao meio, de cuja continuidade depende o avanço do processo civilizador. Os traços mais marcantes da personalidade dos asmáticos, na opinião de respeitados estudiosos, parecem estar associados a um nível elevado de ansiedade, além de outras causas psicológicas, como a ausência de autoconfiança. O choro, ao se converter em respiração ofegante, tende a estar relacionado aos acessos de asma, enquanto a urinação frequente estaria ligada à ansiedade produzida pelo gosto de competir. A generalizada aceitação de que a epilepsia psicossomática representa uma grande descarga de hostilidade reprimida não exclui o entendimento de que os ataques de ansiedade e os sentimentos provocadores de ansiedade estejam na base da hostilidade, em geral.

Richard Davidson, reconhecida autoridade no estudo das relações entre o cérebro e as emoções, atesta que "quem tem nível mais elevado de atividades na parte pré-frontal direita e nível mais baixo na esquerda é mais sujeito a sensações como tristeza, ansiedade e preocupação", concluindo que uma inclinação acentuada para a direita na proporção de atividades nessas áreas pré-frontais prediz grande probabilidade de que a pessoa venha a sucumbir à depressão clínica ou à ansiedade, em algum momento da vida. Os depressivos e os mais ansiosos detêm os níveis mais altos de atividade nas áreas pré-frontais direitas. As áreas pré-frontais são as últimas regiões do cérebro humano a alcançar maturidade plena, crescendo até os vinte e cinco anos. Sabe-se, também, que a amígdala desempenha um papel importante no circuito que ativa as emoções, ao passo que o córtex pré-frontal exerce grande parcela do comando. A amígdala é importante tanto para detectar os sinais de medo quanto para gerar o próprio medo. Uma das maneiras de conceber os antídotos das emoções destrutivas consiste em facilitar a ativação de regiões dos lobos frontais que controlam ou modulam as atividades da amígdala. Está comprovado que a amígdala exerce papel da maior importância no surgimento de certos tipos de emoções negativas, bem como que áreas específicas dos lobos frontais reduzem essas funções das amígdalas. Através do controle sobre esse mecanismo do cérebro, é possível fazer com que as pessoas reduzam suas emoções negativas e aumentem as construtivas. Como os medicamentos que operam essas mudanças produzem efeitos colaterais indesejáveis, Richard Davidson explora a possibilidade de promover o alcance das emoções construtivas pela meditação, num processo denominado terapia cognitiva, que consiste em ensinar as pessoas a pensar de um modo construtivo sobre os acontecimentos de suas vidas, uma vez que as emoções positivas são mais cultiváveis do que as negativas, que tendem a ser espontâneas, instalando-se independente da vontade consciente. Testes realizados com monges budistas tibetanos, dedicados à meditação, animam a confiança na crença de que os seres humanos são flexíveis o suficiente para exercerem o auto-equilíbrio emocional estimulado pelas tradições religiosas. A prática começa com o domínio sobre as emoções passageiras, evoluindo para emoções mais complexas, chegando aos humores, até modificar o temperamento. O córtex frontal esquerdo associa-se ao decréscimo das atividades da amígdala e às emoções positivas, no dia-a-dia das pessoas, como a alegria, o fervor, o entusiasmo e o vigor emocional. É interessante mencionar a correlação existente entre as emoções tanto em estado de vigília quanto em sonhos.

 A sabedoria popular, através de várias expressões, traduz a relação existente entre os estados emocionais e as funções gastrintestinais. Os aspectos neurofisiológicos dessa inter-relação têm sido reconhecidos por luminares da biologia e da medicina. A ansiedade, também, acelera a atividade gástrica, aumentando a acidez estomacal, a motilidade peristáltica, e a hiperemia (aumento do suprimento de sangue), condições promotoras de processos ulcerosos. Uma vez reduzida ou cessada a ansiedade, verifica-se a redução ou cessação da atividade dessas condições. O que não se sabe, ao certo, é a extensão e a intensidade desse fenômeno em diferentes tipos psicofísicos, embora não haja dúvidas sobre ser a excessiva competitividade da vida ocidental moderna a principal causa da elevada incidência de úlceras, em homens e mulheres. Em razão de motivações tópicas, homens e mulheres se alternaram, em diferentes períodos, na indesejável liderança dessa patologia, como ocorreu com as mulheres, com idade entre 20 e 30 anos, no início do século XIX, obcecadas pela necessidade de arranjar marido. Todavia, na maioria das ocasiões, conforme o demonstram as estatísticas disponíveis, os homens vêm levando a indesejável palma, sobretudo da úlcera péptica, "a doença dos homens agressivos e ambiciosos da civilização ocidental". A chave da paz espiritual, da saúde física, da felicidade, em síntese, está no desenvolvimento da capacidade de ajustamento ao acelerado processo de mudança do mundo contemporâneo, sob pena de pagarmos o elevado tributo das doenças psicossomáticas e do infortúnio emocional.

Há uma distinção entre os circuitos cerebrais associados ao que gostamos e os associados ao que desejamos, apesar de ambos os circuitos andarem juntos e de desejarmos o que gostamos. Quando ocorre ansiedade, parece que os circuitos associados ao desejo se fortalecem, enquanto os associados ao gostar se enfraquecem. Essa seria a razão pela qual desejamos cada vez mais, e gostamos cada vez menos. Não conseguimos obter o prazer correspondente ao nosso desejo. As diferentes modalidades de vício servem de exemplo desse paradoxo que alimenta a ansiedade.

A ansiedade e a psicologia. A fonte social mais antiga da ansiedade reside na relação das crianças com os pais. Poder-se-ia dizer desse tipo de ansiedade psicológica que foi aprendida dos pais. Segundo Freud, as causas da ansiedade obedecem a uma hierarquia cronológica, iniciando-se com o medo de perda da mãe, no nascimento, seguido do medo da perda do pênis, no período fálico (no caso das mulheres, esse medo seria substituído pela perda da mãe ou do marido), perda de aprovação do superego (aprovação social e moral) durante o período de latência e, de novo, a perda da mãe. Tudo refluindo ao temor original: o da perda da mãe.

Otto Rank viu a ansiedade como a apreensão envolvida no problema central do desenvolvimento humano, consistente no processo de individuação. A individuação, por sua vez, consistiria na ruptura de situações anteriores, de relativa dependência e unidade com o meio a que se pertence, decorrente da necessidade de viver como indivíduo autônomo. Igualmente, a recusa de romper com o meio, por receio de perder a segurança já conquistada, gera ansiedade. A ansiedade primária adviria com o trauma do nascimento, "o medo em face da vida", quando a criança é separada do todo partilhado com a mãe e lançada à aventura de uma existência individual num mundo novo, desconhecido e hostil. Para Rank, a ansiedade, que não distinguiu do medo, assume duas formas, ao longo da vida: "medo da vida e medo da morte". O medo da vida consistindo na ansiedade diante de toda e qualquer nova possibilidade de atividade autônoma, "o medo de viver como um indivíduo isolado". Por isso, quanto mais criativos os indivíduos, mais ansiosos tendem a ser, pela potencial capacidade de romper com o *status quo* existencial. O medo da morte, ao contrário, consistiria na renúncia ao avanço, comprometendo a construção da individualidade. Seria a ansiedade produzida pela ameaça de ser tragado pelo todo, o temor de estagnar em relações simbiônticas dependentes. O ser humano estaria condenado, a vida inteira, a oscilar entre essas duas polaridades emocionais, circunstância que dificultaria precisar sua etiologia. A incapacidade dos neuróticos de manterem o equilíbrio dessa inelutável polaridade inabilita-os ao desenvolvimento de relações estáveis, apoiadas na amizade e no amor interdependentes, razão por que se esbofam por parecerem independentes, viés que os torna mais dependentes. Os neuróticos, segundo Rank, porque muito ansiosos, seriam dominados por um sentimento de inferioridade e inadequação e medo de assumir responsabilidade, razão pela qual sofreiam seus impulsos e espontaneidade, acompanhado de pesados sentimentos de culpa. No outro extremo, os indivíduos saudáveis e criativos superam a ansiedade, em nome da afirmação de sua individualidade, habilitando-se às contínuas adaptações aos "valores coletivos", requeridos pela dinâmica da vida em sociedade.

Alfred Adler considera a ansiedade uma das manifestações do sentimento de inferioridade. Para ele, o ser humano, incapaz de sobreviver sem a ajuda dos pais, inicia a vida num estado de inferioridade de segurança e biológica, fundamentos nos quais se situa abaixo de toda escala animal. A civilização e a cultura seriam o resultado do esforço humano para compensar sua inferioridade natural. Sem os "múltiplos vínculos que ligam os seres humanos entre si", a criança não superaria sua impotência, através da consolidação crescente de suas relações sociais. A normalidade desse desenvolvimento, no entanto, seria prejudicada por obstáculos objetivos e subjetivos. Os eventos objetivos, factuais, portanto, são susceptíveis de superação, ao longo do desenvolvimento do indivíduo, e consistem na fraqueza orgânica individual, na discriminação social a que estiver sujeito (racial ou sexual, por exemplo), ou por uma posição desvantajosa ocupada no universo familiar (como ser filho único ou não ser primogênito). As avaliações subjetivas ou imaginárias refletiriam as atitudes do indivíduo em face de sua inferioridade real, podendo provocar neurose naqueles que sucumbem diante de suas fraquezas, enquanto ensejam o desenvolvimento de esforços compensatórios neuróticos, destinados a obter segurança, através da conquista da superioridade. Para Adler, "a ansiedade só pode ser dissolvida pelo vínculo entre o indivíduo e a humanidade. Só é capaz de atravessar a vida sem ansiedade quem estiver consciente de integrar a fraternidade dos homens".

Para Carl Jung, a ansiedade seria a reação do indivíduo à invasão de sua mente consciente por forças e imagens irracionais nascidas do inconsciente coletivo. Seria o medo dos "dominantes do consciente coletivo", resíduo das funções de nossa ancestralidade animal, e das funções humanas arcaicas, existentes em níveis subracionais da personalidade. A ressurgência desse material irracional seria uma ameaça à existência ordenada e estável das pessoas. Quando frágeis as barreiras emocionais à ação invasiva das imagens e tendências irracionais do inconsciente coletivo, nasce a ansiedade, concomitantemente à ameaça de psicose. À proporção que essas tendências emocionais sejam bloqueadas, reduz-se a criatividade do indivíduo, razão pela qual, como queria Kierkegaard, é imperativo o desenvolvimento da capacidade de enfrentar e vencer a ansiedade.

Karen Horney, discípula e revisora de Freud, considerava a ansiedade o centro dinâmico das neuroses, com a qual temos que lidar a vida inteira. Para ela, a ansiedade neurótica origina-se das tendências conflitantes da personalidade, de caráter psicológico e social, em desacordo com as tendências do pai da psicanálise, que situava as fontes da ansiedade em formas quase físico-químicas do pensamento. Harry Stack Sullivan, neo-freudiano, sustentava que a ansiedade limita o crescimento e a percepção consciente, reduzindo o espaço de existência real, sendo a saúde emocional proporcional ao grau de consciência pessoal. O esclarecimento da ansiedade, portanto, ensejaria a expansão da consciência e do eu, possibilitando a efetivação da saúde emocional. Haveria uma relação indissolúvel entre o indivíduo e o seu meio, ao longo de todo o seu desenvolvimento, desde a célula uterina até a morte.

Das conclusões dos diferentes estudos, depreende-se que a ansiedade é uma apreensão difusa, e que a diferença básica entre ansiedade e medo reside em ser este uma reação a um perigo específico, enquanto a ansiedade é vaga, inespecífica e destituída de objeto, caracterizada pelo sentimento de incerteza e impotência; é um indício da luta que se trava dentro da personalidade, indicativo de que ainda não se concluiu a desintegração. Como se trata de uma ameaça à segurança essencial, a ansiedade é uma experiência cósmica, na medida em que penetra e invade o universo subjetivo. Não podemos analisá-la como algo apartado de nós, porque nossa observação estaria penetrada e condicionada por ela. É por isso que se apresenta como uma experiência subjetiva, sem objeto, o medo do medo ou o medo do nada que conduz ao medo de vir a ser nada. A ansiedade surge como a resultante do conflito inelutável entre o desejo de construção da individualidade e a necessidade de manter os vínculos de afetividade social, ameaçados pela competição inerente a esse processo. Paradoxalmente, o meio mais recomendado para aliviar a ansiedade consiste em aumentar o empenho individual para conseguir sucesso, tendo em vista a chancela cultural à competitividade. Estabelece-se, então, um círculo vicioso em que a luta individual, competitiva, gera hostilidade intra-social, conduzindo ao isolamento, fato que provoca ansiedade, que, por sua vez, leva ao recrudescimento do esforço competitivo, e assim por diante. Conclui-se, portanto, que os métodos mais usuais de combate à ansiedade tendem, a médio e longo prazos, a aumentá-la, conforme tem sido destacado por grande número de autores. A meta ideal de viver sem ansiedade, no sentido de que o objetivo supremo da vida consiste em sua total supressão, tem valor, apenas, retórico por ser irrealista, inconveniente, e implicar completa anulação da individualidade criativa e ausência do mínimo de responsabilidade inerente à cidadania. Além disso, uma quantidade moderada de ansiedade exerce um efeito benéfico sobre o organismo. O nascimento da liberdade individual está ligado à ansiedade, daí por que a conquista de toda liberdade se realizar à custa de proporcional ansiedade. Considera-se que uma personalidade se desenvolve com equilíbrio quando enfrenta, suporta e vence as expectativas geradoras de ansiedade.

A ansiedade pode ser normal ou neurótica

A *normal* cumpre a finalidade de proteger-nos contra os perigos que ameaçam a nossa existência ou os valores a ela associados; é uma expressão da capacidade orgânica inata de reagir a ameaças, apoiada num sistema neurofisiológico também herdado; pode ser reduzida, mas não pode ser evitada senão ao preço de incorrermos na apatia e no embotamento de nossa imaginação e sensibilidade; é a resultante da consciência de sermos seres que se defrontam com a ameaça do não-ser. A ansiedade consciente, apesar de ser mais dolorosa do que a inconsciente, oferece a vantagem de ser disponível para a tarefa de integração do eu. Normal é a ansiedade que: 1) É proporcional à ameaça objetiva; 2) Não envolve repressão ou outros mecanismos de conflito intrapsíquico; 3) Não requer mecanismos de defesa neurótica para seu governo; 4) Pode ser encarada construtivamente no nível da percepção consciente, ou ser minorada quando a situação objetiva se alterar.

Neurótica, o oposto da normal, nascida de uma aprendizagem infeliz, quando o indivíduo não conseguiu superar as anteriores situações de ansiedade, é a que: 1) É desproporcional ao tamanho da ameaça; 2) Envolve repressão e outras modalidades de conflito intrapsíquico; 3) É controlada por várias formas de supressão de atividade e consciência, como as inibições, o desenvolvimento de sintomas e os diversos mecanismos de defesa neurótica. A finalidade dos mecanismos de defesa, como os sintomas, na ansiedade neurótica, é impedir que o conflito interior seja ativado. Na medida em que esses mecanismos sejam bem sucedidos, o indivíduo está habilitado a evitar o confronto com o seu conflito.

Na literatura científica, quando se alude a ansiedade, sem classificá-la, quase sempre é ao tipo neurótico que se refere.

Ódio e depressão

A tese predominante em psicanálise de que depressão é a interiorização do ódio nasceu das conclusões do psicanalista alemão Karl Abraham, em 1911, segundo as quais a indignação ou cólera sentida pela morte de um ente querido, volta-se para dentro, como consequência da incorporação e identificação com a pessoa amada, processo que conduziria à depressão. Cinco anos depois, Freud acrescentou que o sentimento de culpa decorrente dessa perda produz no indivíduo a necessidade de sofrer e a redução da auto-estima, que, por sua vez, deflagram a hostilidade contra si próprio. A partir de então, a maioria dos autores vem colocando o ódio e a agressão no centro de suas teorias sobre depressão, abordagem sobre a qual há divergências profundas. O entendimento, porém, de que depressão é a internalização do ódio não é uniforme. Em oposição, há os que acham que o ódio é a depressão externada.

Os opositores desse corrente majoritária indagam: se a ira se manifesta por uma quantidade fixa, susceptível de ser manobrada em várias direções, por que restringir o seu direcionamento para dentro? Por que não aceitar o ódio como sendo a depressão exteriorizada, uma vez que ambos os conceitos são plausíveis?

Algumas vezes, de fato, a depressão decorre da interiorização do ódio; outras vezes, o que já representa muito sofrimento, a depressão advém de causas alheias ao ódio. Para a depressão, como para o ódio, há múltiplas causas, como são múltiplas as possibilidades de interação entre esses dois sentimentos. Para complicar, ainda mais, a discussão, o cérebro que entrou em depressão poderá, por si mesmo, retornar ao estado depressivo, fato que leva à conclusão de que, mesmo quando provocada por um ocorrência externa, a depressão muda a estrutura cerebral e sua bioquímica. A depressão, como sequela do ódio, pode iniciar-se quando este não consegue abortar o perigo, remover obstáculos ou restaurar o senso de segurança e de mando em relação ao meio que nos cerca. O primeiro sinal consiste em nossa apatia, que pode evoluir para a "perda de toda esperança", e para nossa subjetiva incapacidade de mudar as coisas, características do estado de depressão. O depressivo acredita que os fatos negativos que o atormentam, destinados a punir sua culpa, são movidos por uma força intrínseca, universal, irremovível, inapelável. Quando esse estado abúlico se instala, mais próprio é supor que o ódio que o originou se extinguiu, abrindo um vazio interior. Por isso, é certo dizer que nossas emoções resultam das avaliações subjetivas a que submetemos nossos objetivos. Se concluirmos que a exteriorização do ódio será eficaz na remoção do obstáculo que bloqueia a realização de nossos desejos, agiremos em sintonia com essa crença, atacando a fonte de nossa potencial ou efetiva frustração, iniciativa que envolve um processo de cognição objetiva ou subjetiva. Se tivermos dúvidas a esse respeito, o provável é que nos tornemos ansiosos. Se, porém, acharmos que é inviável a conquista de nosso propósito, a consequência é a desesperança, acompanhada de depressão.

É importante salientar, contudo, que ira e depressão podem ser reações distintas de uma mesma causa, em função do histórico e da percepção social dos indivíduos, e das diferenças genéticas manifestadas em seu metabolismo hormonal. Defrontados com obstáculos, alguns acreditam poder removê-los mediante o uso inteligente do ódio, enquanto outros se entregam ao desânimo, crentes de que sua reação, apoiada na ira, agravará, ainda mais, a situação, operando-se o que se denomina efeito bumerangue, ou seja, a exteriorização do ódio, em lugar de melhorar, piora, ainda mais, a situação que queremos modificar. Em face do seu caráter mutável, ódio e depressão se transformam, para os diferentes atores, em razão de suas peculiares percepções, em elementos estratégicos de acomodação a situações difíceis.

Do mesmo modo, merece ser enfatizado que ódio e depressão, como sentimentos autônomos, podem se manifestar ao mesmo tempo. A ser verdadeira a suposição, carente de comprovação científica irrefutável, de que a depressão resulta da interiorização da ira, como explicar as inúmeras e constantes situações em que depressivos externam seus sentimentos de ódio e hostilidade? Em respeitados círculos acadêmicos, acredita-se que o equívoco de supor que os depressivos são incapazes de expressar ódio nasceu do alarde de meros palpites médicos e da apressada generalização de casos isolados, como a constatação de que os depressivos se comportam de modo passivo diante dos seus analistas. Se assim procedem, concluem Paul Wender e Donald Klein, é porque acham que não podem correr o risco de se antagonizarem com seus analistas, que representam sua única ou última base de apoio emocional. Em abono de suas conclusões, esses autores invocam um denso estudo de campo, com mulheres, cuja agressividade, em muitas delas, aumentou com a agudização do estado depressivo, e continuou, em outras tantas, depois de superada a depressão, fato que desautoriza o pretendido alinhamento, automático e exclusivo, do estado depressivo com a direção do ódio. Numa evidência a mais de que a formação dos sentimentos depende do ambiente cultural em que estamos imersos, e de nossa interpretação dos fatos, Aaron Beck, o iconoclástico psicanalista que se insurgiu contra a fórmula freudiana da depressão-ódio, e criou, com outros, a chamada escola da terapia pelo conhecimento, relata a alternância dos sentimentos de ódio e tristeza num homem em relação à esposa: tomava-se de ódio quando pensava no quanto ela era injusta com ele, e ficava triste, em seguida, quando concluía haver perdido sua afeição. Essa alternância de ódio e tristeza se processava ao longo dos dias, com o pensamento condicionando o sentimento, e daí resultando o comportamento, como se observa em inúmeras situações. Segundo avaliações recentes, a terapia pelo autoconhecimento vem se revelando mais eficaz do que as drogas ou a psicanálise, na modificação de nossas percepções viciadas, ou na elevação de nossa auto-estima. A compreensão de que a interpretação que damos aos fatos é importante fonte da depressão representa passo inicial de grande valor no tratamento de processos depressivos.

Cabe, por último, enfatizar que ódio e depressão podem se estabelecer sem qualquer correspondência entre si.

Ainda depressão e ódio

Como já destacamos, o estabelecimento de uma relação necessária entre depressão e ódio interiorizado não é corroborada pela observação experimental dos fatos. Algumas vezes, de fato, a depressão corresponde à interiorização do ódio. Outras vezes não passa de depressão pura e isolada. Por outro lado, uma pessoa pode sentir ódio derivado de um estado de tristeza, mágoa ou preocupação; outras vezes pode sentir ódio em caráter autônomo, independente de outro sentimento qualquer. Como há diferentes causas, tanto para o ódio quanto para a depressão, são várias as possibilidades de vínculo entre os dois sentimentos, como passamos a examinar.

Em primeiro lugar, depressão e ódio podem ocorrer simultaneamente, o que representa a situação mais comum. Ao contrário do que se costuma repetir, porém, na maioria das vezes, os depressivos, em lugar de interiorizar, externam seu ódio contra terceiros. Como já observamos, a suposição de incapacidade dos depressivos de externarem ódio adveio da observação apressada de psicanalistas que não levaram em conta que a atitude passiva dos depressivos perante eles resultava do receio de perderem contato com a pessoa – o psicanalista –, que representava sua última e única esperança de sair do fosso emocional em que se encontravam.

Em segundo lugar, a depressão pode resultar de uma sequela do ódio. Quando a cólera não consegue abortar o perigo ou remover os obstáculos que nos frustram, impedindo-nos de restaurar o mando sobre a situação em que estamos imersos, tornamo-nos presa da apatia, cujo aprofundamento nos leva a perder a esperança de podermos evitar a ocorrência de males que nos subjugam, e de que algo bom possa vir a acontecer. Sucumbimos à crença de que os fatos negativos que nos assoberbam obedecem ao comando de uma força oculta, distante e inexpugnável. Pior: passamos a acreditar que somos punidos pela nossa culpa. Nesse estágio, em lugar de voltar-se contra nós, a ira, até então presente, se extingue.

Em terceiro lugar, ódio e depressão podem representar sentimentos distintos, resultantes da ação isolada ou conjunta de várias causas, como estresse prolongado, histórico social e características genéticas do metabolismo hormonal das pessoas. Enquanto alguns indivíduos aprendem que o ódio administrado é uma reação eficaz contra uma injustiça, outros, dominados pela desesperança e sentimento de impotência, cedem à inércia, por receio de que seu ódio venha a voltar-se contra si próprios, tornando-os vítimas, já agora, do chamado efeito bumerangue. É por essa razão que muitos indivíduos passam a recorrer à depressão ou ao ódio como mecanismo de adaptação a situações difíceis.

Por último, há situações em que inexiste qualquer relação entre ódio e depressão. Em livro de 1978, os psicanalistas George Brown e Tirril Harris relatam o estudo comparativo que fizeram entre cem mulheres depressivas, submetidas a tratamento psiquiátrico, e quatrocentas e cinquenta e oito outras, da mesma comunidade operária, com o propósito de averiguar a existência de estresses existenciais, geradores de depressão. Os fatores comuns encontrados foram: ausência de confiança e de cumplicidade com o marido; perda da mãe, antes de completar onze anos; três ou mais filhos menores de catorze anos; ausência de atividade fora do lar. Se somarmos a esse quadro de dificuldades vicissitudes como doenças, violências e naturais reveses afetivos, fica difícil não sucumbir à depressão. Os autores não encontraram qualquer relação necessária entre o estado depressivo e o arguido ódio voltado para dentro. Uma vez possuídas pelo ódio, o natural seria que essas mulheres o externassem contra os maridos que lhes negavam o afago da intimidade, contra o governo ou a ordem econômica, que não lhes propiciavam creches ou a oportunidade de trabalho externo. O meio cultural ensina que a expressão construtiva da ira, canalizada para modificar o que nos desagrada ou incomoda, tende a produzir resultados positivos. É por isso que todo movimento de reforma social, pacífico ou violento, e alguns processos psicoterápicos, buscam convencer os despossuídos e os desesperançados de que há solução para os males que os afligem, mediante a transformação das cinzas da depressão na brasa da ira. Trata-se, portanto, do processo de criação de um novo estado emocional, a partir de uma nova interpretação de uma situação velha, e não de redirecionar o sentimento do ódio existente, reprimido ou suprimido, enrustido e latente.

Uma das razões apontadas para a grande divergência nas teorias que procuram explicar as relações entre depressão e ódio reside na similaridade dos modos como se processam. Ódio e depressão se instalam com diferentes graus de severidade, podendo surgir de várias causas. Essa diversidade cria tantas relações possíveis entre esses dois sentimentos, que impossibilita sua fixação apriorística, como quer uma corrente de psicanalistas, na contramão dos que pensam que é muito mais acertado ver a depressão como uma resposta pontual a problemas existenciais do que uma categoria de diagnóstico, alheia às injunções e penas da vida de cada um. O mesmo sucede com a cólera que não surge do nada. São fatos, reais ou imaginários, que a ocasionam. Por isso, a relação possível entre ódio e depressão dependerá sempre desses fatos, associados às interpretações que a eles damos.

Acresça-se ao conjunto dessas reflexões a existência de inúmeras situações em que o ódio voltado para dentro não conduz à depressão. Há indivíduos lépidos que vivem a se acidentarem como reflexo do ódio que nutrem por si mesmos. Outros, tão logo realizam um objetivo há muito anelado, como um bom emprego ou uma relação afetiva, fazem por onde serem desalojados. Outros, ainda, esmeram-se em se juntar, em sucessivas uniões conflituosas e de breve duração, ao que haja de pior, em matéria de valores humanos, numa autoflagelação expressiva do ódio interiorizado, sem depressão.

 A depressão é um mal, não é uma escolha; o fato de atingir um quarto da população do mundo tem levado à indagação sobre se não seria mais próprio considerá-la uma característica humana, ao invés de uma doença; é tão antiga como o próprio ser humano; pode ser suave ou grave, aguda ou crônica, periódica (em face da regularidade) ou esporádica. Depressão e melancolia são, de fato, palavras sinônimas, ainda que se costume usar melancolia no sentido de depressão leve. Segundo Karl Abraham, a depressão se instala quando o ódio interfere em nossa capacidade de amar. Quando nosso amor é rejeitado, concluímos que o mundo se voltou contra nós, razão pela qual passamos a odiá-lo. Essa percepção levou Sandor Rado, conhecido revisionista de Freud, a dizer que "a depressão é um grande grito de desespero pelo amor". Quando não reconhecemos esse ódio, perante nós próprios, desenvolvemos um "sadismo imperfeitamente reprimido". Para Jacques Hassoun, a depressão é uma paixão autônoma e tão poderosa quanto o amor e o ódio, sentimentos pelos quais pode ser deflagrada. Como a depressão pode ser tão paralisante quanto uma hibernação, é indispensável que o deprimido aguce o seu instinto de sobrevivência para não soçobrar. Para isso, nada como o culto do senso de humor, para despertar nas pessoas o mínimo de simpatia por uma doença antipática.

 A maioria dos autores nutre a opinião de que nem sempre é possível identificar a causa da depressão que produz sofrimento de intensidade variável; muitas são as vias que a ela podem conduzir como destino, mas, sem dúvida, o isolamento emocional é um dos mais frequentes. Em sua modalidade mais grave, acarreta um sentimento de pavorosa solidão que paralisa e anula sua vítima. Quando leve e crônica, pode permitir que sua vítima nunca perceba sua posse. Casos há de cronicidade tão longeva, que só muito tarde seus possuídos tomam conhecimento do que é viver sem ela. Algo assim como alguém que nasceu com deficiência visual e que só muito mais tarde submeteu-se a exame oftalmológico, passando a usar óculos de grau, e a saber que o mundo exterior é muito mais bonito de se ver. Isso permite que muitos depressivos desenvolvam a capacidade de serem felizes, pela percepção da proximidade de sentimentos benfazejos, como o amor, com outros reputados seus opostos. Apesar disso, como destaca Shelley Taylor, "os ligeiramente deprimidos parecem desenvolver uma percepção mais acurada de si mesmos, do mundo e do futuro, do que os outros. Eles não padecem das ilusões que alimentam a saúde mental das pessoas consideradas normais, protegendo-as das contrariedades". É como se tivessem perdido as vantagens da cegueira e passassem a ver a vida com excessivo realismo, o que não deixa de ser um modo, ainda que sofrido, de aprender a aceitar e a lidar com os males do mundo. "Dê boas-vindas à dor, pois você aprenderá com ela", ensinou o poeta romano Ovídio, há dois mil anos. Mais de três séculos antes de Ovídio, Aristóteles observava: "Todos os que se destacaram na filosofia, poesia, arte e política, inclusive Sócrates e Platão, tinham características físicas de um melancólico; na verdade, alguns chegaram mesmo a sofrer de melancolia."

É importante acentuar que certos estados de espírito, susceptíveis de se apossarem de qualquer pessoa saudável, não caracterizam a melancolia própria da depressão, seja pela sua esporadicidade, seja pela sua baixa intensidade, como o estar brandamente triste, apático, letárgico, sofrido, solitário, indisposto, emocionado ou descontente, situações que não deveriam ser objeto da prescrição indiscriminada, como têm sido, dos ISRs (inibidores seletivos de recaptação de serotonina), medicamentos sobre os quais falamos alhures. A Associação Americana de Psiquiatria avalia que a depressão clínica se instala quando o indivíduo apresenta, ao longo de quinze dias, cinco ou mais dos seguintes sintomas: visível diminuição do interesse ou prazer nas coisas a que se dedica; alteração sensível, para mais ou para menos, do apetite; pensamentos contínuos de morte ou suicídio; fadiga anormal; indecisão excessiva; redução da capacidade de pensar ou de se concentrar; sentimento de inferioridade ou de culpa injustificada; inquietação; lentidão de movimentos; sonolência ou insônia excessiva; humor depressivo na maior parte do tempo, sentimento que em crianças pode se manifestar sob a forma de irritabilidade.

Quanto mais desenvolvida a espécie, mais frequente é a ocorrência de estados de humor desvinculados de causas imediatas, em razão da memória e da capacidade de refletir sobre a própria condição de dependência e fragilidade. Um estado depressivo de caráter esporádico, porém, pode se instalar em função de um evento perturbador como a morte de um ente querido, um colapso afetivo, uma falência, a perda de um concurso, de um prêmio, de uma eleição. A depressão contínua, no entanto, precisa de um fundo de emoções distorcidas com que se alimentar, envenenando a alma. Quantos indivíduos não passam a vida remoendo um passado que não podem remediar, ou em elucubrações passivas e inúteis sobre o futuro, ao invés de canalizar as energias para os desafios do presente, ensejando a realização dos seus sonhos? Alguns pacientes, cônscios de que sua depressão resulta da interiorização do ódio, consomem muita energia deplorando-se e torturando-se com a repetição do quanto são cretinos, omissos e covardes, prática nociva e perversa que acaba por envenená-los pela neurose e masoquismo. Outros, ainda que tenham pouca ou nenhuma noção de que se odeiam, atormentam-se a ponto de cometerem suicídio.

Sem subestimar os avanços conquistados pela medicina, ainda há muito a conhecer sobre os ardis psicossomáticos da depressão. Algumas autoridades reconhecem que não se sabe o que a constitui, porque ignoramos como ela avançou no processo evolucionista, bem como porque certas circunstâncias afetam alguns indivíduos e a outros não. Desconhecemos, igualmente, a extensão do papel desempenhado pela vontade no processo depressivo, embora saibamos que é de grande monta, para manter acesa nossa disposição de viver, sem a qual sucumbimos ao desalento. Sintomas há que, a depender do paciente, podem ser considerados ora preventivos, ora precursores da depressão, outras vezes depressivos e, até mesmo, terapêuticos, ainda que, do ponto de vista histórico, se saiba que, desde sempre, como descreveu Hipócrates, o primeiro a diagnosticar a doença, no quinto século a.C., a depressão se revela por sintomas como sonolência excessiva, inapetência existencial, alimentação irregular, isolamento social e afetivo e desespero. Como classificar, porém, *a priori*, a súbita tendência de uma pessoa gorda ou magra, tomada de ódio, a comer ou dormir demais ou de menos? A depender de cada caso concreto, qualquer dessas tendências pode representar uma bênção protetora ou uma maldição agravante. Em comum a todos os estados depressivos, há uma perda dos sentidos, proporcional à intensidade da moléstia, conducente a uma incapacidade de sentir prazer.

A depressão muda o humor, mas não altera o caráter das pessoas, apenas dá maior visibilidade ao que são. Enquanto os bons podem passar ao exercício de uma generosidade que chega às raias da prodigalidade, os maus podem chegar aos extremos de crueldade do personagem central do *Diário do Farol* – romance de João Ubaldo Ribeiro –, encarnação máxima do ódio, na literatura de todos os povos.

Andrew Solomon, depressivo assumido, em seu conhecido trabalho, *O Demônio do Meio-Dia,* apresenta os seguintes dados, relativos à sociedade americana: as mulheres sofrem duas vezes mais de depressão do que os homens; os homossexuais e os bissexuais chegam a contrair seis vezes mais depressão do que os heterossexuais; há uma tendência para o aparecimento do mal em um número cada vez maior de pessoas, cada vez mais cedo: na virada do milênio, aos vinte e seis anos, contra trinta e seis, na década de setenta; 10% da população consomem ISRSs – classe de drogas a que pertence o Prozac, nome comercial da fluoxetina – as drogas antidepressivas mais populares no mundo, enquanto um grande número de indivíduos toma outros medicamentos; 2% a 4% do total de deprimidos cometerão suicídio, sendo 80% de homens e 20% de mulheres; de 1980 a 1995, o suicídio de jovens entre 10 e 14 anos aumentou em 120%; 25% dos adolescentes que sofrem correções disciplinares entram em depressão; 70% dos que sofrem de depressão na infância e adolescência terão a doença na fase adulta, o que representa uma incidência sete vezes maior do que as outras pessoas; o percentual da população diagnosticada com depressão elevou-se de 1,5% para 5%, subindo a 10% o percentual que deverá sofrer pelo menos uma crise depressiva ao longo da vida; 50% experimentarão alguns sintomas de depressão; a depressão correspondente a uma fase da patologia maníaco-depressiva – a mais susceptível ao suicídio, com 50% de tentativas, contra 20% dos que sofrem de depressão grave – liga-se, em 80% dos casos, ao fator genético, contra uma percentagem entre 10% e 50% dos portadores da depressão padrão; entre 85% e 95% dos que sofrem de doenças mentais permanecem desempregados, fator contributivo para que ponderável parcela recorra ao consumo de drogas, à violência e a outros procederes autodestrutivos; os pobres, assim considerados os que recebem auxílio-desemprego do governo americano, têm três vezes mais depressão do que os que não recebem o benefício; cerca de 5% da população, com idade entre nove e dezessete anos, totalizando pouco mais de dois milhões de crianças e adolescentes, sofrem de uma disfunção depressiva grave; os filhos de pais depressivos são muito mais propensos à prática da delinquência juvenil do que as demais crianças, enquanto as meninas ingressam mais cedo na puberdade, facilitando a gravidez precoce, a promiscuidade e a instabilidade emocional; é cada vez mais evidente a relação entre depressão e os estilos de vida estressantes associados ao desenvolvimento econômico; a depressão consome mais anos de vida do que o câncer, a AIDS e as guerras juntos, sendo que a depressão grave figura como a segunda enfermidade em custo social nos países desenvolvidos. As mudanças bruscas no ritmo da vida, na obsolescência tecnológica, na estrutura familiar, a crise dos valores sociais, políticos, morais e religiosos, a convivência com situações de extrema desigualdade, a escalada do terrorismo têm afetado nosso sentimento de segurança emocional, na medida em que nos impõem um número excessivo de escolhas. Andrew Solomon poderia ter acrescentado que entre 5% e 12% dos homens e 10% e 20% das mulheres sofreram um grande momento depressivo em suas vidas, nos Estados Unidos, segundo estimativas. Tanto a depressão quanto o suicídio têm sido associados a níveis muito baixos de serotonina no cérebro, cuja reposição é feita, mediante recomendação médica, com antidepressivos poderosos, como o Luvox, o Paxil, o Zoloft e o mais popular de todos, o Prozac. Como níveis elevados de serotonina estão associados à agressão, contra terceiros e contra si próprios, embora haja, no particular, grandes discordâncias entre os especialistas, recomenda-se extrema cautela no uso desses medicamentos, uma vez que não há duas pessoas sequer com a mesma química cerebral. A automedicação, tão ao gosto dos brasileiros, pode ser fatal nesses casos.

A liberdade, cada vez mais ampliada, à proporção que gera responsabilidade solitária, pesa na alma do homem moderno, abrindo campo para a depressão. É a hipertrofia do anátema hamletiano: *to be or not to be*, presente, até, no aumento geométrico do número de itens com que nos deparamos nas ofertas dos diferentes produtos e serviços. Uma pesquisa realizada nos Estados Unidos revelou que no espaço de trinta anos, entre 1970 e 2000, houve um aumento estonteante na oferta de certos bens e serviços, conforme demonstra o quadro abaixo:

	Ano 1970	Ano 2000
Cereais para o café da manhã	160	340
Estações de rádio	7.038	12.458
Itens do cardápio McDonald's	13	43
Lançamentos de filmes	267	458
Marcas de água mineral	16	50
Marcas de refrigerante	20	87
Modelos de tênis de corrida	5	285
Modelos de veículos	140	260
Tamanhos de telas de TV	5	15
Títulos de livros	40.530	77.446
Tipos de lentes de contato	1	36
Tipos de fio dental	12	64
Tipos de leite	4	19

Em contrapartida, as sociedades que se encontram mais próximas do estado de natureza, como a dos caçadores e as que vivem com exclusividade da agricultura e da pesca, são menos sujeitas à depressão. A fé religiosa é, sem dúvida, um dos mais importantes suportes para se conviver com a depressão, apesar de não a extirpar, e de desgastar-se ou mesmo extinguir-se durante as mais duras crises. Mesmo quando se instala subitamente, a depressão resulta da acumulação de fatos, ao longo de anos ou de uma vida inteira. A noção predominante é a de que é falsa a suposição dos crentes na química da depressão de que sua modalidade verdadeira ocorre independente das condições externas.

Embora afete pessoas de todos os naipes existenciais, independente de raça, credo ou situação econômica, os integrantes da classe média e os pobres, mas não miseráveis, são os que mais sofrem com a depressão, em face dos custos materiais e das perturbações existenciais que a enfermidade provoca. Já os muito pobres e os miseráveis, por viverem num estado de crônicas dificuldades, concebem a depressão como um modo agravado do seu inarredável sofrimento pendular.

A percepção do caráter extensivo da depressão é prejudicada pelo baixo percentual do seu diagnóstico. Estima-se que apenas 40% dos casos de depressão em adultos e 20% em crianças sejam diagnosticados. Os demais casos são tratados como enfermidades distintas.

Andrew Solomon, apoiado no próprio sofrimento, aconselha: "...falar sobre minha depressão tem tornado a doença mais fácil de aguentar, e seu retorno, mais fácil de impedir. Eu recomendaria falar livremente sobre a depressão. Ter segredos é oneroso e exaustivo, e decidir exatamente quando transmitir a informação guardada é perturbador". Sobre o modo de ajudar as pessoas deprimidas, Solomon preceitua: "Procure neutralizar o isolamento delas. Faça-o, servindo-lhes xícaras de café ou chá, ou com longas conversas, ou sentando-se num aposento próximo, ficando em silêncio, ou de qualquer outro modo ajustado às circunstâncias, mas não deixe de fazê-lo, e o faça com boa vontade." A demonstração de amor consiste em estar lá, disponível, dando atenção incondicional.

Embora o recurso ao lítio para tratar a depressão maníaca tenha se popularizado a partir de meados do século XX, a neurociência não sabe explicar as razões precisas de sua eficácia. Suspeita-se que evite a variação excessiva de substâncias neuroquímicas como a noradrenalina, a serotonina e a dopamina. Sua utilização veio decifrar o mistério milenar do motivo pelo qual, desde os albores do cristianismo, os médicos recomendavam as estações minerais aos portadores de depressão: encontram-se traços de lítio na maioria das águas minerais. Acredita-se que o lítio possa corrigir alguns distúrbios nos ritmos biológicos naturais, causadores de surtos de iracúndia.

Comportamentos ditados pelo ódio

Para a reflexão e análise do leitor, vamos conceber, a título exemplificativo, algumas situações em que o ódio não figura no contexto, embora seja a fonte, latente, por trás do que é tangível, alimentando a movimentação de alguns dos personagens. A busca da compreensão da natureza do ódio camuflado serve como exercício de treinamento para a identificação das forças emocionais com as quais lidamos na rotina diária:

1 – "Não há nada que valha tanto a ponto de me fazer sentir raiva."
2 – "Ao perceber que estou com raiva, expulso este sentimento do meu coração."

3 – "Não senti raiva na hora, nem estou sentindo agora, não sei por que estou com esta insuportável dor de cabeça."
4 – "Sendo como sou uma pessoa que só cuida de fazer o bem, não tenho como explicar por que o mundo me trata tão mal."
5 – "É preciso estar doente, para agir do modo como ele age. Por isso, não tenho raiva dele, tenho pena."
6 – "É inconcebível alguém sentir raiva de crianças, dos pobres, dos velhos e dos entes queridos."
7 – "Com base em que você diz que eu estou com raiva, se nem, sequer, alteei a voz?"
8 – "O tom elevado de minha voz nada tem a ver com ódio. Expressa a atenção que dispenso ao assunto que estamos tratando."
9 – "Eu compreendo o seu desespero e sua vulgar falta de equilíbrio, por isso não sinto raiva de você."
10 – "Eu nunca sinto ódio. Apenas, fico magoado(a) ao verificar que as pessoas estão sempre encontrando meios para me prejudicar."
11 – "Já pensou no arraso que você faria, se perdesse uns quilinhos?"
12 – "Se esta sua casa estivesse na rua da frente!"
13 – "Sua ideia é muito boa, mas você acha que está em condições de levá-la adiante?"
14 – "Ao lhe dizer estas coisas desagradáveis não me move nenhum ressentimento, mas o dever de ser sincero com você."
15 – "O meu mutismo não tem qualquer propósito de pirraçar; decorre do receio de dizer coisas que possam, ainda mais, agravar a situação."
16 – "Não sei por onde anda minha cabeça. Imagine que gastei uma fortuna na reforma do meu quarto, mas esqueci de prever o armário de roupas para o meu marido, a quem amo tanto!"
17 – "Ando tão distraída que em vez de dar pêsames, dei parabéns à vizinha quando da morte do seu marido."
18 – "Tenho pit bulls em casa, não por razões de segurança, mas porque adoro animais."
19 – "Não perco o programa de TV *Ultimate Fighting* (Luta Livre), apenas para me certificar dos extremos de violência a que pode conduzir a bestialidade humana."

20 – "Divirtam-se. Não se preocupem comigo. Vocês são a única razão do meu viver. Se vier a sofrer um infarto durante sua ausência, eu me arrasto até o vizinho ou dou outro jeito qualquer."

21 – "Quer demonstração maior do quanto são cretinos esses seus amigos? Como permanecer numa recepção onde, uma hora depois de iniciada, ninguém lhe oferece, sequer, um copo d'água?"

Por mais que se afirme o contrário, é ódio, ainda que latente, o sentimento que anima esses discursos grandiloquentes de fantasiosa isenção afetiva.

Como já conhecemos o papel fundamental desenvolvido pelas crenças e valores na formação do sentimento do ódio, o desejo consciente de viver sob paradigmas novos, afinados com uma nova atitude existencial, pode ser implementado a partir da formulação, eleição e introjeção de princípios compatíveis com esse propósito transformador. Quanto maior nossa adesão às crenças e valores que norteiam nossas vidas, mais difícil será a incorporação de novos paradigmas. Sem muita determinação interior de mudar hábitos e posturas, nosso espírito continuará impermeável ao influxo de novas influências. A mudança de hábitos só é possível se houver mudança de paradigmas. Para ocorrer, é indispensável o reconhecimento da necessidade de mudar, acompanhado do desejo genuíno de mudar. A formulação e verbalização das razões que nos concitam a mudar entram na linha da operacionalidade prática. Como exercício destinado a fortalecer o ânimo necessário à manutenção da paciência e determinação de mudar, sugere-se a redação, leitura repetida, memorização e pregação dos princípios que sustentam a nova vertente ideológica e existencial, em diferentes planos, a saber:

1 – No plano da autoconfiança, devemos compor uma oração, mais ou menos assim: "Creio em mim, por isso acredito na minha capacidade de fazer o que deve ser feito, de ser sujeito ativo no comando de meu processo existencial. A partir dos pequenos reveses, frustrações e dissabores, colocarei em prática um esquema racional, desapaixonado, suficiente para me manter sempre no controle de minhas emoções. Sou eu, e mais ninguém, o responsável pela satisfação de mi-

nhas necessidades, alívio de minhas dores e construção do meu destino. Como cada ser humano é único, imortal e insubstituível, em face do conjunto de suas peculiaridades, devo aprender a conviver e a aceitar gostos, opiniões e modos de encarar o mundo distintos do meu. É natural, portanto, que as pessoas não concordem comigo nem estejam sempre dispostas a dizerem sim aos meus desejos, o que não quer dizer que não gostem de mim ou estejam contra mim. Atacá-las com base no ódio, em lugar de afirmar minhas crenças e valores, é um erro que me distancia, ainda mais, da conquista dos meus objetivos, na medida em que compromete ou destrói as possibilidades de uma negociação transigente e construtiva. É do meu dever realizar um esforço permanente para me ater, tanto quanto possível, à objetividade dos fatos. Todas as pessoas, como eu, são o produto de suas circunstâncias. Goethe tinha completa razão ao advertir que a tarefa mais importante a cumprir é o domínio sobre nós mesmos, no que ampliou a lição de Blaise Pascal ao observar que "Pensar bem é o princípio da moralidade."

2 – No plano fisiológico é importante identificar, monitorar e aprender a relaxar as tensões corporais nascidas da ansiedade, estresse e ódio. O cardápio de sugestões inclui: respirar fundo; calar e relaxar a postura do corpo, focalizando os músculos tensos; alongar o corpo, com ênfase nos ombros, braços, pernas, pescoço e mandíbulas; outro movimento qualquer que possa gerar conforto.

3 – No plano da objetividade, o foco deve ser a tarefa que cumpre realizar. A cognição desse enunciado básico constitui um dos mais eficazes mecanismos no controle da iracúndia. Os fatos que nos irritam, sejam intencionais ou não, devem ser encarados como provocações destinadas a nos desviar da rota que nos convém. Nossa maioridade emocional se consolida pela capacidade de preservarmos o autocontrole, sobretudo em situações reputadas intoleráveis. A racionalidade manda reagir de acordo com o dever e a razão, e não pelo impulso cego do ódio desabrido. Como exercício para alcançar o estágio de higidez emocional, sugere-se um conjunto de práticas, tais como: 1) Mentalizar e verbalizar o que constitui a essência do que se deseja alcançar; 2) Procu-

rar compreender os motivos da fonte do ódio, e reconhecer o que houver de legítimo em sua conduta; 3) Pedir à fonte do ódio que apresente uma solução para o impasse; 4) Avaliar as concessões que podem ser feitas pelas pessoas envolvidas; 5) Preservar o clima de respeito propiciador do diálogo; 6) Concentrar nos fatos, evitando ataques, e silenciando sobre os aspectos subjetivos da questão; 7) Usar o plural majestático "nós", para as propostas que requeiram cooperação; 8) Valorizar os ganhos da concórdia; 9) Enfatizar os pontos sobre os quais haja acordo.

4 – No plano emocional, algumas reflexões são recomendadas para permitir que o ódio seja mantido sob controle, quando os ânimos sobem de temperatura: 1) Ninguém está 100% certo ou errado; cada um é pressionado por suas necessidades peculiares; 2) O juízo que faço de mim mesmo não se altera pelo julgamento dos outros; 3) Enquanto mantiver a calma, estarei no controle da situação; 4) Devo evitar julgamentos, ironias e ataques, e usar palavras expressivas de neutralidade; 5) Quanto mais me irrito, pior para mim; 6) Por maior que seja meu ódio, devo habilitar-me para mantê-lo sob controle; 7) Devo desenvolver ao máximo minha capacidade de relaxar e de preservar meu senso de humor; 8) Quando me sair mal de uma situação difícil, em consequência da perda do controle, dizendo o que não deveria ser dito e fazendo o que não deveria ser feito, devo usar essa experiência como lição para casos análogos.

O ódio, o amor e o sexo

Uma das áreas mais afetadas pelo fundo de emoções distorcidas é a sexual. Os problemas sexuais primários, ou seja, congênitos, ou incorporados à vida das pessoas, são em número reduzido. A grande maioria resulta do modo de lidarmos com os outros e com nossas emoções. Acredita-se que o padrão sexual das pessoas reflete seu modo de ser em geral, tratando-se de uma conduta aprendida ao longo do relacionamento complexo e intricado da teia psicossocial.

Como as emoções, as inclinações sexuais comportam variações ilimitadas. Entre o estuprador assassino e a mulher frígida que se entrega, de bom grado, em nome do dever conjugal, há uma variedade enorme de possibilidades.

A linguagem pesada, à exclusão da ironia, da mordacidade e do sarcasmo, é a poesia do ódio. Palavras e gestos eloquentes compõem o que se denomina raiva calorosa, que não é nem crônica nem agressiva. O seu sentido é o de expressar afeição por aquele a quem é dirigida. Daí o seu papel dissipador de confusões, desentendimentos, desavenças e mágoas. A raiva calorosa diminui a hostilidade e promove a atração entre as partes envolvidas, pela ampliação do território comum que partilham. A médio e longo prazos, tende a reduzir a frequência e a intensidade das querelas, resultando no aumento da intimidade e da confiança. Em sua modalidade mais íntima, proporciona a retomada com renovado ímpeto do amor espiritual quanto do carnal. Dessa potencial imbricação nasceu a crença de que ódio e amor são duas faces de uma mesma moeda.

A crença de que quanto mais exacerbado o entrevero, mais instigante será seu desfecho sexual, nasce da frequência com que algumas pessoas, depois de quase saírem aos tapas, se entregam com frenesi à mais completa orgia sensual. Mais ainda: casais que discordam e até se desentendem, dentro de certos limites, costumam manter uma relação mais duradoura do que certos casais que, depois de anos a fio sem uma discussão sequer, de repente, para surpresa dos amigos, rompem o vínculo de aparência indissolúvel que os unia. Essa conduta que pode chegar à selvajaria sexual, longe de se constituir num traço primitivo do ser humano, é proporcional ao refinamento e à civilização. *"Video meliora proboque deteriora sequor"* (Vejo o bem e o aprovo, mas sigo o mal), observavam os romanos.

A nossa cólera dirigida ao semelhante se manifesta na proporção de nossa dependência e impotência para vencê-la. Ponderável corrente da psicanálise acredita que o valor libidinal de todo ato colérico decorre de sua potencialidade para ensejar o triunfo sobre o pai odiado. Simbolicamente, esse triunfo pode ser obtido numa luta corporal contra uma pessoa mais forte ou contra um símbolo de poder qualquer, como um professor ou um policial. No ânimo feminino o ódio vingativo e o amor reparador se fundiriam, na sucessão da ressurreição do odiado e na obtenção reparadora do favor sexual. Isso explicaria o comportamento provocador de certas pessoas, fustigando com palavras e ações os entes mais queridos, em busca de um confronto que lhes enseje o castigo pelo suposto crime e sua consequente reparação erótica. Embora sua ação seja desagregadora, suas palavras reafirmam sua profissão de fé em favor de um desfecho feliz. Quando um homem provoca a cólera de uma mulher, fá-lo com o propósito de obter o prazer oriundo da transgressão da interdição paterna. Quando é a mulher quem provoca o ódio masculino, objetivaria satisfazer o desejo inconsciente de restaurar a interdição paterna. Percebe-se essa disposição feminina para o confronto pela preferência majoritária de um vida torta sobre alguém bem-comportado, como um médico, um engenheiro ou um ambientalista. Teria sido por isso que Eros e Tânatos atracaram-se em lutas infindáveis e entregas mútuas, um gerando o outro, assegurando a continuidade da espécie. Eros representa a união e o patrocínio da vida. Tânatos desagrega e promove a morte. Esse antagonismo é o mesmo presente nos conceitos de amor e ódio, atração e hostilidade. Se a inveja do pênis gera angústia na mulher, esta se redimiria do sentimento de culpa com a fantasia de ser humilhada e surrada no ato da entrega sexual.

A ejaculação precoce nada mais seria do que a resultante da pressão do desejo inconsciente de agredir. O ato sexual seria sempre seguido de um instante transgressivo que realiza um assassinato mental, "uma mordida de amor", na expressão de Havelock Ellis, cuja violência seria oriunda do desejo de superação do pai, podendo, também, apaziguar a ansiedade. No trecho final do *Fédon*, Sócrates observa que os condenados dedicavam o último dia de vida à comilança e às atividades sexuais, como meio de reduzir a ansiedade, enquanto se despediam do mundo.

Ódio e solidão

Entre as várias razões que fazem do ódio uma das causas mais danosas da solidão, três merecem destaque. A primeira é que o cepticismo presente no ânimo dos odientos crônicos impede-os de reconhecer a disponibilidade, em seu favor, de apoio genuíno de terceiros. A segunda é que as expectativas exageradas, peculiares aos odientos, turbam a percepção da existência e do valor dos apoios disponíveis. Em ambas as hipóteses, o odiento não percebe, ou quando percebe minimiza o apoio de que dispõe, mesmo quando há evidências da solidez de sua existência. A terceira causa se materializa na permanente postura do odiento em manter acuadas as pessoas que dele dependem. Não deve causar estranheza, em consequência, o vínculo causal encontrado por alguns autores entre os sentimentos de hostilidade, alienação e pessimismo com a baixa auto-estima e o isolamento emocional dos odientos. Quanto mais o mundo é encarado como um lugar injusto, mais intenso tende a ser o seu isolamento emocional.

O isolamento emocional gera patologias psicossomáticas que não se esgotam com as doenças cardiovasculares e gástricas, resultantes das alterações hormonais associadas ao ódio crônico. O enfraquecimento ou o desate dos laços sociais, promovidos pelo ódio, fragilizam os indivíduos, expondo-os à ação invasiva de todo tipo de doença, como está apontado no livro de 1987, *The Healing Brain*, de R. Ornstein e D. Sobel. Esses autores verificaram que a incidência de infecções, artrite, tuberculose, câncer e problemas relacionados aos serviços de parto é muito mais elevada nas pessoas de pequeno apoio social. Outros autores acrescentam à lista doenças como asma, hipertensão e diabetes. Além disso, pessoas divorciadas, de fato e de direito, e pessoas de poucos amigos apresentam uma taxa de mortalidade de duas a cinco vezes superior à de pessoas acasaladas e sociáveis. A relação observada entre isolamento social e uma vasta gama de doenças explica a exposição dos odientos crônicos a uma elevada taxa de mortalidade provocada por diferentes causas. Do mesmo modo que os laços sociais, o organismo humano é fragilizado pela ação insidiosa do ódio crônico, expondo-o à ação invasiva de doenças e infecções de natureza múltipla.

O controle da ira

O acompanhamento diário das ocorrências de sentimentos odientos – suas motivações imediatas, a intensidade da manifestação e seus desdobramentos – é de grande importância para a conquista do autodomínio, para que passemos da condição de agentes passivos para a de sujeitos ativos de uma emoção tão influente em nossas vidas. O cumprimento dessa tarefa não será possível se não pudermos dedicar a ela, pelo menos durante um par de dias, prioridade máxima, a fim de adquirirmos o mínimo de percepção objetiva de nossas reações, examinando-nos como se fôssemos uma terceira pessoa.

Atenção especial deve ser dedicada a responder quatro questões:

1 – Que tipo de estresse antecedeu o sentimento do ódio? Foi uma ofensa, emocional ou física, uma ansiedade, uma tristeza, uma ameaça, uma frustração, um sentimento de culpa?
2 – Que pensamentos deflagraram sua reação ao estresse? Que valores vieram à sua mente, condicionando a emergência do ódio? O seu ofensor agiu de propósito? Foi negligente, usurário, lascivo, ingrato, injusto? Seria possível identificar o momento em que o estresse se converteu em ódio?
3 – Que sentimentos o dominavam quando ocorreu o estresse? Ódio, ternura, alegria, expectativa otimista ou pessimista? Em que medida esse sentimento preexistente interveio na extensão e intensidade do ódio superveniente ao estresse?
4 – Em que medida o sentimento preexistente ao estresse foi afetado pelo ódio superveniente? Reduziu-o? Intensificou-o? Eliminou-o? Transformou-o em outro?

O exercício mais elementar para identificar e controlar o estresse consiste em localizar sua repercussão em nosso corpo. Alguns autores (Davis, Eshelman e McKay) recomendam a seguinte prática:

1 – Atentar para os pés e as pernas. Começar estalando os artelhos, rotar os pés, relaxando-os em seguida. Liberar a tensão concentrada nas panturrilhas.
2 – Examinar o baixo torso, relaxando-o ao máximo, buscando liberá-lo de dores ou tensões. Proceder do mesmo modo em relação aos quadris, região pélvica e nádegas.
3 – Auscultar o diafragma e o estômago, inspirar fundo e devagar, um par de vezes, habituando-se a perceber eventuais tensões localizadas nessas áreas.

4 – Atentar para os pulmões e a cavidade torácica, em busca de tensões, respirar profundamente, e relaxar.
5 – Perscrutar os ombros, o pescoço e a garganta, engolindo um par de vezes, em busca de dores e tensões, girar a cabeça algumas vezes, ora numa direção, ora noutra, encolher os ombros, e, por último, relaxar.
6 – Passar a mão pelo cocuruto, deslizar para o pescoço, têmporas e rosto, em busca de dores e tensões aí localizadas, bem como ao redor dos olhos e nas mandíbulas. Atentar para o ranger de dentes e lábios crespados. Relaxar cada área.
7 – Rever cada região do corpo, para vencer as últimas tensões.

Numa palavra: importa dominar pelo menos uma entre as várias técnicas existentes de alongamento, relaxamento e meditação que tantos benefícios acarretam ao corpo e ao espírito, sendo a prática constante da meditação um dos melhores meios para a superação das emoções negativas.

A negociação e o ódio

A maioria das pessoas supõe que a prática ou exercício da negociação se restringe ao mundo econômico ou político, envolvendo, apenas, questões patrimoniais ou de poder. A realidade, porém, do nosso dia-a-dia é marcada por uma sucessão de negociações abrangentes de todas as vertentes existenciais. Essa generalizada inadvertência expõe os indivíduos a dissabores e contratempos que comprometem a qualidade de suas vidas, causando-lhes diferentes reações que tendem a desembocar no ódio. Por outro lado, entre os atentos à importância da negociação ao longo do processo existencial, só uns poucos dominam as técnicas que os habilitam à condução de trocas exitosas, entendidas como tais aquelas que satisfazem todas as pessoas envolvidas.

Negociar não é fácil. Trata-se, de fato, de uma arte muito sofisticada; tanto que se pode passar toda uma vida sem dominá-la; requer ponderável número de habilidades; acima de tudo exige uma aguçada compreensão da natureza humana, uma pronunciada disposição para entender as causas subjacentes ao procedimento das pessoas, um contínuo exercício da capacidade de perceber as intenções ocultas, susceptíveis de influir sobre o curso dos acontecimentos. Uma negociação oferece sempre os ingredientes para o desenvolvimento de um drama fascinante. Apesar de constituir um arcabouço em que os mecanismos do poder, da persuasão, das motivações e, por via de consequência, do processo civilizador, têm lugar, negligenciamos o seu aprendizado. Contudo, qualquer pessoa pode melhorar seu desempenho, na medida em que se dispuser a dominar suas regras que não se situam, como muitos, por equívoco, supõem, no domínio das reações instintivas. Sem subestimar o significado das situações concretas como a condicionante maior do processo negocial, há princípios de ordem geral que são comuns a todas as situações. Por isso interessa conhecê-los.

O princípio basilar consiste no reconhecimento de que as pessoas são movidas por interesses específicos, respeitáveis e legítimos, até prova em contrário. No século XVIII, o filósofo francês Helvetius advertia que "Assim como o universo físico é regido pelas leis do movimento, o universo moral é regido pelas leis do interesse".

Todas elas apreciam o reconhecimento do direito de verem realizados seus anelos e satisfeitas suas necessidades. Os bons operadores, do mundo diplomático ou dos negócios, conhecem bem o valor dessa abordagem, razão pela qual sempre preparam uma lista, a mais ampla possível, daquilo que constitui direitos inquestionáveis do interlocutor, ainda que, em alguns casos, esses direitos recaiam sobre o ar que se respira, a liberdade para ir e vir ou a água do mar. Na essência, o que importa é o entendimento de que, quando houver divergência, algo deve ser oferecido em troca do que se deseja.

Um dos maiores obstáculos ao avanço das negociações reside em nossa falta de hábito de ouvir, com atenção e empatia, como meio de identificar o que pensam e o que desejam, as pessoas, permitindo-nos conduzir o diálogo de modo consistente e criativo, mediante respostas compatíveis. Para principiar, é indispensável atentar bem para o sentido das palavras. O publicitário Duda Mendonça ensina que "comunicação não é o que dizemos, mas o que as pessoas entendem". Por isso, tanto quanto possível, sobretudo quando estivermos em dúvida sobre o que as pessoas nos dizem, convém identificar o real conteúdo de suas mensagens, pedindo-lhes para esclarecer os pontos obscuros, tarefa dificultada pela herança ocidental, que nos inocula a vergonha de parecermos ignorantes. Em termos imediatos, achamos mais fácil e catártico contestá-las, acusá-las, ou mesmo insultá-las e xingá-las, embora seja mais oneroso porque o confronto nos afasta, ainda mais, da conquista do que desejamos, enchendo-nos de ódio. Tendemos a ignorar a lição que brota de nós mesmos: na grande maioria das vezes, cedemos com menor resistência quando somos tratados com respeito e atenção. Quando cedemos à imposição da força, o ódio nos induz a recorrer à sabotagem como meio de forra.

O hábito de negociar germina a atitude de partirmos da premissa de que os interesses do outro são tão legítimos quanto os nossos; daí a importância de conhecer o que desejam para que possamos avaliar o quanto podemos ceder, sem frustrar nossos anseios. Quase sempre há pontos negociáveis em nossa agenda de interesses.

Observe a seguinte progressão:

1 – Depois de fixar, para você mesmo, três níveis de aspirações: o máximo, o médio e o mínimo, faça saber ao seu interlocutor seu máximo desejo.
2 – A partir desse momento, ouça-o com a maior atenção, paciência e simpatia, procurando distinguir entre o primacial e o secundário em suas reivindicações. Ouvir, simplesmente ouvir, com consideração, sem interrupções ou ironias, olhando nos olhos, gera um clima de receptividade que favorece o progresso das negociações. Como toda negociação se processa em dois planos – o material e o humano –, o seu interlocutor deseja ser aprovado como pessoa, acima dos interesses que defende. Satisfazemos a insopitável necessidade de aferir nosso valor através da estima que os outros nos dispensam. Não esquecer que a grande influência exercida pelos profissionais da mente sobre seus clientes advém dessa prática. O psicanalista Carl Rogers disse que não há favor maior que se possa fazer a um amigo do que ouvi-lo com interesse.
3 – Quando o interlocutor considerar concluída sua exposição, ceda algo que voce considere negociável, e que seja valorizado por ele. Ouça, mais uma vez, o que ele tem a dizer.

Embora você nunca deva interrompê-lo, deixe que ele o faça em relação a você.

8 – Sensível ao que transcorre, faça nova proposta, não perdendo vaza para enfatizar os objetivos comuns, destacando suas concessões e o progresso das negociações.

9 – É claro que haverá situações em que os entendimentos não vingam de modo satisfatório. Na maioria dos casos, porém, as conquistas são inegáveis.

O segundo princípio é que não se deve reclamar da atitude, mas do comportamento, porque a atitude tem a ver com a essência das pessoas, e o comportamento com os seus atos, apenas. É por isso que a Bíblia e outros textos religiosos ensinam que devemos condenar o pecado, amando o pecador. Uma coisa é dizermos que alguém agiu mal, melhor ainda, não agiu bem; outra coisa é dizermos que esse alguém é mau, o que implica um juízo detrimentoso definitivo. Uma pessoa pode reconhecer, com facilidade, que se comportou de modo grosseiro, num determinado episódio, razão pela qual pede desculpas. Dificílimo será reconhecer que é grosseira, o que caracterizaria uma auto-avaliação negativa de caráter permanente. Em lugar de dizer que o marido não é romântico, melhor seria a mulher reclamar porque ele esqueceu de enviar uma corbelha, acompanhada de um cartão, no dia do seu aniversário. Em lugar de: "Você deveria me ter consideração", melhor seria pedir: "Eu quero que você me trate de modo cortês." Até porque, embora comportamento e atitude sejam coisas distintas, a adoção de comportamentos pode levar à formação de atitudes, como sabem os estudiosos do psicossocial.

Além de enfatizar o comportamento, esse princípio recomenda a abordagem de um tema por vez, em lugar de reivindicações abrangentes em demasia. Em vez de chamar o filho às falas, e impor: "De hoje em diante, você tem que fazer a banca, de segunda a sexta, das 14 às 18hrs, só sairá, à noite dos sábados, e só trará os amigos aqui pra casa uma vez por semana", seria mais produtivo negociar por tópico, dando ao filho, tanto quanto possível, o direito de escolher por onde começar.

Seja específico. Em lugar de reivindicar: "Eu preciso que você me ajude na educação de nossos filhos", defina atribuições claras, como o desempenho escolar, o aprendizado de idiomas, a prática esportiva, a observância de horários, etc.

O terceiro princípio alude à política de prêmios e punições, quando couberem, sem perder de vista a superioridade do reforço positivo contido nos prêmios, em comparação com as punições, fonte de descontentamento, rebelião e ódio. É importante acentuar que a sub-gratificação é tão prejudicial quanto a supergratificação.

Como há situações em que medidas punitivas são necessárias, ao aplicá-las, devemos observar os seguintes limites:

1 – Especificidade e clareza. Devemos definir o comportamento que será punido, bem como a pena que será aplicada. Em lugar de dizer: "Se você continuar a atrasar as entregas, procurarei outro fornecedor", diga: "Como definimos nosso cronograma de trabalho em função dos prazos de entrega da matéria-prima que você nos assegura, seremos compelidos a mudar de fornecedor quando ocorrer o primeiro atraso sem motivo justificável, do qual não tenhamos sido informados com uma antecedência suficiente a nos permitir buscar um fornecimento alternativo."

2 – A punição deve ser razoável. Não se pode aplicar pena de morte a ladrão de galinha.

3 – Evite o efeito bumerangue da punição, ou seja, observe para que a punição não se volte contra você. Não tem o menor sentido ameaçar a filha, dizendo: "Se você não acabar o relacionamento com este canalha, não entre mais nesta casa", penalidade que cumprida conduz à perda da filha e da paz espiritual.

4 – Seja coerente em aplicar a penalidade estabelecida, uma vez atendidos os requisitos anteriores. A impunidade estimula ações abusivas, como sabem os brasileiros que acompanham indignados a prosperidade dos fraudadores do Erário e a incolumidade dos invasores da privacidade alheia.

Em muitos casos, quando a transigência não é possível, devemos nos habituar a dizer, polida mas firmemente, "não", em sintonia com um dito popular que ensina ser "melhor enrubescer agora, para não ter que amarelar depois". Em algumas situações é conveniente nos desculparmos ou justificarmos nossa recusa; em outras basta, apenas, um simples "não", ou um "não, obrigado". O bom senso, esse atributo indefinível dos vencedores, é que dita o vestuário de nossa negativa. Se o interlocutor passar a agir de modo irado, deixe-o verbalizar sua ira à exaustão. Reaja com frieza, priorizando os fatos sobre os sentimentos. Promova quantos intervalos forem necessários, e tenha em mente o conselho do inesgotável Aristóteles: "Sob a influência de sentimentos fortes, somos facilmente enganados." Nas negociações como na vida, senso de oportunidade é fundamental. Não perca de vista que há ocasião para se envolver e se afastar; para franqueza e para ambiguidade; para falar e para calar; para negar e para aceitar; para ser duro e para ser amável.

O fator tempo, também, deve ser levado na devida conta quando se opta pela negativa, do mesmo modo que importa valorizá-lo quando a resposta for positiva. Se a proposta investe contra princípios inegociáveis, a negativa deve ser apresentada com a maior rapidez possível. Quando, porém, valores inegociáveis não estiverem em jogo, e se se desejar amortecer, ao máximo, o impacto da negação, uma certa demora na resposta, sob a justificativa de que a proposição está sendo examinada com carinho ou em profundidade, é de preceito. Se você, no entanto, é do tipo que tem dificuldade para dizer não, e sofre com isso, o melhor é, na dúvida, pedir um tempo para responder, a fim de reunir a coragem necessária para fazer o que deve ser feito, poupando-se de constrangimentos e sentimentos de culpa emocional ou materialmente onerosos.

Os japoneses costumam dizer que "o tempo muda as coisas lentamente". É por essa razão que as pessoas precisam de tempo para aceitar algo de novo ou diferente do *status quo* predominante. Abandonar velhas condições pode equivaler a abandonar velhos amigos. Não é sábio nem razoável querer que as pessoas aceitem com rapidez fórmulas novas ou destoantes do padrão habitual. De um modo geral, todos somos conservadores. Quando, no entanto, resolvemos mudar, tendemos a racionalizar a mudança, identificando as vantagens inerentes à nova situação, e a reagir contra os que queiram alterá-la.

Sempre que possível, dê-se tempo para pensar e decidir. Quem dispõe de tempo para pensar e decidir pensa e decide melhor. Diante de uma pergunta delicada, peça tempo para responder. Se, por absurdo, não houver saída, há sempre o recurso de ir ao banheiro. No plano da afetividade, não vale a pena parecer decisivo, rápido, avisado e racional. Não é à toa que a sabedoria popular cunhou o provérbio segundo o qual "é sábio parecer tolo, e tolo parecer sábio".

Se o seu propósito for o de esvaziar o ódio do interlocutor, não o encoste contra a parede; uma vez magoado, ele poderá ir à desforra, disposto a arcar com as mais graves consequências; atente para os meios que o permitam sair de cabeça erguida. Não se esqueça de que toda negociação envolve questões de amor-próprio.

A crítica e o ódio

A crítica, entendida, como um juízo negativo, sempre dói, ainda quando venha acompanhada do qualificativo "construtiva". A menos que a sujeição à crítica seja fruto de uma escolha, como a feita por quem quer que se submeta a um processo de aprendizado – jogar tênis, falar um idioma, dançar, etc. Quando condenatória da essência das pessoas, dói muito mais do que quando dirigida a atos vinculados a áreas que não comprometem essa essência, em sua integralidade. Dizer que um escritor é desonesto, ou criticar, apenas, uma de suas várias obras ofende menos do que considerá-lo um mau escritor. A acusação de desonestidade comporta uma defesa que não envolve o comprometimento do que para o escritor constitui um valor essencial: sua criação literária ou produção intelectual. O mesmo raciocínio é válido para todos os domínios da ação humana. O psicólogo William James disse, em 1890, em sua obra clássica *Princípios de Psicologia*: "Desde o momento em que resolvi me dedicar de corpo e alma à psicologia, fico alucinado quando alguém sabe mais psicologia do que eu. Por outro lado, não me incomoda saber que sou uma completa nulidade em grego. Minhas deficiências nessa área não me despertam o mais remoto sentimento de inferioridade. Se eu tivesse a pretensão de ser um linguista ocorreria precisamente o contrário."

O grau de sensibilidade às críticas, no entanto, varia de indivíduo para indivíduo. As pessoas que operam em áreas competitivas tendem a desenvolver uma sensibilidade coriácea, de que são exemplo extremado os que exercem funções políticas. No outro extremo, as que se ocupam, com devoção, com obras de caridade tendem a se desfazer como o gelo sob o calor diante da menor restrição à sua honestidade ou autenticidade de intenções. Em alguns casos, há um desmoronamento da autoestima e da autoconfiança que pode vir a ser irrecuperável, sobretudo em pessoas que sofreram na infância punições excessivas e injustas. É como se passassem a reviver experiências aterrorizantes.

As relações entre críticos e criadores de arte podem atingir graus de animosidade às vezes mortal. Quando um criador de arte se depara com uma avaliação demolidora de um trabalho a que dedicou penosa fadiga física e intelectual, pondo nele o melhor de suas esperanças, não é difícil entender as razões de sua iracúndia, tão grande quanto o sentimento de injustiça e impotência que a alimenta. Na impossibilidade de retaliar o algoz, instala-se uma animosidade unilateral invencível do criador contra o crítico. É por isso que os críticos dotados de sensibilidade humana evitam posar de deuses no juízo final, preferindo ressaltar pontos fortes e fracos de uma criação, salvo nas hipóteses extremas em que a gritante excelência clama por glorificação, ou a exorbitância do mau gosto pretensioso impõe a assepsia da proscrição. É interessante observar que a crítica justa dói mais do que a injusta. Quando injusta, a crítica pode ser denunciada como incompetente e o crítico desqualificado como invejoso. A crítica justa, ao contrário, porque irrespondível, exerce um efeito paralisante. Explica-se por que os criadores sempre enaltecem as críticas que lhes são favoráveis e execram as que os condenam. Bernard Shaw, um dos mais empedernidos críticos do seu tempo, reagiu aos críticos de suas obras cunhando a conhecida expressão: "Quem sabe faz, quem não sabe ensina." Voltaire se indispôs tanto com os críticos do seu tempo que não vacilou em contrariar sua pregação liberal, sustentando que "a crítica literária é um procedimento ocioso e perverso que a justiça deveria proibir." Voltaire reagia em sintonia com o seu conselho: "Devemos ser tolerantes com tudo, menos com a intolerância." No mesmo tom, um dos irmãos Grimm, mais tarde, aduziu que "esta baixeza (a crítica) deveria merecer uma punição exemplar." O poeta e escritor Teóphile Gautier viveu tanto às turras com a crítica do seu tempo que não vacilou em considerá-la produto da mais pura inveja: "Se pesquisarmos com cuidado (a atividade crítica), encontraremos, talvez, um outro pequeno vício a acrescentar, mas esse é de tal sorte execrável que eu não posso mencioná-lo. Aproxime-se para que eu possa ciciá-lo ao pé do seu ouvido: é a inveja. Inveja e nada mais." .. "Uma coisa certa e facilmente demonstrável, a quem duvidar, é a antipatia natural do crítico contra o poeta, daquele que nada realiza contra o realizador, do zangão contra a abelha, do cavalo castrado contra o reprodutor. Só se decide a ser crítico quem não tem qualquer dúvida de não ser poeta. ...O crítico que nada produz é um indolente; é como um abade que corteja a mulher de um leigo paroquiano, a quem não é permitido ir à forra ou se bater com ele."

Ao lado dessa crítica maior, a vida de todos os momentos está carregada de pequenas e contundentes críticas que fazem o inferno das relações humanas. Com frequência, as pessoas criticam e humilham como meio de levar os outros a satisfazerem seus desejos. Bastaria que refletissem como eles próprios se sentem quando alvo dessas diuturnas manifestações de intolerância para perceberem de imediato sua ineficácia. Muitas vocações abortam no nascedouro em razão de piadas e indiretas que acentuam o paralisante pavor das estreias, quando o de que mais necessitam é de segurança e de apoio, sobretudo as crianças. Um ambiente carregado de má vontade crítica é uma forja de desajustes familiares e de baixa produtividade no trabalho.

A ironia, o humor, a arrogância e o ódio

A ironia é um modo disfarçado de exercer o ódio, mesmo quando travestido de humor. Ódio que nasce do sentimento de medo. Todo irônico é um odiento que não ousa manifestar sua iracúndia e que não sente a tranquilidade que busca aparentar. A ironia contém, sempre, um propósito perverso e ofensivo, que a torna mais destrutiva, muitas vezes, do que a clara explicitação do franco desagrado ou ira. O propósito do irônico é o de humilhar o oponente, exaltando uma superioridade intelectual da qual descrê. Trata-se de uma manobra covarde porque esconde do ironizado a real intenção de desmoralizá-lo, expondo-o perante terceiros. É uma tentativa de conciliar a falta de coragem para fazer o ataque direto com o desejo de parecer proativo. A dificuldade para superar esse conflito explica por que, na maioria das vezes, a ironia se manifesta na ausência do alvo, expressando-se sob a forma de um elogio exagerado, destinado a iludir o destinatário que, quase sempre, mais tarde, por si próprio ou por terceiros, percebe, indignado, a intenção depreciativa do comentário.

Bom humor e humorismo não são sinônimos. Enquanto o bom humor é sempre saudável, alegre, generoso e construtivo, visando ao riso prenhe de felicidade genuína, o humorismo, que em sua modalidade exacerbada descamba para a ironia, contém detrimento. Não raro o humorismo, quase sempre mal-humorado, representa o exercício catártico da amargura, ressentimento e inveja, quadro que explicaria a tendência dos humoristas à hipocondria e ao sofrimento de problemas estomacais, em consequência dos maus humores que danificam seu organismo. O humorismo busca ridicularizar tudo que é sério e respeitável. Freud dedicou ao tema um estudo específico: *O chiste e sua relação com o inconsciente*. O humorismo só expressa seu ódio impotente contra o que odeia, enquanto os objetos amados nunca são alvo de sua troça.

A arrogância ou soberba representa uma supercompensação do sentimento de fracasso, ou protesto viril, na expressão de Adler, nascido da ira subjacente ao mal-estar, à tensão afetiva e à ausência de paz. É uma autogratificação compensatória de uma decepção ou frustração. Por trás da máscara do soberbo ou arrogante debate-se uma alma insatisfeita que, à força de enganar-se, nutre a ilusão de ser valioso, com que mitiga o sentimento de perturbadora vulnerabilidade e insegurança.

O ódio, a pornografia, a mídia e a Internet

Os estudos mais recentes e mais acreditados não conseguem estabelecer uma relação linear inquestionável entre a violência exposta pela mídia, à frente o cinema e a TV, e o crescimento da criminalidade em geral, embora haja algumas intrigantes coincidências entre determinados produtos midiáticos e surtos compatíveis de criminalidade. Quando o cinema abandonou a linha dos vilões ficcionais, como Frankenstein e Drácula, e passou a explorar a assustadora violência de cidadãos comuns, a partir da década de cinquenta, em filmes como *Psicose*, *Halloween* e tantos outros do mesmo naipe, houve um aumento substancial dos assassinatos em série, que passaram, por sua vez, a ser objeto de novos filmes para o cinema e a TV, com cenas de horripilante violência. Daí aos antídotos catárticos, no estilo de *Desejo de matar*, para satisfazer nossa sede de justiça, foi um passo mais do que previsível. Hoje, veneno e antídoto são o modelo predominante do cinema requerido pelo mercado mundial. Muitos dos inúmeros *serial killers* que surgiram desde então, portadores de personalidades vulneráveis, são pródigos em reconhecer na maciça exposição de violência dominante a fonte principal de sua inspiração homicida. Apesar disso, estamos longe de fazer uma avaliação razoável de quão lesivos são os efeitos indiretos dessa exposição.

As entidades dedicadas a rastrear a propagação do ódio, via Internet, por sua vez, são unânimes em reconhecer o vertiginoso crescimento das páginas e dos *sites* dedicados ao seu patrocínio, a partir de 1995, ficando a liderança, com muitos corpos à frente, com os Estados Unidos e sua Ku Klux Klan. Encontra-se nelas ódio para todo gosto e público, inclusive o infantil. Don e Derek Black, pai e filho, pregam o evangelho do ódio étnico e racial em suas páginas, oferecendo, entre outras excrescências, jogos de tiro tendo negros como alvo. Imagens de linchamentos racistas abundam, ao lado da depreciação de negros exponenciais como Martin Luther King, chamado numa delas de "A besta santificada". Difundem-se piadas do tipo: "As duas coisas que eu mais odeio são racistas e negros". Os meios de comunicação de massa publicam crimes da mais diversificada tipologia arquitetados em rede. A luta entre palestinos e judeus faz da Internet um campo de batalha virtual. Conta-se que depois da invasão do Afganistão pelos Estados Unidos, para acabar com o Taliban, realizou-se um encontro secreto entre Osama Bin Laden e Arafat, quando o primeiro queixou-se da vida miserável que estava vivendo, em permanente sobressalto, morando em cavernas e recorrendo a todo tipo de disfarce para não ser capturado pelos americanos, enquanto ele, Arafat, apesar dos seus trinta anos de terrorismo, era recebido como herói pelas Nações Unidas e os mais importantes chefes de estado, a ponto de ser premiado com o Nobel da Paz. "Por que esta diferença de tratamento"?, reclamou Bin Laden. "O segredo está em escolher bem o inimigo, meu caro Osama. Eu me dedico, apenas, a matar judeus".

A implosão das torres gêmeas de Nova York, a 11 de setembro de 2001, e os atentados nas estações do metrô de Madri, a 09 de março de 2004, deram novo impulso ao alastramento do ódio em rede, com os contendores raiventos de ambos os lados recorrendo ao prestígio e ao poder suasório de suas respectivas religiões. Nessa onda de desequilíbrio delirante, Jesus Cristo e Maomé são invocados para proteger e apoiar as manifestações do ódio mais cruento. É o sistema neural avançado, com seus cem bilhões de células processadoras de informações, posto a serviço das forças de nossas mais primitivas emoções.

Em si mesma, a Internet, como o bisturi, é axiologicamente neutra. Seu destino, para o bem ou para o mal, é função dos valores dos diferentes usuários. Não é difícil, portanto, compreender o potencial papel destrutivo que a Internet pode desempenhar quando a serviço de mentes degeneradas que, diante da impossibilidade de vencer o ressentimento e a inveja que as consomem, maquinam, em sua solidão patológica, fórmulas capazes de reduzir ou eliminar o que percebem como intolerável felicidade alheia. Sua malevolente existência é muito real, afetando nossas vidas em todos os domínios, desde a inoculação de vírus em computadores, destruindo arquivos e malbaratando contas bancárias, até a formação de redes de pornografia e prostituição, e a conspiração para promover dissensões, roubar, estuprar e matar.

Trata-se, sem dúvida, de uma das mais graves ameaças à paz individual e social neste início de século, a desafiar a sobrevivência da civilização.

Com a pornografia, as coisas se processam de modo diferente, uma vez que é a lubricidade e não o ódio sua motivação central. Não obstante, são cada vez mais numerosos os casos de estupro, seguidos de morte, justificados pelos autores como promanados de sua intensiva exposição à mídia pornográfica. De modo muito conveniente aos seus apetites desregrados, descartam o papel da religião, da ética e da moralidade em suas vidas.

CONCLUSÃO

A preparação de líderes, na família, na escola ou no trabalho, não inclui treinamento para identificar a emergência e o alastramento do nefasto vírus do ódio, tarefa ainda mais dificultada pela constância com que os comunicadores da ira e agressão passivas se valem de vários mecanismos psicológicos para camuflar, racionalizar, deslocar ou negar que estejam agindo de modo passivamente agressivo, ainda que possam reconhecer que estão com ódio.

Entre a compreensão do modo correto de lidar com o ódio e sua prática efetiva vai uma grande distância. Para alguns, vitimados por uma educação preconceituosa, agravada por condições psicossomáticas desfavoráveis, essa distância representa um fosso intransponível. Para outros que tiveram a fortuna de desenvolver desde cedo, por iniciativa própria ou por educação, uma postura racional, fria e objetiva, centrada nos fatos, nada há neste livro a acrescentar-lhes de útil. Entre esses dois extremos, porém, situa-se a maioria esmagadora da humanidade, susceptível de melhorar seu padrão de conduta diante desse onipresente gigante da alma que nos espreita do berço ao túmulo.

Não há segredo. A chave para alcançar as messes existenciais oriundas de um trato adequado do sentimento do ódio – o nosso e o dos outros – reside na conscientização e na vontade de mudar, rompendo com velhas crenças desde sempre inoculadas e arraigadas em nosso espírito. É necessário, portanto, que nos submetamos a uma mudança de paradigmas, tarefa exigente de dedicação, disciplina e muita determinação, além da paciência para não desesperar em face da lentidão do processo.

Como a ira é muita vez usada para forçar mudanças nos outros, as pessoas costumam se organizar, defensivamente, não apenas para se protegerem contra ataques, como para não se deixarem controlar, preservando seus espaços.

Temos que estar vigilantes contra a falsa sensação de perda da capacidade de exercermos escolhas, de sermos independentes, de dizermos sim e não, quando nos dispomos a substituir a velha postura passional por uma nova ditada pela racionalidade objetiva. Essa sensação de perda de autonomia corresponde a um tipo de morte psicológica. É como naufragar ou ser esmagado, porque não há nada que mais nos arrebente por dentro do que o sentimento da perda do eu. Este é, também, o grande fundamento emocional dos que resistem a mudanças impostas pelo ódio. É por isso que as estruturas autoritárias, por mais poderosas e truculentas que sejam, terminam por ruir sobre os seus corifeus.

Uma das características mais salientes dos tipos odientos consiste na invariável disposição para depreciar e culpar os outros. A julgar pelo modo intolerante com que justificam o que dizem e fazem, pertenceria a eles o monopólio da virtude. Não obstante essa postura pretensiosa e arrogante, exprimem, com frequência, um sentimento de prostração, porque quase nada ocorre consoante a completude dos seus desejos. Por isso, os amigos tendem a ser vistos como egoístas e insensíveis, os empregados como relapsos, os patrões como avarentos e os amantes como ingratos. Um vazio emocional, decorrente do sentimento de não ser suficientemente bom para ser amado, ocupa a alma dos odientos crônicos, cujo sentimento de desvalia emocional parece obedecer ao seguinte padrão:

1 – Sofre porque acha que alguma coisa lhe falta ou está errada;
2 – Julga que alguém deveria provê-la ou corrigi-la;
3 – Como isso não acontece, passa, então, a exprimir o ódio com agressão;
4 – A expressão do ódio provoca reação ou o seu distanciamento do alvo.

A partir do estágio 4 o indivíduo retorna ao 1, e todo o ciclo auto-alimentador do ódio se renova, tendendo a conduzir a um estado de prostração ou de cinismo, na medida em que os nascentes entusiasmos se convertem em decepções atormentadoras. Não há saída desse labirinto enquanto o odiento não compreender que sua frustração é auto-induzida, e o seu desespero um desperdício, ambos resultando da inútil obsessão em usar o ódio como mecanismo de transformação dos outros, considerados responsáveis pelos seus desgostos.

É muito difícil mudar de uma posição defensiva para uma de valoração isenta de paixões; de uma posição militante para uma de entrega que só a confiança nascida da prática bem-sucedida inspira. Como regra, preferimos a falsa proteção da velha atitude emocional de intolerância para com os erros e as críticas de terceiros a uma abertura de espírito sem a segurança da tranquilidade de um padrão de conduta com o qual, bem ou mal, chegamos ao ponto em que nos encontramos.

Enquanto nos mantivermos prisioneiros da ilusão de que atos como o Holocausto, os genocídios em geral e toda sorte de violência que fere nossa sensibilidade não são naturalmente humanos, mas frutos de uma manifestação evitável de insanidade mental, não teremos condições de atuar no sentido de minimizá-los, quanto mais preveni-los ou erradicá-los. Na sequência das reflexões de vários estudiosos sobre as tendências destrutivas das crianças, Anna Freud disse que o perigo da guerra sobre elas está "no fato de que a destruição desenfreada no mundo exterior possa ir ao encontro da agressividade muito real, solta, dentro da criança. As crianças precisam ser protegidas contra os horrores primitivos da guerra, não porque os horrores e atrocidades lhes sejam tão estranhos, mas porque desejamos que elas, nessa fase decisiva do seu desenvolvimento, vençam e se afastem dos desejos primitivos e selvagens de sua natureza infantil".

A possibilidade de nos libertarmos do ódio depende de nossa capacidade de reconhecê-lo. A dificuldade desse reconhecimento aumenta quando a pessoa odiada é alguém que sentimos ser do nosso dever amar, como os filhos, pais, irmãos, cônjuges e todas as pessoas afins.

O lar, a despeito de toda idealização romântica que inspira, é, de longe, o local onde se verifica o maior número de ferimentos no corpo e no espírito, desde a mais tenra idade. Espancamentos, molestamentos sexuais e psicológicos, e até assassinatos, têm, no lar, a sede mais frequente de suas ocorrências. Não é, portanto, fora de propósito dizer que o ambiente doméstico sedia o mais intenso contingente de ódio destrutivo. A grande tragédia é que, mesmo com todos os perigos que encerra, o lar continua a ser o melhor lugar para o desenvolvimento de nossa vida física e emocional.

Não é difícil entender, então, por que o amor e o ódio compõem, sem dúvida, duas faces de uma mesma dimensão emocional. Tinha razão Miguel de Unamuno: "Nada há tão semelhante ao abraço como o estrangulamento."

Segundo a mitologia, a iniciativa do ódio familiar coube aos pais.

A fim de livrarem-se da profecia que informava do parricídio de Édipo contra Laio, e de seu relacionamento incestuoso com sua mãe Jocasta, os pais, Laio e Jocasta, abandonaram Édipo para que morresse ao desamparo de sua própria sorte, em lugar de enfrentarem o desafio de ensinar-lhe a redirecionar suas emoções. Salvo por um camponês, Édipo é por ele criado como filho. Ao fazer-se homem, Édipo sai à descoberta do mundo. Ao longo de sua jornada, empurra para o lado um velho que tentava barrar-lhe o passo. Ao cair, o velho, que na realidade era seu pai, Laio, bate com a cabeça numa pedra e morre. Ainda que de modo inconsciente, Édipo se vingara da agressão original que sofrera do pai. Mais adiante, como prêmio por decifrar o enigma proposto pela Esfinge, recebe como esposa a rainha de Tebas, que era sua mãe Jocasta.

Freud valeu-se dessa história, inspirada no destino inelutável do homem, para construir a teoria segundo a qual o filho deseja matar o pai para se apossar da mãe, bem como de que os conflitos não-resolvidos na infância emergem na fase adulta, sob a forma de ódio, em busca de solução. Além disso, os pais decepcionam os filhos de vários modos. Um deles é trazendo outros filhos para disputar-lhes o afeto e os privilégios. Um outro é sua incapacidade de prever o futuro, poupando-os de surpresas desagradáveis. Em síntese: a criança não perdoa a incapacidade dos pais de lhes dar um mundo dócil ao comando de sua vontade insaciável. Muitos desvios de conduta dos jovens se originariam do desejo inconsciente de vingança contra os pais, como a adesão a vícios, o baixo rendimento escolar e a gravidez precoce. Os episódios de matricídios e parricídios que abundam na imprensa do mundo inteiro, chocando a sensibilidade das pessoas, nasceriam dessa primitiva decepção. Para muitos psicólogos, a assunção da responsabilidade existencial só ocorre quando o filho, em seu universo psíquico, mata os pais. Sensível a esse conflito, a intuição grega cunhou os provérbios: "Filho só vira homem quando o pai morre", e "O homem perdoa a quem lhe mata o pai, mas não perdoa a quem lhe toma o dinheiro".

Tanto para eleger a pessoa com quem nos unirmos quanto para lidar com os sentimentos nascidos da intimidade, somos influenciados pelas nossas primeiras experiências com o amor e o ódio. Segundo Freud, a força de nosso vínculo com o passado é tão grande que o desejo de repeti-lo, mesmo quando nos tenha causado sofrimento, nos leva a preferi-lo em lugar de uma situação prazerosa, porque a compulsão de repetir supera o princípio do prazer.

Nossas fantasias começam antes mesmo de conseguirmos formar palavras. São os primeiros processos mentais. São representações psíquicas das necessidades mais primitivas relacionadas com o amor e a destruição. Nas fantasias, sentimos o melhor e maior amor, como o maior e melhor ódio. Alguns de nós só odeiam nos sonhos e nas fantasias. O animal selvagem, quando ameaçado, tem duas opções: lutar, quando acha que pode superar o inimigo, ou fugir, quando percebe que não pode vencer. Como as ameaças que sofremos são mais de natureza psicológica do que física, adaptamos nossa opção para, à diferença dos irracionais, fugir ou reagir, correspondendo a fantasia à fuga psicológica, que se verifica quando avaliamos ser inconveniente a manifestação ostensiva do ódio. Pela fuga psicológica da fantasia, da qual muitas vezes, sequer, nos apercebemos, permitimo-nos odiar, sem o desconforto do sentimento de culpa, pessoas a quem nos ensinaram que deveríamos amar. A fantasia é, também, o meio frequente a que as crianças recorrem para suportar as experiências dolorosas.

O conflito entre o momentâneo prazer de extravasar o ódio e a necessidade de contê-lo se instala muito cedo em nosso espírito, quando tomamos conhecimento da censura social ao seu extravasamento. Fazer justiça com as próprias mãos é expediente de bárbaros, impensável de pessoas civilizadas, além de insuficiente para restaurar a ordem perturbada. Apesar de toda essa condenação social à vingança, é inegável a atração que o tema exerce, desde sempre até os dias atuais, quando os livros, os filmes e as novelas nele inspirados batem recordes de venda e de audiência. A vingança é percebida como defesa contra a desesperança e a sensação de impotência. A vida fica mais suportável quando se alimenta da espera de um triunfo vingativo que prometa reduzir nossa sensação de desvalia. A fantasia nos permite substituir a realidade desagradável do mundo real por outra dócil ao comando de nossa vontade, através da qual punimos aqueles que consideramos culpados e alcançamos a vitória em todas as nossas lutas. Sem dúvida, a possibilidade de escapar aos riscos e aos fracassos do mundo real, sem prejuízo da realização de todas as nossas mais ansiadas conquistas imaginárias, é o grande prêmio que nos enseja a fantasia, distinguindo-nos das outras espécies.

O poeta, crítico e jornalista alemão do século XIX Heinrich Heine narra o seguinte:

"Eu sou o mais pacífico dos homens. Tudo o que quero é uma casinha voltada para o mar, uma cama limpa, comida decente, algumas flores defronte a janela e algumas árvores no meu jardim. Mas se nosso bom Senhor quiser me fazer completamente feliz, basta proporcionar-me o espetáculo de meia dúzia dos meus inimigos dependurados nelas. Em compensação, eu lhes perdoaria todas as ofensas que me fizeram, consoante a lição que recomenda perdoar os inimigos, tão logo os veja enforcados".

Na primeira fase da vida humana, a mente e o corpo não são percebidos como entidades distintas. Aliás, o bebê acha que ele e o mundo são uma só coisa. Segundo sua percepção "oceânica", na expressão de Freud, ele e o mundo se confundem numa totalidade única. Ele e a mãe se fundem num todo físico e psicológico. Só mais tarde é que começa a perceber o duplo sentimento de inveja e gratidão que o seio ora nutridor, ora perverso lhe provoca, conforme a interpretação de Melanie Klein. O sofrido choro infantil clamando por leite corresponderia a uma apoplética manifestação de iracúndia.

Quanto maior a variedade de nossas emoções, melhor para o sistema imunológico psíquico. Quando nos tornamos insensíveis a determinadas emoções, como o amor e o ódio, é porque nosso sistema imunológico psíquico está avariado, e limitada a capacidade de bem canalizar nossa agressividade. O ódio é a emoção da defesa psicológica, indispensável à estabilidade mental. O ódio construtivo da mobilização do sistema imunológico psíquico neutraliza o ódio destrutivo do narcisismo. É indispensável, portanto, perdermos o medo de sentir o ódio construtivo, em razão do seu profundo impacto em nossa saúde emocional.

A prática da cooperação precedeu o uso da linguagem, porque da cooperação dependia como ainda depende a sobrevivência dos humanos como dos irracionais. Para cooperar, é indispensável o sacrifício de alguns projetos pessoais, em benefício do bem comum. Como expressa ligação e relacionamento, o amor exige a renúncia, sem o sentimento de perda, de algumas coisas que desejamos. O amor só viceja e floresce quando é valorizado a ponto de merecer dos respectivos atores proteção e alimento contínuos, de modo a prepará-los para os surtos de impaciência e rancor, inevitáveis nas relações íntimas e diuturnas. A isso se denomina amor cooperativo, postura que tem permitido a nós, humanos, aos trancos e barrancos, chegarmos aonde chegamos. A incompreensão dessa realidade explica por que muitos casais que vivem um longo período de namoro ou noivado feliz rompem a relação pouco depois de casados.

Interpretando esse fenômeno, Freud afirmou que o fundador da civilização foi o primeiro homem que xingou o inimigo, em lugar de golpeá-lo com a lança. O fundador da psicanálise quis dizer que é impossível a convivência humana sem a capacidade de conviver com o ódio gestado por ocorrências que nos desagradam. Do modo de lidar com o ódio é que dependem os relacionamentos. Quando reagimos, fazemo-lo acionando a região mais antiga e menos racional do cérebro. Ao nos comunicarmos, mesmo xingando, acionamos o neo-cortex, que corresponde à área de formação mais recente do cérebro. Quando falamos sobre os sentimentos, em geral, acionamos ambos os hemisférios cerebrais. Quando verbalizamos todos os nossos pensamentos e emoções, ensejamos ao nosso cérebro realizar novas conexões criativas, mecanismo que fortalece nosso sistema imunológico psíquico. Essa integração dos dois hemisférios cerebrais pode descartar os impulsos destrutivos e suas consequências nefastas, através de adequada verbalização. Quando a verbalização se processa de modo inadequado, o resultado pode ser o crescimento descontrolado da espiral do ódio, levando-nos aonde só Deus sabe!

Com provável inspiração nessa antitética possibilidade do papel da comunicação, conta-se que o legendário fabulista grego Esopo, feito escravo, recebeu do seu amo a incumbência de fazer a feira semanal. "O que devo comprar, senhor?", inquiriu Esopo. "Compre tudo o que houver de melhor", respondeu-lhe o patrão. Ao retornar do mercado, Esopo entregou ao mestre os alforjes repletos de todo tipo de língua. "Por que só línguas, Esopo?" "Porque a língua, senhor, é o instrumento da comunicação e da concórdia entre os homens, o mecanismo da boa prosa e da poesia sublime." Na semana seguinte, à nova interpelação de Esopo, o patrão recomendou: "Traga, agora, tudo o que houver de pior." Mais uma vez, Esopo trouxe os bornais plenos de línguas, e explicou: "Porque a língua é o instrumento do ódio, da discórdia, do envenenamento dos espíritos e da agressão." Em ambos os casos, Esopo estava certo. Atento ao valor das palavras, Oceano ensinou a Prometeu: "As palavras são a cura de uma mente doente." E São João assim começa o seu Evangelho: "No início era o Verbo, e o Verbo estava com Deus, e o Verbo era Deus."

Sempre que houver conflito entre o desejo e a necessidade, vencerá o mais premente. Tal é o caso de indivíduos que vacilam entre os apelos do amor e as necessidades de sobrevivência. Rompem um relacionamento que lhes parece insatisfatório para reincidir num relacionamento ditado pelo sentimento de necessidade. Na mulher, uma das causas mais frequentes da reincidência tem sido a necessidade de um provedor que lhe assegure a sobrevivência e a satisfação dos anseios de consumo. No homem, é a necessidade de conforto no lar. Como a opção é ditada por motivações logísticas, ficando o amor em segundo plano, não estranha a fragilidade dos alicerces afetivos.

Imaginemos uma cena da vida cotidiana. Ricardo percebeu que, antes de explodir, a mulher dava um aviso. Numa primeira fase, Ricardo manifestava irritação pelo que considerava desleixo da mulher e pelo excessivo uso que fazia do telefone, trancada no sanitário. Ao invés de reagir, com a intolerância costumeira, Ricardo passou a se dedicar ao exercício intelectual de compreender as motivações da mulher, colocando-se em seu lugar. Percebeu que a irritação dela aumentava de intensidade em ocasiões de maior tensão familiar. Essa nova visão propiciou-lhe antecipar-se à ebulição da esposa, dialogando com empatia sobre os assuntos que a afligiam, sem qualquer entonação professoral ou autoritária. A partir dessa nova postura, a relação entre os dois mudou muito, para melhor.

Embora as relações tenham muito a ganhar quando as pessoas se dispõem a desempenhar papéis psicoterápicos, é importante ressaltar que a excessiva prática, unilateral, da psicoterapia afetiva conduz à exaustão emocional do psicoterapeuta amador, comprometendo a durabilidade e a sobrevivência da relação. Um relacionamento que estimula o diálogo cooperativo e construtivo pode suportar a expressão de sentimentos negativos, porque contribui para a consolidação de personalidades autônomas e maduras.

O filósofo francês Gaston Bachelard indaga e responde: "Qual a origem do nosso primeiro sofrimento, senão nossa hesitação em dizer o que pensamos? Nosso sofrimento nasce a partir do momento em que acumulamos coisas silenciosas dentro do peito."

Como treinamento para gerir o ódio, algumas regras simples podem ser de pronto observadas por qualquer pessoa:

1 – Temos que nos habituar a ouvir com atenção o que tem a dizer uma pessoa em estado de ódio. Segundo Carl Rogers, não há favor maior do que ouvir com empatia a quem nos quer falar;
2 – Temos que nos habituar a tentar descobrir o que nos causa ódio, e por que razão. Com frequência, na contramão do conselho de Aristóteles, sentimos ódio contra a pessoa errada, por razões erradas, na medida errada, na hora e no lugar errados;
3 – Uma vez verbalizado o ódio, os agentes devem desenvolver o hábito de descobrir meios de evitar a renovação do episódio, convertendo seus motivos em matéria-prima de consolidação do afeto e da confiança;
4 – É preciso desenvolver o hábito de valorizar o sentimento das pessoas, sobretudo das crianças e dos carentes em geral, aí incluídas aquelas que se acham numa posição, ainda que momentânea, de inferioridade, como nas relações entre superior e subalterno.

Como as crianças costumam fazer demandas excessivas, é indispensável explicar-lhes as razões que impedem o atendimento. A recusa grosseira ou indiferente aos seus pleitos tende a causar dano permanente ao seu senso de confiança, identidade e segurança emocional.

O inconsciente é a voz interior que nos comunica com nossa alma. A psicoterapia nada mais é do que a tarefa de deixar falar essa voz, revelando para os outros, e para nós mesmos, o nosso eu mais íntimo e verdadeiro. Ao falar do que somos para os outros, escutamos nossa própria voz, e passamos a nos conhecer melhor. Como disse o psicanalista junguiano Russell Lockhart: "A psicoterapia é o ritual de narrar".

Alguns psicanalistas, como Jane G. Goldberg, Donald Winnicott, Harold Searles e Hyman Spotnitz, entendem que a expressão do ódio pode curar, do mesmo modo que sua inexpressão seria a causa principal da adesão dos pacientes a padrões destrutivos de conduta. Quando não-sentido, ou quando sentido, mas não-reconhecido, ou, ainda, quando reconhecido, mas não-manifestado, o ódio cria uma barreira que bloqueia a comunicação do amor.

Enquanto a humanidade, como um todo, não se organiza para colocar a magna questão do ódio no plano de sua merecida prioridade, treinando os indivíduos, desde a mais tenra infância, para lidar com um sentimento que inquieta, desorganiza e destrói, a cada um de nós resta a possibilidade de se aliviar dessa dor perturbadora, aumentando a quota de felicidade pessoal, e agregando qualidade à nossa convivência na família, no trabalho e na sociedade.

PROVÉRBIOS E PENSAMENTOS

"Quando estou irado, escrevo, rezo e prego muito bem, porque todo o meu ser é mobilizado, minha compreensão aguçada, e me sinto liberto de todas as aflições e tentações mundanas."

"O ódio paralisa a vida; o amor a mobiliza. O ódio perturba a vida; o amor a harmoniza. O ódio escurece a vida; o amor a ilumina."
Martin Luther King Junior

"Dizem que eu sou o negro mais odiento dos Estados Unidos. Não nego essa acusação: eu falo exatamente como sinto. Eu acredito no ódio. A Bíblia diz que há um tempo para o ódio."
Malcolm X

"O ódio é uma loucura momentânea."
Horácio

"Como amamos nossos vícios, nós os defendemos, preferindo desculpá-los a nos livrarmos deles."
"Agir sob a influência do ódio é o mesmo que içar as velas na tempestade."
Sêneca

"Com o punho cerrado não se pode dar um aperto de mão."
"Olho por olho, e o mundo acabará cego."
Gandhi

"Nada no mundo consome mais completamente o homem
do que a paixão do ressentimento."
Nietszche

"O ódio é a vingança do covarde contra quem o intimidou."
George Bernard Shaw

"O medo e o ódio são inseparáveis. O ódio é uma reação
automática ao medo, porque o medo humilha."
Graham Greene

"Quando você se ofender com as faltas de alguém, vire-se
para si mesmo e estude os próprios defeitos. Cuidando deles,
você deixará de sentir raiva e aprenderá a viver sensatamente."
Marco Aurélio

"Hay que endurecerse, pero sin perder la ternura jamás."
Che Guevara

"Zangar-se é fácil. Difícil é zangar-se com a pessoa certa,
na medida certa, na hora certa, pelo motivo certo e
da maneira certa."
Aristóteles

"Nunca odeie um homem, a ponto de querer devolver
os diamantes que ele lhe deu."
Zsa-Zsa Gabor

"Se você é superior, só repreenda alguém depois que
a ira passar. Assim, a repreensão será muito mais eficiente."
Santa Tereza do Menino Jesus

"O hipócrita pode falar muito bem, mas não acredite
no que ele diz, porque o seu coração está cheio de ódio."
Provérbios, 26:25

"Quem semeia maldade colhe desgraça, e será
castigado pelo seu próprio ódio."
Provérbios, 22:8

Anatomia do Ódio

"O tolo mostra toda a sua raiva, mas quem
é sensato se cala e a domina."
Provérbios, 29:11

"Os planos dos bons trazem felicidade; o que os
maus planejam produz ódio."
Provérbios, 11:23

"O hipócrita odiento esconde o ódio atrás da bajulação."
Anônimo

"Descontentamento, em si mesmo, é um estado passivo.
Para tornar-se agressivo e transformar-se em ação, é necessária
uma figura humana, seja como porta-estandarte de uma ideia,
ou alvo para ódios acumulados, atuando como bode expiatório."
Stefan Zweig

"Não tenho preconceitos. Odeio a todos igualmente."
William Claude Fields

"Quanto menor o coração, maior o ódio que abriga."
Anônimo

"Enquanto a paz faz crescer as pequenas coisas,
a guerra arruína as grandes."
Salústio

"Temos bastante religião para odiarmos uns aos outros,
mas insuficiente para nos amarmos."
Jonathan Swift

"Prefiro amar a quem me odeia a odiar a quem me ama."
Anônimo

"Amor e ódio são os mais poderosos motores
da vontade humana."
Ambrose Bierce

"Sob o estado de ódio, você fará o melhor discurso
do qual se arrependerá."
Ambrose Bierce

"O ódio nunca será vencido pelo ódio; o ódio
só é vencido pelo amor. Esta é uma lição antiga."
Anônimo

"O amor é a grande arma para vencer o ódio."
Ditado popular

"Por que havemos de odiar uns aos outros se neste
mundo há espaço para todos?"
Anônimo

"A vingança nunca é plena, mata a alma e envenena."
Anônimo

"O psicótico diz: dois mais dois são cinco; o neurótico
sabe que dois mais dois são quatro e odeia isso."
Gordon Gommack

"Egoísta é uma pessoa que não pensa em mim."
Eugène Labiche

"O ódio é, de longe, o prazer que dura mais. Os homens
amam com pressa, mas odeiam devagar."
Lord Byron

"A exceção só é odiosa para os outros."
Machado de Assis

"Nem sempre é bom dizer tudo aquilo que temos no coração,
mas seria bom não ter no coração o que não devemos dizer."
Anônimo

"Se os que falam mal de mim soubessem o que penso
deles, falariam pior ainda."
Sacha Guitry

Anatomia do Ódio

"A cólera não aceita a presença da razão."
Adágio popular

"O que você bota para fora, quando frustrado ou irado, revela muito do que você é por dentro."
S. Brown

"Não tome qualquer medida enquanto estiver zangado."
S. Brown

"O ódio é um instrumento da gerência."
Alexander Haig

"O ódio é uma emoção que serve bem ao propósito de exibir poder."
Walter B. Cannon

"Assim como há misantropos que têm aversão à sociedade, há os misológicos que votam ódio ao raciocínio."
Platão

"Quando a razão adormece, a besta que trazemos dentro de nós, empanturrada de comes-e-bebes, dá início à satisfação dos seus desejos; e não há barbaridade ou crime concebível que ela não seja capaz de perpetrar."
Platão

"Não há paixão que comprometa tanto nossa capacidade de julgar quanto o ódio."
Montaigne

"As pessoas se irritam muito mais por serem consideradas tolas do que por serem consideradas injustas."
E(lwyn) B(rooks) White

"Toda revolução vitoriosa termina vestindo o roupão do tirano deposto."
Barbara Tuchman

"Fogo que não é alimentado se apaga, do mesmo modo que se extingue a ira que não alimentamos, desde o seu início, impedindo-a de se apossar de nós."
Plutarco

"Precisamos das pessoas para dois fins. Primeiro, para obter satisfação através delas, seja para a autopreservação, seja para o prazer. Segundo, para termos a quem odiar."
Melanie Klein

"Quem se alimenta do espírito de vingança deve cavar duas sepulturas."
Anônimo

"Se for paciente num momento de ódio, você se poupará um século de sofrimento."
"Não compense com a ira o que lhe falta de razão."
" Controle seu temperamento. Ter pavio curto é uma vergonha."
"Quem se ira devagar tem bom entendimento do mundo e das coisas."
"A cólera é tão inútil quanto as ondas do mar sem vento."
"O melhor remédio contra o ódio é a demora em reagir."
"O ódio, como a neblina, desfigura nossa trajetória."
"Melhor do que vingar um insulto é ignorá-lo."
"Palavras duras e amargas sinalizam falta de razão."
Provérbios chineses

"O oposto do amor não é o ódio; é a indiferença."
Senso comum

"Quando nosso ódio se destina a impedir as mudanças, em lugar de facilitá-las, ventilá-lo não difere muito de ficar em silêncio."
Harriet Lerner

"A vítima que não perdoa, não raro, vive em escravidão psicológica perante o seu ofensor, situação que conduz a uma espécie de paralisia virtual."
Coretta Scott King

BIBLIOGRAFIA

Aaron Beck, *Cognitive Therapy and Emotional Disorders*, 1976.
Aaron Beck, *Love Is Never Enough: How Couples Can Overcome Misunderstandings, Resolve Conflicts, and Solve Relationship Problems Through Cognitive Therapy*, 1988.
Abraham Maslow, *Motivation and Personality*, 1954.
Adelaide Bry, *How to Get Angry without Feeling Guilty*, 1976.
Albert Ellis, *Anger: How to Live with and without it*, 1992.
Albert Pepitone, *Attraction and Hostility*, 1964.
Allan Holmberg, *Nomads of the Long Bow, The Siriono of Eastern Bolivia*, 1985.
Andrew J. Sostek, *Psychology Today*, Outubro de 1981, 120.
Andrew Solomon, *O Demônio do Meio-Dia, uma anatomia da depressão*, 2002.
Ann Rule, *Possession*, 1997.
Anna Freud, *Young Children in War Time*, 1942.
Arnaldo Rascovsky, *La Matanza de los Hijos y Otros Ensayos*, 1970.
Arnold H. Buss, *The Control of Aggression and Violence: Cognitive and Physiological Factors*, 1971.
Arnold H. Buss e Robert A. Plomin, *A Temperament Theory of Personality Development*, 1975.
Arnold P. Goldstein e Barry Glick, *Aggression Replacement Training*, 1987.
Arthur Harry Chapman, *Harry Stack Sullivan's Concepts of Personality Development and Psychiatric Illness*, 2002.
Barbara Ehrenreich, *The Hearts of Men: American Dreams and the Flight from Commitment*, 1983.

Baruch Spinoza, *Ética*, 1677.
Betty Friedan, *Feminine Mystique*, 1963.
Bob Phillips, *Controlling Your Emotions: Before They Control You*, 2001.
Bruno Bettelheim, *Survivre*, 1994.
Carl G. Jung, *Collected Papers on Analytical Psychology*, 2000.
Carlos Figueiredo, *100 Discursos Históricos*, 2002.
Carl Rogers, *On Becoming a Person*, 1981.
Carol Tavris, *Anger, the Misunderstood Emotion*, 1989.
Carol Tavris e Carole Wade, *The Longest War: Sex Differences in Perspective*, 1984.
Carroll E. Izard, *Emotions, Cognition and Behavior*, 1984.
Celia Beatriz Giménez e Capitão Raimundo dos Santos Coelho, *Bahia Indígena – (encontro de dois mundos)*, no prelo, 2003.
Celia Halas, *Why Can't a Woman Be More Like a Man?*, 1981.
Charles Darwin, *Descent of Man*, 1871.
Charles Darwin, *The Expression of the Emotions in Man and Animals*, 1872.
Charles Spielberger, Susan Krasner, Eldra Solomon, *Health Psychology: Individual Differences and Stress*, 1988.
Claus von Clausewitz, *Sobre a guerra*, 1833.
Clóvis S. Nunes, *Construindo a PAZ, um diálogo inter-religioso e policultural em favor da Paz*, 2002.
Colette Dowling, *Complexo de Cinderela*, 1986.
Cruz e Souza, *Evocações e broquéis*, 1898.
Dalai Lama, *Healing Anger*, 1998.
Dalai Lama e Daniel Goleman, *Como lidar com EMOÇÕES DESTRUTIVAS*, 2003.
Daniel B. Wile, *After the Honeymoon*, 1988.
Daniel Funkenstein, Stanley King e Margaret Drolette, *Mastery of Stress*, 1957
Daniel G. Freedman, *Human Sociobiology*, 1989.
Daniela Pinheiro, "O que torna você sexy", Veja, edição nº 1.837, de 21 de janeiro de 2004.
Deepak Chopra, *Conexão Saúde*, 1996.
Deidre Laiken e Alan Schneider, *Listen to Me, I'm Angry*, 1990.
Deonísio da Silva, *A vida íntima das palavras*, 2002.
Descartes, René, *O Tratado das paixões da alma*, 1646.
Dolf Zillmann, *Connections Between Sex and Aggression*, 1984.
Dolf Zillmann, *Hostility and Aggression*, 1979.

Dorothy Bloch, *So the Witch Won't Eat Me*, 1978.
Dorothy Otnow Lewis, *Vulnerabilities to Delinquency*, 1981.
Duda Mendonça, *Casos & Coisas*, 2002.
Edgar Schein, *Organizational Culture and Leadership*, 2001.
Edward Hall, *Beyond Culture*, 1976.
Edward Murray, *Stress and Coping*, 1995.
Edward O. Wilson, *Consilience: The Unity of Knowledge*, 1999.
Edward O. Wilson, *The Future of Life*, 2002.
Elizabeth Friar Williams, *Notes of a Feminist Therapist*, 1997.
Elizabeth Marshall Thomas, *The Harmless People*, 1959.
Eric Hobsbawn, *Nations and Nationalism Since 1780*, 1990.
Erich Fromm, *Escape from Freedom*, 1996.
Erich Fromm, *Psicanálise da sociedade contemporânea*, 1974.
Ernest Gellner, *Nations and Nationalism*, 1983.
Eva Feindler, *Adolescent Anger Control: Cognitive Behavioral Techniques*, 1986.
Ezequiel Theodoro da Silva, *Raiva e revolta em educação*, 1998.
Florence Goodenough, *Anger in Young Children*, 1931.
George Bach e Herb Goldberg, *Creative Aggression*, 1994.
George W. Brown e Tirril Harris, *Social Origins of Depression*, 1978.
Geraldo José Ballone, Eurico Pereira Neto, Ida Vani Ortolani, *Da emoção à lesão*, 2002.
Gérard Pommier, *Do bom uso erótico da cólera e algumas de suas consequências...*, 1996.
Gilberto Freire, *Casa grande & senzala*, 1976.
Gilberto Freire, *Sobrados & mocambos*, 1978.
Harriet Lerner, *The Dance of Anger*, 1997.
Harry Levinson, *Emotional Health in the World of Work*, 1991.
Helvétius, *De l'esprit*, 1758.
Herb Goldberg, *The Hazards of Beeing Male*, 1976.
Hilde Bruch, *Eating Disorders*, 1973.
Homero, *Ilíada*, Século IX a.C.
Homero, *Odisseia*, Século IX a.C.
Horace Cayton, "The Psychology of the Negro Under Discrimination", em *Race Prejudice and Discrimination: Readings in Intergroup Relations in the United States*, 1953, de Arnold Rose.
Howard Liddell, "The Role of Vigilance in the Development of Animal Neurosis", em *Anxiety*, organizado por Paul Hoch e Joseph Zubin, 1949.

Howell Baum, *The Invisible Bureaucracy*, 1997.
Isaiah Berlin, *The Crooked Timber of Humanity: Chapters in the History of Ideas*, 1991.
Jack E. Hokanson, *The Dynamics of Aggression*, 1970.
Jack Nichols, *Men's Liberation*, 1975.
Jack Trout, *Diferenciar ou morrer*, 2000.
Jacques Hassoun, *The Cruelty of Depression: On Melancholia*, 1997.
James Averill, *Anger and Aggression*, 1982.
James Averill, *Emotions and Anxiety*, 1976.
James Pennebaker, *Handbook of Life Stress, Cognition and Health*, 1988.
Jane Goldberg, *The Dark Side of Love*, 1993.
Janet Carter, *Supervisory Management*, 1991.
Jean Baker Miller, *Toward a New Psychology of Women*, 1976.
Jean Briggs, *Never in Anger: Portrait of an Eskimo Family*, 1970.
Jeffrey H. Goldstein, *Sports Violence*, 1983.
Jerome Kagan, *The Nature of the Child*, 1984.
J. Groebel e R. Hinde, *Aggression and War*, 1989.
Jill Tweedie, *In the Name of Love: a Study of Sexual Desire*, 2000.
J. J. Groen, *Emotions: Their Parameters and Measurement*, 1975.
J. R. Dollard, L. W. Dobb, N. E. Miller e R. S. Sears, *Frustration and Aggression*, 1939.
Joaci Góes, *A inveja nossa de cada dia*, 2001.
João Ubaldo Ribeiro, *O diário do farol*, 2002.
John Bowlby, *Attachment and Loss*, 1973.
John Brockner, *Self-esteem at Work*, 1998.
John Hersey, *Hiroshima*, 2002.
John Keegan, *Uma História da Guerra*, 2002.
John Lochman, *The Aggressive Adolescent: Clinical Perspectives*, 1984.
John Paul Scott, *Aggression*, 1958.
John Sabini, *Violence*, 1978.
Josef Breuer e Sigmund Freud, *Studies on Hysteria*, 1982.
J. P. Deschner, *The Hitting Habit: Anger Control for Battering Couples*, 1984.
Judith S. Wallerstein e Joan Berlin Kelly, *Surviving the Breakup: How Children and Parents Cope with Divorce*, 1988.
Judith S. Wallerstein e Sandra Blakeslee, *Second Chances: Men, Women and Children a Decade After Divorce*, 1990.
J. W. M. Whitting, *Becoming a Kwoma*, 1941.
Karen Horney, *Neurosis and Human Growth*, 1990.

Karen Horney, *Our Inner Conflicts*, 1995.
Karen Horney, *The Neurotic Personality of Our Time*, 2000.
Karl Abraham, *Selected Papers of Karl Abraham*, 1990.
Kátia Queiroz Mattoso, *Bahia, uma província no século XIX*, 1992.
Kingsley Davis, "Jealousy and Sexual Property: An Illustration", em *Human Society*, 1948.
Konrad Lorenz, *Man Meets Dog*, 1950.
Konrad Lorenz, *On Aggression*, 1963.
Kurt Goldstein, *The Organism: A Holistic Approach to Biology Derived from Pathological Data in Man*, 1995.
Leo Madow, *Anger: How to Recognize and Cope with it*, 1992.
Leonard Berkowitz, *Aggression: A Social Psychological Analysis*, 1976.
Leonard Berkowitz, *Cognitive Theories in Social Psychology*, 1978.
Leonard Berkowitz, *Roots of Aggression*, 1979.
Lionel Tiger, *Men in Groups*, 1969.
Lord Acton (John Emerich Edward Dalberg Acton, Baron), *Essays in the Liberal Interpretation of History*, 1990.
M. Davis, E. R. Eshelman e M. McKay, *The Relaxation & Stress Reduction Workbook*, 1988.
Marcos Aguinis, *Las Redes del Odio*, 2003.
Margaret Mead, *Male and Female*, 1990.
Marie-France Hirigoyen, *Assédio moral: a violência perversa do cotidiano*, 1999.
Marina Roseman, *Healing Sounds: Music and Medicine in Temiar Life*, 1990.
Martin Wight, *Politics Power*, 1993.
Mary Terzella, *Executive Female*, 1996.
Matthew McKay, Peter D. Rogers, Judith McKay, *When Anger Hurts, Quieting the Storm Within*, 1989.
Maud Mannoni, *Amour, Haine, Separation*, 1993.
Melvin J. Lerner, *The Belief in a Just World: A Fundamental Delusion*, 1980.
Michael Diamond, *The Unconscious Life of Organizations: Integrating Organizational Integrity*, 1993.
Michel Foucault, *Les Mots et les Choses*, 1985.
Micheline Enriquez, *Aux Carrefours de la Haine*, 1998.
Milton Friedman e Rose Friedman, *The Tiranny of the Status Quo*, 1984.
Mira y Lopez, *Os Quatro Gigantes da Alma*, 1963.

Morton Deutsch e Leonard Solomon, *Sociometry*, XXII, 1959.
Murray Bowen e Michael Kerr, *Family Evaluation: An Approach Based on Bowen Theory*, 1988.
Murray Straus, Richard Gelles e Suzanne Steinmetz, *Behind Closed Doors: Violence in the American Family*, 1980.
Myer Friedman e Ray Rosenman, *Type A Behavior and Your Heart*, 1974.
Norma Feshbach, Seymour Feshbach, Mary Fauvre e Michael Ballard-Campbell, *Learning to Care: A Curriculum for Affective and Social Development*, 1983.
Norman Rohrer and S. Sutherland, *Facing Anger*, 1991.
Otto Kernberg, *Agression in Personality Disorders and Perversion*, 1992.
Otto Rank, *Will Therapy; An Analysis of the Therapeutic Process in Terms of Relationship*, 1996.
Otto Rank, *The Trauma of Birth*, 2000.
Pascal, Blaise, *Pensamentos*, 1669.
Patricia Draper, *Kalahari Hunter-Gatherers: Study of the !Kung San and Their Neighbors*, 1976.
Patricia Draper, *Learning Non-Aggression*, 1978.
Paul Ekman, *Expression of the Emotions in Man and Animals*, 2002.
Paul Ekman, Wallace Friesen e Maureen O´Sullivan, *Journal of Personality and Social Psychology* 53, 1987.
Paul H. Wender e Donald F. Klein, *Mind, Mood and Medicine: A Guide to the New Biopsychiatry*, 1981.
Paul Hauck, *Overcoming Frustration and Anger*, 1983.
Paul Kennedy, *The Rise and Fall of the Great Powers*, 1987.
Peter Farb, *Word Play : What Happens When People Talk*, 1975.
Ray Burwick, *Anger: Defusing the Bomb*, 1981.
Ray H. Rosenman, *Anger and Hostility in Cardiovascular and Behavioral Disorders*, 1985.
Raymond W. Novaco, *Anger Control*, 1975.
R. Clark, *Freud*, 1980.
Reneau Z. Peurifoy, *Anger, Taming the Beast*, 1999.
Richard Driscoll, *Binds That Tie: Overcoming Stalemates and Standoffs in Love Relationships*, 1990.
Richard Driscoll, *Mental Shielding: To Brush off Hostility*, 1994.
Richard J. Davidson, *Anxiety, Depression and Emotion*, 2000.
Richard J. Gelles, *Family Violence*, 1979.
Richard Leakey, *The Making of Mankind*, 1981.

Richard Strout, *T.R.B., Views and Perspectives on the Presidency,* 1979.
R. K. Dentan, *The Semai: A Nonviolent People of Malaya,* 1968.
Robert Ardrey, *The Territorial Imperative,* 1972.
Robert Ardrey, *African Genesis,* 1990.
Robert Baron, *Human Aggression,* 1977.
Robert Burton, *The Anatomy of Melancholy,* 1997.
Robert Solomon, *The Passions,* 1976.
Roger Daldrup e Dodie Gust, *Freedom from Anger,* 1990.
Roldão Arruda, *Dias de ira,* 2001.
Rollo May, *O significado de ansiedade, as causas da integração e desintegração da personalidade,* 1980.
Rollo May, *Eros e repressão, amor e vontade,* 1982.
Roy Richardson, *The Psychology and Pedagogy of Anger,* 1998.
Rui Barbosa, *Oração aos moços,* 1919.
Rush W. Dozier Jr., *Why We Hate,* 2002.
Schopenhauer, Arthur, *Sobre o Fundamento da Moral,* 2001.
Sêneca, Lucius Annaeus, *Cartas a Lucílio.*
Seth Allcorn, *Anger in the Work Place,* 1999.
Shana Alexander, *When She Was Bad,* 1998.
Shelley E. Taylor, *Positive Illusions,* 1989.
Sigmund Freud, *Totem e tabu,* 1913.
Sören Kierkegaard, *Sickness unto Death,* 1999.
Sören Kierkegaard, *The Concept of Dread,* 1999.
Stanley W. Jackson, *Melancholia and Depression: From Hippocratic Times to Modern Times,* 1986.
Stephen E. Ambrose, *Eisenhower: Soldier and President,* 1991.
Suzanne K. Steinmetz, *The Cycle of Violence,* 1977.
Theodore Isaac Rubin, *The Angry Book,* 1970.
Thomas Ogden, *The Matrix of the Mind,* 1990.
Thomas Scheff, *Catharsis in Healing, Ritual and Drama,* 1979.
Thorstein Veblen, *The Theory of the Leisure Class,* 1992.
Tim La Haye, *Finding the Will of God in a Crazy, Mixed-up World,* 2001.
Ute Ehrhardt, *Meninas boazinhas vão para o céu, As más vão à luta,* 1996.
Veja, *edição 1799,* de 23 de abril de 2003.
Veja, *edição 1801,* de 07 de maio de 2003.
Veja, *edição 1828,* de 12 de novembro de 2003.
Victor Frankl, *Man's Search for Meaning,* 1994.
Warren Farrell, *Why Men Are the Way They Are,* 1986.

W. B. Gallie, *Understanding War*, 1991.
Wayne Dyer, *Your Erroneous Zones*, 1996.
William Bennett e Joel Gurin, *The Dieter´s Dilemma*, 1982.
William James, *Principles of Psychology*, 1890.
William Pfaff, *The Wrath of Nations: Civilization and the Furies of Nationalism*, 1993.

ÍNDICE ONOMÁSTICO

A
Abraham, Karl – 397, 407, 413
Acton, Lord – 208, 234
Adler, Alfred – 404, 405
Aleichem, Sholem – 37
Ali, Mohamed – 312
Allcorn, Seth – 195
Almeida, Daniel – 69
Ambrose, Stephen E. – 312
Aquino, Tomás de (Santo) – 396
Arafat – 438
Ardrey, Robert – 86, 269
Aristóteles – 103, 282, 302, 433, 449, 452
Arruda, Roldão – 333
Assis, Machado de – 120, 454
Averill, James – 118, 120, 313
Ax, Albert F. – 358

B
Bach – 189
Bachelard, Gaston – 449
Balladur, Edouard – 207
Bandler, Richard – 58
Barbosa, Rui – 41, 288, 321
Barefoot, J. C. – 376
Baron, Robert – 149
Barreto, Margarida – 69
Bateson. G. – 273
Beck, Aaron – 410
Beckwith, Byron de la – 59, 60
Berkowitz, Leonard – 278
Berlin, Isaiah – 201, 210
Berman, Alan – 149
Bettelheim, Bruno – 256
Biaggio, Mary – 366
Bierce, Ambrose – 453
Bismarck – 202, 203
Black, Derek – 438
Bloch, Dorothy – 139, 140
Bonaly, Surya – 207
Borg, Bjorn – 345
Borges, Jorge Luis – 80
Bowen, Murray – 124
Bowlby, John – 324
Breuer, Josef – 318, 319
Brian, Bob – 269

Brown, George – 411
Brown, S. – 455
Bry, Adelaide – 215
Buckman, R. M. T. – 266
Buda – 177, 178, 310
Burke – 303
Burke, Edmund – 302
Burton, Robert – 397
Burwick, Ray – 229
Buss, Arnold – 113, 357
Buss-Durkee – 113
Byron, Lord – 454

C

Calcutá, Teresa de – 30, 310
Calvino – 65
Camus, Albert – 207, 397
Cannon, Walter B. – 455
Carroll, Lewis – 86
Castro, Fidel – 132
Cavalli-Sforza, Luigi Luca – 205
Cayton – 160
Cerqueira, Nelson – 223
César, Augusto – 283
Cícero – 321
Clausewitz, Carl von – 306, 309
Clay, Cassius – 312, 343
Clinton, Bill – 89
Collingwood, R. G. – 302
Confúcio – 64
Cristo, Jesus – 204, 306, 310
Cruz e Souza – 72

D

Daldrup, Roger – 215
Dart, Raymond – 269
Darwin, Charles – 28, 84, 85, 151, 269, 313, 315

Davidson, Richard – 401, 402
Davis, Kingsley – 160, 427
Deffenbach, Jerry – 135
Deffenbacher, Jerry – 114
Dentan, Robert Knox – 273
Descartes, René – 51
Deschner, J. P. – 268
Deutsch, Felix – 399
Deutsch, Morton – 130
Díaz, Porfirio – 210
Diderot, Denis – 211
Dollard, John – 272, 273
Don – 438
Douglass, Frederick – 191
Draper, Patrícia – 327
Driscoll, Richard – 123, 185
Drolette, Margaret – 369
Drucker, Peter – 208
Dulce (Irmã) – 30
Duncan, Birt – 281
Dworkin, Barry – 373

E

Ebbesen, Ebbe – 281
Ehrhardt, Ute – 119
Einstein, Albert – 208, 315, 317
Eisenhower, Dwight D. – 312
Ekman, Paul – 39, 83, 84
Ellis, Albert – 252
Ellis, Havelock – 425
Engels, Frederick – 101
Eshelman – 427
Evers, Medgar – 59

F

Feindler, Eva – 145
Feingold, Ben – 147

Ferenczi, Sándor – 317
Ferguson, Colin – 160
Ferry, Jules – 202
Feshbach, Seymour – 144, 277
Fields, William Claude – 453
Figueiredo, João – 277
Fitz, Don – 115
Fixsen, Dean – 326
Foucault, Michel – 302
Fox, Robin – 270
Franco, Arinos de Mello – 212
Franco, Divaldo P. – 310
Franklin, Benjamin – 302, 303
Frederico (o Grande) – 202
Freedman, Daniel G. – 356
Freud, Sigmund – 38, 48, 61, 85, 140, 154, 162, 209, 273, 277, 315-320, 393, 397, 399, 400, 405, 408, 413, 437, 445, 446, 447
Friedman, Myer – 266, 374, 375
Frisch, Karl von – 86
Frodi, Ann – 116
Fromm, Erich – 66
Funkenstein, Daniel – 369

G
Gabor, Zsa-Zsa – 452
Gallie, W. B. – 303
Gandhi, Mahatma – 51, 152, 260, 299, 310, 451
Garcia, J. Alves – 333
Garibaldi – 204
Gasset, Orteza y – 307
Gaulle, Charles de – 308
Gautama, Sidarta – 170

Gellner, Ernest – 211
Giménez, Célia Beatriz – 209
Goethe – 21, 119, 135, 153, 422
Goldberg, Herb – 111, 112, 189
Goldberg, Jane G. – 450
Goldstein, Jeffrey – 344
Goldstein, Kurt – 398, 399, 400
Gommack, Gordon – 454
Goodenough, Florence – 325
Green, Julian – 207
Greene, Graham – 452
Gregório, João – 21
Grimm – 435
Grinder, John – 58
Groebel, J. – 334
Guerra, Leitão – 288
Guevara, Ernesto Che – 452
Guitry, Sacha – 454
Gust, Dodie – 215
Gyatso, Tenzin – 173

H
Haig, Alexander – 455
Hall, Edward – 335
Hall, Graville Stanley – 349, 350, 358
Harburg, Ernest – 371
Hare, Robert – 314
Harris, Tirril – 411
Hassoun, Jacques – 413
Haye, Tim La – 88
Hazaleus, Susan – 114
Heine, Heinrich – 446
Helmholtz, Hermann von – 318
Helvetius – 429
Hesíodo – 103

Hinde, R. – 334
Hipócrates – 415
Hirigoyen, Marie-France – 69
Hitler – 256
Hobbes, Thomas – 307
Hobsbawn, Eric – 210
Hokanson, Jack – 278, 279, 280
Holmberg, Allan – 323
Homero – 302, 303
Horácio – 332, 451
Horney, Karen – 29, 104, 405
Huizinga, Johan – 302
Hussein, Saddam – 88, 132, 159, 213, 257, 294, 305, 306

J

James, William – 434
Jefferson, Thomas – 283
Jesus, Tereza do Menino (Santa) – 452
Johnson, Samuel – 151, 210
Jr., Arthur M. Schlesinger – 399
Jung, Carl – 186, 405

K

Kadafi, Muamar – 205
Kafka, Franz – 235
Kant – 164, 172
Keegan, John – 303, 306, 308, 309
Kellner – 266
Kennedy, Jacqueline – 330
Kennedy, Paul – 305
Kierkegaard, Sören – 398, 400, 405

King, Coretta – 456
King, Martin Luther – 59, 310, 359, 438, 451
King, Stanley – 369
Kipling, Rudyard – 274
Kissinger, Henry – 127, 208, 377
Klein, Donald – 409
Klein, Melanie – 318, 446, 456
Konecni, Vladimir – 281
Konner, M. – 266
Kraepelin, Emil – 61
Kubie – 395

L

Labiche, Eugène – 454
Laden, Osama Bin – 438
Laing, Ronald – 126
Lama, Dalai – 39, 172, 173, 174, 175, 310
Leakey, Richard – 271
Lerner, Harriet – 106, 456
Levinson, Harry – 189
Lévi-Strauss – 101
Lewinsky, Monica – 89
Lewis, Dorothy Otnow – 351
Liddell, Howard – 395
Llosa, Mario Vargas – 289
Locke, John – 212
Lockhart, Russell – 450
Loehr, Jim – 346
López, Mira y – 17, 49, 159
Lorenz, Konrad – 86, 270
Lowen, Alexander – 275
Lucas – 201
Lula – 168

M

Macaulay, Jacqueline – 116
Malaparte, Curzio – 213
Malcolm – 451
Mandela – 260
Mandela, Nelson – 169, 299
Mandeville, Bernard de – 153
Maomé – 310, 439
Maquievel – 307
Marco Aurélio – 452
Marx – 303
Marx, Groucho – 77
Marx, Karl – 302
Maslow, Abraham – 30, 168, 254
May, Rollo – 66, 400
Mazzini, Giuseppe – 211
McEnroe, John – 312, 345
McKay – 427
McKay, Judith – 93
McKay, Matthew – 93
Mead, Margaret – 325, 331
Mendonça, Duda – 429
Menninger, Karl – 139
Mill, John Stuart – 211
Miller, Neal – 274
Mirandola, Pico della – 47
Montaigne, Michel de – 51, 212, 298, 455
Montand, Yves – 207
Montesquieu – 307
Morgan, Robin – 59
Morris, Desmond – 86
Morus, Thomas – 212
Murray, Edward – 367
Myrlie – 59

N

Nasser, Gamal Abdel – 205
Nero – 257
Nichols, Jack – 113
Nietszche – 452
Noah, Yannick – 207
Novaco, Raymond – 145, 182

O

Olson, Steve – 203
Onassis, Aristóteles – 330
Ornstein, R. – 426
Ovídio – 414

P

Paiva, José Roberto – 333
Palomba, Guido – 334
Pascal, Blaise – 422
Pavlov, Ivan Petrovich – 37
Paz, Octavio – 210
Pedro (o Grande) – 203
Pennebaker, James – 320
Phillips, Bob – 88
Phillips, Ellery – 326
Pinker, Steven – 27
Platão – 48, 282, 393, 414, 455
Plomin, Robert – 357
Plotino – 126
Plutarco – 142, 161, 282, 456
Presa, Luís Alberto Passos – 310, 311

R

Rabelais – 212
Rank, Otto – 403, 404
Rascovsky, Arnaldo – 140
Ribeiro, João Ubaldo – 416

Rogers, Carl – 430, 449
Rogers, Peter – 93
Rondon – 260
Roosevelt, Franklin Delano – 396
Roseman, Marina – 331
Rosenman, Ray H. – 267, 268, 374, 375
Roterdam, Erasmo de – 212
Rousseau, Jean-Jacques – 77, 212
Rubin, Theodor Issac – 78, 275, 397
Rufo, Cúrcio – 166
Rule, Ann – 127
Russell, Bertrand – 169

S

Saltzman, Nolan – 276
Salústio – 453
Santem, Padma – 310
Santos, José Américo dos – 334
Schachter, Stanley – 148, 267
Schopenhauer – 102, 119, 153, 172, 258
Searles, Harold – 450
Sêneca, Lucius Annaeus – 283, 313, 334, 451
Serra, Henrique – 223
Shakespeare – 48, 212, 340, 394
Shantideva, Acharya – 170, 171, 172, 173, 175
Shaw, Bernard – 435
Shaw, Darlene – 375
Shaw, George Bernard – 220, 248, 452

Shekelle, R. B. – 376
Shneidman, Edwin – 38
Singer, Jerome – 148, 267
Sinkim, Raphael – 203
Smith, Adam – 302
Sobel, D. – 426
Sócrates – 52, 152, 222, 243, 414, 425
Solomon, Andrew – 397, 416, 417, 419
Solomon, Leonard – 130
Sostek, Andrew – 357
Spielberger, Charles – 113, 310
Spinoza – 307
Spotnitz, Hyman – 450
Stekel, Wilhelm – 397
Straus, Murray – 278
Stubbs, William – 211
Sullivan, Harry Stack – 29, 405
Suttner, Bertha von – 285
Swift, Jonathan – 453
Sykes, Brian – 203

T

Talleyrand – 86, 336
Tavris, Carol – 114, 116, 267
Taylor, Shelley – 414
Teóphile – 435
Thiers – 86
Thome, Pauline – 116
Tiger, Lionel – 270
Timão – 152
Tinbergen, Nikolas – 86
Tolstoi, Leon – 209
Tomás, Aquino de (Santo) – 151, 152
Tuchman, Barbara – 455

Twain, Mark – 283
Tweedie, Jill – 127

U
Unamuno, Miguel de – 444

V
Veblen, Thorstein – 101
Vian, Itamar (Dom) – 310
Virgílio – 303
Voltaire – 169, 435

W
Walesa, Lech – 208
Wallerstein, Judith – 136
Weaver, Debra – 375
Weinberg, Daniel – 355

Wender, Paul – 409
White, Elwyn Brooks – 455
Whitting, J. W. M. – 273
Wiesel, Elie – 305
Wight, Martin – 307
Williams, Janice – 376
Wilson, Edward O. – 86, 125
Wilson, Woodrow – 211
Winnicott, Donald – 450

X
Xavier, Chico – 310
Xenofonte – 161

Z
Zweig, Stefan – 453

OUTROS LIVROS DO AUTOR

ISBN: 85-7475-091-3
(3ª ed.) 2018 – 526 p.

ISBN: 978-85-7475-229-7
2015 – 877 p.

ISBN: 978-85-7475-254-9
2014 – 130 p.

ISBN: 978-85-7475-278-5
2018 – 271 p.

ISBN: 978-85-7475-172-6
(2ª ed.) 2020 – 297 p.